中国科协产业与技术发展路线图系列丛书

中国科学技术协会 / 主编

智慧教育产业与技术发展路线图

中国自动化学会　编著

中国科学技术出版社

·北　京·

图书在版编目（CIP）数据

智慧教育产业与技术发展路线图 / 中国科学技术协会主编；中国自动化学会编著 . -- 北京：中国科学技术出版社，2022.11

（中国科协产业与技术发展路线图系列丛书）

ISBN 978-7-5046-9391-4

I. ①智… Ⅱ. ①中… ②中… Ⅲ. ①网络教育 – 教育产业 – 产业发展 – 研究 – 中国 Ⅳ. ① G434 ② G52

中国版本图书馆 CIP 数据核字（2022）第 000541 号

策　　划	秦德继	
责任编辑	杨　丽	
封面设计	中科星河	
正文设计	中文天地	
责任校对	张晓莉	
责任印制	李晓霖	

出　　版	中国科学技术出版社	
发　　行	中国科学技术出版社有限公司发行部	
地　　址	北京市海淀区中关村南大街 16 号	
邮　　编	100081	
发行电话	010-62173865	
传　　真	010-62173081	
网　　址	http://www.cspbooks.com.cn	

开　　本	787mm×1092mm　1/16	
字　　数	360 千字	
印　　张	20	
版　　次	2022 年 11 月第 1 版	
印　　次	2022 年 11 月第 1 次印刷	
印　　刷	河北鑫兆源印刷有限公司	
书　　号	ISBN 978-7-5046-9391-4 / G·974	
定　　价	98.00 元	

《智慧教育产业与技术发展路线图》
编委会

首席科学家： 王飞跃　王万良

编写组成员： 宫晓燕　张　楠　刘希未　余新国　薛耀锋

荆思凤　顾小清　田　锋　李艳燕　林　晓

马　苗　胡艺龄　袁中果　屈　静　武亚强

陈自富　崔　炜　罗　媛　陈　虎

序

当今世界正经历百年未有之大变局，新一轮科技革命和产业变革重塑全球经济结构，全球范围内的产业转型调整不断加快，产业竞争已成为大国竞争的主战场。我国产业体系虽然规模庞大、门类众多，但仍然存在不少"断点"和"堵点"，关键核心技术受制于人等问题突出。科技是产业竞争力的关键。解决制约产业发展的关键核心技术，建设现代化产业体系，需要强大的科技支撑。

党的二十大开启了全面建成社会主义现代化强国、实现第二个百年奋斗目标，做出加快构建新发展格局，着力推动高质量发展的重大战略部署。习近平总书记在党的二十大报告中强调，必须坚持科技是第一生产力、人才是第一资源、创新是第一动力，深入实施科教兴国战略、人才强国战略、创新驱动发展战略，开辟发展新领域新赛道，不断塑造发展新动能新优势。这些重要部署为我国依靠科技创新引领和支撑经济社会高质量发展进一步指明了方向和路径。

中国科协作为国家推动科技创新的重要力量，积极探索新形势下促进科技与产业深度融合的工作新品牌和开放合作新机制，推动提升关键核心技术创新能力，助力打赢关键核心技术攻坚战。2020 年，中国科协首次启动产业与技术发展路线图研究，发挥跨学科、跨领域、跨部门和联系广泛的组织和人才优势，依托全国学会组织动员领军企业、科研机构、高等院校等相关力量，汇聚产学研各领域高水平专家，围绕车联网、智能航运、北斗应用、航天、电源、石墨烯等重点产业，前瞻预见产业技术发展态势，提出全产业链和未来产业发展的关键技术路线，探索构建破解关键技术瓶颈的协同创新机制和开放创新网络，引导国内外科技工作者协同攻关，推动实现产业关键核心技术自主可控。

综观此次出版的这些产业与技术发展路线图，既有关于产业技术发展前沿与趋势的概观介绍，也有关于产业技术瓶颈问题的分析论述，兼顾了科研工作者和决策制定者的需要。从国家层面来说，可作为计划投入和资源配置的决策依据，能够在政府部门之间有效传达科技政策信息，识别现有的科技能力和瓶颈，为计划管理部门在公共项目选择中明确政府支持的投入导向。从产业层面来说，有助于产业认清所处的经济、社会、环境的变化，识别市场驱动因素，确定产业技术发展的优先顺序，突破产业共性技术的瓶颈，提高行业研究和应用新产业技术的能力。从企业层面来说，通过路线图可与企业战略和业务发展框架匹配，确定产业技术目标，识别达到市场需求所必需的产业技术，找到企业创新升级的发展方向。

在此次系列丛书付梓之际，衷心地感谢参与本期产业与技术发展路线图编写的全国学会以及有关科研、教学单位，感谢所有参与研究与编写出版的专家学者。同时，也真诚地希望有更多的科技工作者关注产业与技术发展研究，为路线图持续开展、不断提升质量和充分利用成果建言献策。

中国科协党组书记、分管日常工作副主席、书记处第一书记
中国科协学科发展引领工程学术指导委员会主任委员
张玉卓

前　言

　　放眼漫长的人类文明发展史，科学技术集中在多个时期取得了璀璨的成果，推动了人类社会的发展；但可以毫不夸张地说，科学技术从没有像今天这样发展迅速、影响深刻，深度渗透到社会、经济发展的方方面面，显著改变着人们的生产生活。曾经有相当长的一段时间，很多人包括教育技术和信息技术领域的专家都认为科学技术对于教育的改变甚小，甚至传言提出所谓的"乔布斯之问"即"科学技术为什么不能像推进其他行业领域发展那样在教育领域得到应用"。这在 2000 年甚至 2010 年之前确实如此，新型科学技术并没有在教育领域得到深度和广泛的应用。究其原因，一般认为是因为教育系统事关人民福祉重大民生，是比较保守的行业；任何一位孩子都不能被当作科学实验的"小白鼠"拿来测试新科技在教育中的应用探索。但是，在 2010 年以后，这一切在悄然改变。

　　最近十几年，以深度学习为代表的新一代人工智能技术在越来越多的行业领域不断取得优异的应用效果，人工智能通过校外和校内不同区域，学习、教研和管理等多种场景，基础设施和功能应用多种途径，逐步渗透到教育领域，智慧教育的产业聚集效应突显，智慧教育技术得到系统化的深度发展。2008 年 11 月，IBM 提出智慧地球（Smart Planet）的概念，智慧城市、智慧交通、智慧医疗、智慧电力、智慧教育等被相继提出。2010 年，中国科学院自动化研究所王飞跃教授在《科学时报》发表文章《智能产业的兴起》，得到了产学研政商各界的重视。2012 年前后，国内外社会资本开始关注并在在线教育领域大幅投入，各类 MOOC（大规模开放在线课程）平台吸引了大规模融资，驱动了教育信息化相关领域的迅猛发展。同时，"互联网 +"的新经济形态被提出，2014 年纳入国家经济发展战略，被认为是中国经济提质增效升级的"新引擎"。一时间，"互联网 + 教育"成为教育信息化的新方向。2015 年，国家大力推进"大众创业、万众创新"重要战略，并在全国教育系统启动了一场创客教育进课堂的全国性行动，教育创新也随之得到更加广泛的认同。2017年，王飞跃提出了以"人工社会、计算实验、平行执行"为主要特征的平行教育理论，形成了 iSTREAMS 理念和 iCDIOS 模式相结合的人工智能科技教育创新体系，并在中小学应用。

2017年，国务院发布《新一代人工智能发展规划》，明确要求针对教学方法、教学环境、教育管理、人才培养等多个方面实现教育的智能化；同时也强调发展全民人工智能教育，为中小学设置人工智能课程，在大学建设人工智能学院、培养聚集人工智能高端人才。人工智能通过智慧教育产业和技术驱动教育创新发展的同时，也通过新教育模式培育更多人工智能创新人才，促进人工智能技术的更快更好发展。2018年4月，教育部印发《教育信息化 2.0 行动计划》，提出"三全两高一大"的短期发展目标，特别要求设置"人工智能教育示范区"强调智慧教育创新发展，推动新技术支持下教育的模式变革和生态重构。2018年5月，中国自动化学会组建智慧教育专业委员会，旨在综合产学研各界自动化领域专家技术人才，发挥学会的学术引领职能，推进新型智慧教育技术发展，促进人工智能技术与教育科学的融合，形成合力推动教育创新；并结合全民科学素质提升行动要求，在全社会发起人工智能科学普及工作。2020年，突如其来的新冠肺炎疫情，触发了一次史无前例的大规模在线教学实践，从幼儿园到大学的学生都通过互联网在线学习，用户规模大、地区覆盖广、应用场景多，显著提升了智慧教育产业和技术应用发展需求。

任何一个产业和技术都不是孤立发展的，教育行业亦是如此。教育具有生产力和上层建筑的双重属性，一方面促进国民经济发展，另一方面要为国家发展战略服务。当今世界正在经历百年未有之大变局，在新冠肺炎疫情仍然看不到结束之日的特殊时期，我国已开启全面建设社会主义现代化国家新征程，在教育领域开启了以教育新基建为代表的新阶段，以推动教育的公平、优质、均衡、高质量发展；面向科技前沿，发展关键核心智慧教育技术，引导智慧教育产业服务国家战略是重要抓手，期待本研究报告能够为政策制定和行业发展提供有用的参考。

中国自动化学会

2021 年 12 月

目 录

第一章　智慧教育产业与技术发展的背景与现状分析　　　　　　　　　　／001

　　第一节　智慧教育的界定　　　　　　　　　　　　　　　　　　／001

　　第二节　智慧教育的内涵　　　　　　　　　　　　　　　　　　／001

　　第三节　国内外智慧教育发展　　　　　　　　　　　　　　　　／002

　　第四节　智慧教育产业关键技术　　　　　　　　　　　　　　　／030

　　第五节　智慧教育产业环境分析　　　　　　　　　　　　　　　／048

第二章　智慧教育产业与技术发展的态势与需求分析　　　　　　　　　　／057

　　第一节　智慧教育产业与技术发展态势　　　　　　　　　　　　／057

　　第二节　智慧教育产业市场需求分析　　　　　　　　　　　　　／069

　　第三节　智慧教育国家需求分析　　　　　　　　　　　　　　　／088

　　第四节　智慧教育技术研发需求分析　　　　　　　　　　　　　／094

　　第五节　智慧教育技术瓶颈分析　　　　　　　　　　　　　　　／119

　　第六节　智慧教育产业与技术发展的总体目标　　　　　　　　　／126

第三章　智慧教育产业细分领域和区域发展分析　　　　　　　　　　　　／129

　　第一节　智慧教育产业细分领域发展分析　　　　　　　　　　　／129

　　第二节　智慧教育区域发展分析　　　　　　　　　　　　　　　／239

第四章　智慧教育发展趋势及问题挑战　　　　　　　　　　　　　　　　／250

　　第一节　智慧教育发展背景　　　　　　　　　　　　　　　　　／250

　　第二节　智慧教育发展趋势　　　　　　　　　　　　　　　　　／254

第三节　智慧教育问题挑战　　　　　　　　　　　/ 265

第五章　**智慧教育发展建议**　　　　　　　　　　　/ 270

第一节　阶段预测　　　　　　　　　　　　　　/ 270

第二节　操作建议　　　　　　　　　　　　　　/ 271

第三节　其他建议　　　　　　　　　　　　　　/ 286

第四节　结论展望　　　　　　　　　　　　　　/ 288

参考文献　　　　　　　　　　　　　　　　　/ 289

第一章
智慧教育产业与技术发展的背景与现状分析

第一节　智慧教育的界定

智慧教育是指运用现代信息技术所打造的数字化、智能化、个性化、泛在化、开放化的教育信息生态系统。智慧教育全面而深入地应用于包括教育管理、教育教学和教育科研在内的诸多教育领域，是教育信息化高度发展的新形态。其中，现代信息技术包括5G（第五代移动通信技术）、大数据、人工智能、云计算、物联网、区块链等。

智慧教育是一个复杂而庞大的系统，主要包括智慧教学、虚拟教师、智慧课堂、智慧校园等多个核心要素。

第二节　智慧教育的内涵

随着人工智能技术与教育的深度融合，教育信息化进入了高级发展阶段——智慧教育。国内外专家学者对智慧教育内涵的研究从教育本义和教育信息化两个角度开展。

从教育本义上讲，智慧是教育永恒的追求，智慧教育的出发点和归宿点是唤醒、发展人类"智慧"。印度著名哲学家吉杜·克里希那穆提（Jiddu Krishnamurti）在其专著《一生的学习》中从智慧的高度解读了教育，认为真正的教育要帮助人们认识自我、消除恐惧、唤醒智慧[1]。英国著名哲学家阿尔弗雷德·诺思·怀特海（Alfred North Whitehead）提出儿童智慧教育理论，认为教育的主题是生活，教育的目的是开启学生的智慧[2]。

国内外教育学家、心理学家和科学家也一直关注智慧教育。加拿大"现象学教育学"的开创者马克斯·范梅南（Max van Manen）提出了以儿童发展为取向的智慧教育学理念，指出教育者应该为儿童创造一种充满关爱的学校环境，要关注儿童真实的生活世界，要关心儿童的存在和成长[3]。美国著名心理学家罗伯特·斯腾伯格（Robert J.

Sternberg）提出智慧平衡理论，倡导为智慧而教，认为教育应教会学生智慧地思考和解决问题，教会学生平衡人际内、人际间以及人与环境之间的利益，培养学生的社会责任[4]。

从教育信息化发展的角度，陈琳[5]认为由于目前的教育信息化缺乏重大理论与实践创新，智慧教育被赋予新的内涵和特征，智慧教育是教育信息化的新形态。黄荣怀[6]通过对现代教育系统的构成要素进行逻辑演绎，指出智慧教育系统将经历智慧学习环境、新型教学模式和现代教育制度三重境界。智慧教育具有感知、适配、关爱、公平、和谐五大本质特征，通过智慧学习环境传递教育智慧，通过新型教学模式启迪学生智慧，通过现代教育制度孕育人类智慧。

祝智庭[7]在《智慧教育：教育信息化的新境界》文章中分析了信息时代智慧教育的基本内涵。通过构建智慧学习环境，运用智慧教学法，促进学习者进行智慧学习，从而提升成才期望，即培养具有高智能和创造力的人，利用适当的技术智慧地参与各种实践活动并不断地创造制品和价值，实现对学习环境、生活环境和工作环境灵巧机敏的适应、塑造和选择。

尹恩德[8]从教育信息化带动教育现代化发展的角度出发，界定了智慧教育的概念。智慧教育是指运用物联网、云计算为代表的一批新兴的信息技术，统筹规划、协调发展教育系统各项信息化工作，转变教育观念、内容与方法，以应用为核心，强化服务职能，构建网络化、数字化、个性化、智能化、国际化的现代教育体系。金江军[9]认为智慧教育是教育信息化发展的高级阶段，是教育行业的智能化，与传统教育信息化相比表现出集成化、自由化和体验化三大特征。

综上所述，智慧教育的内涵是将现代智能技术与现代教育制度相结合构建网络化、智能化和个性化的智慧教育环境，全面实施个性化教学、按需服务的新型教育模式[10]，实现"人人皆学、处处能学、时时可学"的学习型社会环境，最终实现教育启迪、唤醒人类智慧的根本目的，为社会培养具有高度应变与创新能力的人才。

第三节　国内外智慧教育发展

一、国内智慧教育发展

（一）发展历程

中国智慧教育的发展依托于教育信息化的发展进程；而教育信息化的发展具有较

高的政策导向性，其主要经历了如下四个阶段（图 1-1）。

A．萌芽阶段（2000 年以前）

强调基础设施建设，如多媒体教室等硬件设施等。

中国的教育信息化自 20 世纪末期开始发展，至今已有数十年的历史。在教育信息化萌芽阶段，国家主要强调基础设施建设，重点在于信息技术在课前课后的应用，布局学校多媒体教室等硬件设施。教师和管理人员开始对信息技术在教育教学和管理中的作用有新认识。

B．快速发展阶段（2000—2011 年）

国家重点强调教育教学资源建设，信息技术和网络课程广泛普及。

这阶段的主要产品涉及录播系统、投影仪、电子学习机等。2003 年，中国开启农村教育信息化、教师教育信息化、职业教育信息化、高等教育信息化的进程。2010年，教育部发布《国家中长期教育改革和发展规划纲要（2010—2020 年）》，提出要高度重视信息技术对教育发展的革命性影响。

发展阶段	萌芽阶段（2000年以前）	快速发展阶段（2000—2011年）	教育信息化1.0阶段（2012—2017年）	教育信息化2.0阶段（2018年至今）
重要事件及政策	·建设 CERNET 和 CEBsat，构成教育信息化的重要基础设施 ·广播电视大学、电大教学兴起	·2000 年，全面实施"校校通" ·2002 年，发布实施《教育管理信息化标准》 ·2010 年，云计算得到广泛应用，"电子书包"和"教育云"项目启动	·2012 年 3 月，教育部颁布《教育信息化十年发展规划（2011—2020 年）》，明确提出要坚持"应用驱动"的工作方针	·2018 年，《教育信息化 2.0 行动计划》出台。此阶段以"用"为出发，以数据为驱动，以提升效率和体验为根本，强调通过大数据采集与分析，将人工智能切实融入实际教学环境中，实现因材施教、个性化教学
内容及成果	·强调基础设施建设，重信息技术在课前课后的应用，布局学校多媒体教室等硬件设施	·此阶段为建设驱动发展期 ·基础网络设施获得较大提升，初步形成基础教育资源库 ·考试成绩、大学课程选择等多方面教育信息化步入人们视野 ·多媒体教学已较为普遍，"电子白板＋投影仪"成为较为普遍的教学设备	·《规划》要求，要建设好"三通两平台"。"三通"即宽带网络校校通、优质资源班班通、网络学习空间人人通；"两平台"即教育资源公共服务平台和教育管理公共服务平台	·"三全两高一大"，即教学应用覆盖全体教师、学习应用覆盖全体适龄学生、数字校园建设覆盖全体学校，信息化应用水平和师生信息素养普遍提高，建成"互联网＋教育"大平台

图 1-1　中国教育信息化发展历程

C．教育信息化 1.0 阶段（2012—2017 年）

开始"三通两平台"建设，教育信息化上升为国家战略。

2012 年，教育部发布《教育信息化十年发展规划（2011—2020 年）》（简称《规划》），从顶层设计上明确了教育信息化的建设内容和方向，提出充分发挥现代信息技术优势，注重信息技术与教育的全面深度融合，并将教育信息化上升为国家战略，教育信息化市场快速发展[11]，中国进入教育信息化 1.0 阶段。同年，国务院在全国教育信息化工作会议上提出，"十二五"期间要建设好"三通两平台"："三通"即宽带网络校校通、优质资源班班通、网络学习空间人人通，"两平台"即教育资源公共服务平台和教育管理公共服务平台。

D．教育信息化 2.0 阶段（2018 年至今，智慧教育阶段）

开始"三全两高一大"的建设，开展智能技术与教育的融合创新。

2018 年，教育部发布《教育信息化 2.0 行动计划》，提出以人工智能、大数据、物联网等新兴技术为基础，依托各类智能设备及网络，积极开展智慧教育创新研究和示范，推动新技术支持下教育的模式变革和生态重构[12]，这标志着中国教育信息化正式进入全新的 2.0 时代。

《教育信息化 2.0 行动计划》要求建设"三全两高一大"，即教学应用覆盖全体教师、学习应用覆盖全体适龄学生、数字校园建设覆盖全体学校，信息化应用水平和师生信息素养普遍提高，建成"互联网＋教育"大平台。

2019 年，国务院印发《中国教育现代化 2035》和《加快推进教育现代化实施方案（2018—2022 年）》[13, 14]，突出强调了教育信息化在教育现代化的顶层设计和行动方案中所担任的角色，高等教育作为教育信息化领域的重要组成部分，需促进信息技术与教育教学深度融合，创新信息时代教育治理新模式，推动以互联网等信息化手段服务教育教学全过程。

2021 年 7 月 25 日，中共中央办公厅、国务院办公厅印发《关于进一步减轻义务教育阶段学生作业负担和校外培训负担的意见》落地，各类教育科技企业纷纷转向素养教育，技术创新逐步由校外回到课堂，如何把智能技术与课堂、校园相结合是下一步需探索的问题；教育信息化如何通过顶层设计、政策制定、标准规范加快教育资源共享、教育服务互通、缩小发展不均衡是急需解决的问题。

随着教育"十四五"规划的发布，结合教育新基建，可以看出，中国推动教育专用资源向教育大资源转变、从提升师生信息技术应用能力向提升信息素养转变，发展基于互联网的教育服务新模式、探索信息时代教育治理新模式，将教育信息化朝科学化、规范化和大众化的方向发展。

1. 发展现状

中国智慧教育发展主要体现在教育基础设施建设、智慧教育资源平台建设、人工智能与教育融合等方面（表1-1）。目前，智慧教育工作重点包括推进学校联网攻坚工作，完善国家数字教育资源公共服务体系，加强人工智能、大数据、云计算等新技术在教育领域的应用等[15]。

表 1-1　中国智慧教育发展现状

智慧教育	发展现状
基础设施建设	• 中小学（含教学点）互联网接入率达到100% • 中小学的多媒体教室拥有率达98.4%，其中超过70%的学校实现多媒体教学设备全覆盖 （2020年底数据）
智慧教育资源平台建设	• 国家体系已接入上线平台169个。其中，国家平台1个、省级平台29个、市级平台59个、区县级平台80个 （2020年7月数据）
人工智能技术融合	• 建设智能化校园，统筹建设一体化智能化教学、管理与服务平台

（1）教育基础设施建设发展现状

2020年，中国中小学（含教学点）互联网接入率已达100%。

教育基础设施建设方面，中国加快推进学校互联网接入和提速降费，并探索采用宽带卫星等多种技术手段实现学校互联网全覆盖。

截至2020年底，中国中小学（含教学点）互联网接入率从2016年底的79.4%上升到100%，98.4%的中小学已拥有多媒体教室[16]，其中超过70%的学校实现多媒体教学设备全覆盖，为信息化教学和智慧教育的发展夯实了基础条件[16]。

（2）智慧教育资源平台建设发展现状

截至2020年7月，国家体系已接入上线平台169个，其中国家平台1个、省级平台29个、市级平台59个、区县级平台80个[17]。

国家数字教育资源公共服务体系建设，通过体系枢纽环境，将优质资源便捷推送到网络学习空间，为师生提供免费数字教育资源服务。同时，国内教育领域持续开展"一师一优课、一课一名师"活动，年均参与教师数400多万人，年均参与学校数近

20万所，总计晒课超过2000万堂，遴选出部级优课近7万堂，逐步形成了"人人用资源、课课有案例"的良好氛围。

农村方面，中国实施了"农村中小学数字教育资源全覆盖项目"，结合实际教学进度，通过卫星和宽带网络免费推送到全国所有农村义务教育阶段学校，为农村中小学教师教学提供支撑。

此外，国家指导开放大学探索"互联网+"教育教学模式改革，建设支撑全国百万级学生在线学习的一站式远程开放教育平台，扩大优质资源共建共享。

（3）人工智能技术与智慧教育融合发展现状

国家积极探索实践人工智能与教育的深度融合，持续加大智慧教育的覆盖范围，不断提升信息化水平，大力发展"互联网+教育"平台建设。

2019年，《中国教育现代化2035》发布，提出加快推进信息化时代的教育变革，建设智能化校园，统筹建设一体化智能化教学、管理与服务平台，利用现代技术加快推动人才培养模式改革。此外，教育部还编制了《中国智能教育发展方案》，开展智慧教育创新发展行动，指导推进"智慧教育示范区"创建工作，积极推动新技术支持下教育的模式变革和生态重构。

目前智慧教育主要工作，包括继续深入推进"三通两平台"，实现三个方面普及应用。"宽带网络校校通"，实现提速增智，所有学校全部接入互联网，带宽满足信息化教学需求，无线校园和智能设备应用逐步普及。"优质资源班班通"和"网络学习空间人人通"，实现提质增效，在"课堂用、经常用、普遍用"的基础上，形成"校校用平台、班班用资源、人人用空间"。教育资源公共服务平台和教育管理公共服务平台实现融合发展。实现信息化教与学应用覆盖全体教师和全体适龄学生，数字校园建设覆盖各级各类学校。

智慧教育的未来短期目标为，到2022年基本实现"三全两高一大"的发展目标，即教学应用覆盖全体教师、学习应用覆盖全体适龄学生、数字校园建设覆盖全体学校，信息化应用水平和师生信息素养普遍提高，建成"互联网+教育"大平台，推动从教育专用资源向教育大资源转变[18]（图1-2）。

2. 产业分布

（1）区域分布（横向）

目前，中国智慧教育发展领先地区为广东省、浙江省、江苏省、山东省以及北、上、广、深等一线城市地区（图1-3）。

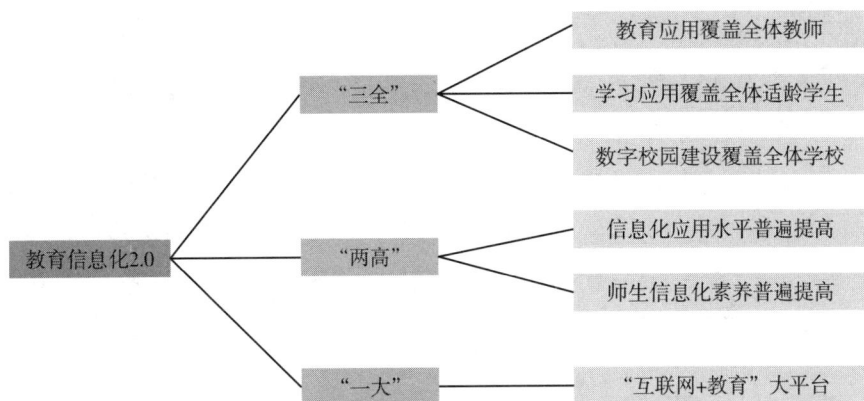

图 1-2　智慧教育短期主要目标（到 2022 年）

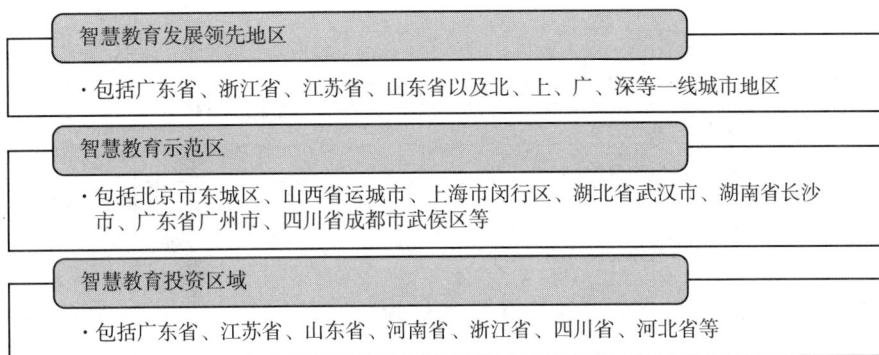

图 1-3　智慧教育产业分布（地区）

中国智慧教育示范区方面，中国分别于 2019 年和 2020 年推出两批智慧教育示范区，包括北京市东城区、山西省运城市、上海市闵行区、湖北省武汉市、湖南省长沙市、广东省广州市、四川省成都市武侯区等 18 个地区，开展智慧教育探索与实践，推动教育理念与模式、教学内容与方法的改革创新，探索积累可推广的先进经验与优秀案例，形成引领教育改革发展的新途径、新模式。

中国智慧教育投资区域分布方面，广东省、江苏省、山东省、河南省、浙江省、四川省、河北省投资金额较大。另外，在《2020 年教育信息化和网络安全工作要点》中，国家又提出启动"百区千校万课"引领行动，汇聚优秀案例，推广典型经验，打造区域性标杆，以此推动各地智慧教育建设水平的提升。

（2）产业链分布（纵向分布）

1）产业链介绍及各层产品功能。智慧教育已形成完整的产业链。上游建设主体分为软件商、硬件厂商和内容提供商，三大主体用四个维度的产品来支撑智慧教育的建设，即校园 IT 基础设施、互动教学硬件设备、信息化平台及软件、线上内容资源；下游客户包括教育主管部门、学校、教师、学生、家长等（图 1-4）。

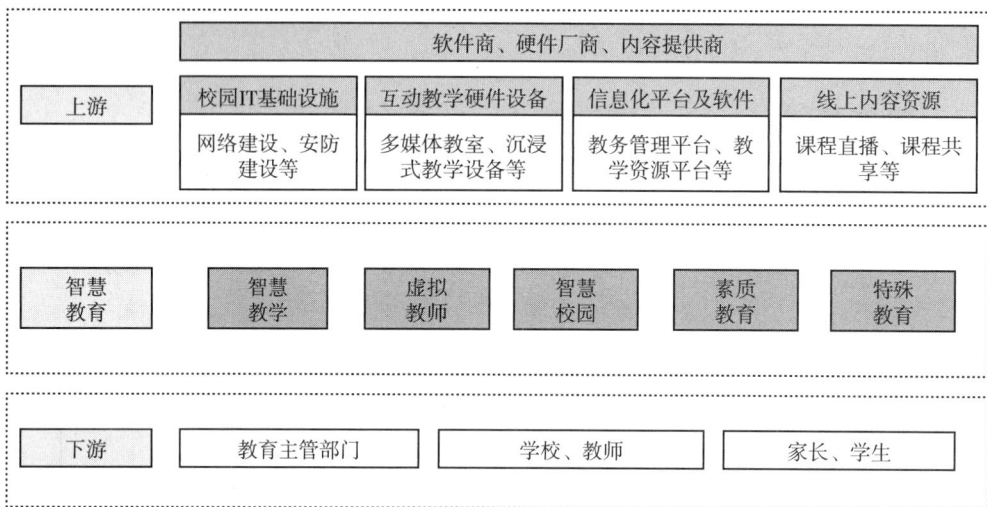

软件商、硬件厂商、内容提供商			
校园IT基础设施	**互动教学硬件设备**	**信息化平台及软件**	**线上内容资源**
网络建设、安防建设等	多媒体教室、沉浸式教学设备等	教务管理平台、教学资源平台等	课程直播、课程共享等

上游

| 智慧教育 | 智慧教学 | 虚拟教师 | 智慧校园 | 素质教育 | 特殊教育 |

下游 | 教育主管部门 | 学校、教师 | 家长、学生 |

图 1-4 智慧教育产业链构成

智慧教育企业参与主体可以分为设施层、平台层、设备类、资源类和应用层等五个层面：①设施层，提供各类基础硬件设施，包括运营商提供网络带宽以及服务器等。②平台层，各类支撑平台，为应用提供执行环境支撑，包括云计算、云存储、数据库、综合管理等，主要的参与者是阿里、腾讯、华为等大型企业。③设备类，提供服务器、平板电脑、摄像头、网关等教育硬件设备的厂商。④资源类，提供教育相关内容的企业，包括教育出版和传媒集团、教学内容提供商。⑤应用层，提供软件应用类，主要有教育软件、App、小程序等，包括教育科技企业等。

2）企业竞争格局。智慧教育主要企业包括科大讯飞、腾讯、百度、阿里、华为、鸿合科技、视源股份等，智慧教育产品包括讯飞智慧教育、腾讯智慧教育解决方案、百度云智学院、钉钉未来校园、华为教育信息化解决方案、鸿合智慧教育、视源教育信息化应用工具等，产品以智慧校园、智慧教室、智慧课堂为重点，具备软硬件结合、多场景、多品类、智能化、数字化、平台化、个性化等特点；主要企业大多可以为用户提供一站式智慧教育解决方案，但在智慧教育产品战略布局方面，企业综合自身优劣势情况，发展策略差异较大（表 1-2）。

表 1-2　智慧教育主要企业布局情况

主要产品	公司智慧教育领域发展情况	业务布局		应用层				
		基础设施及硬件设备	信息化平台及软件	智慧教学	虚拟教师	智慧校园	素质教育	特殊教育
讯飞智慧教育[19]	讯飞智慧教育包括精准教学（智慧课堂、英语听说智能教学系统等）、自主学习（智慧空中课堂、个性化学习手册等）、智慧考试（英语听说教考平台、智能评卷系统等）、高效管理（区域教育云、教育大数据平台、讯飞智慧校园等）、创新教育（人工智能创新教育、创客教育等）五大方面。公司智慧教育业务覆盖教、学、考、管四大主场景的全栈产品体系，分别对应精准教学、自主学习、智慧考试、高效管理四大解决方案	讯飞智慧窗、讯飞智能学生机、个性化学习手册、阿尔法蛋等	班级超脑能力平台、智学网、科大讯飞教育云平台等	√	√	√	√	√
腾讯教育[20]	腾讯教育，借助腾讯服务连接能力，在云计算、大数据、人工智能的领先技术，以及在数字内容的丰富积累，面向教育管理部门、学校、教育机构和个人覆盖学前教育、基础教育、高等教育、高职教育和终身教育，通过做好连接、内容、社会责任，助力实现教育公平化、个性化、智慧化的目标	惠普－腾讯教育智能本、MagicPie智能电子纸、AILA智能作业灯等	腾讯教育智脑解决方案、腾实学院、腾讯教育云、腾讯智慧校园等	√	√	√	√	√
百度云智学院[21]	百度云智学院K12版是百度教育为中小学和高校用户提供的智能信息化解决方案。产品整合了百度教育文档、视频、图书资源，支持中小学和高校基于网络进行教学，利用网络信息化手段辅助开展教研活动。功能模块上来看，百度云智学院K12版依据不同教育场景，可分为"教、学、考、评、管、成长"六大模块	小度智能学习平板、小度在家智能屏等	百度云智学院K12版教育大平台、百度教育App、百度智慧课堂App等	√	√	√	√	√

续表

主要产品	公司智慧教育领域发展情况	业务布局						
		基础设施及硬件设备	信息化平台及软件	应用层				
				智慧教学	虚拟教师	智慧校园	素质教育	特殊教育
钉钉未来校园[22]	钉钉未来校园通过"校园数字化管理平台＋校园智能硬件"的整体解决方案，面向全国中小学校提供服务。钉钉的智慧教育解决方案，底层依托阿里云和大数据系统，中层基于钉钉做开放平台的教育应用市场，上层则链接各类智能终端，最终触达教育管理部门、学校和家长，系统帮助学校实现全面数字化	天猫精灵E1等	钉钉未来校园、支课堂、	√	√	√	√	—
华为教育信息化解决方案[23]	华为的教育信息化业务主要依托华为云，做面向高等教育、基础教育和在线教育等场景，服务于高校人才培养、科研创新、智慧校园、在线教育等，通过云计算、大数据、物联网、人工智能等技术重构教育。与多家教育主要企业成立教育信息化产业联盟，构建智慧教育新生态	华为办公宝协作平板、智绘妙笔等	华为智慧教室、云课堂、教育云数据中心、校园网络等	√	√	√	√	√
视源教育信息化应用工具[24]	希沃是公司在教育领域的自主品牌，希沃教育信息化产品体系主要包括三大品类：常态化教学应用软件、数字化环境硬件、数据管理与服务软件。推出了希沃交互智能平板、智慧黑板、学生平板、云班牌、易课堂、智能录播系统等硬件及软件类新产品，基本实现了教育信息化应用工具的全面覆盖	希沃交互智能平板、智慧黑板、学生平板、云班牌等	希沃易课堂、智能录播系统等	√	√	—	√	—
鸿合智慧教育[25]	鸿合HiteVision智慧教育包括硬件产品智能交互平板、电子交互白板、电子书包、电子班牌等，软件产品爱学班班、鸿合π交互教学软件等，解决方案包括集控管理平台、智慧教室、互动教学、双师课堂、常态化录播等	智能交互平板、电子交互白板、电子书包、电子班牌、互动录播主机等	鸿合集控管理平台、智慧教室、双师课堂、常态化录播、互动教学等	√	√	√	√	—

（二）国内智慧教育产业投资趋势分析

1. 教育信息化投资额变化趋势

投资额度方面，2011 年起，政策要求教育信息化经费不低于教育经费的 8%；2020 年中国教育信息化经费约 3400 亿元（图 1-5）。中国产业政策的支持及财政性教育经费的保障，为教育信息化行业的快速发展带来了良好的机遇。2011 年，教育部发布《教育信息化十年发展规划（2011—2020 年）》，要求各级政府在教育经费中按不低于 8% 的比例列支教育信息化经费。2019 年国务院发布的《中国教育现代化 2035》提出，确保财政一般预算教育经费支出逐年只增不减，保证国家财政性教育经费支出占国内生产总值比例不低于 4%。

图 1-5　2011—2025 年中国财政性教育经费及教育信息化经费
资料来源：教育部（2021 年和 2025 年数据经估算得出）。

2020 年，中国教育经费总投入为 53014 亿元，其中，财政性教育经费约 42891 亿元；按照教育信息化经费不低于教育经费的 8% 估算，2020 年中国教育信息化经费约 3400 亿元。

投资趋势方面，2015 年以来，中国教育经费总投入增长幅度保持在每年 5%～10%，预计未来仍保持此趋势增长。2021 年，中国教育信息化经费约 3700 亿元，到 2025 年中国教育信息化经费约 5000 亿元。

投资区域方面，2020 年，校外智慧教育投资金额占比较大的地区主要包括北京、上海、广东、江苏、福建、浙江等；投资领域方面，主要为 K12 领域、教学信息化、语言学习、素质教育、职业教育等。随着"双减"政策（2021 年，国务院发布《关于进一步减轻义务教育阶段学生作业负担和校外培训负担的意见》[26]）的有序推进，预计 K12 义务教育阶段学科领域和语言学习投资占比呈下降趋势，教学信息化、素质教育、职业教育等投资占比呈上升趋势。

2. 投资方向

目前，中国智慧教育行业的发展特点主要包括：① 5G、人工智能、区块链、大数据、虚拟现实等技术推动智慧教育加速发展；②智慧教育在教学信息化、素质教育、职业教育领域应用前景较为广阔[27]；③智慧教育企业向软硬件及数据分析为一体的整体解决方案提供商发展，产品数据化趋势明显；④政府、学校、企业间智慧教育市场竞争将在政策引导下理性竞争[28]。

智慧教育领域投资及投资方向方面，智慧教育硬件、智慧校园、智慧教室、智慧课堂、教育云平台、在线教育（非义务教育阶段学科类）、素质教育、职业教育等是未来的主要投资方向[29]（表 1-3）。

表 1-3　中国智慧教育各领域投资方向

类别	领域	未来投资方向
应用领域	智慧教育硬件	包括网络宽带的架构建设以及相关终端设备的更新等
	智慧校园	提供综合性的面向学校、教师、学生和家长的智慧管理服务一体化解决方案
	智慧教室	5G 技术改造后的沉浸式课程和实时反馈系统等
	智慧课堂	互动课堂等
	教育云平台	整合各级各类教育资源公共服务平台和支持系统，逐步实现资源平台、管理平台的互通、衔接与开放，建成国家数字教育资源公共服务体系
教育领域	在线教育	在线教育从大力发展转向有序发展，关注手机端（非义务教育阶段学科类）
	素质教育	美术教育、儿童编程等
	职业教育	智慧教育与职业教育的结合

（1）应用领域投资方向（图 1-6）

1）智慧教育硬件。不断更新与完善的硬件设备是教育信息化发展和推进的基础，主要包括网络宽带的架构建设以及相关终端设备的更新。终端设备的更新体现在两个方面：一是教室内的智能设备，如黑板逐步演变成电子白板、液晶白板、触控一体机；二是学生学习的手持终端，如电脑、平板、智能手机等。智慧教育的发展由硬件支撑

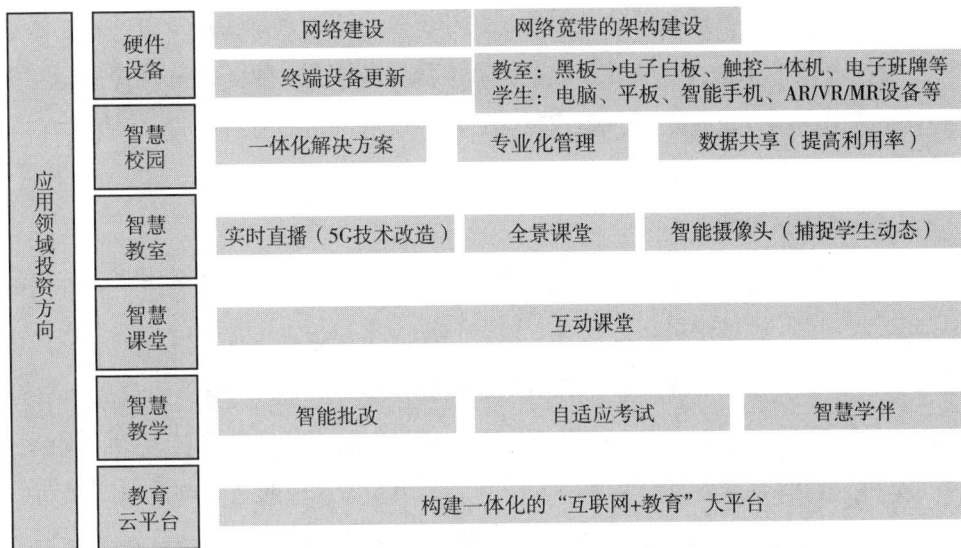

图 1-6　智慧教育应用领域主要投资方向

转变为深度融合应用信息化软件产品的趋势明显。

2）智慧校园。智慧校园整体应用需求持续增长。智慧教育的服务平台，提供综合性的面向学校、教师、学生和家长的智慧管理服务一体化解决方案。在更为细分的场景内，针对幼儿园、中小学、高校、职业培训学校等提供更加专业化的校园管理系统，不仅让校园管理变得方便有效，还可以支持数据的共享和交换，利用大数据分析，不断优化系统，打破校园边界，提高整体教育资源的利用水平。

3）智慧教室。未来中国会有相当比例的教室进行 5G 技术改造，用来提供更多的沉浸式课程和实时反馈系统，以便学生可以快速获取教学内容，教师可以根据学生的数据进行及时反馈。如全景课堂实现全景直播；智能摄像头系统捕捉学生的动态，进行体态识别和情绪识别，实时为教师提供课堂教学效果反馈；利用科技手段构建情境教学环境和实验室等。

4）智慧课堂。智慧课堂是智慧教育的重要应用场景，其中，互动课堂是"互联网＋教育"下新发展的一种教学模式，通过调节师生关系及相互作用，让学生的主体地位在课堂上得到落实和凸显，强化人与环境的交互影响，以产生教学共振，提高教学效果，发展学生能力。随着"互联网＋"的发展，互动课堂既面向线下实体课堂，也支持基于互联网的在线课堂，及线上和线下相结合的云课堂和泛在课堂。

5）教育云平台。从智慧教育示范区的规划可以发现，教育云平台及新一代信息技术为建设重点，构建一体化的"互联网＋教育"大平台。引入"平台＋教育"服务模式，整合各级各类教育资源公共服务平台和支持系统，逐步实现资源平台、管理平台的互通、衔接与开放，建成国家数字教育资源公共服务体系。充分发挥市场在资源配置中的作用，融合众筹众创，实现数字资源、优秀师资、教育数据、信息红利的有效共享，助力教育服务供给模式升级和教育治理水平提升。

（2）教育领域投资方向

1）素质教育。美术教育、儿童编程等领域得到了资本的广泛关注。随着国内陆续将体育、艺术、其他学科以及综合素质评估纳入考评标准，加之课外辅导服务市场的逐步开放，素质教育细分赛道在未来将继续吸引投资，同时同业竞争也更加激烈。

2）职业教育。2017 年起，政府每年工作报告中的专项拨款、扩大招生规模、支持兴办职业教育等一系列政策和资金支持，表明中国对职业教育高度重视。2020 年教育部发布《职业教育提质培优行动计划（2020—2023 年）》，提出坚持职业教育与普通教育不同类型、同等重要的战略定位，着力夯实基础、补齐短板，着力深化改革、激发活力，加快构建纵向贯通、横向融通的中国特色现代职业教育体系，大幅提升新时代职业教育现代化水平和服务能力，为促进经济社会持续发展和提高国家竞争力提供多层次高质量的技术技能人才支撑。

3）在线教育。在线教育是智慧教育的重要细分领域之一，用户规模总体呈上升趋势，占网民规模比重稳步提升，尤其是手机端。未来，"双减"政策对在线教育发展产生结构性影响，义务教育阶段学科类在线教育影响较大，素质在线教育和职业在线教育有望加速发展。

（三）国内智慧教育产业应用实践

1. 智慧教育产业应用实践情况

中国智慧教育产业应用实践主要包括智慧校园、智慧教室、智慧课堂、智慧考试、智慧评估、智慧平台、智慧科研、智慧服务等（表 1-4）。

2. 智慧教育产业应用实践案例

案例 1：科大讯飞智慧教育（图 1-7）

科大讯飞智慧教育业务覆盖教、学、考、管四大主场景产品体系，分别对应精确教学、自主学习、智慧考试、高效管理四大解决方案。科大讯飞通过构建区域因材施教综合解决方案，实现教与学过程中的数据积累，通过 AI 算法对数据持续分析，实现减负增效、促进教育进步。

表 1-4 智慧教育产业应用领域及构成

细分领域	主要构成
智慧校园	智慧校园基础设施、教务管理、安全管理、文化建设
智慧教室	AR/MR/VR 沉浸式教学
智慧课堂	直播教学、智慧导学、App 教学、MOOC/ 微课 / 翻转课堂、STEM 教育、创客教育
智慧考试	自适应考试
智慧评估	智能批改
智慧平台	智能学习平台
智慧科研	虚拟实验室
智慧服务	智慧学伴、教育机器人、智能问答、智慧排课

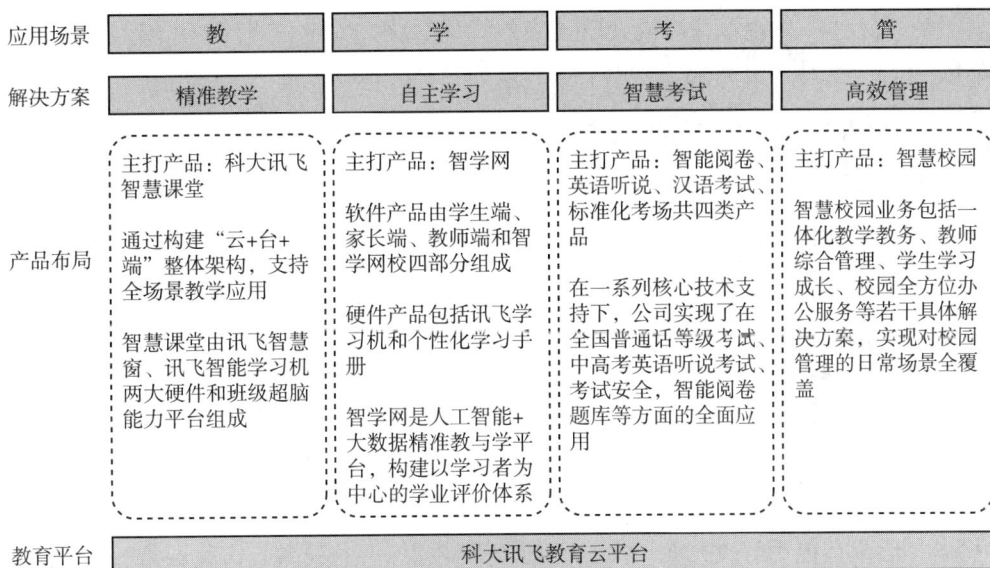

应用场景	教	学	考	管
解决方案	精准教学	自主学习	智慧考试	高效管理
产品布局	主打产品：科大讯飞智慧课堂 通过构建"云+台+端"整体架构，支持全场景教学应用 智慧课堂由讯飞智慧窗、讯飞智能学习机两大硬件和班级超脑能力平台组成	主打产品：智学网 软件产品由学生端、家长端、教师端和智学网校四部分组成 硬件产品包括讯飞学习机和个性化学习手册 智学网是人工智能+大数据精准教与学平台，构建以学习者为中心的学业评价体系	主打产品：智能阅卷、英语听说、汉语考试、标准化考场共四类产品 在一系列核心技术支持下，公司实现了在全国普通话等级考试、中高考英语听说考试、考试安全，智能阅卷题库等方面的全面应用	主打产品：智慧校园 智慧校园业务包括一体化教学教务、教师综合管理、学生学习成长、校园全方位办公服务等若干具体解决方案，实现对校园管理的日常场景全覆盖
教育平台	科大讯飞教育云平台			

图 1-7 科大讯飞智慧教育产业应用实践

教（智课）：精确教学。科大讯飞精确教学解决方案主打产品为智慧课堂。智慧课堂通过构建"云 + 台 + 端"整体架构，创设网络化、数据化、交互化、智能化学习环境，支持线上线下一体化、课内课外一体化、虚拟现实一体化的全场景教学应用。讯飞智慧课堂由讯飞智慧窗、讯飞智能学习机两大硬件和班级超脑能力平台组成，通过班级超脑搭载的一系列人工智能技术，讯飞智慧窗和讯飞智能学习机实现软硬一体紧密相连，实现深度赋能课堂。

学（智学）：自主学习。科大讯飞自主学习解决方案主打产品为智学网，软件产品由学生端、家长端、教师端和智学网校四部分组成，实体硬件产品包括讯飞学习机和个性化学习手册。智学网是科大讯飞推出的人工智能＋大数据精准教与学平台，基于科大讯飞人工智能核心技术与大数据分析，构建以学习者为中心的学业评价体系。

考（智考）：智慧考试。科大讯飞智慧考试解决方案主要由智能阅卷、英语听说、汉语考试、标准化考场四类产品组成。在语音评测、智能评分、图像识别、语义理解、认知智能和讯飞超脑深度神经网络算法（deep neural networks，DNN）、递归神经网络（recurrent neural network，RNN）算法等一系列核心技术的支持下，科大讯飞实现了在全国普通话等级考试、中高考英语听说考试、考试安全、智能阅卷题库等方面的全面应用。

管（智校）：高效管理。科大讯飞高效管理解决方案主打产品为智慧校园。智慧校园业务包括一体化教学教务、教师综合管理、学生学习成长、校园全方位办公服务等若干具体解决方案，实现对校园管理的日常场景全覆盖。

智能教育平台：区域教育云平台。科大讯飞教育云平台是依据教育信息化2.0的要求，在统一数据规范、统一服务标准的基础上构建的大数据指引下的区域教育生态平台。用户在云平台之上既可以自行开发应用并接入平台，也可以购买平台现成应用，为用户提供多样化选择。讯飞教育云平台优势主要体现在区域统筹规划、降低建设成本，数据平台搭建、实现数据资产化，开放生态构建、满足个性需求三个方面。

案例2：腾讯智慧教育解决方案

腾讯智慧教育主要是基于腾讯教育平台，围绕学习、教学、管理、空间和服务等场景，形成系统化解决方案。产品包括智慧校园、智慧教室、智慧课堂、企鹅辅导等，商业模式包括企业对企业（business to business，B2B）与企业对用户（business to customer，B2C）（个人）。

腾讯智慧校园：专注服务校园五大场景，依托微信强大通信、支付能力和腾讯企业级安全体系，为学校提供移动端信息化智能解决方案。腾讯智慧校园主要服务场景包括校园管理、办公、学习、生活、家长，针对不同场景使用需求，智慧校园提供包括消息通知、校长信箱在内的十余项具体功能和应用。

腾讯智慧教室：主打物联网感知、创新教学模式、课堂质量精确评估等优势功能，提供软硬件一体化服务。智慧教室解决方案可以分为硬件、软件、评价与分析三部分，三位一体实现对小班双师课、在线一对一等教学场景的全面覆盖。

腾讯智慧课堂：产品包括企鹅辅导、腾讯课堂等。腾讯企鹅辅导是一款由腾讯推出的针对中小学生的全科直播课平台，提供一线名师小班教学、一对一辅导答疑、大数据学情分析等特色功能服务。腾讯课堂则主打职业教育，下设职业培训、公务员考试、托福雅思、考证考级等众多在线学习精品课程栏目，打造老师在线上课教学、学生及时互动学习的课堂。

二、国外智慧教育产业现状

（一）国外智慧教育产业发展现状与分布

1. 产业发展现状

智慧教育是经济全球化、技术变革和知识发展的产物，也是教育信息化发展的必然阶段。国外智慧教育的发展历程大体可划分为三个阶段（表1-5）：计算机辅助教学（20世纪六七十年代）、智能教学系统（20世纪80年代至21世纪初）、智能教育体系（2008年至今）。

表1-5　国外智慧教育产业发展历程

起始时间	发展阶段	智慧教育的主要特点
20世纪六七十年代	计算机辅助教学	在教育中处于次要位置，起辅助作用，智慧教育产品以硬件为主
20世纪80年代	智能教学系统	在教育中位置提升，起次要作用，智慧教育产品以硬件和软件结合为主
21世纪初	智能教育体系	在教育中处于主要位置，起主要作用，智慧教育产品更加重视软件功能

在国外，智慧教学、智慧电子学习（e-learning）和智慧校园是新兴的高速发展领域，它们或将改变现在课堂中的学习策略、学习环境、学习活动和学习技术。智能教学和电子学习的重点是，使教师能够开发出在高科技智能教室和智能大学中实现卓越教学的新方法，并为学生提供新的机会，使他们的成功最大化，并为他们的教学、地点和学习方式选择出最佳的方案[30]。

目前，通过智慧教育助推教育系统的转型升级，已经上升为各国的国家创新发展战略。美国联邦教育部从1996年开始，每五年发布一次《国家教育技术计划》，从

2017 年开始更新频率有加快趋势；德国政府于 2016 年推出了"数字型知识社会"的教育战略，内容涉及 5 个重点行动领域，各领域的战略目标统称为"数字化教育世界 2030"，描绘了未来数字化教育的行动框架；英国于 2016 年发布了《教育部 2015—2020 战略规划：世界级教育与保健》，注重推进 STEM 课程［科学（science）、技术（technology）、工程（engineering）、数学（mathematics）四个学科的相互结合］的建设，强调信息通信技术（information and communications technology，ICT）与教育的理性融合；澳大利亚提出了《国家数字经济战略》，目标是到 2020 年成为世界领先的数字经济体；欧盟委员会于 2018 年发布了《数字教育行动计划》，旨在推动数字技术在教育和培训领域更好的应用以及提升公民学习和工作的能力。

目前，国外智慧教育关注热点是在新兴技术对教与学的支持优化的基础上，通过智能技术融合，对于教育模式、教育治理、教育内容、教育评价、教学方式等一系列环节的再造重构，以打造智慧教育新生态[31]。

2020 年，突如其来的新冠肺炎疫情对各国教育行业均冲击较大。各国政府为了减缓疫情的传播而强制要求临时或无限期关闭学校，儿童和青年无法上学或上大学的人数创历史新高。截至 2020 年 3 月，已有 32 个国家已宣布或实施学校或大学停课，世界教科文组织向各国提供即时支持，包括包容性远程学习的解决方案。其中，16 个国家在全国范围内关闭了学校，影响了近 3.6 亿儿童和青年；另有 16 个国家和地区实施了局部学校停课，以防止或遏制疫情的传播。如果这些国家也下令在全国范围内关闭学校和大学，将影响另外 5 亿多儿童和青年的教育[32]。

全球疫情下，各国借助各种平台开展远程学习，促进全民教育的连续性。智慧教育发展水平比较高的国家毫不犹豫地将智慧教育作为助力教育战"疫"的最佳武器，充分利用了智慧教育中的数字学习管理系统、手机端应用系统、强大离线功能系统、大规模开放在线课程（Massive Open Online Course，MOOC）平台、自主学习内容、支持实时视频通信的协作平台、教师创建数字学习内容的工具和远程学习解决方案的外部存储库等。如日本通过其智慧教育中最重要的资源平台"未来课堂"（Future Classroom），向学习者提供各种有用的教学网站[33]；韩国依托智慧教育系统韩国教育与研究信息服务（Korea Education and Research Information Service，KERIS），在教育和研究信息服务网站上提供了各种不同的平台，用于在线学习和开放教育资源（Open Educational Resource，OER）；法国的智慧教育水平较高，不仅拥有成熟、完善的应用系统，丰富的教育资源，还有一流的教学平台，国家远程教育中心借此提供了可通过智能手机和计算机访问的虚拟教室系统，以使教师能够组织远程学习[34]。

2. 产业分布

智慧教育产业分布主要集中在人工智能技术相对发达的国家，主要包括美国、英国、新加坡、韩国、日本等。国外主要的发达国家较早意识到新形势下教育变革的必然性，从国家层面发布教育创新战略，设计教育改革发展蓝图，积极探索新模式、开发新产品、推进新技术支持下的教育教学创新（表1-6）。

表 1-6　部分主要发达国家智慧教育战略规划

国家	主要战略规划	主要内容
美国	《美国国家教育技术计划》	实现引领世界教育的目标，在设计和实施更加高效的教育系统方面成为领导者。6个国家教育技术计划文件是对教育的基础设施、混合与在线教育、信息化教学应用、教师信息技术能力培训、新兴技术应用等方面的前瞻性引领
英国	《开发学校课程的全球维度》	学校所教授的内容由国际性与全球性的事务所决定；关注并尝试解决当地与全球层面的诸如可持续发展、相互依存与社会正义等问题；围绕"全球维度"，建构知识、发展技能、培养态度
新加坡	"智慧国2015"项目、"未来学校"项目	使公民能够利用信息化手段开展泛在化学习和个性化学习，并支持终身学习发展，以适应未来信息社会需求。在教学中使用最新的应用软件，开发3D仿真学习情景模式，创新课程体系方法，培养师生自主创新能力、加强对外交流与学习等
韩国	《智慧教育推进战略》、"数字教科书"项目	促进智慧教育的转变，通过对教室智能化的装备，提高技术支持下学生学习效果，培养适应信息社会的新型国际人才。使得传统的教学资源更加多样化、高效化
日本	《i-Japan战略2015》、"超级高中"建设计划	以网络化为基础，深化信息技术在教育中的应用，面向未来需求培养能够创新科技的人才。通过打造有效的云技术教育信息化平台来促进超级高中的发展，并进而带动日本基础教育改革

（1）美国

1996年，美国发布《美国国家教育技术计划》（*National Education Technology Plan*，NETP）[35]，其行动纲领和总目标是实现引领世界教育的目标，在设计和实施更加高效的教育系统方面成为领导者。

自1996年以来，美国联邦教育部共发布了6个《美国国家教育技术计划》，引领和推动了美国智慧教育的建设和发展。在2017《美国国家教育技术计划》[36]中提到了技术的重要性，呼吁通过技术来改变学习，使参与其中的学生都能成为全球网络社会中最具创造力、知识水平和道德规范的参与者，并为教育主管领导、教师、研究人员、决策制定者和教育投资者等各类人士提供指导性意见。

《美国国家教育技术计划》是美国智慧教育发展的纲领性文件，6 个计划文件对教育的基础设施、混合与在线教育、信息化教学应用、教师信息技术能力培训、新兴技术应用等方面的前瞻性引领，让美国成为世界上智慧教育领先的国家之一。美国智慧教育的特点主要包括教育公平和教育质量并重、重视学科间融通，培养学生创造力、丰富课程体系，成就学生个性化成长、课堂自主互动，培养学生综合素养等[37]。

（2）英国

2000 年，英国发布《开发学校课程的全球维度》[38]，提出了发展教育的"全球维度"：学校所教授的内容由国际性与全球性的事务所决定；关注并尝试解决当地与全球层面的诸如可持续发展、相互依存与社会正义等问题；围绕"全球维度"，建构知识、发展技能、培养态度。

2007 年，英国发布《全球维度进行中——学校课程规划指南》[39]，对"全球维度"进行更为明确的界定与说明，同时引入 14 个学校开展全球素养教育的翔实案例资料，旨在帮助教师反思所教课程的全球维度的构建情况并为其教学提供进一步的资源支持。

2013 年，英国教育部发布新的国家课程，设定了关键阶段所有学科课程的学习方案和学习目标。要求必须在具体的课程中建立与全球维度、可持续发展的联系。

2018 年，英国推出了新的资助项目，通过全球学习联结教室计划（2018—2021年）[40]，向英国学校与发展中国家学校之间的合作项目提供资助，找寻、选拔具有组织全球学习经验的学校来领导当地的学校集群，旨在为英国和发展中国家的学习者提供关于全球议题的学习与行动的机会[41]。

（3）新加坡

2006 年，新加坡信息通讯发展管理局与新加坡教育部联合发起了为期十年的"智慧国 2015"项目[42]。新加坡智慧教育是智慧国家的重要组成部分，其教育财政支出占财政总支出的 15% 以上。智慧教育发展目标是使公民能够利用信息化手段开展泛在化学习和个性化学习，并支持终身学习发展，以适应未来信息社会需求。

新加坡教育部于 2007 年提出实施"未来学校"项目[43]，以鼓励学校开展创新的教学方法，将新的科技运用到教学中去。"未来学校"是指通过在教学中使用最新的应用软件，开发 3D 仿真学习情景模式，创新课程体系方法，培养师生自主创新能力、加强对外交流与学习等。智慧教育的核心理念是将教育从教会学生知识转变为教会学生学会学习，使学生的创造性思维、互助协作能力等得到全面发展，使新加坡走在了信息科技运用的最前端，为实现所有学校都能使用信息科技的目标奠定了坚实的基础。

（4）韩国

2011 年，韩国教育科学技术部颁布《智慧教育推进战略》[44]，从教育信息化视角指出智慧教育是未来教育的发展蓝图，目的是促进智慧教育的转变，通过对教室智能化的装备，提高技术支持下学生学习效果，培养适应信息社会的新型国际人才。其中，将智慧教育定义为自我导向、通过兴趣激发学习动机、支持分层适应式教学、丰富的免费教学资源以及技术融入。

针对丰富的教学资源改革，韩国政府大力推广"数字教科书"项目[45]，数字教科书不仅载有纸质课本的内容，还包括词典、多媒体内容、习题问题及各种学习工具，使得传统的教学资源更加多样化、高效化。该"数字教科书"项目通过公私合营的模式开展，引入出版和高科技企业参与，建立技术及内容的有效供需机制，做到风险共担，收益共享，实现项目的可持续发展。自项目开展以来，参与学校数快速增长，从 2015 年的 1592 所，发展至 2019 年的超 1 万所。韩国政府计划在 2021 年之前，完善韩国所有中小学的无线基础设施，以实现数字教科书的普及化。

（5）日本

2009 年，日本政府制定《i-Japan 战略 2015》[46]，指出需要以网络化为基础，深化信息技术在教育中的应用，面向未来需求培养能够创新科技的人才。

为了培养面向未来的国际型高科技人才，2014 年日本在"教育信息化愿景"的推动下开展了"超级高中"建设计划[47]。该计划在日本全国范围内设立 200 所超级科学高中示范研究基地学校，通过打造有效的云技术教育信息化平台来促进超级高中的发展，并进而带动日本基础教育改革。

（二）国外智慧教育产业格局与投资分析

1. 产业格局

国外智慧教育产业主要以美国为主，其他还包括新加坡、英国、日本、韩国、印度、加拿大、澳大利亚等。智慧教育应用领域以 K12、高等教育、素质教育、职业教育为主。

（1）美国

公司方面，美国约 50% 智慧教育企业的成立时间是最近 5 年（2015—2020 年）；而中国从业人员较为熟知的企业（Coursera、EVERFI、DreamBox Learning 等）的成立时间大多在最近 5 ~ 10 年（2010—2015 年）（表 1-7）。

应用领域方面，自适应学习和语言学习相关领域是比较热门的两个领域，受到美国企业和资本的重点关注。而与中国创业企业相比，偏应试的拍照搜题类产品（可能与美国对知识产权和协议的重视程度有关）在美国受到的关注度较低。

此外，与中国不同的是，由于美国的高等教育制度和体系，美国互联网教育公司为学生匹配贷款项目和为学校减少辍学率的项目较多。在美国四年制的大学学习制度下，平均 53% 的学生在 6 年内获得学位毕业，大学整体的辍学率接近 50%[48]；其中，60% 的辍学都是经济原因导致，毕业率最低的学校仅为 8%。

表 1-7　美国智慧教育产业企业名单

应用领域	企业名单（美国）				
分级阅读	QuillBot	Newsela[49]			
口语测评	edwin	Learnship[50]	lingco language Labs		
自适应学习	Coursera	EVERFI[51]	KNEWTON[52]	DreanBox Learning	Testive
	Fishtree	PREPWORKS	Ahura AI	Area9	Amira Learning
虚拟教师	Querium[53]	PlusOne	ARAI		
教育平台	Cognii	Peerceptiv	VedaJunction	TutorGen	
拍照搜题	Learnable[54]	Volley Labs			
论文查重	noplag	MyGrammarCheck			
教育辅助	Examity[55]	Coursedog	Inknowledge		

（2）欧洲

应用领域方面，欧洲语言学习相关企业较多，这可能与欧洲地区跨语言交流需求相关。欧洲拥有 24 种官方语言以及若干其他语言，其中，英语、法语和德语是最具通用性的 3 种欧洲语言。据统计，欧洲各语言中，使用人数最多的是德语，超过半数的民众以德语、英语、法语、意大利语为母语且能理解英语；非官方语言中，广泛使用的语言是加泰罗尼亚语、加里西亚语和俄语。在欧洲，自适应学习相比于全球其他地区热度较低。

区域分布方面，欧洲智慧教育公司主要集中在英国、西班牙、德国等人工智能技术更为先进的国家。企业成立时间方面，大多数（超过 50%）的智慧教育公司在最近 7 年内（2015—2021 年）成立（表 1-8）。

表 1-8　欧洲智慧教育产业企业名单

应用领域	企业名单（欧洲）			
分级阅读	wizenoze	Mrs Wordsmith		
口语测评	Busuu[56]	WEXT	Xeropan	Sanako	Gosay
自适应学习	GoKoan	Infantium	Soffos	CCKK	
虚拟教师	Gockolabs	OptmizMe	Sciencemap		
教育平台	Synap	Potential.ly	Adaptemy	CENTURY Tech[57]	OBRIZUM
职前及职业教育	JollyDeck	Anycareer	GamePlan Learning[58]		
机构、教师辅助	My-Serious-Game[59]	FeedbackPanda			

2. 国外智慧教育投资分析

2020 年，国外智慧教育投资约 2028 亿美元（约 1.3 万亿人民币）。随着智慧教育相关技术的发展和疫情后各国经济的复苏，预计 2025 年国外智慧教育投资额将超过 2600 亿美元，2020—2025 年复合增长率约 5% ~ 10%（图 1-8，表 1-9）。

2019 年，联合国教科文组织发布的《教育中的人工智能：可持续发展的挑战与机遇》提出，2021 年之前数字教育市场将每年增长 5%。虽然教育领域人工智能公共政策的发展尚处于起步阶段，但这一领域很可能在未来 10 年呈指数增长。

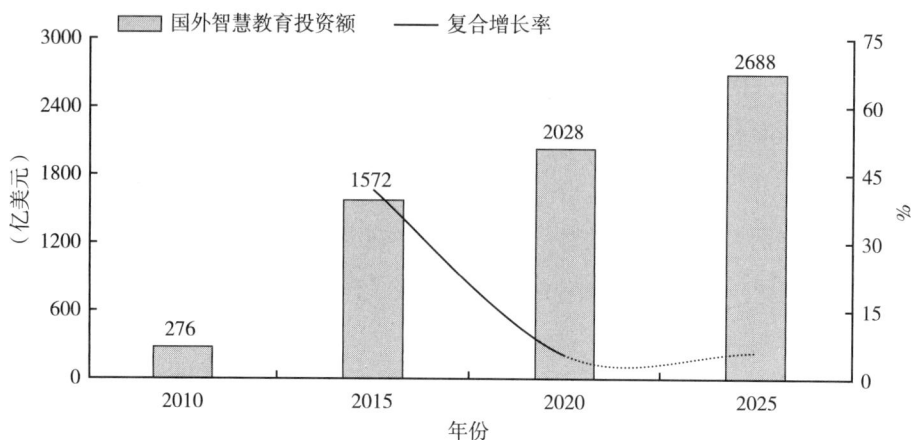

图 1-8　2010—2025 年国外智慧教育投资额变化
资料来源:《国外统计年鉴》(2020—2025 年数据由估算得出)。

表 1-9　2010—2025 年国外智慧教育投资额变化[60]

时间	2010 年	2015 年	2020 年	2025 年
全球 GDP(不包括中国)(万亿美元)	60.0	64.2	71.9	80.0
公共教育经费支出比例(%)	4.6	4.9	4.7	4.8
公共教育经费(万亿美元)	2.76	3.14384	3.3793	3.84
智慧教育投资比例(平均值)(%)	1	5	6	7
国外智慧教育投资额(亿美元)	276	1572	2028	2688
复合增长率(%)	—	41.6	5.2	5.8

资料来源:《国外统计年鉴》(2020—2025 年数据由估算得出)。

2020 年,全球 GDP(国内生产总值)总量约 85.5 万亿美元。其中,中国 2020 年 GDP 总量约 13.6 万亿美元,占比约 16%;中国以外地区 GDP 总量合计约 71.9 万亿美元,占比约 84%。

全球各国对于教育行业的投资情况,通常习惯用"公共教育经费占 GDP 比重"这个指标来衡量。2000 年以来,发达国家的公共教育经费占 GDP 比重增长幅度不大,2020 年平均占比约 5%;发展中国家的公共教育经费占 GDP 比重提升较为明显,2020 年平均占比约 4%。2020 年,全球公共教育经费占 GDP 比重预计约 4.7%(区间预计:4%~5%)(表 1-10)。

表 1-10　国外公共教育经费支出占 GDP 比重

国家	公共教育经费支出占 GDP 比重（%）			
	2000 年	2010 年	2015 年	2020 年
世界	3.9	4.6	4.9	4.7
高收入国家	4.8	5.4	5.2	5.0
低收入国家	3.8	4.5	4.1	4.0
印度	4.4	3.4	3.8	4.0
日本	3.5	3.6	3.6	3.6
韩国	3.4	4.7	5.1	5.2
印度尼西亚	1.1	2.8	3.6	4.0
美国	4.9	5.4	5.0	5.1
阿根廷	4.6	5.0	5.9	6.0
巴西	3.9	5.6	5.9	5.8
法国	5.5	5.7	5.9	6.0
意大利	4.3	4.4	4.1	4.1
荷兰	4.6	5.6	5.5	5.5
俄罗斯	2.9	4.1	3.9	4.0
英国	4.1	5.8	5.6	5.7
澳大利亚	4.9	5.6	5.2	5.3
新西兰	6.6	7.0	6.3	6.5

资料来源：国家统计局《国际统计年鉴》（最新版为 2018 年。2020 年数据由估算得出）。

2020 年，国外智慧教育投资占公共教育经费支出预计在 4%～8%。2000 年以来，伴随着全球人工智能等技术的发展，全球主要经济体的教育行业都经历着从信息化到智能化的过程。中国于 2012 年发布《教育信息化十年发展规划（2011—2020 年）》，明确教育信息化经费在各级政府教育经费中的比例不低于 8%。政策发布后，中国教育信息化水平快速追赶国外领先水平。预计未来随着技术的发展，国外智慧教育投资占公共教育经费支出比例将有所提升，到 2025 年将达到 5%～10% 水平。

（三）国外智能技术环境建设赋能智慧教育

1. 国外智能技术在教育领域的发展和应用现状

国外智能技术环境建设赋能智慧教育，主要指利用人工智能、大数据、云计算、区块链、物联网、5G、虚拟现实等新兴技术，向教育应用的学习全过程不同学习环节渗透，涵盖学生学习的"教、学、练、评、测"五大环节。早在 2009 年 1 月，在美国工商业圆桌会议上，美国 IBM 总裁兼首席执行官彭明盛（Samuel Palmisano）提出了"智慧地球"（Smart Planet）的理念，发展信息时代的"智慧教育"开始为教育研究者和实践者所关注。IMB 公司对智慧教育提出了五大发展路径：①学生的技术沉浸；②个性化、多元化的学习路径；③服务型经济的知识技能；④系统、文化和资源的全球整合；⑤教育在 21 世纪经济中的关键作用[61]。智能技术的飞速发展和广泛应用，为教育带来根本性的变革。借助智能技术打造智能化、感知化、泛在化的教育新模式，通过个性化、精细化、沉浸式学习教学，提高教学效果，提升学习效率，让科技更好地为教育赋能成为全球教育界的共同愿景。

国外智能技术环境建设赋能智慧教育，主要指利用人工智能、大数据、云计算、区块链、物联网、5G、虚拟现实等新兴技术，推进信息技术与教育融合创新，构建数字化教育生态，促进智慧教育发展[62]。国外智能技术的快速发展使得教育生态的转变从理论迅速走向现实。智能技术在教育中发挥的作用已从外围辅助者逐渐转变为内嵌催化剂，推动教育改革实现更多新型教育模式的创新，促进教育资源的公平分配、个性化定制，创造出更加多样化的新型教育环境。

国外智能技术环境建设赋能智慧教育，教育应用开始向学习全过程的不同学习环节渗透。智慧教育产品以学生学习"教、学、练、评、测"五大环节所产生的数据为基础，利用其图像、语音等识别功能对问题进行分析，通过对数据的深度学习、智适应学习和计算，产生适合学习者的个性化的解决方案和有效反馈意见[63]（表 1–11）。

此外，国外智能技术用于提高学习成果，为教师和学生提供额外支持。一方面，在数学、物理、化学、工程、医学等一些特定学科中，虚拟现实技术可以使学生"亲临"项目实验现场，增强学习体验；另一方面，学校可以利用人工智能实现校园安全管理、学生成绩评估、成绩风险监测、学生发展画像等。人工智能的运用和大数据分析，极大程度促进了学生个性化深度学习和校园高效管理。技术增强的学习意味着教师角色的转变，同时教师利用人工智能提升教学效能的能力也受到各国重视，人工智能技术也被广泛运用于教师培训过程[64]。

表 1-11 国外智能技术赋能智慧教育应用

应用环节	应用方式	主要应用技术	代表企业
教	预先收集偏好数据，增加反馈程序；分析原始数据和反馈数据科学化线上教学体系	大数据、人工智能、云计算、物联网、虚拟现实	IBM、谷歌、脸书、微软、亚马逊、英伟达
学	深度分析学习者学习模式；根据科学方法，针对性建议调整其学习模式	大数据、人工智能、云计算、物联网、虚拟现实	
练	根据大数据设计算法分析学习者行为；涉及个性化题目组合，针对性弥补薄弱点分析做题数据；给出针对性评估报告	大数据、人工智能、云计算	
评	利用识别技术识别学习者提交的测练结果；深度学习，根据预设标准对结果进行评估	人工智能、云计算	
测	收集学习者行为数据进行预测；结合测试数据定制学习方案	大数据、人工智能	

2. 国外智能技术环境建设赋能智慧教育的过程

人工智能技术辅助教师的教学工作，记录每个人的学习轨迹，提供个性化学习指导；大数据技术提供决策支持，使人工智能的应用结果更加准确；智能技术赋能后的教育管理信息系统将具有更强的自动分析数据和生成学校与国家级数据统计的能力（表 1-12）。

表 1-12 智能技术环境建设赋能智慧教育的过程

	智能技术环境建设赋能智慧教育的过程
人工智能技术	• 虚拟教学助理：可以接管教师的日常任务，使他们有更多时间专注于对学生的指导和一对一的交流 • 计算机辅助学习：绘制每个学生的个人学习计划和轨迹、长处和弱点以及学习偏好和活动（个性化学习） • 协作学习：采用人工智能系统对讨论组进行监控，为教师提供学习者讨论的信息，并为教师指导学习者的参与和学习提供支持
大数据技术	• 促进人工智能的应用结果更加准确，提供决策支持
教育管理系统	• 具有更强的自动分析数据和生成学校与国家级数据统计的能力

（1）人工智能技术：支持个性化学习与协作学习

人工智能技术能够支持包容和无处不在的学习访问，有助于确保提供公平和包容性的教育机会，促进个性化学习并提升学习成果。

人工智能可以为教师创造一个更好的专业环境，让他们为有困难的学生投入更多支持。"双教师模式"包括教师和虚拟教学助理，"助理"可以接管教师的日常任务，使他们有更多时间专注于对学生的指导和一对一的交流。在一些国家，教师已经开始与人工智能助理合作，为学习者提供最佳的学习帮助。此外，计算机辅助学习创造了用数字和人工智能技术支持学生学习策略的替代方案。人工智能可以帮助绘制每个学生的个人学习计划和轨迹、长处和弱点以及学习偏好和活动。

计算机支持的协作学习，最具革命性的一个方面是实现了学习者的异地协作，为学生提供了不同的选择，包括他们学习的时间和地点。在计算机支持的协作学习中，在线讨论发挥着核心作用，基于机器学习和浅文本处理等人工智能技术，采用人工智能系统对讨论组进行监控，为教师提供学习者讨论的信息，并为教师指导学习者的参与和学习提供支持。

（2）大数据技术：数据驱动决策应用是改革的重点

人工智能依靠数据而蓬勃发展，大数据能够使人工智能发挥其潜力。随着数据的增加，人工智能的应用结果变得更加准确。在大数据时代，公众都会留下个人的信息足迹，产生大量数据，从而使人类和社会行为能够被客观量化，因此，很容易跟踪、建模，并在一定程度上进行预测。围绕信息足迹的这种现象被称为"数据化"，深刻影响着教育领域。虽然"数据化"引发了一些伦理问题，需要协调一致的政策响应，但带来了个性化学习和教育治理方面的可能性。数据驱动决策应用于学生成绩测试数据，是很多学校和地区改革的焦点。通过从教育管理信息系统收集大量数据，人工智能算法能够提供数据驱动的决策，进而改善学校教育[65]。

（3）教育管理系统：集成的、动态的学习管理系统

教育管理信息系统是一组有组织的信息和文档服务，用于收集、存储、处理、分析和传播教育规划与管理信息，广泛用于地区、地方和学校各级的教育领导者、决策者和管理者，并用于生成国家统计数据。设计良好且功能完备的教育管理信息系统使教育领域各级成员能够获得有用的信息，以更加有效地管理教育系统、制订可行且具有成本效益的计划、制定响应性政策、监测和评估教育成果。在数据完整、可靠、定期收集、可汇总和分解的国家，利用人工智能增强的教育管理信息系统将具有更强的自动分析数据和生成学校与国家级数据统计的能力。未来，教育管理信息系统为开发预测决策算法开辟了潜力。

如今，越来越多的国家将其当前的教育管理信息系统从一个基于学校的综合数据管理系统转变为一个集成的、动态的学习管理系统，该系统可以有效地支持每个国家教育部门管理的实时决策[66]。

3. 国外智能技术环境建设赋能智慧教育的应用实践

案例1：AI技术促进教育快速发展——新加坡

新加坡的中小学从2020年起陆续开始试用自动批卷系统。这套系统能自动批改作文等作业，让老师能将更多时间用在学生身上。如果试用效果良好，到2030年采用AI科技的自动批卷系统和适应式学习系统的应用将扩大至其他科目。

新加坡AI技术应用不限于智能批改作业和自动答疑，还从多个维度与教育结合，比如构建和优化内容模型、建立知识图谱，让用户可以更容易地、更准确地发现适合自己的内容。教育应用包括分级阅读平台、虚拟化场景、高效课堂管理、为学生量身打造个性化学习方案等。

案例2：自动化教育测评系统——美国

自动化教育测评系统主要分为声音评测系统、文字评测系统和图像评测系统三大类。

声音评测系统方面，Amira Learning是美国的一款主打K3的智能阅读助理。用于倾听学生的阅读音频、评估和训练学生快速掌握阅读能力。系统利用语音识别技术，基于个性化的分级阅读体系，推荐更适合学生的阅读材料，同时协助教师对学生的学习情况进行诊断。

文字评测系统方面，Noplag是一款人工智能写作辅助应用程序，服务内容针对文章抄袭检测和在线写作帮助，产品主要面向高校等研究机构。查找引用内容时，基于人工智能写作助理功能，程序会自动进行引用内容的核对及语法纠错，可自动计算抄袭率。最终，程序会为使用者提供修改方案建议。未来还将陆续推出语法检测、引用助手、搜索引擎优化以及文章自动改写功能，对论文撰写提供更多个性化帮助。

图像评测系统方面，人工智能公司Learnable.ai自主研发了三大引擎：深度强化学习引擎、可学习人工智能引擎和可解释人工智能引擎，作为图像识别业务的技术支撑。主要产品包括对教育成果内容的光学字符识别（Optical Character Recognition，OCR）识别引擎、全自动阅卷、个性化智能教辅等，能够针对不同使用者的历史学习情况给出错因分析和个性化指导。

第四节 智慧教育产业关键技术

一、机器学习算法

智慧教育之所以区别于数字教育，主要特征在于其能够依据收集到的教育过程中的数据，并对教学和学习过程进行监督、预测和建议。为了使机器具有类似于人的学习和决策能力，科学家设计多种算法，使机器根据已有知识和数据对算法不断自动优化。人工智能中这一重要领域被称为机器学习，本节将介绍机器学习的几种学习方式以及关键的算法。

机器学习的学习方式按照是否有人为标签可以分为四种。有监督学习的训练数据全部进行人为标签，标记数据中的属性、类别等，帮助机器在学习过程中不断修正学习效果。这种方式常用于回归和分类，回归指的是将数据拟合为可以连续预测的线条，比如可以用于预测股票趋势等；分类则是根据标签对实例进行分类，比如识别物品、表情等。无监督学习则相反，不给数据提供任何标签，而是让机器根据数据特征探索出潜在的联系和规律，将具有某种相似度的数据进行聚类，使得同类数据之间相似度尽可能大。半监督学习则是一部分有标记，一部分没有标记。强化学习是带有激励机制的方式，对机器的行动进行反馈，识别正确给予激励，识别错误给予"惩罚"[67]，让机器在任何一个环境中尽可能实现最大化正确行动。

从"推理""知识"再到"学习"，几十年来人工智能的发展重点随着算法思维和技术的进化经历了重大转变，关键技术的发展脉络如图1-9所示。人工智能发展历史上经历的几次沉寂和低谷也都和算法技术水平不可分割。

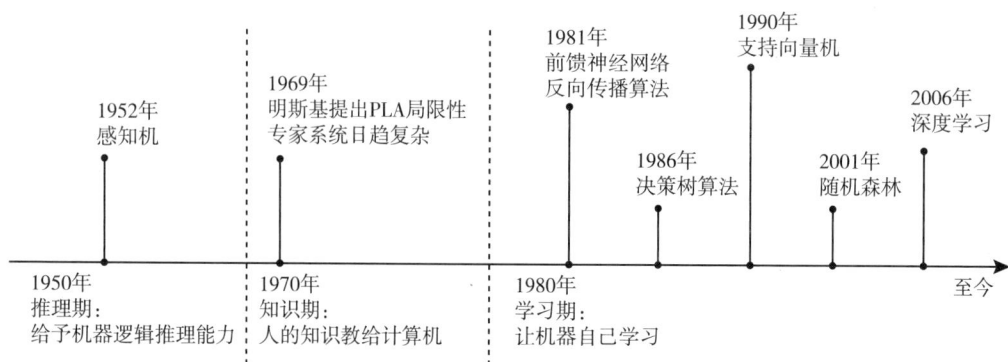

图1-9 机器学习关键技术脉络图

1952年，Frank Rosenblatt基于神经感知科学，基于人脑的运作方式发明了感知机（perceptron），并由此启发了最小二乘法、最近邻算法（K-nearest neighbor，KNN）等一系列能够实现很好分类和模式识别算法的出现[68]。KNN算法是机器学习中最为基础和简单有效的算法，指的是将样本和最邻近的K个样本进行对比，在欧氏距离上离得最近的训练样本就被认为是测试样本的类别。KNN算法属于惰性学习，可以在样本量小、维度低的情况下快速判断进行学习和识别，但当维数升高、样本复杂时，欧氏距离趋近于相同，因此无法很好地判断。在教育中可以用于判别学生学情变化情况，推送给管理者以实现即时的行为纠偏和干预[69]。

贝叶斯算法也是一种基础算法，它基于数学中的概率模型，可以根据数据的特征和结果，用于机器学习中的预测行为。主要原理则是根据贝叶斯概率公式，在已知样本的某些维度的特征和类别时，计算某未知属性可能出现的某个特征的概率，概率最大者为判断的结果。由于是根据结果的概率大小来判断，贝叶斯算法的优势之一为可以很好地对抗误差数据带来的噪声影响[70]。贝叶斯算法在教育中有广泛的应用，比如在个性化学习中根据测试进行结果分类，从而可推断学生水平并决定下一学习内容[71]；在教育科研中提供优秀的算法帮助研究教育现象，实施干预和分析数据。

1980年，第一届机器学习大会在美国卡内基·梅隆大学召开；1981年，韦伯斯提出神经网络反向传播算法（back propagation，BP）以及多层感知机器（multi-layer perceptron，MLP）；1986年，Quinlan提出决策树算法，帮助更加便捷的分析数据和进行预测[72]，成为神经网络架构的重要内容之一，大大加快了机器学习的发展。有关神经网络的算法在下面"二、神经网络算法"会做具体介绍。

20世纪90年代支持向量机（support vector machine，SVM）的出现，以其更敏捷并更加准确的特点，解决了很多神经网络算法不能解决的问题，使得神经网络不再垄断机器学习算法。SVM的基本原理是在训练样本之间确定一个可以表示决策边界的子集，这个子集成为支持向量，再找到不同类别的样本距离最大的最大化边缘的平面。支持向量机可以在更多维的空间中发挥作用，但也容易受到噪声干扰产生过拟合的现象。SVM算法可以用于学习资源推荐，比如识别视频的知识点和学生水平作为特征向量，决定是否推送给某学习者[73]。此外在学生评价、课程评价等方面使用SVM算法辅助可以大大降低评价者主观干扰，避免只重视结果不重视过程等评价问题[74]。

2001年，布雷曼提出随机森林（random forest，RF），也称为集成决策树模型，和其他算法相比在数据过拟合的情况下随机森林算法表现得更加稳健[75]。决策树用于数据挖掘等情况，可以准确地预测和建模。在树结构中，每个叶子代表一个特征（类标签），每个分支代表各个类标间特征之间的关联。通过递归的方式从上而下建立一棵特征树，根据结果的基尼指数（不纯度）决定最优分裂顺序和方式。例如一个数据挖掘的项目中，决策树表示数据关系，最后生成的分类树则用于决策输入。随进森林可以用于学生学习成绩预测和学分预警[76]，让教育者提前识别弱势学生，及时给予干预。

2006 年，Hinton 等人掀起了深度学习的浪潮[77]，人们开始进一步发展计算机使用多个处理层的计算模型学习具有多层次抽象数据的能力。深度卷积神经网络为音视频、图像处理等方面带来了新的突破，指导计算机发现大数据中的复杂结构。然而深度学习的模型训练成本高，需要大量的精力调整外部参数，相比之下，支持向量机能够在几乎不增加计算复杂度的情况下建立模型，同时能够更加快速地开展训练。与此同时，神经网络模型能够胜任更加复杂的任务，比如自然语言处理等，因此也仍然具有强大的存在价值。

二、神经网络算法

人工神经网络的起源可以追溯到 20 世纪 40 年代。人工神经网络是模拟大脑神经网络，处理一些信息的算法模型，是人工智能领域中支撑机器学习的重要算法，并且在其他相关领域中的应用也是非常广泛的。人工神经网络的成型，离不开医学、生理学、计算机科学等多个领域，它是由多个学科交叉融合形成的技术。

人工神经网络最主要的用途就是做分类，输入一个信息，人工神经网络模型就对其进行分类判定。神经网络模型共有三层，分别是输入层、隐藏层及输出层，从隐藏层到输出层有激活层，激活层的激活函数正是人工神经网络的灵魂，激活层的函数不断调整会不断优化最后的输出结果，增强人工神经网络的有效性（图 1-10）[78]。常用的激活函数有三种，分别是阶跃函数、ReLU、Sigmoid。输出层的 Softmax 函数可以有效地判断输出结果的准确程度，所以一般模型是否良好，可以从 Softmax 函数的结果得到。

人工神经网络有很多种，目前常见的神经网络有三种，分别是全连接神经网络（fully connected neural network，FNN）、卷积神经网络（convolutional neural networks，CNN）及循环递归神经网络（recurrent neural network，RNN）[79]。全连接神经网络是每个层上的神经元与上个层上的每个神经元之间都进行连接，在输入层和输出层之间有多个中间层（隐藏层是由多个中间层组成的），当输入层的 x_i（i=1,2,3）输入到中间

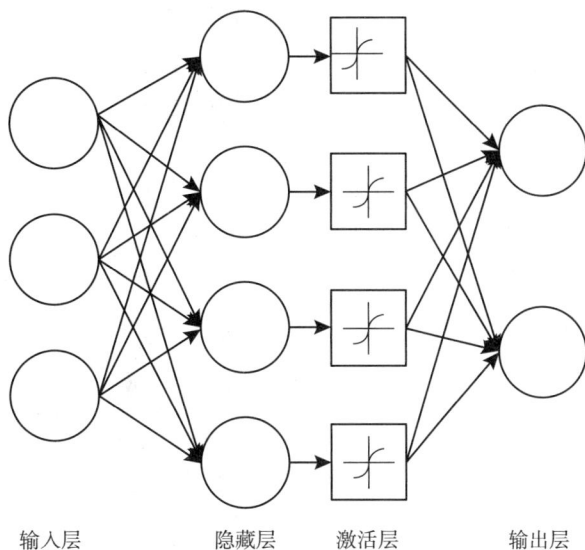

输入层　　　　　　隐藏层　激活层　　　　输出层

图 1-10　神经网络结构模型[78]

层的每个神经元时会将其与权重矩阵 W^T 相乘，并加上每一层的偏置 b，然后结果传入激活函数 $f(x)$，最后将结果 y 输出到下一层的神经元中。这种模型既有优势，又有不足，优势是可以从多个维度去提取特征值，但是它的缺点也暴露无遗，即计算量十分巨大（图 1-11）。卷积神经网络可以概括为五层，分布式输入层、卷积层、池化层、全连接层及输出层，在卷积层主要做的操作是将信息进行一个分割，然后对每一块进行一个特征值的处理及提取，池化层主要做特征值降维处理，全连接层中将特征值化为一维的向量，便于处理直到最终输出（图 1-12）。循环递归神经网络比较特别，它是将中间层的输出结果再次作为一个数据输入（图 1-13）。如图 1-13 所示，在任意的 t 时刻，隐藏单元 h_t 会接收到当前时刻的输入数据 x_t 与上一时刻的隐藏单元 h_{t-1} 所输出的值，同时计算当前的输出值。每一种神经网络都有各自的运作特点，因此每个模型所针对的领域也是不同的，卷积神经网络由于其自身的特点，主要应用的场景为图片识别，循环递归神经网络主要应用的场景为文本填充、语音识别等，而全连接神经网络由于其自身的特性，每个中间层上的神经元与上一个中间层的神经元之间是建立联系的，所以它几乎可以在任何神经网络所涉及的领域中进行应用。因此在使用神经网络时，可以先思考自己所使用的途径更偏向哪个领域，然后选择合适的人工神经网络进行搭建，并且各个神经网络之间没有严格的分类，在搭建神经网络时可以同时选择多种神经网络进行搭建。

神经网络的发展历经了三起三落。神经网络的开辟者是 McCulloch 和 Pitts，他们提

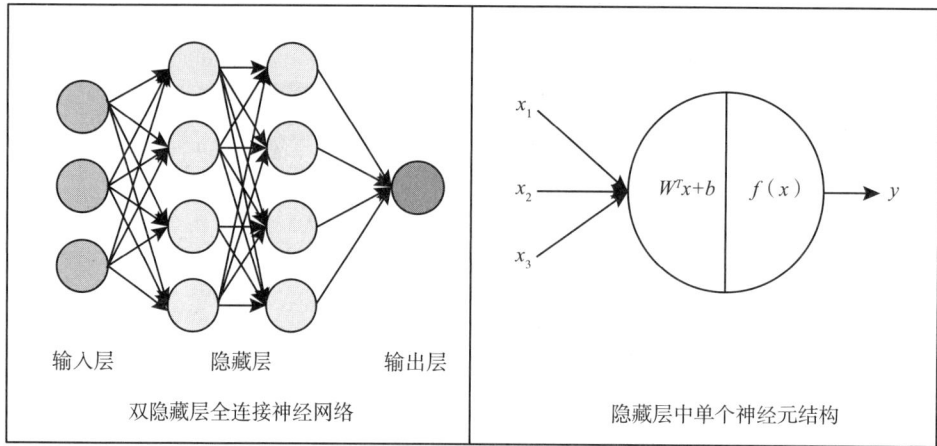

图 1-11   全连接神经网络[80]

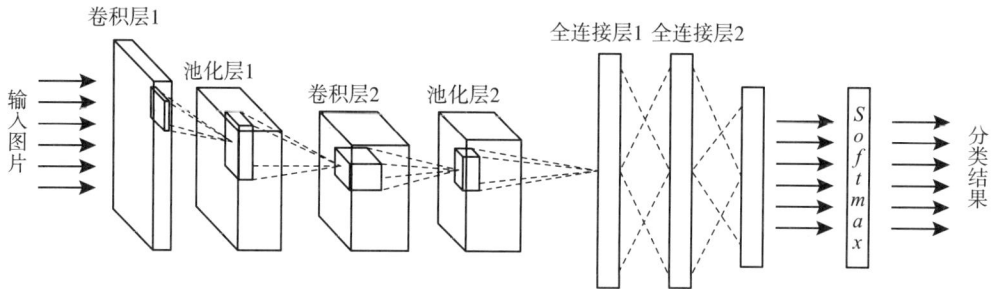

图 1-12   卷积神经网络[81]

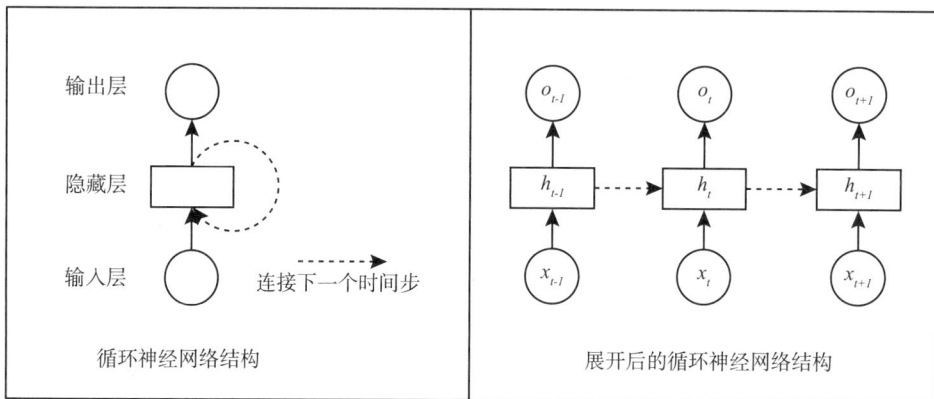

图 1-13   循环神经网络[82]

出了神经元的计算模型，开辟了神经网络的新纪元。神经网络的第一起是由 Rosenblatt 所提出的感知器所引领的，是仿真人类学习的算法。但是后续几年 Minsky 对于这种学习方式提出了质疑，使得神经网络的发展很快面临了第一落。Hinton 等人对神经网络进行改进，通过反向传播算法引入多层感知器，让神经网络成为热议焦点，致使神经网络发展第二起的来临。但是计算机硬件导致第二起很快就面临了第二落。随着技术的发展，计算机硬件性能得到大步的提升，神经网络迎来了第三起[83]。

人工神经网络模型的应用场景是十分广泛的，在信息领域信息处理和模式识别两个领域发挥的效用最大，在经济领域主要是市场价格预测和风险评估两个领域，在医学领域是生物信号的检测和分析，并且在搭建医学专家系统方面，神经网络也有着很大的发展前景，在交通及心理学领域，神经网络也有着举足轻重的作用。神经网络在我国教育领域的应用也是十分广阔的，比如在教育评价中，神经网络帮助教师去做评估和预测，方便教师更好地指导学生，利于学生学习成绩的提高。神经网络算法在教育中的应用也是十分广泛的，广东工业大学的学者曾使用卷积神经网络在远程教育进行应用研究，解决学生在远程教育的环境之下，学生完成率低、缺乏有效预警等问题，通过神经网络模型预测学生的学习情况，远程学习平台及时对学生经行预警，让教师有效帮助学生及时去进行纠正自己的学习行为，促进学生在线学习的学习效果[84]。

虽然人工神经网络的应用已经十分广阔，但目前依旧存在不少弊端，需要更多科研机构及大型科技企业机构投入到研发当中。在未来，人工智能的发展会是空前的，这也需要其他技术的同步发展，神经网络的革新必定会加快人工智能的发展速率。

三、大数据、云计算、物联网

（一）大数据

大数据指的是难以用常规工具进行收集统计管理数据集合，在新处理模式的加成下才能有更强的决策力、洞察发现力和流程优化能力的海量、高增长率和多样化的信息资产。在《大数据时代》[85]中，大数据指不用随机分析法（抽样调查）这样的捷径，而采用所有数据进行分析处理。大量（volume）、高速（velocity）、低价值密度（value）、真实性（veracity）、多样（variety）是 IBM 所提出的大数据的"5V"特点，准确全面地概括了大数据的特点。

大数据的强大优势对于支持适应性教育，发现教育规律以及精准管理支持方面有重要的应用价值，在大数据技术的支持下，教师可以根据自己的需求对学生的学习进行检测分析，并因材施教，实现教育个性化，自适应内容工具 CogBooks 在亚利桑那州立大学取得初步成效，生物课学生退课比例明显降低[86]。加州大学研发了 ALEKS 学习系统，检测学生学习数学的水平，并根据检测到的这些数据为学生选择适合的学习资料，为学生设定下一次的考试难度[87]，较好地实现了因材施教的愿景。国内也进行了大数据与教育结合的试探研究，例如广州第一中学的老师利用"翼课网"平台来掌握每个学生的学习情况，还出现了一些"神器"可以检测学生的课堂表现，以便教师更好地把握并调整教学。

（二）云计算

云计算属于一种分布式计算，实际上就是一种可以给使用者提供所需资源的网络，集合各种计算资源，这种资源共享池就叫作"云"。自动化管理可以通过相关开发的软件进行，概括地表述为以互联网服务为中心，平台提供资源，让每一个互联网使用者都可以使用到网络大数量的资源与数据并且可以提供精细化、个性化的服务[88]。自 2008 年引入我国之后得到了众多领域学者的关注。

图 1-14 是云计算原理可视化图表现。

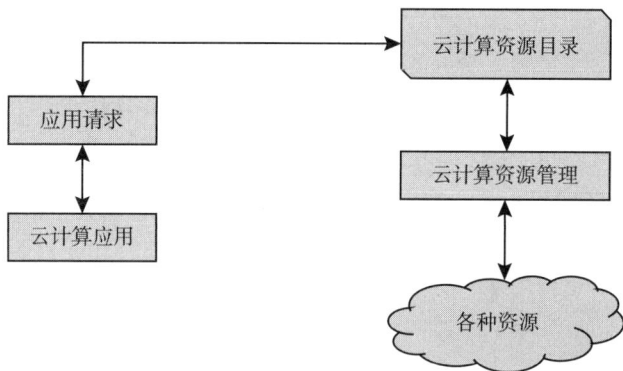

图 1-14　云计算原理图

随着互联网技术的高速发展，各种媒体数据以及伴随着各种服务而产生的数据呈现爆炸式的增长，这让传统的计算模式已经不能满足大数据时代的计算需求，于是谷歌、亚马逊等互联网公司在这一时代背景下逐渐提出了"云计算"的计算模式，以解决本地计算负载量过大的问题。云计算有虚拟化技术、动态可扩展、按需部署、灵活性高等特点。在教育领域上，云计算具有强大的资源共享能力、良好的容错性、无线的储存能力，赋予了它协助教育相关部门对于无序、统一管理缺乏统一调配的学习资源。云计算能帮助数据化、高集成化、科技化的教学管理系统、网络学习平台、资源库等，整合教育资源，对于分配资源不均匀、学校之间的反复建设、资源孤岛以及缺乏相互协作等问题的解决很有意义。

我国教育方面云计算的应用目前主要集中在高校教育中，例如中国科学技术大学推出的"瀚海星云"校园云服务平台。老师与同学通过登录自己的账号在该平台上搭建私有云，进行云应用与云技术的实验。基于云计算的虚拟技术在高校资源共享中也起着重要作用[89]。

（三）物联网

物联网，顾名思义就是利用互联网实现物物相连，不仅在节约存储资源、节约成本等方面有不错的作用，在灵活性与扩展性上也有不错的表现，加速企业数字化升级。目前许多互联网巨头都在这方面进行着不懈的努力，推动着技术的发展，也在不断给人们的生活带来便捷，更大程度地实现互联网对人民生活质量的提高。

物联网的工作原理如图 1-15 所示。通过监控、传感器、射频识别（RFID）等设备或者比如实验室感知系统、图书馆系统等感知系统收集数据，将数据通过网络层整理统合，再到达应用层，也就是投放到需要使用对应信息的地方。

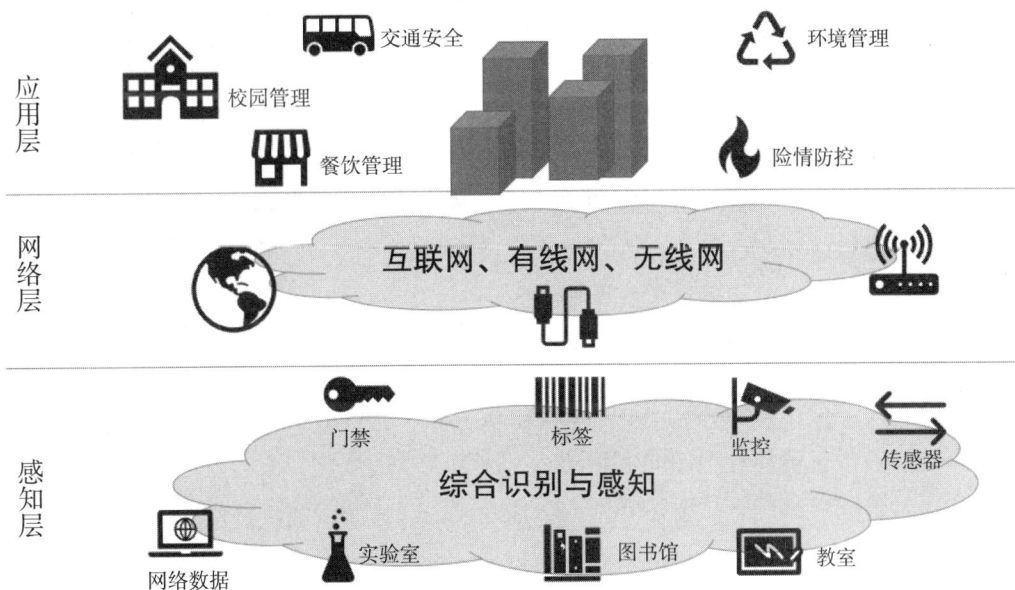

图 1-15　物联网在教育情境下的原理示意图

物联网也正在不断改变教学模式，它极大地丰富了教学资源，提升综合发展水平，提高教学管理，更好地实现因材施教。物联网在教育中的应用分为两大方面，其一是课堂应用，其二是校园管理[90]。在课堂应用中，智慧课堂正是一种从"人联网"向"物联网"思维转变的体现[91]。智慧白板、录播系统和班班通系统等这些基础设备端到端的配备让智慧教育颠覆原有的"写完了举个手"的交互形式，比如佩戴式交互装置等。在校园管理中，有了物联网技术可以更容易监控和管理数量庞大的教育装备，对校园安全进行实时监控，对师生的出勤进行考核。实现轻量化的后勤管理，提高校园机构的运作效率与质量。

四、图像视频处理技术

通过图像处理算法对视频画面进行处理的技术称为图像视频处理技术，又称视频图像处理技术[92]。随着现代电子通信和视频图像技术的升级，每天都会有大量数据以视频的方式产生。采用计算机技术对海量视频信息进行处理和获得有用信息，并实现智能分割、识别和跟踪等操作，在视频铺天盖地的当代社会是十分必要的。

从基础处理层级可以分为两类，一种是基于 PC 端的处理，另一种是基于 FPGA 可编程逻辑器件或者 DSP 芯片的处理系统。基于 PC 端的图像视频处理技术最为常用，使用视频采集卡采集视频图像，在 PC 端上使用软件进行处理和显示，比如 PR、AE 等，并存储在 PC 端的内存和硬盘中。

当下图像视频处理技术从智能应用方面大致可以分为两大方面，一方面是对视频本身成像的处理，包括增加分辨率的超分辨率重建技术、提高效果的数字图像宽度动态算法以及视频透雾增透技术帮助在模糊视野中预测图像。对于原本不够清晰的图像超分辨率重建技术能够将它们进行重建，获得高分辨率的视觉体验。曾经获得清晰图像需要购置昂贵的视频采集设备，但现在似乎并非必要采购。或者对过去的老视频素材进行处理，获得全新的视觉体验。数字图像宽度动态算法通过在图像中受保护信号量与平均噪声的比值计算图像的宽度动态，决策亮度的变化，人们就可以从亮度的变化数据中获取需要的信息，这一特性在监控和医疗领域等方面广泛应用。视频透雾增透技术则是在诸如阴雨、尘暴、雾霾等特殊环境下，通过增透算法处理图像，推测被遮盖物体的特征信息，并进行增强处理使得模糊的图像变得清晰，帮助相关领域人员开展工作。另一方面，智能分析处理技术对视频本身内容进行目的性分析处理，比如检测物体，识别跟踪人脸、车辆，检测路况信息等。该技术也分为两个层次，一是对视频中动态物体的信息进行提取和分析数据，二是对明确的信息比如人脸、物体等进行识别和跟踪。

图像视频处理技术在诸多领域都发挥着重要作用，在生活中应用最为广泛的正是安检和公安领域。例如公安部门在执法办案时，就可以通过天网恢恢的视频监控系统调取资料，在图像视频智能分析算法的帮助下对海量资料进行分析，跟踪嫌疑人车辆或者人脸信息数据，在短时间获得证据，提高办案效率。在医疗领域，图像处理算法帮助医生通过数据分析病患特征，对 CT 影像或者显微图像进行分析，比如癌细胞分析、染色体分析、肺部图像增强等。在一定范围内实现机器诊断，在提高效率的同时和医生专家诊断形成互补，提高正确率，最大程度让患者受益。

在智慧教育行业，图像视频处理技术可以用于教学活动的分析，往常的课堂观察依靠研究者的手工记录和判断，对数据的提取和分析效率低下、不能获得详细特征。而通过智能分析技术，通过记录课堂视频，对材料中学生和老师的行动进行识别并量化记录，比如人脸进行跟踪识别、表情识别、动作识别。研究者开展教育研究时就可以结合大量教学活动中的图像视频分析数据，从视频中快速获取学生整体互动活跃程度，个体的专注度、活跃度等信息，使得教育决策更有参考依据[93]。除了课堂活动，图像视频处理技术在智慧校园的校园安全等方面也有不可或缺的作用，比如识别翻越围墙者并发出警告[94]、报告火灾等险情[95]等。

五、自然语言处理

在智慧教育的过程中需要借助教育机器人作为学生的学伴，起着指导、监督等作用。教育离不开语言的交流，但是在班级授课制中老师很难以顾及每个学生的特点进行一对一交流指导，自如对答的机器人可能会解决这个问题，适应个别学生的思维和特点，为学生提供个性化的指导和帮助。

自然语言处理（natural language processing，NLP）是实现这一功能愿景的关键技术，这是一门计算机科学、语言学和人工智能的交叉领域，研究如何让机器认知、理解并输出人类的自然语言。基本过程是把输入计算机的语言转化为有意义的符号，找到其中的关联，再遵循一定的目的进行处理，输出对应的应答语言[96]。

自然语言处理技术的发展经历了基于规则的处理、基于统计的处理以及神经网络三个技术阶段。最早的自然语言处理的尝试是图灵在其著名的"图灵测试"中体现出的思想：测试者提出相同的问题，机器和人共同作答，如果难以分辨出哪个是机器的回答，则认为机器具有人工智能。在此后很长一段时间里，自然语言处理都遵循各种各样复杂但是为人所规定的一套规则，比如用于医疗的 ELIZA 系统[97]以及基于概念本体论的种种规则系统。此类基于规则的自然语言处理难以适应复杂的语言系统，更不能实现自然的应答。

机器学习出现之后，基于数据统计的自然语言处理便开始试图脱离固化的语料库。早期的尝试比如引入了"隐马尔科夫模型"的词性标记[98]，将输入的语料进行加权赋值，实现用概率做决定的、有弹性的统计模型，让机器通过自己的学习形成决策树获得语言知识。随后，研究者更多地采用规则和统计的混合式方法，进行深浅同时处理。实际上在自然语言处理的过程中，对于语句的分词、标记以及行为和计划的决策是影响效果的主要限制，因此现阶段更加注重词汇的作用，关注词汇知识库的建造。虽然机器学习的方法可以节省大量精力，但在数据量少的情况下，基于规则的符号方法至今仍被广泛应用。

今天大多数自然语言处理会基于统计的方法解释数据以及数据透明度，但是这种方法需要对特定项目进行特别设计，不能适应复杂情况，而基于神经网络技术能实现更多功能。比如使用单词嵌入捕捉单词的语义属性，抛开对中间层词性标记或解析的依赖，而进行"端到端"的学习，节省了大量单词对齐和语义建模等中间步骤。

自然语言处理一方面是对语音进行应答和处理，另一方面是对书面文本进行识别和处理，实际上语音处理是比文本处理多了一个声学识别步骤。

在语音处理中，主要技术包括语音识别、分词、语法分析、词性标注、自然语言生成、语音合成等领域。语音识别是声学和人工智能的交叉技术，其主要是从输入信号中提取特征信息，在隐马尔科夫模型（hidden Markov model，HMM）提供的声学模型以及发音词典中判断信号的内容。语义分析是将一段文字或者内容，分析段落的摘要和大意，当下大多是通过类神经网络的方式制作语义分析器，实现理解自然语言。语义分析能够帮助辅助写作，提供选词和矫正语法，也能够在大量论述题目中确定学生是否踩到得分点。

文本识别后可以进行文本情感分析，这是指用文本挖掘、计算机语言等技术方法分析信息发出者的态度和主观信息，它企图在一段文本中判断观点是积极、中性或者消极，寻找复杂的情绪状态比如生气、悲伤或者快乐。有了文本的识别、文本情感分析等领域，在教育领域中自然语言处理可以提供自动作业批改、学生指导反馈等功能。这在语言教学中将起到至关重要的作用，比如自动生成题目的测试系统、适应性学习材料开发以及面向语言学习的教学游戏等[99]。

自然语言生成是自然语言理解的反向阶段，把概念转化为语言，具体步骤为：决定在内容中放哪些信息，根据信息组织呈现的顺序，再聚集语句合并类似的句子让生成内容读起来是通顺的，最后甄选字词，根据构词语法等领域规则产生实际文本。在教育中自然语言处理赋能的教育机器人可以提供智能问答，实现学生和计算机的多模态交流，帮助将学习系统中的知识和概念进行可视化表达[100]。

六、语音识别技术

语音识别技术的发展可以追溯到 20 世纪中叶，是一门多技术融合的新型技术，集各大新技术于一身，是将声音数字化后通过组织编码再识别的技术。在 21 世纪初，随着硬件和软件设施的发展，语音识别技术从实验室走向了市场，在人工智能、大数据等高科技技术的加持之下，语音识别技术又到了一个新的高度。语音识别技术所包含的领域十分广阔，在计算机方面，主要是受到信号转换、模式识别以及人工智能等技术的加持，在数学方面主要是以概率论为主，在声学方面主要是发声原理以及听觉机理。

在人工智能神经网络以及大数据的加持下，语音识别准确率的提高是显著的，并且通过大数据技术的支持，语音识别技术可以完成智能纠错，即便语音中有语病，也会对于识别的结果纠错并且改正语病。语音识别技术在国外的研究早于我国，技术也更为先进，早期也研究出了很多语音识别的模型。在中国知网以"语音识别"为搜索关键词，然后进行叮视化分析，根据图 1-16 发现中国知网从 1983 年至 2021 年共收录相关文献 31543 篇，其中 2019 年发表数量最多，达到 2377 篇。目前国内语音识别技术的发展主要依托于一些高校的实验室和一些研究语音识别技术的科研及企业单

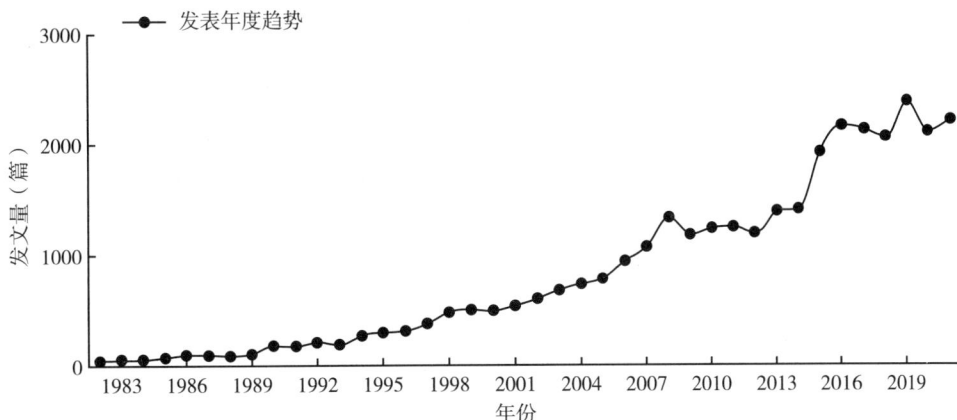

图 1-16　语音识别文献研究发表年度趋势

位，比如科大讯飞、微软、谷歌、苹果等一些企业。例如科大讯飞这几年的研究和发展，他们不仅在语音识别、语音合成方面的发展是十分巨大的，而且科大讯飞研究出了讯飞 FSMN（Feed-forward Sequential Memory Network）语音识别框架，这个框架解决了很多的技术难题。通过该框架，语音识别不再基于一整个句子，在音频输入阶段就可以进行语音识别，并且这种模式极大地减少了识别过程所消耗的算力[101]。

语音识别技术的原理主要有四个步骤，语音输入、信号处理（编码）、解码、文本输出。解码环节主要依靠声学模型和语言模型，语音识别技术的核心环节就是解码过程。声学模型是将语音信号检测到的信号特征与语句的语音建立联系，声学模型中的主要技术是隐马尔科夫模型，该过程主要是将语音特征转换为计算机可以理解的符号[102]。语音模型是与文本相关的，比如输入中文拼音"xuesheng"，输入法的推荐词是"学生"而不是"雪生"，计算机识别为"学生"是因为"学生"这个候选词的概率最大。在语音识别技术领域内，识别汉字的准确率相比于识别英语等语言的准确率是比较低的，这主要是因为汉语的同音节词比较多，但是即便如此，国内语音识别技术的发展也是飞速的，现在的语音识别技术不仅仅对于识别普通话有极高的准确率，在识别其他地方性语音的准确率也是很高的。

语音识别技术的发展离不开其他技术的加持，在未来的发展中语音识别技术发展前景是十分巨大的，尤其是随着技术的发展，智能家电、汽车、医疗、娱乐、教育等各行各业都会加大对语音识别技术的使用。

语音识别技术在教育领域中的应用是十分广阔的，比如在一些口语课程中，语音识别技术可以及时对学生的口语进行评测，也方便让老师高效了解到学生的练习情况，而且通过语音识别技术可以帮助学生快速地记笔记，让学生可以有更多的时间听老师讲。

在自然语言处理、大数据、物联网、神经网络及语音识别等技术的融合发展之下，会涌现更多智能设施，语音识别会解放人的双手，使得人机交互更加便捷，方便人能够更好地应用新技术。

七、知识图谱技术

知识是人类环境交互后获得的信息，也是教育的主要传播内容，人类一直以来致力于探索表示知识的方法，目的是让其他人理解自己的认知，在教育中让知识用各种形式代代相传。在人工智能时代，很多重复繁重的工作都可以交给机器处理，因此必须让计算机理解人类的知识体系，从而辅助人类活动。从认知智能到感知智能，人工智能技术获得了能够感知物理世界并且能理解和解释一些基本问题。然而基于深度学习算法的智能需要依赖大量标记且不能很好地利用过往知识，如果想要具备自主学习和决策能力就不得不依赖知识图谱[103]。

知识图谱就是使用技术对知识本身和知识之间的关系进行表示的技术，是一种由节点和关系组成的网络状结构，节点就是表征知识的众多简短字词句，表示事物的概念、特征属性、状态等，关系就是连接它们的不同意义的线条，用于表示上下位、承接、因果、转折等[104]（图1-17）。

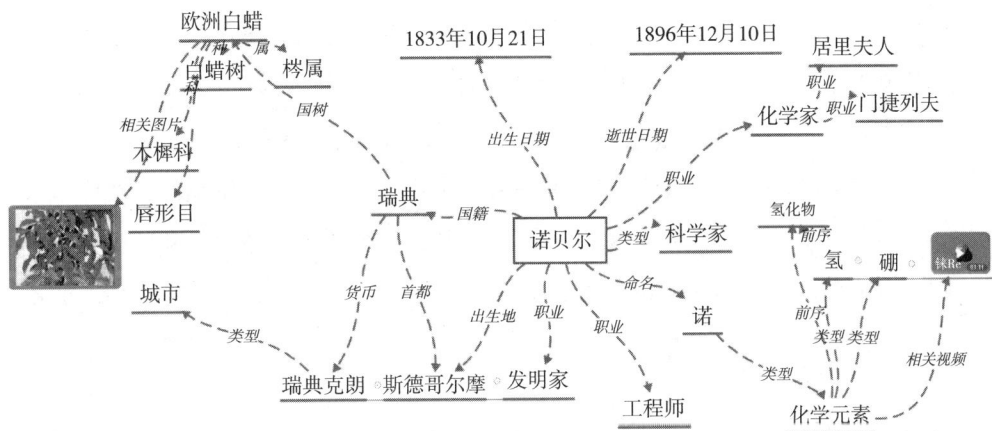

图 1-17 知识图谱示例[105]

知识图谱大致可以分为四大核心技术，即知识的抽取、表示、融合以及推理。根据三元组，知识和知识的关系分为实体、关系和属性三个部分，知识的抽取根据这三个要素分别进行实体抽取、关系抽取以及属性抽取。知识抽取的前期需要命名实体库，面向开放的链接数据对知识进行自动化分类和聚类，识别出命名实体或者新建命名实体，每次自动提取出可以使用的知识单元。然而三元组的方式会造成在计算效率、数据稀疏性等多方面的问题，因此基于深度学习理论开发了多元异质信息融合、复杂关系翻译模型等的知识表示成果，帮助实体和知识库中的实体尽可能地接近，提高算法效率。知识融合则是用于解决知识库的来源和节点在发展中来源广且表述不规范，很容易造成重复、关联混乱等问题。在实体对齐、知识加工和知识更新技术下，不断实现及其属性值自动化的实体增删改，提高知识图谱的质量。最后就是知识推理，指的是在知识图谱中挖掘信息进一步扩展知识图谱，往往人类难以发现的实体间的联系可以在知识库中被算法发现[106]。

知识图谱技术最早应用于搜索引擎和学科研究领域。谷歌最早建立知识图谱，为搜索提供有用的回答。在算法技术进步之后知识图谱从感知向认知进行转变，利用用户的每一次搜索数据，投喂给知识图谱，使得搜得越多，知识图谱就越壮大，提供的结果也就越准确。同样知识图谱被广泛应用于电商领域，通过形成巨大的知识图谱，获得搜索节点之间的关系，为用户提供个性化推荐，大大拓宽销售面，提高销售业绩。

当下教育知识图谱主要分为静态知识图谱和动态知识图谱，分别用于表征教学内容和教学活动。比如某一学科内容中，包括概念、定理、性质、方法等在内知识点，根据知识点之间的关系构建成为知识图谱，并可以延伸到相关练习和方法，为智慧教学内容提供依据。动态知识图谱，则是对诸如互动、问答、讲授、协作等课堂活动，构建动态图谱，以期发现行为和结果之间的关系，为教育决策提供参考依据。

通过知识图谱可以搭建自适应学习平台，构建班级画像和学生画像，在课堂教学中提供数据帮助教师根据情况调整教学策略，在自我练习中引导学生开展适合其特点的学习内容和活动，调整练习的难度，促进个性化学习，提高学习效率和教育效率。

八、区块链

区块链技术是以虚拟货币比特币发展而来的技术，以严密的加密技术做支撑，区块链是一个集体维护和建立的共识网络，区块链去中心化、分布式等特点，极大地解决了数字货币中存储和交易不安全、维护成本高等弊端。

区块链技术自出世以来影响广泛，众多领域开始研究它以期创造更多价值。除了在金融领域提供诸多益处，在教育领域，人类致力于通过区块链技术去做学生学习成果的公证，那么在理解如何做公证之前，要了解到区块链技术的特性，区块链技术的本质就是分布式记账，在多个节点进行记录，并且记录的数据不可篡改，记账时间也会被记录下来，因此区块链的这几大特点进而可以解释为什么区块链技术可以用来做公证。当下主要有共识机制、时间戳以及奖励手段支撑区块链技术的发展[107]。在21世纪的几大核心技术中，区块链就位列与其中，虽然目前大多数技术与区块链技术的融合是比较少的，但在不久的未来，它的发展必定是瞩目的。

区块链共有三种类型，分别是公有区块链、联合区块链以及私有区块链。公有区块链是指所有人都可以参与到共识过程当中，也是最早的区块链，各个以太币（虚拟货币）都是在公有区块链的基础上展开的。联合区块链是在一个群体内指定几个记账人，其他接入点参与交易，但是这一技术目前存在一定的风险，主要风险是如何决定每个节点的记账人。私有区块链是指一个公司或者个人拥有对于一个区块链的写入权限，目前传统的金融公司都尝试使用私有链，以太币（虚拟货币）使用公有链。区块链有网络层、共识层、数据层、智能合约层及应用层。五个层级之间虽然彼此独立，但是又有很大的联系，通过了解各个层的特性会加深对于区块链形成整体的认知和比较系统的理解。网络层主要是实现两个区块链节点之间的交互，也可以认为区块链是一个点对点（peer-to-peer，P2P）网络；共识层的主要工作就是实现区块链的另一个特点——去中心化，通过奖励和惩罚两个机制让多方介入区块链的维护；数据层的工作主要是保证区块链的安全性，多种加密算法对公钥和私钥进行加密，保证账户的安全性；合约层主要是确定区块链的应用领域，合约层就是各种计算机脚本文件，通过编程实现区块链的主要用途；应用层就是基于区块链技术开发的软件。

尽管区块链技术拥有如此良好的前景，处于 21 世纪的核心技术地位，但是存在着一定程度上的问题。首先就是区块链的效率比较低，数据的存储及同步过程耗时，截至目前，比特币网络才被开采了 43 万个区块链，新链增加后进行同步大概需要好几天的时间，新节点的扩充成本过大，妨碍了区块链技术的发展。还有就是以太币的获取虽然是平等的，但是不同算力的硬件带来了差距，因此有很多人用多个硬件设施去进行挖矿。这种集中式的挖矿破坏了区块链去中心化的特点，进而也弱化了分布式网络所带来的优势。区块链技术虽然拥有极好的加密，安全性很高，但是也存在着极大的安全问题，首先就是区块链的交易虽然是匿名的，但是它的交易过程是完全公开的，所以一旦身份信息泄露后，就会造成比较严重的后果。其次就是在使用区块链时会使用到私钥，私钥采用了非对称的加密机制，并且有 50 位，安全性很好，但是它难以记忆，只能借助于软件或者其他方式进行存储，因此存储的方式和环境所带来的安全隐患是难以评估的[108]。

区块链的应用前景是十分广阔的，当前的主要市场是金融领域，在数字货、支付和交易、用户的征信及防诈骗等领域。在未来，区块链的技术特性有望在身份验证、电子商务、社交通信以及文件储存等领域发挥巨大的作用[109]。

虽然目前区块链的技术发展处于初期阶段，但是要注重区块链技术的特点，在未来的发展中注重区块链技术的迭代和发展，将区块链技术与其他技术进行融合，吸引更多的名校科研组织单位投入到对区块链技术的学习和研究当中，促进区块链技术的发展。

区块链技术是 21 世纪继云计算、大数据、人工智能后的又一大颠覆性的技术，该技术不仅在金融领域得到了广泛的应用，在教育领域中也发挥着巨大的效用。区块链技术的分布式记录使得学生的学习记录可以永久性地保存在服务器中，并且任何组织和单位都无法动用技术去篡改记录，所以这一特点可以做教育征信，任何单位和组织都可以通过访问服务器查询学生的实际情况，使得学生学位证书的认证这一工作更加科学严谨，尤其是在毕业生就业时，就业单位可以通过区块链轻松得知学生的学习记录。并且区块链技术的不可篡改性使得教育资源得到了充分的保护，任何学习资源的版权都可以通过区块链进行访问查询。随着区块链技术的不断发展，区块链技术与教育信息化进行有效结合，进而可以推动教育公平化的进程[110]。

九、沉浸式技术

（一）虚拟现实技术

虚拟现实（virtual reality，VR）技术，又称灵境技术，是 20 世纪 80 年代由美国人拉尼尔提出的，指的是一种由计算机生成的高技术模拟系统，集成了计算机软硬件技术、人工智能技术、传感技术等技术的最新发展成果[111]。目前在教育、商业、场景场地展示、旅行风光展示等领域有着十分广泛的应用。

随着教育行业的不断发展，教学越来越不局限于狭小的课堂，实践出真知的理论再一次被教育工作者提亮。远程教育不断发展，随之而来的是更多更纷繁的问题，其中试验场地与实验环境需求问题最为突出，虚拟现实技术很大程度上缓解了远程教育中实验环境的问题，发挥自主性创建场景，学生也有更好的真实感与沉浸性。其中最为突出的应用就是虚拟实验环境、生物监测模型、毒性监测详情等用途及技能训练等。在众多专家调查研究中，发现医学教育中以虚拟现实技术实现的虚拟模拟器效果比视频学习更能提高学生临床决策能力[112]，提升医学生信息知识素养。虚拟现实技术提供的教育环境可以直接避免很多危险情况的发生，让学生在身临其境的情况下学习到和现实操作最为接近的知识。除此之外，虚拟现实技术在很多资源不足或者资源不可接触的场景下也可以提供良好认知环境，比如久远的历史环境，地理中的海洋、天文环境或者物理中的微观环境等。

（二）增强现实技术

增强现实（augmented reality，AR）技术，是一种实时地计算摄影机影像的位置及角度并加上相应图像、视频、3D 模型的技术，这种技术希望通过屏幕把虚拟的信息加载到现实中，和现实环境产生互动[113]。

增强现实技术具有很好的教育特性，比如兴趣性、智能性与自主性。帮助学习者克服倦怠，加深学习者的体验感，完成"头脑风暴"，为学习者提供智能的引导，充分调动大数据等服务，帮助学习者走出认知误区，借助计算机的力量提高学习效率，找出一条正确的学习之路。

目前增强现实技术在教育领域已经不断地在进行探索应用，已经用于化学、物理、医学、美术等学科的教学，并在物体建模等方面有了不错的成果。增强现实动画内容可以有效抓住学习者的注意力，可以将抽象的对象转化为具象化的东西，便于解释抽象和困难的概念，其交互性也十分方便学习者进行课堂的参与与互动，以及实践对象练习[114]。典型的案例就是 AR 图书，将书本内容制作成 3D 场景与动画，通过特殊的眼镜就可以观看书本，此外还有广为应用的三维虚拟学习环境，帮助教师与学习者更好地进行教育活动[115]。这些应用到教学上衍生出来的 AR 教育课堂也受到了学生们的追捧，更有利于学习者理解抽象的概念等。

（三）混合现实技术

混合现实（mixed reality，MR）技术，在虚拟现实技术与增强现实技术的基础上深度融合了现实与虚拟，用户自行在对现实世界正常感知的基础上构建虚拟世界，虚拟与现实并存，相互结合成统一的结合体，利用计算机传感技术与可视化穿戴设备等相关技术与设备，实现数字与现实世界对象共存的可视化环境，虚拟与现实世界可以进行及时与深度的互动[116]。

混合现实技术无缝融合了现实世界与虚拟世界。其真实性、沉浸性与交互性应用在教育行业，融合教学知识，颠覆传统教学资源的形式，带给学习者更真实的感受与体验。混合现实技术目前在教育中已经有了初步的尝试，由于其可以将虚拟对象与现实对象融合在一起，时空限制基本被消除，同一个虚拟课堂环境中连接不同地区学习者的虚拟形象，对远程教育的发展提供了坚实的推动作用。除了传统知识的学习，在军事、医疗、航天、工业、军事等特殊领域的专业技能实训中也发挥着重要的作用。比如在历史教育中，学生使用混合现实眼镜参观历史遗迹，就可以通过混合现实看到原有物质环境中难以呈现的数据、解释甚至动画重演的场景，给予学生更加深刻的体验[117]。医学教育中借助混合现实眼镜，使人体复杂结构进行清晰的呈现，师生同一时空实时互动，对学生学科素养的提升有很大帮助[118]。

第五节 智慧教育产业环境分析

一、政策支持分析

智慧教育是教育信息化高度发展的教育新形态，智慧教育发展最重要的政策背景为"教育信息化"。2012年3月，教育部发布《教育信息化十年发展规划（2011—2020年）》，开启中国"教育信息化1.0"时代；9月，国务院明确"十二五"期间以建设好"三通两平台"的教育信息化工作为抓手，推进智慧教育。近年来，中国智慧教育发展迅速，尤其是以"三通两平台"为主要标志的教育信息化取得一系列成果（图1-18）。

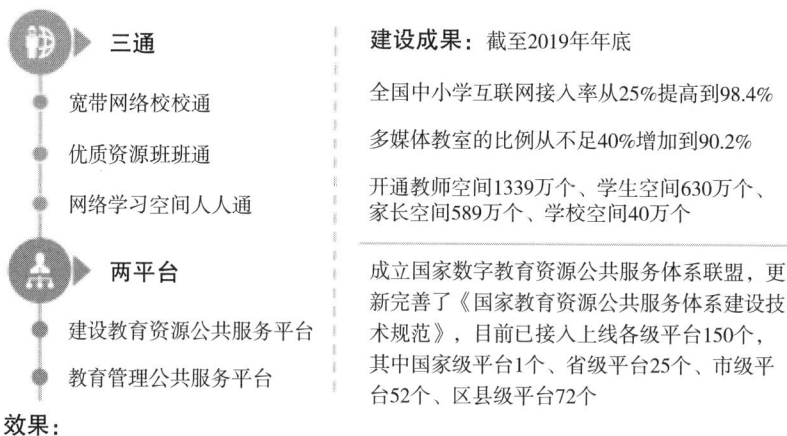

三通

宽带网络校校通

优质资源班班通

网络学习空间人人通

两平台

建设教育资源公共服务平台

教育管理公共服务平台

建设成果： 截至2019年年底

全国中小学互联网接入率从25%提高到98.4%

多媒体教室的比例从不足40%增加到90.2%

开通教师空间1339万个、学生空间630万个、家长空间589万个、学校空间40万个

成立国家数字教育资源公共服务体系联盟，更新完善了《国家教育资源公共服务体系建设技术规范》，目前已接入上线各级平台150个，其中国家级平台1个、省级平台25个、市级平台52个、区县级平台72个

效果：

➢ 自上而下推进政策，基本完成教育信息化硬件设备配置

➢ 信息技术应用能力明显提升，技术水平显著提高

➢ 带动智慧教育相关设备的初步发展

➢ 教育信息化财政支出显著提升

➢ 为智慧教育生态的构建打下了基础

图1-18 中国教育信息化1.0建设目标及成果

资料来源：教育部。

2016年发布的"十三五"规划纲要中，提出八项信息化重大工程，都与教育信息化发展息息相关，并将教育信息化列入九项教育现代化重大工程，强调要推动现代信息技术与教育教学深度融合。教育部深入贯彻落实中央决策部署，先后发布了《教育

信息化"十三五"规划》《教育信息化 2.0 行动计划》等。其中,《教育信息化 2.0 行动计划》中,提出到 2022 年基本实现"三全两高一大"的发展目标,即教学应用覆盖全体教师、学习应用覆盖全体适龄学生、数字校园建设覆盖全体学校,信息化应用水平和师生信息素养普遍提高,建成"互联网 + 教育"大平台(图 1-19、图 1-20)。国务院也发布《加快推进教育现代化实施方案(2018—2022)》《中国教育现代化 2035》等政策以完善教育信息化政策制度。

2021 年发布的《中华人民共和国国民经济和社会发展第十四个五年规划和2035 年远景目标纲要》中,提出深化教育改革,发挥在线教育优势,完善终身学习体系,建设学习型社会。此外,教育部每年都印发年度教育信息化工作要点,智慧教育形成了全方位的整体部署,构建了新时期推进教育信息化的蓝图。2021 年 7月,国务院发布《关于进一步减轻义务教育阶段学生作业负担和校外培训负担的意见》,提出学校教育教学质量和服务水平进一步提升,作业布置更加科学合理,学校课后服务基本满足学生需要,学生学习更好回归校园,校外培训机构培训行为全面规范。

在总体规划和方案的指引下,智慧教育各领域按照总体部署狠抓细化落实,在基础教育、职业教育、高等教育、教师培训、管理信息化、网络安全等各方面,都出台了指导意见(表 1-13)。

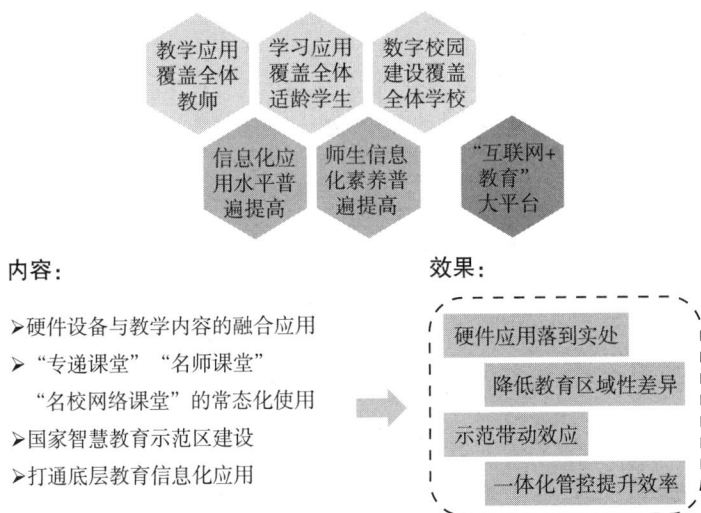

图 1-19 中国教育信息化 2.0 建设目标及成果
资料来源:《教育信息化 2.0 行动计划》。

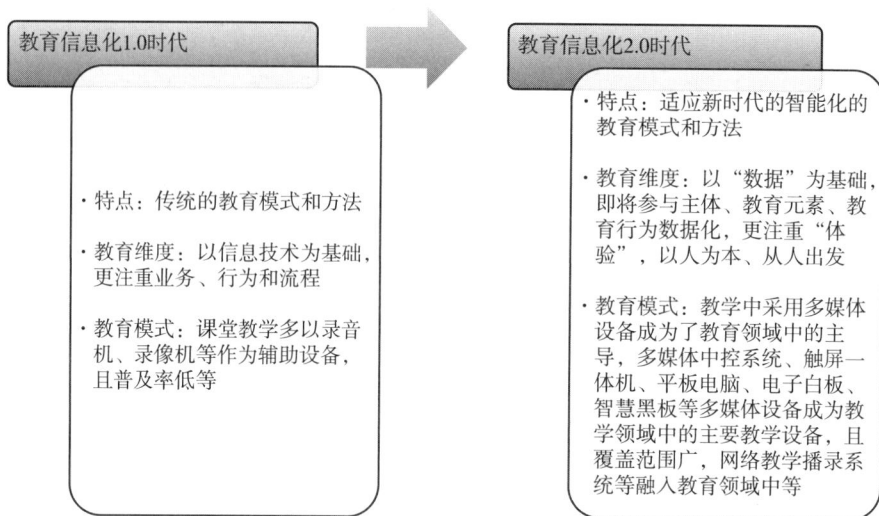

图 1-20   中国教育信息化时代发展分析

表 1-13   智慧教育重点政策汇总

序号	时间	发文机构	政策名称	主要内容
1	2021 年 7 月	教育部	《关于进一步明确义务教育阶段校外培训学科类和非学科类范围的通知》	根据国家义务教育阶段课程设置的规定,在开展校外培训时,道德与法治、语文、历史、地理、数学、外语(英语、日语、俄语)、物理、化学、生物按照学科类进行管理
2	2021 年 7 月	国务院	《关于进一步减轻义务教育阶段学生作业负担和校外培训负担的意见》	学校教育教学质量和服务水平进一步提升,作业布置更加科学合理,学校课后服务基本满足学生需要,学生学习更好回归校园,校外培训机构培训行为全面规范。学生过重作业负担和校外培训负担、家庭教育支出和家长相应精力负担 1 年内有效减轻、3 年内成效显著,人民群众教育满意度明显提升
3	2021 年 3 月	国务院	《第十四个五年规划和 2035 年远景目标纲要》	深化教育改革。发挥在线教育优势,完善终身学习体系,建设学习型社会。推进高水平大学开放教育资源,完善注册学习和弹性学习制度,畅通不同类型学习成果的互认和转换渠道
4	2021 年 3 月	教育部	《关于加强新时代教育管理信息化工作的通知》	到 2025 年,新时代教育管理信息化制度体系基本形成,信息系统实现优化整合,一体化水平大幅提升;数据实现"一数一源",数据孤岛得以打通,数据效能充分发挥;在线服务灵活便捷,"一网通办"深入普及,服务体验明显提升;现代化的教育管理与监测体系基本形成,多元参与的应用生态基本建立;教育决策科学化、管理精准化、服务个性化水平全面提升,支撑构建高质量教育体系

续表

序号	时间	发文机构	政策名称	主要内容
5	2020 年 3 月	教育部	《2020 年教育信息化和网络安全工作要点》	坚持党对教育信息化和网络安全工作的全面领导；有序开展数字资源服务普及行动；持续深化网络学习空间覆盖行动；协同实施网络扶智工程攻坚行动；全面推进教育治理能力优化行动；扎实开展百区千校万课引领行动；加快实施数字校园规范建设行动；稳步推进智慧教育创新发展行动；大力实施信息素养全面提升行动，强化教育信息化支撑保障措施；提升网络安全人才支撑和保障能力
6	2019 年 3 月	教育部	《2019 年教育信息化和网络安全工作要点》	加强教育信息化和网络安全统筹部署；全面开展数字资源服务普及行动；持续深化网络学习空间覆盖行动；大力实施网络扶智工程攻坚行动；深入推进教育治理能力优化行动；启动实施百区千校万课引领行动；扎实推进数字校园规范建设行动；有序开展智慧教育创新发展行动；深入开展信息素养全面提升行动；强化教育信息化支撑保障措施；提升网络安全人才支撑和保障能力
7	2019 年 2 月	国务院	《中国教育现代化 2035》	加快信息化时代教育变革，建设智能化校园，统筹建设一体化智能化教学、管理与服务平台，利用现代技术加快推动人才培养模式改革，实现规模化教育与个性化培养的有机结合。创新教育服务业态，建立数字教育资源共建共享机制，完善利益分配机制、知识产权保护制度和新型教育服务监管制度。推进教育治理方式变革，加快形成现代化的教育管理与检测体系。推进管理精准化和决策科学化
8	2019 年 2 月	国务院	《加快推进教育现代化实施方案（2018—2022）》	以信息化手段服务教育全过程，加快推进智慧教育创新发展，构建"互联网＋教育"支持服务平台
9	2018 年 5 月	教育部	《2018 教育信息化工作要点》	开展利用现代信息技术构建新型教学组织模式的研究，探索信息技术在众创空间、跨学科学习（STEAM 教育）、创客教育等教育教学新模式中的应用，逐步形成创新课程体系
10	2018 年 4 月	教育部	《教育信息化 2.0 行动计划》	到 2022 年基本实现"三全两高一大"的发展目标，即教学应用覆盖全体教师、学习应用覆盖全体适龄学生、数字校园建设覆盖全体学校，信息化应用水平和师生信息素养普遍提高，建成"互联网＋教育"大平台，推动从教育专用资源向教育大资源转变、从提升师生信息技术应用能力向全面提升其信息素养转变、从融合应用向创新发展转变，努力构建"互联网＋"条件下的人才培养新模式、发展基于互联网的教育服务新模式、探索信息时代教育治理新模式

序号	时间	发文机构	政策名称	主要内容
11	2017 年 2 月	教育部	《2017 教育信息化工作要点》	深入推进信息技术与教育教学深度融合。针对不同信息化教学应用模式，试点组建若干区域、学校联盟
12	2017 年 1 月	国务院	《国家教育事业发展"十三五"规划》	教育信息化实现新突破，形成信息技术与教育融合创新发展的新局面，学习的便捷性和灵活性明显增强。积极发展"互联网＋教育"，加快推进"宽带网络校校通"，完善学校教育信息化基础设施，加强"无线校园"建设，基本实现各级各类学校宽带网络全覆盖和网络教学环境的普及。加强教育标准工作，完善各级各类学校教育质量标准，健全各级各类学校建设、教育装备、教育信息化等标准
13	2016 年 6 月	教育部	《教育信息化"十三五"规划》	推动管理信息化与教育教学创新的深度融合，在提高教育管理效能的基础上，实现决策支持科学化、管理过程精细化、教学分析即时化，充分释放教育信息化的潜能，系统发挥消息化在政府职能转变、教育管理方式重构、教育管理流程再造中的作用
14	2016 年 2 月	教育部	《2016 教育信息化工作要点》	引导各级各类学校开展利用信息技术转变教学模式、改进教学管理的数字校园 / 智慧校园应用
15	2014 年 12 月	教育部、财政部、国家发展改革委、工业和信息化部以及中国人民银行五部门联合印发	《构建利用信息化手段扩大优质教育资源覆盖面有效机制的实施方案》	明确提出到 2015 年、2017 年和 2020 年的目标和重点任务，形成新时期教育信息化的整体部署
16	2012 年 3 月	教育部	《教育信息化十年发展规划（2011—2020 年）》	提出了教育信息化的发展目标，将缩小数字化差距、加强高校数字校园建设与应用、完善教育信息网络基础设施、完善教育信息化标准体系、建立教育信息化产业发展机制等列为发展任务
17	2010 年 7 月	教育部	《国家中长期教育改革和发展规划纲要（2010—2020）》	加强考试管理，完善专业考试机构功能，提高服务能力和水平。成立国家教育考试指导委员会，研究制定考试改革方案，指导考试改革试点；加快教育信息化进程。加快教育信息基础设施建设；构建国家教育管理信息系统；提高国家财政性教育经费支出占国内生产总值比例，2012 年达到 4%

二、技术推动分析

信息技术对教育的革命性影响日趋凸显，教育信息化建设进入新的阶段，学习环境、教学模式以及教育系统治理都面临着智能转变的机遇与挑战。人工智能与教育的融合路径，不仅仅是使用新兴技术去解决教育中的问题，而且要体现出研究者与实践者通过跨领域合作，从更广阔的研究领域和视角共同探究教育问题的本质。

新兴技术的飞速发展和广泛应用深刻影响着教育观念、教育手段和教育模式的变迁。借助新一代信息技术打造智能化、感知化、泛在化的教育新模式，通过个性化、精细化、沉浸式学习教学，提高教学效果，提升学习效率。智能技术环境建设赋能智慧教育，主要是利用人工智能、大数据、云计算、区块链、物联网、5G、虚拟现实等新兴技术，推进信息技术与教育融合创新，构建数字化教育生态，促进智慧教育发展（图 1-21）。

整体来看，针对不同个体，多样的教学方式和方案的成效依赖于个体学习表现和阶段性成果的多维度数据采集。利用新一代技术，实现教育生态、学习模式和评价体系的转变，将推动智慧教育的健康多元化发展。

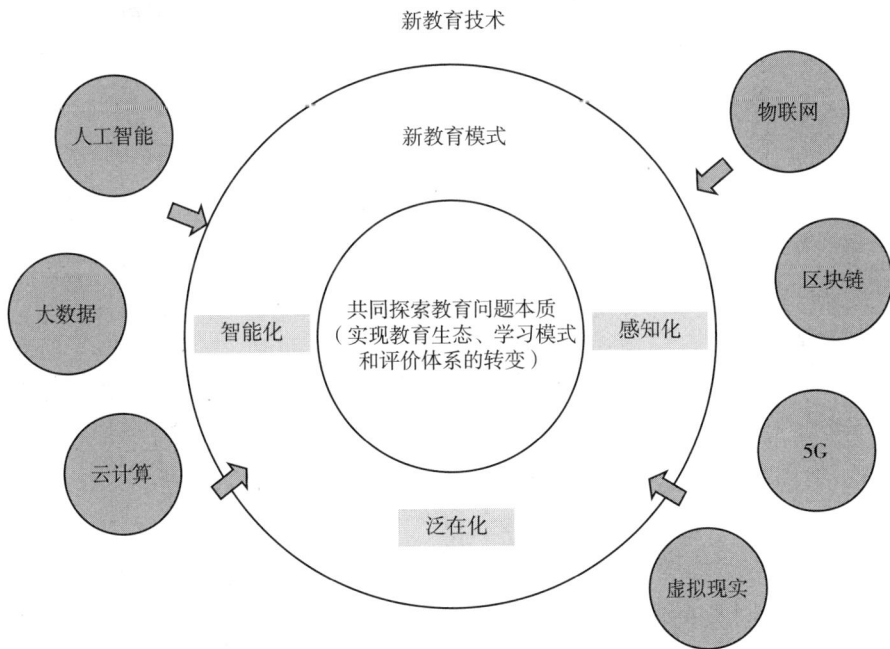

图 1-21　智慧教育产业环境技术推动分析

三、市场需求分析

智慧教育需求市场主要由疫情影响、国家经费投入、教学改革需求等因素共同推动。具体的市场需求驱动因素表现在以下三方面。

1. 疫情助推行业变革

新冠肺炎疫情自 2020 年 1 月席卷全球，为减少线下聚集带来的传播风险，教育部发布《关于中小学延期开学期间"停课不停学"有关工作安排的通知》，明确要求各地各学校在延期开学期间开通国家中小学网络云平台和电视空中课堂，免费提供有关学习资源，供各地自主选择使用。受疫情影响，在线教育人数同比增速高达66.7%，在线教育人数接近 3 亿人，"停课不停学"的实践推动学校和教师关注教育设施设备和内容的使用，同时也促使教育与技术融合发展。

未来教育模式向线上线下融合式教学方向转变，同时发挥线上线下教育优势，即发挥线下教育交流更密切、线上教育时空更灵活等优势。"双减"政策背景下，预计校内线上线下融合教育需求将稳步增长。

2. 政策体系逐渐完善，经费投入平稳增长

政策一直是智慧教育产业发展的重要推动力，教育信息化 1.0 和 2.0 的建设为智慧教育的发展打下了坚实的基础。从教育信息化经费投入看，国家财政性教育经费占 GDP 的比重基本保持在 4% 左右的比例，且教育信息化经费在各级政府教育经费中的比例不低于 8%，教育信息化经费呈现持续增长的趋势，推动智慧教育需求市场的发展（图 1-22）。

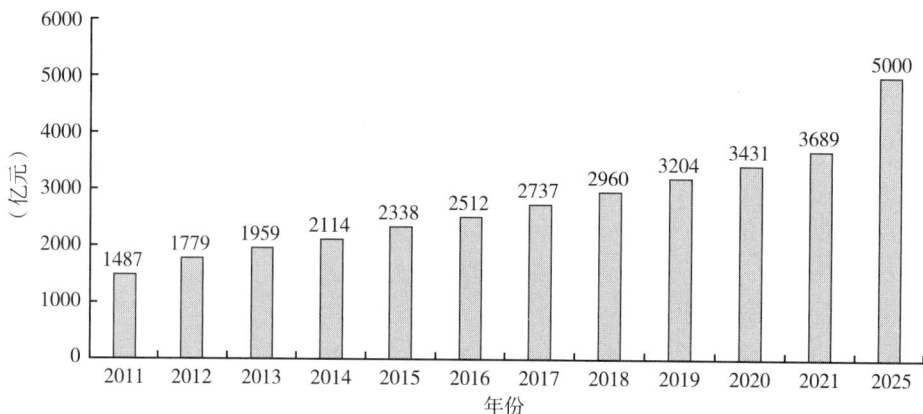

图 1-22　2011—2025 年中国教育信息化经费投入情况

注：2021 年和 2025 年数据由估算得出。

3. 教学改革稳步推进，教学改革需求催生智慧教育建设需求

例如：新高考改革试点自 2014 年启动，在经过了 5 年的适应与调整后，新高考在 2019 年进入全面实施阶段，教学改革需求催生新的智慧教育建设需求，新高考全面实施形成了围绕学生个性化发展的选课排课、学生管理、教育管理等内容的数字化升级场景，进一步扩大智慧教育市场规模（图 1-23）。

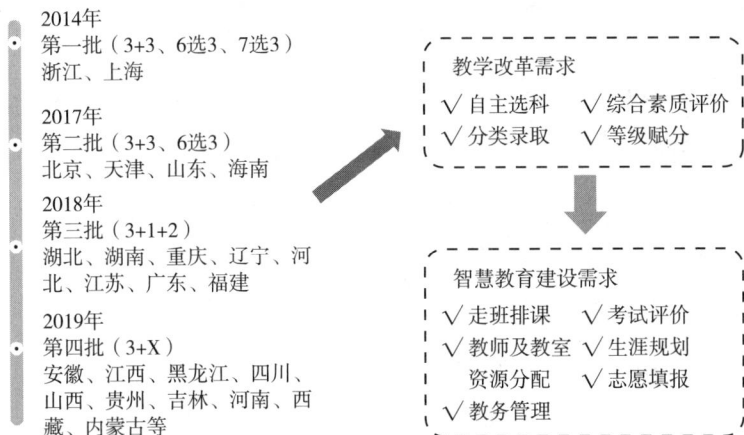

图 1-23 新高考教学改革执行情况

资料来源：教育部。

四、人才培养分析

作为中国人才新发展阶段征程起始期的"十四五"，正值百年未有之大变局。全球性人才竞争空前激烈、人才发展国际环境日趋复杂恶劣、国内人才深化改革任务更加繁重，能否深刻认识和准确把握"十四五"时期人才发展的特点和规律，对于中国能否趋利避害地顺利开启人才新发展阶段、加快构建人才新发展格局、拓展人才新治理局面具有重大战略意义。

"十四五"时期是推动人才发展方式根本性转变的新阶段，必须把新发展理念贯穿人才发展全过程和各领域，牢固确立人才引领发展的战略地位，坚持创新在国家现代化建设全局中的核心地位，切实转变人才发展方式，以实现人才高质量发展为标志构建人才新发展格局。当前，中国特色社会主义进入了新时代，习近平总书记明确指出，今天中国比历史上任何时期都更接近实现中华民族伟大复兴的目标，必须坚持科教兴国和创新驱动，要努力培养担当民族复兴大任的时代新人。智慧教育是教育在智能时代的新升华，是教育信息化推动教育变革的新阶段。智慧教育作为推动人才发

展的重要举措，有利于推动科教兴国战略、创新驱动发展战略和人才强国战略无缝对接、紧密结合。

另外，当今世界互联网、大数据、云计算、人工智能等新一代信息技术发展迅速，科技革命和产业变革正在对经济发展、社会进步和全球治理产生重大而深远的影响，也正在重新定义人类的知识和能力价值，并对教育提出了新要求，深刻改变着人类的教育理念、教育形态和教育治理模式。

发展智慧教育首先要回答培养什么样的人才，以及如何培养人才的问题。从国内人才培养角度看，要突出教育的人才生产功能和人才供给功能，突出科技的人才使用消费功能和人才需求功能，发挥中国日益增长的教育和科技优势，畅通国内人才大循环，使教育和科技成为人才循环的重要环节和责任承担者。从国外人才培养角度看，要坚持更大范围、更宽领域、更深层次扩大人才对外开放。面对日趋恶劣的国际人才环境，要坚定不移地实行更加开放的人才政策，增强国内和国际人才联动效应，统筹人才发展和安全，全面防范人才风险挑战，聚天下英才而用之。总之，要以全球人才变局为背景，做好人才发展的战略预设，构建以人才国内循环为主、国内国际双循环相互促进的人才新发展格局。

在信息化教育的新阶段，如果将教学模式、现代教师制度和学生合并为新型教学模式，则智慧教育系统可转化为由智慧学习环境、新型教学模式和现代教育制度三个层面构成。而且智慧教育系统通过寻求教育体制与教育目标的适配，从效果、效率和效益三个方面不断提升知识生产能力，以最终实现培养卓越的国家人才的教育目标（图 1-24）。

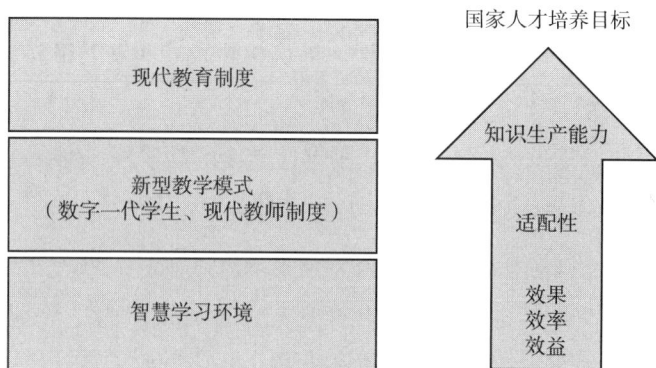

图 1-24　智慧教育人才培养目标

第二章

智慧教育产业与技术发展的态势与需求分析

第一节　智慧教育产业与技术发展态势

一、智慧教育产业市场需求发展态势

（一）市场规模及生命周期

中国智慧教育市场规模主要体现在校内教育和校外教育两方面，校内教育主要为财政教育信息化经费，校外教育主要体现为在线教育市场规模。

1. 财政教育经费支出

2012 年，教育部发布《教育信息化十年发展规划（2011—2020 年）》，明确教育信息化经费在各级政府教育经费中的比例不低于 8%，保障教育信息化拥有持续、稳定的政府财政投入[119]。2019 年，国务院发布《中国教育现代化 2035》，提出确保财政一般预算教育经费支出逐年只增不减，保证国家财政性教育经费支出占 GDP 的比例不低于 4%。

教育在中国国家战略中处于优先保证发展的地位，近年国家财政性教育经费持续增长。2020 年国家财政性教育经费约 42891 亿元，教育信息化经费超过 3400 亿元。未来中国在教育信息化的投资规模仍将维持在较高的水平，推动智慧教育产业稳步发展。预计2025 年国家财政性教育经费超过 60000 亿元，教育信息化经费超过 5000 亿元（表 2–1）。

表 2–1　2015—2025 年中国教育信息化经费情况[120]

年份	2015	2016	2017	2018	2019	2020	2021	2025
中国财政性教育经费（亿元）	29221	31396	34208	36996	40047	42891	46108	62500
教育信息化最低经费（亿元）	2338	2512	2737	2960	3204	3431	3689	5000
教育信息化经费增速（%）	10.6	7.4	9.0	8.2	8.2	7.1	7.50	8.00

资料来源：教育部（注：教育信息化最低经费 = 国家财政性教育经费支出 ×8%。2021 年和2025 年数据由估算得出）。

2. 校外在线教育规模

按照教育内容的不同，校外在线教育主要分为九大领域：中小学教育、职业考试、职业技能培训、语言培训、出国留学、兴趣教育、儿童早教、大学生/研究生教育、综合教育。

2018 年，国务院发布《关于规范校外培训机构发展的意见》，建立了校外培训机构监管的总体制度框架。2019 年，教育部发布《关于促进在线教育健康发展的指导意见》，提出到 2022 年，现代信息技术与教育实现深度融合，在线教育质量不断提升，资源和服务标准体系全面建立，发展环境明显改善，治理体系更加健全，网络化、数字化、个性化、终身化的教育体系初步构建，学习型社会建设取得重要进展。2021 年，国务院发布《关于进一步减轻义务教育阶段学生作业负担和校外培训负担的意见》，提出校外培训机构（包括线上培训）培训行为全面规范。

2021 年，中国互联网络信息中心发布《中国互联网络发展状况统计报告》，报告显示截至 2020 年 12 月，中国在线教育用户规模达 3.42 亿，占网民整体的 34.6%。根据校外收费在线机构渗透率约 20%，人均平均费用 3000 元/年计算，2020 年校外在线教育需求规模约 2052 亿元。受"双减"政策影响，校外义务教育阶段学科在线培训市场规模呈下降趋势，素质在线教育和职业在线教育呈上升趋势，预计 2025 年在线教育需求规模 1700 亿元左右[121]（表 2-2）。

表 2-2　2015—2025 年中国校外在线教育需求规模

年份	2015	2016	2017	2018	2019	2020	2021	2025
在线教育用户规模（亿）	1.1	1.38	1.55	2.01	2.4	3.42	3	3.2
校外在线教育需求规模（亿元）	660	828	930	1206	1440	2052	1500	1700

资料来源：《中国互联网络发展状况统计报告》（注：校外在线教育需求规模，在中国互联网络信息中心发布的《中国互联网络发展状况统计报告》数据基础上测算。2021 年和 2025 年数据由估算得出）。

3. 智慧教育产业需求规模

2020 年中国智慧教育产业需求规模约 5483 亿元，其中，财政教育信息化经费、校外在线教育规模分别约 3431 亿元和 2052 亿元，占比约 63% 和 37%。随着后续《国家教育事业发展"十四五"规划》《教育信息化中长期发展规划（2021—2035 年）》《教育信息化"十四五"规划》《关于进一步减轻义务教育阶段学生作业负担和校外培训负担的意见》等政策的制定和发布，智慧教育产业需求将保持稳健、有序、高质量发展。预计 2025 年中国智慧教育产业需求规模 6700 亿元左右，校外在线教育规模占比呈下降趋势（表 2-3）。

表 2-3 2015—2025 年智慧教育产业需求规模

年份	2015	2016	2017	2018	2019	2020	2021	2025
教育信息化最低经费（亿元）	2338	2512	2737	2960	3204	3431	3689	5000
校外在线教育市场规模（亿元）	660	828	930	1206	1440	2052	1500	1700
智慧教育产业需求规模（亿元）	2998	3340	3667	4166	4644	5483	5189	6700

资料来源：《中国互联网络发展状况统计报告》（2021 年和 2025 年数据由估算得出）。

（二）市场需求整体发展态势

2019 年，国务院发布《中国教育现代化 2035》，提出到 2035 年，建成服务全民终身学习的现代教育体系、普及有质量的学前教育、实现优质均衡的义务教育、全面普及高中阶段教育、职业教育服务能力显著提升、高等教育竞争力明显提升、残疾儿童少年享有适合的教育、形成全社会共同参与的教育治理新格局。总体实现教育现代化，迈入教育强国行列，推动中国成为学习大国、人力资源强国和人才强国[12]。

智慧教育发展方面，提出要加快信息化时代教育变革。建设智能化校园，统筹建设一体化智能化教学、管理与服务平台。利用现代技术加快推动人才培养模式改革，实现规模化教育与个性化培养的有机结合。创新教育服务业态，建立数字教育资源共建共享机制，完善利益分配机制、知识产权保护制度和新型教育服务监管制度。推进教育治理方式变革，加快形成现代化的教育管理与监测体系，推进管理精准化和决策科学化（图 2-1）。

中国智慧教育的市场需求发展态势，正在逐步从"基础设施建设及软件开发"阶段，过渡到"满足多方角色需求，基础数据共享兼容"阶段。教育行业对智慧教育的核心需求主要表现在：研发功能完整、技术领先、操作简捷的智慧教育云平台，该平台兼顾资源与管理功能，既要满足教育行政、业务管理机构人员和教师、家长、学生等多角色的互动应用需求，又能改变目前普遍存在的教育软件种类繁多、基础数据不兼容等信息孤岛现象。平台要统筹建设并及时更新能满足教育教学需要的网络资源，为教育优质均衡发展提供服务。

需求发展态势

		需求发展态势
信息化建设	智慧校园	·一体化、智能化 ·满足多方角色需求 ·数据共享兼容
	智慧教育平台	
人才培养模式改革		·规模化教育与个性化培养的有机结合
创新教育服务业态		·建立数字教育资源共建共享机制 ·完善利益分配机制、知识产权保护制度和新型教育 　服务监管制度
教育治理方式改革		·加快形成现代化的教育管理与监测体系，推进管理 　精准化和决策科学化

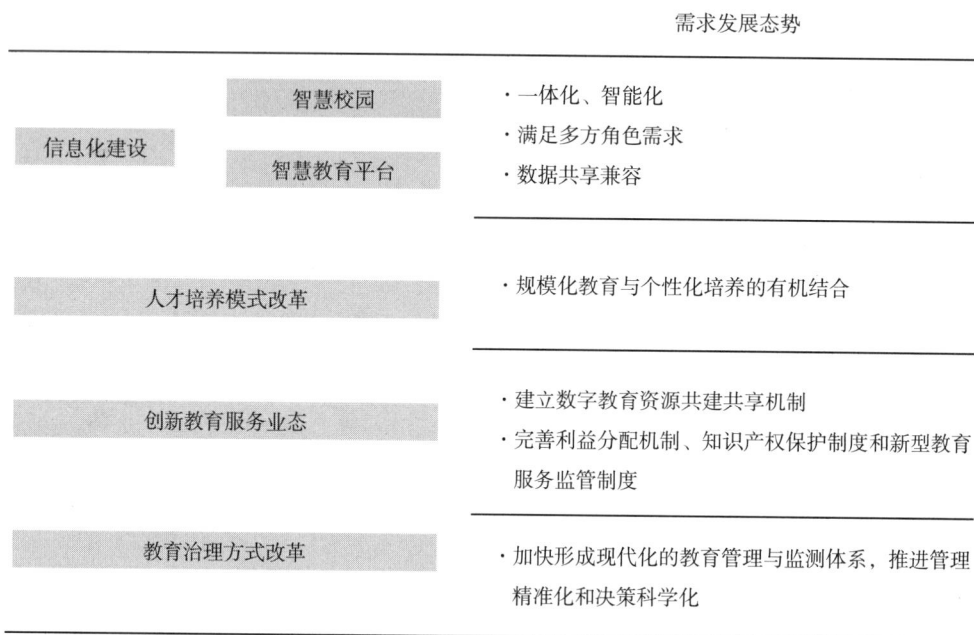

图 2-1　智慧教育需求整体发展态势

目前，部分政府投资建设的教育资源存在周期长、更新慢、资源建设赶不上教材更新改版速度等情况，导致资源利用率不高，浪费严重；而市场化资源存在内容体系不完整、质量良莠不齐、用户体验不佳等情况（图 2-2）。

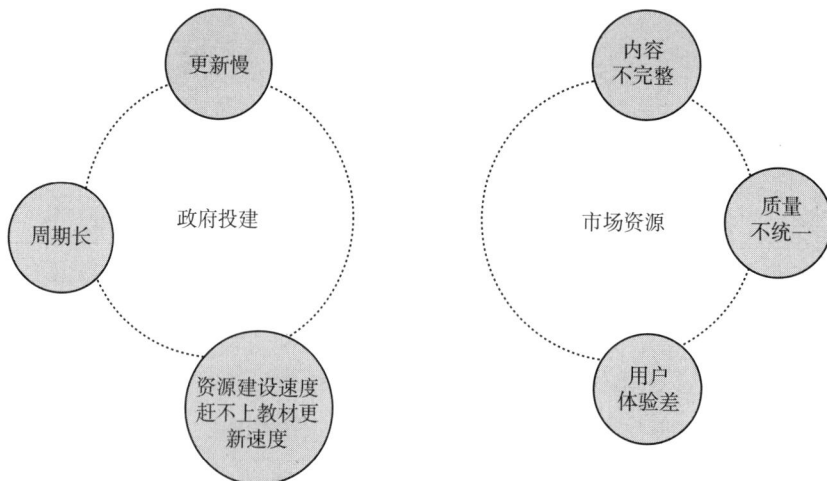

图 2-2　智慧教育发展存在的问题

（三）主要领域市场需求分析

智慧校园需求方面，2018 年、2020 年、2021 年，教育部分别发布《中小学数字校园建设规范（试行）》《职业院校数字校园规范》《高等学校数字校园建设规范（试行）》，提出积极发展"互联网 + 教育"，推动信息技术与教育教学深度融合，提升学校信息化建设与应用水平，支撑教育高质量发展，加快教育信息化进程。智慧校园建设工作处于有序稳定推进中。

智慧课堂需求方面，持续开展"一师一优课、一课一名师"活动，推动信息化手段在课堂教学中的广泛应用，促进优质教育资源覆盖面不断扩大，通过国家教育资源公共服务平台向广大师生免费提供，形成"人人用资源、课课有案例"的良好氛围。2020 年教育部发布《关于加强"三个课堂"应用的指导意见》[122]，提出到 2022 年，全面实现"三个课堂"在广大中小学校的常态化按需应用，建立健全利用信息化手段扩大优质教育资源覆盖面的有效机制，开不齐开不足开不好课的问题得到根本改变，课堂教学质量显著提高。全面推动以"专递课堂""名师课堂""名校网络课堂"为代表的教育教学新模式，推动"优质学校带薄弱学校、优秀教师带普通教师"模式制度化，扩大优质教育资源覆盖面。

智慧教育平台需求方面，《教育信息化 2.0 行动计划》提出构建一体化的"互联网 + 教育"大平台，逐步实现资源平台、管理平台的互通、衔接与开放。截至 2020 年，已接入各级平台 169 个，包括国家级平台 1 个、省级平台 29 个、市级平台 59 个、区县级平台 80 个，数字教育资源覆盖了小学、初中、高中共 85 个学科、873 个版本，总数近 5000 万条。教育管理公共服务平台"两级建设、五级应用"，已建设形成覆盖教师、学生、学校机构的教育基础数据库，有效支撑中小学生跨省转学业务，并向省级教育行政部门开放跨省数据查询和本省数据导出功能，推动教育数据有序共享。智慧教育平台建设仍有较大发展空间。

教育管理信息化需求方面，2021 年教育部发布《关于加强新时代教育管理信息化工作的通知》，提出到 2025 年，新时代教育管理信息化制度体系基本形成，信息系统实现优化整合，一体化水平大幅提升；数据实现"一数一源"，数据孤岛得以打通，数据效能充分发挥；在线服务灵活便捷，"一网通办"深入普及，服务体验明显提升；现代化的教育管理与监测体系基本形成，多元参与的应用生态基本建立；教育决策科学化、管理精准化、服务个性化水平全面提升，支撑构建高质量教育体系。

职业教育需求方面，2012 年教育部发布《教育信息化十年发展规划（2011—2020

年）》，提出要加快职业教育信息化建设，支撑高素质技能型人才培养。职业教育信息化是培养高素质劳动者和技能型人才的重要支撑，是教育信息化需要着重加强的薄弱环节。大力推进职业院校数字校园建设，全面提升教学、实训、科研、管理、服务方面的信息化应用水平。2019年国务院发布《国家职业教育改革实施方案》，提出到2022年，职业院校教学条件基本达标，建成覆盖大部分行业领域、具有国际先进水平的中国职业教育标准体系。2020年教育部发布《职业教育提质培优行动计划（2020—2023年）》，提出职业教育与普通教育规模大体相当、相互融通，职业学校办学定位清晰，专业设置和人才供给结构不断优化，每年向社会输送数以千万计的高质量技术技能人才。

目前，随着《中华人民共和国职业教育法》修订工作推进，进一步明确规定国家建立健全职业学校教育和职业培训并重，职业教育与普通教育相互融通，初级、中级、高级职业教育有效贯通的现代职业教育体系。明确推进职业教育国家"学分银行"建设，促进各级各类学校教育与职业培训以及其他职业教育学习成果认定、积累和转换，建立完善国家资历框架，使职业教育与普通教育的学习成果融通、互认。

（四）各领域市场发展态势

1. 教学领域市场需求

教学过程中的市场需求发展态势可以从教、学、练、测、评五个教学过程角度分析[123]（图2-3）。

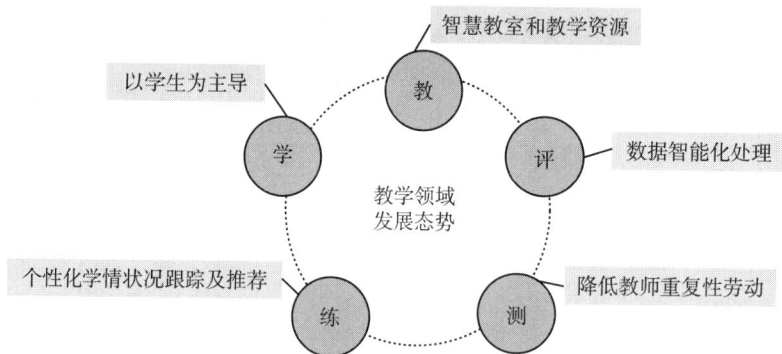

图2-3　教学领域需求发展态势

教学环境方面，市场需求主要集中在智慧教室和教学资源等方面，智慧教室包括智慧白板、传感器、摄像机、灯具、空调、电动窗帘、电子班牌和门禁系统等硬件装备，充分采集教学环境数据和学情数据，实现对教学空间的统一管控和模块化控制；教学资源方面，直播学习与教育资源共享是市场的主要诉求。

在学习环节中，市场需求主要集中在教学以教师为主导逐渐向以学生为主导变化，体现在教学过程、教学模式、教学方法等方面。例如：在课前预习、课中学习、课后辅导等方面，智慧教育围绕个体的学习情况，针对性地提供学情诊断、学习内容、学习拓展、学习目标、学习评估等全方位的技术支持。

在练习环节中，市场需求主要集中在通过技术手段对学生的思考过程和解题习惯进行记录，从而形成对学生学情状况的跟踪记录，以此为基础可以向前追溯学生学习的薄弱环节，也可向后为学生推荐个性化的学习资源和学习路径，帮助学生更好地掌握相关知识。

在测试环节中，市场需求主要集中在降低教师的重复性劳动，提高教师测试环节的效率等方面。

在评估环节中，市场需求主要集中在数据智能化处理方面，评价内容主要围绕数据展开，以结果指向性的数据分析居多，包含了考试成绩统计、对比分析、错题统计等，并将传统纸质化统计的内容进行数据化、网络化和可视化展现。

2. 其他领域市场需求

智慧校园非教学领域的市场需求，主要包括教务管理、生活管理、校园安全、家校互通等领域。

教务管理的市场需求，以教学辅助为主，主要包括排课、学生考勤管理、考务管理、成绩管理、教材教辅资料管理等需求。

生活管理是指在教育机构中除教学之外的食、住、行等活动的管理，需求的核心为基于统一身份认证系统的"一卡通"，方便地应用于师生在校的生活场景。

环境安全管理是指综合采用网络通信技术、视频压缩技术、射频识别技术和智能控制等技术对校园及校园周边学习、生活环境的安全性进行管理。校园环境安全管理的方向包括立体化安防、预警前置和主动干预等（图2-4）。

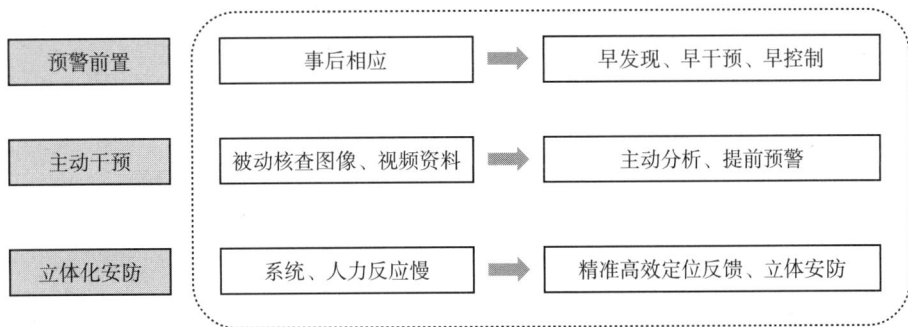

预警前置	事后相应 ⟹ 早发现、早干预、早控制
主动干预	被动核查图像、视频资料 ⟹ 主动分析、提前预警
立体化安防	系统、人力反应慢 ⟹ 精准高效定位反馈、立体安防

图2-4　校园安全市场需求态势

家校互通指通过互联网，为教师、学生和家长提供沟通和个性化服务的信息平台。从最早的短信、电话，到以"校讯通"为代表的家校互通信息化产品，再到如今信息聚合，家校互通产品呈现向多、快、易、小的发展趋势（图2-5）。

多 互通的信息多，覆盖教学、教务、学生个人成长各方面	**快** 面信息传递要及时，方便家长实时掌握学生动向
易 操作上要简单易用，方便老师、家长使用	**小** 应用轻量级，降低家长、老师的使用成本

图 2-5　家校互通市场需求态势

二、智慧教育技术层面发展态势

（一）整体发展态势

中国智慧教育整体发展态势主要包括学习环境从线上到线下（online to offline，O2O）向线上线下融合（online merge offline，OMO）发展、技术发展兼顾规模化与个性化、学习评估从"平面"走向"立体"等（图2-6）。

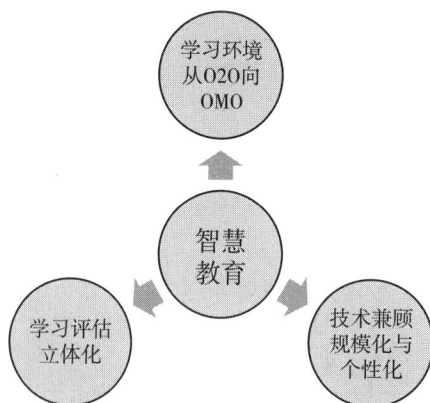

图 2-6　中国智慧教育整体发展态势

1. 学习环境从 O2O 向 OMO 发展

智慧学习环境是技术增强并赋能的线上与线下融合的学习环境。早期受制于技术的水平，线上虚拟空间与线下实体空间具有明显的边界（即笔记本、平台、智能手机等设备的界面），此时的智慧学习环境线上、线下具有强依赖关系——线上带动线下，线上空间处于主体地位，属于典型的基于O2O模式的智慧学习环境。

基于O2O模式的智慧环境，教学过程主要发生在线下空间，线上空间的职责主要是"分流"。基于O2O模式的智慧环境，基本是单向流通的（线上至线下）。例如翻转学习和创客学习，翻转学习将知识传授由课上前移至课前，将知识内化由课后前移至课上，实现由"先教后学"向"先学后教"的转置；在创客学习中，学生在线上认领任务、分配任务、发布任务进展、发起讨论，在线下按照任务动手实践，接受教师或专家指导[124]。相比之下，基于线上和线下（online and offline，OAO）模式的智慧学习环境，线上空间多了教学职能，线下空间也能够进行智能分析。基于OAO模式的智慧环境，是线上线下互通、互联、互增值的，是双向流通的。线下空间能够像在线空间那样智能分析得益于边缘计算技术，使数据生成端或附近的设备能够更快速地处理、分析数据。线上空间增加教学职能不存在技术难题，随着人们对线上教育的认可和重视，相关应用会得到更多关注。

无论是O2O模式还是OAO模式的智慧学习环境，线上空间与线下空间都是具有明显边界的———设备界面。在虚拟现实技术、人工智能技术以及可穿戴设备的赋能下，边界已呈现出模糊化的趋势。这种无明显边界的学习环境，即是基于OMO模式的智慧学习环境。这种环境有两种形态：线上空间实体化、线下空间虚拟化。OMO环境下的典型学习模式是体验式情境学习，学生能够获得丰富的切实体验，无论是在线上还是线下。

2. 技术发展兼顾规模化与个性化

为学习者提供个性化学习服务是智慧教育的主要特征，也是教育变革难题。在传统规模化教育制度中探究个性化培养的路径，存在统一化与个性化的矛盾。新兴技术赋能教育后，化解这一矛盾成为可能。

大数据和人工智能技术加持的个性化学习。大数据和人工智能技术能够探析学生的风格、偏好、特长和不足，所做的个性化决策还能随着学生状态变化而动态调整。

技术真正的作用重心是"帮学"而非"帮教"。帮教方面，回归教师优势，让教师为共同内容而教、为共性问题而教。帮学方面，用技术帮助学生开展个性化学习，只关注每个学生的个性问题。对于学生的共性问题，技术只要做好统计与归纳，及时反馈给教师即可[125]。

3. 学习评估从"平面"走向"立体"

智慧教育需要智慧评估，智慧评估基于数据，具有全程化、多维度、可视化、多元化等特征，追求以评促学、以评促发展。大数据与云计算技术已促使学习评估由学习结果向学习过程方向扩展。例如：学习过程中，系统会自动监测、记录学生各方面的行为表现及学习成绩，刻画出学生的学习画像。另外，表情识别、语音识别等智能技术的应用，促使智慧评估开始关注心理，比如基于表情识别技术的学业情绪分析，基于语音识别技术的紧张度、兴奋度分析等。智慧评估能够从行为、心理、情绪、成绩等多维度为学生提供更为精准的学习画像[126]。

（二）单技术发展态势

智慧教育智能技术主要包括基础支撑技术（大数据、5G、区块链、物联网等）、计算分析技术（云计算、人工智能、机器学习等）和教学呈现技术（虚拟现实、全息投影等）（图 2-7）。

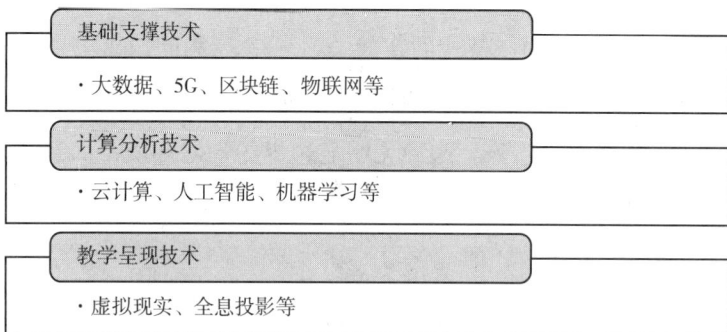

```
┌─────────────────────────────────────┐
│  基础支撑技术                         │
│  ·大数据、5G、区块链、物联网等         │
└─────────────────────────────────────┘
┌─────────────────────────────────────┐
│  计算分析技术                         │
│  ·云计算、人工智能、机器学习等         │
└─────────────────────────────────────┘
┌─────────────────────────────────────┐
│  教学呈现技术                         │
│  ·虚拟现实、全息投影等                 │
└─────────────────────────────────────┘
```

图 2-7　智慧教育智能技术分类

1. 大数据

大数据技术可采集、记录、分析教学过程和学生学习过程，在教育中的应用主要是教育数据挖掘和学习分析。其中，教育数据挖掘包括从大数据中获取有价值的信息，如学习状态、答题结果识别等；学习分析包括利用价值信息来优化教学和学习模式，如提供体系化、个性化、流程化、针对性的教学决策服务[127]。

此外，教育对于数据的安全性要求较高，因此在教育信息化建设中，不少学校自建了机房，区域性的教育局也在做数字资源平台的建设。2019 年教育部公布的"智慧教育示范区"都将教育数据平台建设作为重点（表 2-4）。

表 2-4 首批智慧教育示范区部分建设重点

示范地区	部分建设重点
北京东城区	逐步建立数字化、智慧化、学习型的未来学校；实现区域优质教育资源共享
山西运城	开放、多元、融合的数字资源建设新途径；重构高速传输、数据互通的智慧教育新环境
上海闵行区	全区中小学开展数字化教学方式的变革实践；全国开展数字校园建设
湖北武汉	数据驱动智能化教育决策，高水平建成覆盖全市的武汉智慧教育基础设施
湖南长沙	实施现代教育治理能力提升工程，形成大数据教育治理新模式
广东广州	实施教育大数据平台工程，建立广州市教育数据标准体系
四川成都武侯区	统一数据标准，实现关键指标前置预管，进行智能扶贫，从根本上推进智慧教育建设
河北雄安新区	搭建信息安全、数据共享、服务稳定的教育云平台和大数据中心

2. 5G

通信技术通过信息互联，破解了传统教育的时空局限性，特别 5G 具有高速率、低时延、高密度、高移动性等优势。5G 技术的智慧教育应用主要体现在空间互联、同步授课、远程控制、云存储等方面[128]。空间互联方面，5G 技术使物理空间之间的直连成为可能；同步授课方面，5G 技术的高传输速率，使同步授课可以像面对面授课一样，开展丰富的课堂互动；远程控制方面，5G 很大程度上改变了教学的组织方式，超高清视频远程沉浸式互动教学、远程互动课堂、虚拟现实教学等可助力教学新模式。另外，5G 低时延优势可以让学生远程控制设备，甚至开展远程实验；云存储方面，5G 提升云存储空间及速率，推动教育装备升级，使教学资源和场景不受空间限制[129]。

从目前 5G 技术的成熟度与业务应用场景的评估来看，相比于其他产业来说，智慧教育与 5G 的相关度较高但业务还不够成熟，5G 技术在教育产业的渗透还有待加深。

3. 区块链技术

区块链是一种通过点对点（peer-to-peer，P2P）通信方式来集体维护分布式账本的技术方案，为增加账本的安全可靠性，账本以区块为单位，区块用哈希链链接，并用共识机制维护各账本副本的一致性[130]。

区块链技术可应用于智慧教育中的"学币"流通，激发学生的学习动机。这需要配套的激励机制，比如学币可以购买学习用品、资源或礼品等。也可以用数字徽章代替学币，学生每完成一个知识或技能的学习，便可获得一个对应的徽章，徽章的认证机制同样基于区块链。

除了数字徽章，区块链中的账本也可以记录学生更多阶段性成果。比如各学科的测验成绩、参赛的获奖证书、标志性学习轨迹等，这些印记共同构成智慧教育的学习成长档案袋，具有高安全度。此外，还可以用于建立基于区块链的智慧教育学习信息系统等。

4. 物联网

物联网利用各种传感器设备感知并采集教学环境的各种信息，然后通过网络传输到数据处理中心，按照设定的算法进行分析处理，可以为智能教学环境调节和学习者行为分析提供必要的参考。

5. 云计算

云计算技术主要应用于利用虚拟化技术进行基础设施架构、利用云存储支持海量教育资源、构建智能化教学平台等。目前，包括阿里云、腾讯云、百度智能云、华为云、金山云等国内云服务厂商都已推出了教育专属解决方案，帮助学校、教育局、教育企业实现数字化，实现智慧教育的生态化布局[131]。

6. 人工智能

人工智能技术从数据采集、数据处理、人机界面多个方面深度融合并应用到教育领域中，主要体现在构建多样化的学习情境、增强教学互动和个性化、提供更科学的教学评价、保障更高效的管理服务等方面。人工智能在教育领域的应用已取得初步发展，包括图像识别、语音识别、情绪识别、自然语言处理、自适应学习等人工智能技术教育产品，应用的广度和深度正加速扩展（图2-8）。

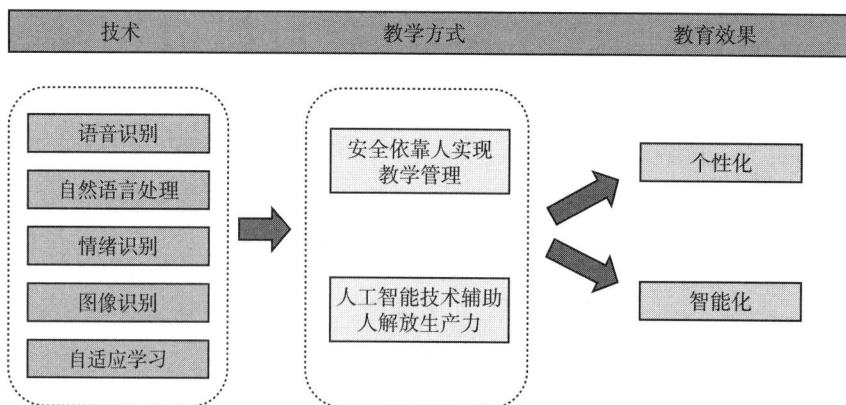

图2-8 人工智能在智慧教育领域的应用方式

人工智能发展可分为计算智能（能存会算）、感知智能（能听会说、能看会认）和认知智能（能理解会思考）。认知智能赋能教育是主要方向，将来具备认知智能的机器不仅可以替代教师处理机械、单调、重复的工作，也可以作为助教，负责需要理解和思考的工作，为包括教学设计、情感交流等创造性工作在内的教育教学提供服务[132]。

7. 虚拟现实技术

XR 为 extended reality 或 cross-reality 的简称，指"拓展现实"或指"交叉实现"，是混合物理和虚拟环境或提供完全沉浸式虚拟体验环境的技术总称，具体包括 AR、MR、VR 及其具备的触感技术。虚拟现实技术在丰富教学资源、拓宽教学形式、提高课堂效率、支持学生探究等方面具备显著优势[133]。通过创建一个基于真实或想象的虚拟世界来加强教学效果，可以让学生在虚拟的环境中与教学内容互动，丰富学生的学习体验及提升参与度，解决传统课堂中互动性、情境性、沉浸性不强的问题[134]。

第二节　智慧教育产业市场需求分析

一、课程直播服务市场需求分析

近年来，网络直播行业迅速发展，课程直播教育作为网络直播的重要组成部分，需求市场逐渐增大。但受 2021 年"双减"政策影响，课程直播服务市场面临结构调整，义务教育阶段学科直播教育企业面临转型或业务调整，课程直播教育需求增速放缓[135]。

课程直播的主要需求服务体系包括应试学历教育、职业教育、语言教育等多类型教育服务，通过线上教育课程，以课程直播或录播的方式，实现课前预习、题库讲解、个性化教学、学情分析、教学辅导等功能（图 2-9）。

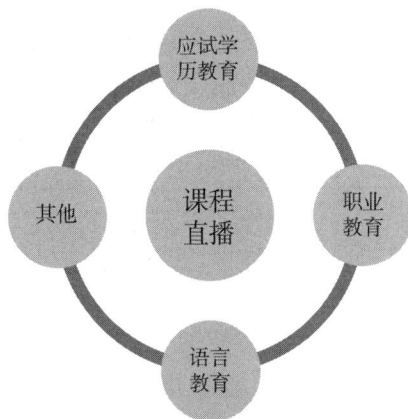

图 2-9　课程直播需求服务体系

课程直播服务市场主要需求指标包括平台体验、学习效果、师资力量、平台功能的全面性等。其中,平台体验、学习效果、师资力量为主要需求指标。课程直播服务具有教学便利性、教学工具多样化、教学个性化、优化资源配置、较好经济性等需求功能,有利于打破时间和空间限制,促使教学质量提升,实现教学优质资源效率最大化[135](表 2-5)。

表 2-5   课程直播服务需求指标及功能分析

需求指标	需求功能	具体表现
师资力量、平台体验、学习效果、平台功能的全面性等	便利性	不受时间、地域限制,足不出户即可学习,节省时间;可随时回看、复习,便于知识点查缺补漏;课程和教师的自由选择度高等
	教学工具多样化	教学工具多样,便于知识点多样化展现,学生理解更容易,也更有趣味,而且学生可接触多种新兴教学工具,可以激发他们对新兴科技的好奇心
	教学个性化	线上教学、练习、测试、评分等,学生的学习成果能及时反馈,并且记录学生的学习路径,利用大数据等分析手段可实现精准教学,更好地开展个性化教育
	优化资源配置	直播互动教育可以优化资源配置,实现优质资源尽可能多的最大化利用,扩大优秀师资的影响
	经济性	性价比相对较高

对于课程直播服务,不同的人群对于直播的具体需求有所不同。课程直播服务的受众客户群体主要可分为应试教育人群、职业技能教育人群及素质教育人群三类(表 2-6)。

表 2-6   课程直播客户群体分析

用户群体	网课教育的需求	群体特征
应试教育人群	为了提高成绩而选择在线教育。直播课程有免费与收费两种,其中,收费价格与课程质量、课程反馈结果呈正相关关系(注:义务教育阶段学科类校外课程直播需求受"双减"政策影响很大)	受众群体数量最多,直播内容范围广;直播平台支持小学、初中、高中、大学等阶段在线直播和辅导,直播内容包括语文、数学、外语等全学科课程
职业技能教育人群	学习、提升某一方面的职业技能,课程学习的内容相对单一	受众群体数量较少;利用碎片化时间来学习;注重自制力等
素质教育人群	满足自己的兴趣爱好,录播比较多	受众群体数量较少;课程环境相对轻松无负担,很多人不会为此类型课程付出太多的精力

第一类是应试教育人群，主要需求是提高成绩。此类客户群体数量最多，直播内容范围广，直播平台支持小学、初中、高中、大学等阶段在线直播和辅导，直播内容覆盖全学科课程。对于学校统一设置的在线直播教育，这类服务多数是免费的。对于校外机构以及追求更高质量的在线教育服务，教育直播服务大多是收费的，人们可以根据价格来进行选择。其中，义务教育阶段学科类校外课程直播需求受"双减"政策影响很大。

第二类是职业技能教育人群，主要需求是学习提升某一方面的职业技能。此类客户群体数量较少，学习的内容相对单一，可较快学习完成某个知识体系。受限于地域和自制力等因素影响，他们大多会选择在线上课程进行学习，减轻交通成本，也可以利用碎片化时间来学习。

第三类是素质教育人群，主要需求是满足自己的兴趣爱好。受众群体数量较少。直播素质教育课程环境相对轻松无负担，很多人不会为此类型课程付出太多的精力，另外，直播也不会有太多的讲师进行专门授课，因此，素质教育课程更多的是录播。

二、自适应学习服务市场需求分析

1. 自适应学习服务市场发展现状

自适应学习是指通过对学习者学习过程数据的收集和分析，有针对性地为不同类型的学习者提供适应性的学习内容和学习路径，优化学习体验，提高学习效率。自适应学习技术涉及多个研究领域，包括人工智能、教育学、心理学和脑科学等（图2-10）。

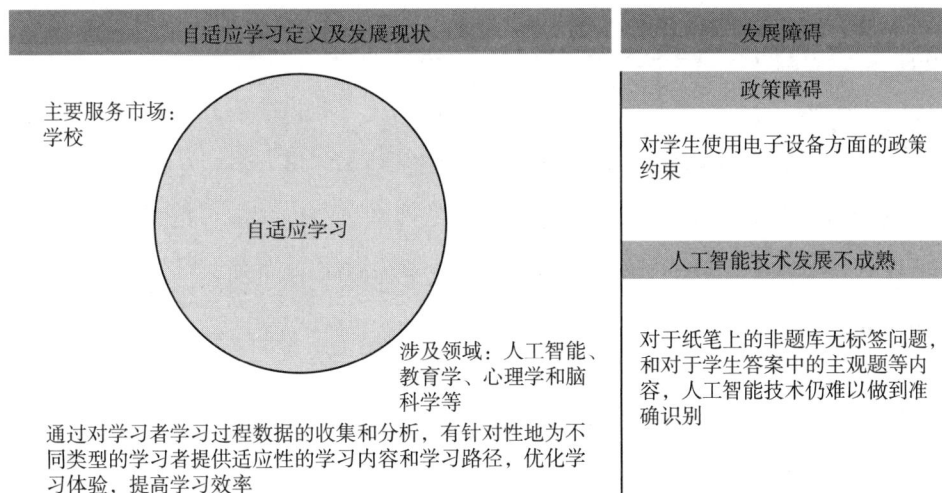

图 2-10　自适应学习定义及发展现状

传统教育资源难以为学习者提供精准的自适应学习服务。人工智能技术既能应对大规模、动态化的学习资源变化，又能分析海量学习者的个性化学习需求，为自适应学习提供了技术支撑。其通过分析学习者的历史学习数据，探寻学习者的个性特征，自适应调整学习者的学习资源，使学习者获得最适合自己的学习路径，从而实现精准学习服务。

学校是中国自适应学习服务的主要市场，学生大数据画像数据量，学校规模往往是校外的数倍以上。对学校数据的深度分析挖掘可以大幅度提高学生画像的精度和覆盖度。但在中国公立教育体系内深度应用自适应教育主要存在两大障碍：①政策在部分应用环节存在阻碍。特别是对学生使用电子设备方面的相关政策，对教学流程数字化造成一定障碍。②人工智能技术应用仍不成熟。当前人工智能技术发展水平对有标签学生，选择题回答可以精细化画像，但对于纸笔上的非题库无标签问题，和对于学生答案中的主观题等内容，人工智能技术仍难以做到准确识别，一定程度上影响自适应学习服务在校内的推广应用。

2. 自适应学习服务市场需求分类

（1）自适应学习服务市场学习行为分析需求分类

学习行为分析主要包括学习特征分析、学习行为模式分析、学习现状分析和学习危机预测。

1）学习特征分析。通过挖掘学习风格行为特征，判断学生学习水平、习惯喜好和学习风格，并据此为学生推送个性化学习资源。

2）学习行为模式分析。应用算法发现学生行为序列特征，为学生规划学习路径，教师可以根据分析结果为学生提供个性化学习指导。

3）学习现状分析。评估学生对知识点掌握程度，定位薄弱知识点，形成学习能力评价，反馈给教师和学生，以便及时调整教学策略和学习方案。

4）学习危机预测。通过分析教学数据、学习测试数据和学习情绪数据等，识别和预测处于学习风险中的学生并预警，教师及时制定干预方案并实施[136]。

（2）自适应学习服务市场主要需求模块分类

自适应学习服务市场自适应模块主要包括自适应内容、自适应评估和自适应序列。

1）自适应内容。该模块是对整个学习过程的指导，自适应学习系统根据学生对知识的理解和掌握情况，给予学生提示、反馈以及适应性内容等。

2）自适应评估。系统根据学生上一问题的回答，自动改变下一问题的难度。主要包括基于练习和测试的自适应评估，分别用于检验学生的学习掌握情况和检测阶段性的学习情况。

3）自适应序列。该模块是系统中最核心功能模块。系统通过不断收集和分析学生数据，运用相应的算法，自动调整学习内容的顺序。模块主要包括收集数据、分析数据、调整推送三个步骤[137]。

3. 自适应学习系统需求分析

自适应学习应用领域主要包括早幼教、小学、初中、高中、大学、职业教育等，并已覆盖多个学科。

（1）自适应学习系统需求结构分析

自适应学习系统需求结构主要包括测、学、练、测、辅五个环节。"测（定位薄弱知识点）、学（资料推荐与个性化学习）、练（检测和巩固知识点）、测（综合测试与学习分析）、辅（攻克漏洞与学习辅导）"主要强调基于适应性学习系统的学习者适应性学习的过程。此外，还增加"线上与线下"相结合的运作模式，充分体现了教师在学习过程中的重要地位和师生互动的关键作用。

1）"测"是自适应学习系统的基础和依据。主要用于定位薄弱知识点。系统检测学习者的知识基础和学习能力，为后续提供路径规划和学习支持提供基本依据。

2）"学"是掌握知识的主要环节。主要包括学习资料推荐和个性化学习服务。系统聚焦于学习者知识体系的薄弱知识点，视频学习方式是自适应学习过程的基本学习形态，以视频作为主要学习内容的载体和学习形式来实现对学习内容的理解以及知识点的掌握。

3）"练"是巩固知识点的有效方式。系统为每一个知识点搭配不同难度、不同层次以及不同形式的习题内容，实现习题靶向考试大纲、知识点细化分层以及专业化命题。系统可以掌握学习者练习特征、练习规律、练习效果等练习行为，在此基础上为学习者提供进一步的教学方案。

4）综合"测验"是考察学习者对知识点掌握情况的综合性评价。测验既是一个形成性的检测结果，又是一个总结性的评价呈现。教师或者学习者可以根据评价结果对教学过程或者学习方式进行相应的调整与改进，也为学习者后续学习和辅导提供评价参考。

5）"辅"即学习辅导。以教师在线讲授和线下辅导为主要存在形式。教师在线与学习者互动，弥补了在线自主学习过程中存在的孤独感、挫败感、兴趣迷离以及求助需求等问题。教师根据学习者的教学行为数据，针对学习者薄弱知识点进行讲解、探究和答疑解惑，为其提供个性化精准辅导[138]。

（2）自适应学习系统功能需求分析

自适应学习系统功能需求主要体现在内容、课程、算法和数据四个方面。

1）大体量的内容。大体量的内容奠定了知识基础。由于学生之间的差异性，自适应学习系统推荐的学习内容需具备丰富性、高质量和多样性。其中，丰富性主要体现在教材的来源、呈现方式以及教学组织形式等方面；高质量主要体现在学习内容连续性、完整性和深度性等方面；多样性主要体现在类别方面，即不仅包括文化类，还应包括艺术类等。

2）定制化的课程。定制化的课程满足了人才培养的高质量需求。自适应学习系统为给学生提供个性化的学习体验，量身定制个性化的课程，个性化主要体现在课程类型和课程规划等方面。

3）多样化的算法。多样化的算法提供了技术支撑。自适应学习系统的核心特征是采用多样化算法，如机器学习算法、概率学算法和遗传基因算法等，不同的算法匹配适应的流程，使系统发挥最佳效率。

4）精准化的数据。精准化的数据提供了实时反馈。自适应学习系统通过教育数据采集、存储、计算和分析，可以全程监测、记录和反馈教学数据，为个性化学习奠定数据基础。另外，自适应学习系统通过算法分析技术将原始数据转化为教师能够理解的教学数据呈现出来，客观反映学生学习情况，为教师高效教学提供参考。

4. 自适应学习服务市场需求发展趋势

自适应学习服务市场需求发展趋势是算法更加智能、个性化交互更加深入、情感适应能力提高等。

1）自适应学习系统算法更加智能。目前的自适应学习系统所采用的相关算法难以适应学习者多样性、复杂性的学习需求。未来，自适应学习系统将充分利用大数据、智能识别、云计算等技术，以更加智能化地适应学习者的个性化学习需求。

2）自适应学习系统个性化交互更加深入。为适应学习者的个性化学习需求，自适应学习系统需要与学习环境和学习主体进行深度交互。自适应学习系统功能需求主要包括在线学习者的学习行为存在复杂的易变性和多样性、多元因素与学习者学习绩效变化的复杂关系、学习成绩的宏观发展预测与个性化学习发展走势之间的非线性复杂关系、学习目标与学习过程中质量波动的复杂关系等。

3）自适应学习系统情感适应能力提高。自适应学习系统大多偏重对学生知识层面的适应，但对学生的学习风格以及情感方面的适应很少涉及。学习风格和学生的情感方面的适应是影响学生学习体验的重要因素，良好的学习体验能够提高学生的学习兴趣和积极性。因此，为学生提供适合其学习风格的学习界面和环境，提供对学习者情感的适应性支持，是自适应学习系统的发展方向。例如：利用人脸识别、行为识别、情感识别和大数据分析等技术来支持学习者的情感化适应[139]。

三、智慧教研与智能批改服务市场需求分析

（一）智慧教研服务

1. 智慧教研的定义

智慧教研是基于网络研修平台开展的教师研训活动，是以专业指导为目的、以技术支持为手段、以网络环境为依托的线上线下结合的交互式教学研讨活动。

智慧教研平台通过远程观课、数字微格教学、教育远程指导、教育研习等网络系统，以课堂观察的实时、互动、可视化作为特色，将数据采集汇总与经验分析提炼整体融合表2-7。

表 2-7　智慧教研活动组织实施流程[140]

流程	实施内容
研修活动前	教研活动发起时，可上传方案、课件教案、培训计划等具体信息，可选择参与教师；教师可自行查看相关资料，自主选择活动"区域"
研修活动中	教研活动进行时，参与教师可在现场使用手机端进行图文互动，参与现场讨论；研训平台把相关图文信息自动归入数据信息库
研修活动后	教研活动结束后，平台自动生成研训总结报告；参训教师可对活动进行评价、反思，平台自动将数据信息汇总、统计归入数据库
研修报告生成	整个教研活动的资料可由智慧教研平台自动进行整体汇总生成研修报告

2. 智慧教研服务市场需求背景

2012 年，教育信息化推进国家数字教育资源公共服务平台重点建设 10 种服务应用模式中，有三种和"网络研修"相关，即跨区域网络协作教研、区域网络协作教研和名师工作室。

2018 年,《中共中央 国务院关于全面深化新时代教师队伍建设改革的意见》指出，开展中小学教师全员培训，促进教师终身学习和专业发展，转变培训方式，推动

信息技术与教师培训的有机融合，实行线上线下结合的混合式研修。

2019 年，《中共中央 国务院关于深化教育教学改革全面提高义务教育质量的意见》提出，完善区域教研、校本教研、网络教研，综合教研制度，建立教研乡村学校联系点制度，鼓励高等学校、科研机构等参与教育教学研究与改革工作。

2019 年，《教育部关于加强和改进新时代基础教育教研工作的意见》提出，创新教研工作方式，要根据不同学科、不同学段、不同教师的实际情况，因地制宜采用区域教研、网络教研、综合教研、主题教研以及教学展示、现场指导、项目研究等多种方式，提升教研工作的针对性、有效性和吸引力、创造力，积极探索信息技术背景下的教研模式改革。

3. 智慧教研服务市场需求分析

在教研过程中，对于智慧教研的市场需求主要集中在以下几个方面：协助发现教学中的问题、基于数据的课堂教学多模态信息分析、多维度的教学反馈、教研改进和教研资源共享优化。

1）协助发现教学中的问题。智慧教研需要借助技术协助发现教学问题。比如，精准刻画学生群体的学习疑难点，生成整体以及各年级的答疑各知识点数量分布图等；以及利用智慧教研技术协助发现教师教学中的固有习惯等。

2）基于数据的课堂教学多模态信息分析。在教研信息收集方面，智慧教研技术需要从多维度汇聚师生课堂教学多模态信息，从基于经验走向基于数据。在学生信息收集方面，智慧教研相关技术可以对每个学生的行为进行识别，包括学生应答、主动提问、对话等；也可以通过摄像头实时识别学生表情，包括正常、高兴、愤怒、悲伤等，实时进行统计和分析。教师信息收集方面，智慧教研系统可以对教师的行为、表情、情绪进行收集分析，以及通过语音识别开展语言和互动分析等。

3）多维度教学反馈和有效交流。智慧教研技术有助于多维度汇集、挖掘、建模教学反馈，促进多方深度对话，包括课堂师生互动分析、教学特色和问题分析、课堂教学各要素有效提问分析、教学情感分析等。在线下教师轮流分享看法时，有助于意见的平等表达和有效交流。

4）个性化教研改进。通过对教师数据的采集和分析，可以对每位教师的教学风格、教学特色、教学问题有一个清晰准确的评估和判断。然后根据个体教师的教学环境、教授学段、学生特征以及教师发展需求对其进行有针对性的个性化精准学习提升和培训。也可以借助学习平台开展基于问题、兴趣、专业发展需求等个性化、多样化的教研活动。

5）教研资源共享优化。智慧教研可以将教研资源、教研智慧协同构建并共享优化。教师可以参与群体实践性知识分享，将个体的实践性知识外化为包括PPT、微视频的精华教学片段，供其他教师们学习交流。

智慧教研与传统教研的功能要求对比见表2-8。

表2-8　智慧教研与传统教研在教研各维度的功能需求对比[141]

维度	传统教研	智慧教研
教研问题的确立	外观感知，外部推动的整体关注点	基于数据的诊断，精准化、个性化问题
教研信息	主管观察＋听课笔记本	文本、视频、音频多模态信息采集
教研反馈	面都面实时、线性交流、分享意见	基于多态报告，穿越时空边界，解决问题为主
教师改进	自我反思和学习	自我反思＋基于教学知识库的个性化问题改进
教研资源	自上而下为主	多向流动、持续进化
教研效果	模糊，自我感知、文教调查为主	成长轨迹清晰刻画
教研管理	制度管理为主	教研数据的管理

（二）智能批改服务

1. 智能批改服务需求主体与需求领域

目前，智能批改主要针对的是K12领域的初高中学生，提供打分和改错两个基本功能。其中，打分是基于各地考试的评分标准进行匹配，从内容、词汇、语法和可读性等维度对学生作文进行评估反馈；改错是识别作文中的单词拼写错误、错别字、语义错误等。

具体需求领域方面，英语作文批改主要包括国内常见的八大英语考试类型（小学、中考、高考、四级、六级、考研、托福、雅思），语文作文批改包括小学作文、中高考作文、公务员考试申论作文部分等（图2-11）。

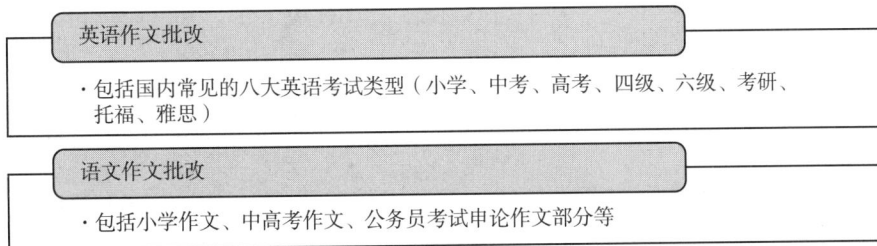

英语作文批改
・包括国内常见的八大英语考试类型（小学、中考、高考、四级、六级、考研、托福、雅思）

语文作文批改
・包括小学作文、中高考作文、公务员考试申论作文部分等

图2-11　智能批改主要需求领域

2. 智能批改服务功能需求分析（图 2-12）

（1）英语作文领域

英语教学中，对大量学生习作的批改和反馈给教师带来巨大的工作量。尤其是毕业年级，写作练习多，教学时间紧。教师耗费大量的时间和精力机械重复地批改学生习作，导致习作反馈滞后，备课时间有限，写作讲评往往缺乏针对性，效果不明显。

教师在线发布写作题目和要求，上传范文，设置相应的评分标准、批改方式、写作时限等，再将作文编号发给学生，要求在规定的时间内完成写作任务。师生对于智能批改的需求主要集中在以下几个方面。

1）及时反馈，在线修改需求。学生提交作文后，智能批改系统通过比对语料库，快速计算并反馈学生习作情况，实时给出分数，对文章作出整体评价，针对文中出现的错误提出修改意见。智能批改能够克服时间、空间的限制，提供即时反馈，注重学生修改和习作提升过程。同时，过程性评价让学生看到进步的可能和方向，激发学生修改习作的积极性。

2）个性化点评需求。针对每篇学生习作，智能批改不仅提供整体评语，还能以句子为单位逐句点评，按句纠错，在语法、用词、表达等不规范的地方给予提示，明确指出每处语言错误的类型。如主谓一致错误、搭配错误、单词拼写错误、标点符号、连接词错误等。智能批改关注学生词汇、语法的准确性，并提供有针对性的修改意见，满足学生习作个性化评改需求。

3）词汇及表达拓展需求。指出语言错误之余，智能批改还能根据学生习作拓展学习内容。包括标注习作中出现的常见句子范例或词语搭配，提供近义词表达学习，

应用领域	及时反馈	个性点评	拓展表达
英语作文	·实时出分 ·整体点评 （随在线修改内容而变化）	·逐句点评 ·纠错（语法、拼写）	·近义词替换 ·优秀范例举例 ·混淆词辨析
语文作文	·实时出分 ·整体点评 （随在线修改内容而变化）	·亮点标注（精彩段落、哲理语句等） ·纠错（错别字、语义不顺等）	·词语解释 （对于重要成语或词语，系统给出解释并提供例句）

图 2-12　智能批改功能需求分析

对易混淆词汇进行拓展辨析等，有利于提升学生词汇和句式表达的丰富性[142]。

（2）语文作文领域

语文作文批改需求与英语作文需求类似，主要包括自动评分、错别字识别、语病识别、段落文章点评等。语文作文智能批改系统进行即时点评，深入剖析作文中出现的精彩段落、哲理语句、丰富用词等亮点；此外，系统也对作文的语义冗长、语句不通畅、错别字等问题进行快速识别批改；对于文章出现的重要词语、成语，系统会作出解释并提供例句，有利于学生词汇量积累；系统批改完成后，教师可以快速导出作文成绩单，并可以增补自己的批注，再将成绩单发送给学生，方便学生阅读批改结果。

四、课堂行为检测与授课质量评价市场需求分析

课堂行为检测与授课质量评价市场需求主体以中小学校、高等院校为主，其他还包括教育培训机构、特殊教育学校等。技术需求主要包括计算机视觉、语音识别、大数据、人工智能技术等。

（一）课堂行为检测

1. 课堂行为检测市场发展现状

学生课堂行为是课堂教学质量优劣的重要体现，是评估学生成绩和教师授课质量的重要参考因素。在人工智能技术发展的背景下，应用新兴技术自动实现学生课堂行为检测，能辅助学校对课堂教学质量客观、科学的评价，指导教师更加高效地开展课堂教学，有利于提升教学质量和教师综合素质[143]。

课堂行为检测，目前主要通过人工观察监控视频和问卷方式，存在准确率低、效率低、成本高等问题。利用人工智能技术实现学生的课堂行为识别与分析，即利用计算机视觉、数字图像处理、机器学习等方法，对包含学生行为的视频图像序列进行自动分类识别及分析，输出可视化分析结果。解决了传统课堂依赖监控系统和人工判断的局限性，提升了课堂监控系统效率。

2. 课堂行为检测市场需求分类

课堂行为检测需求主要分为教师教学行为和学生课堂行为（表2-9）。教师教学行为主要检测讲授、板书、师生互动、巡视等；学生课堂行为主要检测听课、举手、书写、阅读、应答、生生互动、趴桌子、聊天、玩手机等。利用人工智能采集、抓取、分析、量化课堂行为，可以全面、及时、精准、系统分析教学过程，实时量化分

析学生课堂行为，洞悉教与学的深层次联系，优化教学方式，从而为教学效果和教学质量提升提供有力支持[144]。

表 2-9　课堂行为检测需求分类

课堂行为类型	主要检测行为	检测过程	检测目的
教师教学行为	讲授、板书、师生互动、巡视等	对教学行为进行识别、分析、评估和反馈	全面、及时、精准、系统分析教学过程，实时量化分析学生课堂行为，洞悉教与学的深层次联系，优化教学方式，从而为教学效果和教学质量提升提供有力支持
学生课堂行为	听课、举手、书写、阅读、应答、生生互动、趴桌子、聊天、玩手机等	对学生情感、动作、专注程度进行识别、分析、评估和反馈	

3. 课堂行为检测市场数据需求分析

课堂行为检测数据需求方面，主要包括学生抬头人数数据、学生情绪数据、课程热力图数据、师生发言数据、板书内容数据等，帮助教师量化课堂教学。教师针对课堂教学数据进行横向、纵向不同维度比较，进而针对性发现问题解决问题，促进高效的教学管理和科学决策[145]。

1）学生抬头数据。检测每个时间段内抬头学生人数，并根据总人数计算出抬头率。辅助专注度分析，充分了解课堂学生听讲状态或自主练习情况。

2）学生情绪数据。统计学生正面情绪、中性情绪、负面情绪比例以及正面、负面情绪在时间轴上的变化，全面反映学生的课堂情绪状况。

3）课程热力图数据。通过热力图呈现每个时间段内学生在课堂上的活跃程度，红色表示行为活跃程度高，帮助教师直观了解课堂教学状态。

4）师生发言数据。统计课堂中教师与学生的发言总时长、占比、次数及明细，帮助教师了解和分析课堂互动情况，为课堂教学设计的优化调整提高数据支持。

5）板书内容数据。自动提取板书内容，方便教师回顾课堂教学内容，也可用图片进行存储和分享。

4. 课堂行为检测市场教学功能需求分析

课堂行为检测系统教学功能需求方面，主要包括教学分析降本增效、发现学习问题并干预、开展过程性教学分析、课堂教学优化、提供教学评价依据、跟踪学生健康状况等。

1）教学分析降本增效。课堂行为检测系统自动化进行，学校不必投入大量的人力和精力在教师评价和教学督导方面，降低了教学分析成本，提高了分析效率，提升了学校资源利用率。

2）发现学习问题并干预。传统教学手段不能及时发现和确定学生在学习中存在的问题，导致错过教师与家长干预的最佳时机。通过课堂行为检测系统，对于一定时间内上课情绪消极、低落，专注度较低的学生，教师可以给予个性化关注和指导，与家长或学生交流，找出原因并解决问题。

3）开展过程性教学分析。传统教学模式以学习成绩为考核重点，学习过程中的问题往往被忽视。教师通过课堂行为检测系统，可以查阅每门课程的分析报告，开展过程性教学分析，更全面掌握学生情况并提供个性化方案。

4）课堂教学优化。课堂行为检测系统将课堂行为数据反馈给教师，为教师设计或优化教学内容提供支持。例如：教师可以根据学生对不同教学内容和模式的专注度，修改教学内容或模式，以尽可能地适应不同的学生。

5）提供教学评价依据。听评课是目前主流的教学评价方式，但客观性不足，更有效的教学评价应该是客观数据与主观经验有机结合。课堂行为检测系统可以对每堂课进行同样维度的比较与分析，为教学评价提供客观参考，有利于评价方案的优化和提升。

6）跟踪学生健康状况。课堂行为检测系统可以借助头部姿态识别和骨骼关键点技术对学生的坐姿和视力健康状况进行分析，对于眯眼、频繁眨眼、不良坐姿的学生给予及时提醒，以预防近视等健康问题的产生[146]。

（二）授课质量评价

1. 授课质量评价市场发展现状

授课质量评价是保障课堂教学质量的关键。授课质量评价可以帮助教师发现教学薄弱环节，有针对性地提高课堂教学质量。授课质量评价体系主要包括学生参与、学习投入、深度学习、有效教学、学习反馈等方面（图2-13）。

传统的授课质量评价大多采用专家进行课堂旁听再根据经验进行判断，由于缺少评估标准，导致不同评估人员作出的评估结果差异较大。并且专家仅能旁听到少量课程，难以全面了解教师的授课水平，教师若提前准备则评估结果可能与教师日常实际授课效果差异较大。此外，还存在流程烦琐、人工成本较大等问题。人工智能技术的发展为授课质量评价带来了新的契机，能够全面、及时、精准、系统分析教学过程，实时量化分析学生课堂行为，有利于授课质量评价更加客观

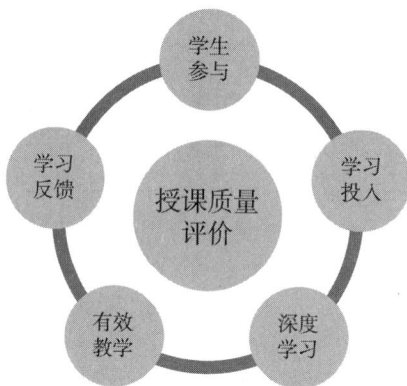

图 2-13　授课质量评价体系

科学[147]。

2. 授课质量评价市场需求分析

授课质量评价市场需求主要包括评价范围全面化、功能系统化、数据多样化、过程自动化、反馈时效化等方面[148]。

1）评价范围全面化。由于计算、储存等技术的有限性，过去采用抽样的方法，选取有代表性的样本进行评价。现在智能化评价系统既可以面向所有学生，还能给每个学生进行个性化的评价指导，有利于促进学生综合素质全面发展。

2）评价功能系统化。由于技术的限制，过去授课质量评价只能注重知识和基本能力的评价，很难对德智体美劳进行系统评价。现在智能化评价系统评价指标更加丰富，功能更加系统，有利于促进授课质量评价更加客观和公正。

3）评价数据多样化。过去收集的数据只能用简单的文本信息或者图片信息，视频信息很有限，缺少学习过程中多维度的客观数据，不能有效反映学习过程中的变化。现在可以提取大量的多维度数据，通过自动化和智能化分析，为教研优化提供依据。

4）评价过程自动化。伴随式采集多种教学数据，自动生成课堂整体分析报告，取代人工听评课，使教研人员专注课堂观察，极大地提高了学校教研工作效率。同时，基于海量教学数据，降低管理风险，推动学校教研科学化和规模化发展。

5）评价反馈时效化。过去学习效果评价滞后，通常需要延迟反馈，教师与家长不能及时发现问题并进行干预。现在改变了教学和评价分离的状况，学生在线学习的过程同时也是生成形成性评价的过程。

五、智慧校园整体解决方案市场需求分析

1. 定义及界定

智慧校园是指以促进信息技术与教育教学融合、提高学与教的效果为目的，以物联网、云计算、大数据分析等新技术为核心技术，提供一种环境全面感知、智慧型、数据化、网络化、协作型一体化的教学、科研、管理和生活服务，并能对教育教学、教育管理进行洞察和预测的智慧学习环境[149]。

智慧校园包含以下几方面特征（图2-14）：一是感知性。智慧校园是依托于互联网、大数据、物联网、云计算等技术支撑下生成的，其以传感器、摄像头为主应用设备，获取校园环境自动感知信息，并及时反馈到智慧校园平台中，使师生从中获取自身所需要的信息内容；二是集成性。智慧校园以感知系统反馈信息，自动获取信息，实现多信息的整合与集成，打造一个数据信息运用中心，便于为师生提供个性化的信息服务；三是数据化。智慧校园建设具有技术运用的优势，收集获取整合校园信息内容，自动融入大数据库中，形成集成的数据中心，为学校教育管理、后勤等工作的进一步实施提供精准性的信息数据。

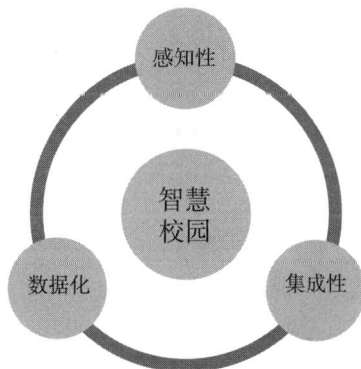

图2-14　智慧校园主要特征

2. 智慧校园的建设需求

智慧校园的建设需求主要集中在以下几个方面：夯实智慧校园基础设施建设、创建安全智能绿色的校园环境、构建以学习者为中心的教育生态、家校一体联通、搭建协同共享的教研创新平台、建设数据中心、提升师生用户信息素养、全方位构建支撑保障体系等（表2-10）。

表 2-10　中国智慧校园建设需求

建设需求	主要内容
夯实智慧校园基础设施建设	基础设施是智慧校园建设的基础，包含信息通信基础设施、语音应用支撑设施、数据应用支撑设施、多媒体应用支撑设施，满足学校教学、教研、管理、服务、生活等各方面信息通信需求
创建安全智能绿色的校园环境	安全和谐、智能宜人的校园环境是学校各项业务开展的基本保障，充分利用物联网技术和智能感知技术，构建一个立体的、多维度的安全防护体系，支撑平安校园和绿色校园，为师生创造出一个安定有序、和谐融洽、充满活力的工作、学习、生活环境
构建以学习者为中心的教育生态	通过构建各类型的智慧教室空间，为学生创造"自学为主，指导为辅"的教学环境，实现学习方式和教育教学模式创新，促进信息技术与教育教学时间的深度融合，实现信息化教学的常态化与创新发展，最终构建一个以学习者为中心，支撑教与学全过程的生态圈
优化服务理念家校一体联通	以"互联网+"的思维，本着"以人为本"的服务理念，促进管理服务流程的不断优化或再造、创新管理服务模式，实现家校互通，丰富校园文化生活，实现优质教学资源的对外开放，为师生、家长提供更加便捷化、人性化的服务
搭建协同共享的教研创新平台	在"互联网+"的大背景下，构建智慧教研创新平台，实现教研工作的"网络化、协同化、大数据化"，提高师生创新意识和创新思维，并充分将大数据及数据分析技术融入教研工作中，构建出高质量、高效率、高协同的教研创新生态
"云计算"打造校园数据中心	运用云计算、大数据等技术构建校园数据中心，实现对各类资源的高度整合和优化共享，对各类数据进行深度加工、处理、分析和挖掘，建立各种数据分析模型和评估指标体系，促进教育评价的全面化，推进教育决策的科学性，完善教育质量监控体系
全面提升用户信息素养	提升师生信息素养是智慧校园建设与应用的核心目标之一，使应用信息技术解决教学、学习、生活中问题的能力成为学校师生必备的基本素质，将信息技术和智能技术深度融入教育全过程，推动改进教学、优化管理、提升绩效
全方位构建支撑保障体系	支撑保障体系是智慧校园持续提供高质量服务的基础，以标准规范体系、安全保障体系和运维管理体系三个方面为抓手，建立全方位的支撑保障体系，从而为智慧校园的良性运转保驾护航

　　智慧校园的总体建设框架，包含六层主体结构以及三大支撑保障体系。其中，六层主体结构分别是基础设施层、数据资源层、业务支撑层、智慧应用层、展现层和用户层（图 2-15），三大支撑保障体系为标准规范体系、信息安全体系和运维服务体系。

　　标准规范体系：标准规范体系确定信息采集、信息处理、信息交换等过程的标准和规范，包括业务标准、数据标准、应用标准、管理标准、安全标准，以最大限度地实现信息优化管理和资源共享，从而规范地建立应用系统的数据结构，为智慧校园数据融合和服务融合奠定基础。

信息安全体系：信息安全体系包括物理安全、网络安全、数据安全和应用安全四个方面，各方面均需充分考虑，加强信息安全测评认证工作。

运维服务体系：运维服务体系负责保障智慧校园的日常运转和维护，包含运维服务制度、组织、流程、技术服务平台等，为智慧校园的建设和运行保驾护航，保障智慧校园的良性发展。

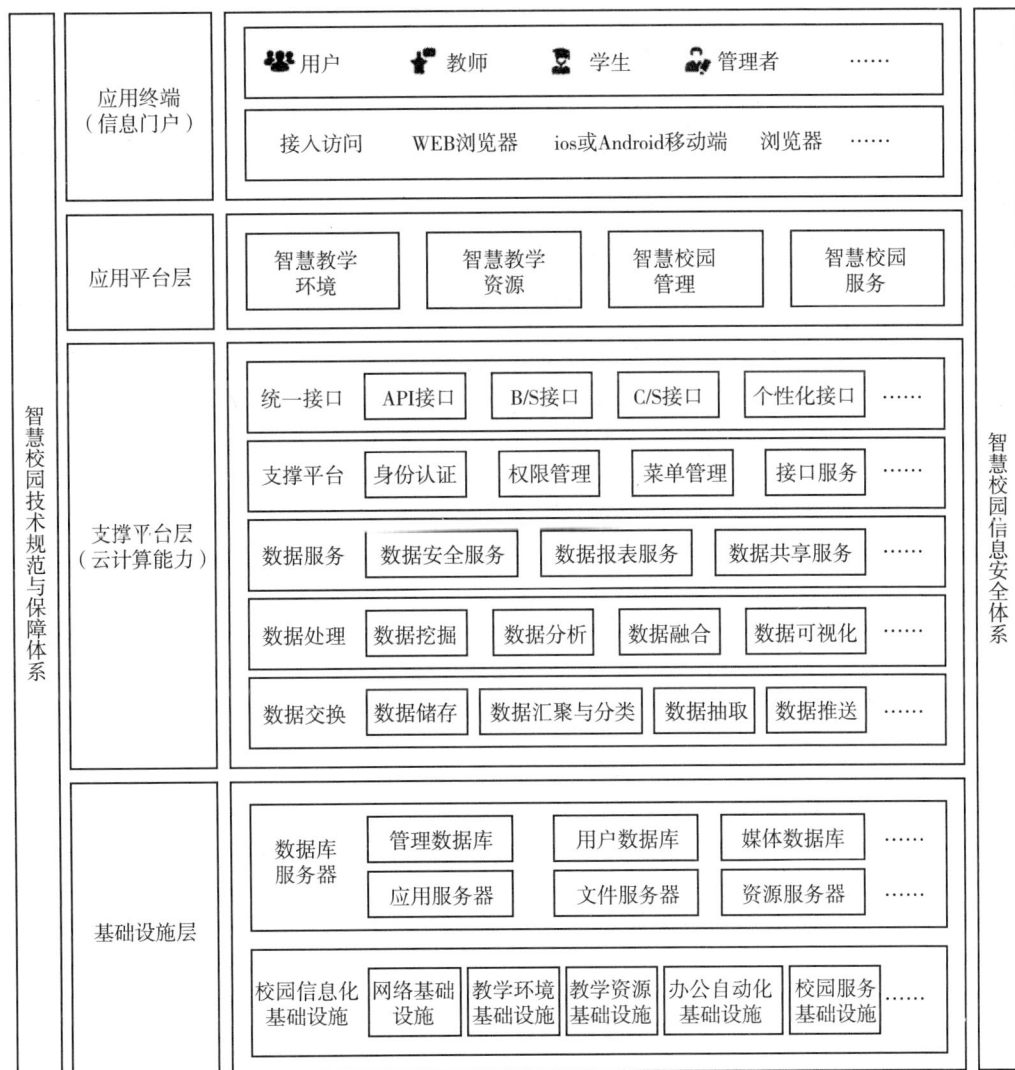

图 2-15　智慧校园总体架构图[150]

资料来源：《智慧校园总体框架》（GB/T 36342—2018）。

3. 智慧校园功能需求分析

目前，中国高校基本完成了数字校园的基础建设目标，为智慧校园建设提供了高效便捷的技术和数据支撑。智慧校园各类功能应用最广泛的是教务班级管理、就业管理、校园安全管理等，其他功能应用还包括智慧办公、智慧路灯、移动教学等（图 2-16）。

图 2-16　智慧校园功能应用分类

（1）智慧教务班级管理

教务班级管理系统是智慧校园平台中的核心系统之一，利用网络平台，以互联网 B/S 为管理系统核心实现教务管理，在设计教务系统的过程中，应充分考虑系统与校园各部门之间的工作流程等关系，包含校园教务管理工作中的各个环节。

教务管理数据量大、涉及面广。系统模块包括开课计划管理、选课管理、排课管理、课程管理、考务管理、教学资源管理、培养方案管理等。

（2）校园安全管理

校园安全管理的功能需求主要包括视频监控、防盗报警系统、车牌识别系统、智能访客系统、校园一卡通身份管理等（表 2-11）。

校园的视频监控主要包括日常校园安全监控和考场监控。防盗报警系统是校园安防最实用、最基础的部分，主要应用于校门口、财务室、机房、学生宿舍等场所；车牌自动识别系统对进出校园的车辆车牌自动识别，并对车辆数量及进出校园的时间进行记录和统计；智能访客系统可以对进校园的人进行身份验证，并记录相关信息；校园智能一卡通可以代替饭卡、水卡、借书卡等，并且具备传统卡的身份识别和消费等功能，有利于提高校园管理的效率和安全性。

表 2-11 智慧校园安全管理市场需求分析

校园安全管理市场需求	主要内容
校园视频监控	主要分为两种。第一种是校园安全的监控，监控点一般安置在教学楼，校园主要通道、围墙、实验室、财务处等重要场所。一般采用多种方式综合应用，主要有多级网络设计、多能授权管理工作、多系统集成平台，并在传输上与数模相结合来提高系统的稳定性。第二种是考场监控，近年来中高考的考场监控是一大热点，大部分学校都是通过现有的校园网把视频信号传递到各级监控室，教室内安装高解析的监听器，多画面切换及多屏显示的专业高解像 CRT 电视墙，使用多画面、多频道的多路音视频矩阵主机，把信号分为多路，即使是在同一个监视器上也能显示多个信号画面，不仅节约空间，也节省了设备的投资成本。也有一部分高校是通过铺置光纤来管理监控点，但是这样的情况尚未普及，因为施工难度及费用都比较高，并非所有学校都能接受
防盗报警系统	防盗报警系统主要有：使用于办公区、机房的红外入侵探测器，使用于校园围墙、主要通道的多光束红外对射探测器，使用于办公楼、机房的门磁感应器，报警用的睿光强光灯，发出报警提醒的声光警号器，联动关门的继电器模块，通知管理人员的电话拨号器，报警控制主机等。 这是校园安防最实用也是最基础的部分，在校门口、学生宿舍、财务室等事故多发地点安装防盗报警系统，一旦发生意外就会迅速与保卫中心和 110 连接上，在第一时间进行抢救，把伤害降到最低
车牌自动识别系统	传统的校园车辆管理是对进出车辆进行人工登记，而新型的智慧校园直接省去这一麻烦，通过系统自动识别登记，不但保证了效率，也提高了安全系数。只要进出校园的车辆系统都会进行抓拍，根据车辆进入的方向及系统上设置的车辆黑名单判断车辆是否能进入校园，同时系统数据同步更新，随时可以查到校园内部有多少辆车，什么时候进入校园离开校园
智能访客系统	传统进出校园登记是由人工完成，现在的智慧校园中已经由智能访客系统代替安保人员查看证件、登记等烦琐流程。进入校园的人员只要拿着证件对着电子识别器轻轻一按，系统就能自行记录相关信息，有效提高管理质量和效率
校园智能一卡通	传统的校园卡分为借书卡、饭卡、水电卡等多种卡，携带起来比较麻烦容易丢失。而现在的校园智能一卡通替代了传统的消费和身份识别模式，有效提高了校园管理的效率及安全性。通过物联网安全管理在智慧校园中主要体现在校园生活和教育管理两个方面

（3）就业服务管理

智慧校园就业服务指导（下文简称"智慧就业"）信息系统集就业管理与就业服务、创业教育与创业实践等功能于一体。智慧就业一般包括数据采集、数据统计分析、岗位信息精准匹配及推送、就业信息监测等业务模块。学校、毕业生、用人单位三大用户可以通过移动终端、PC 终端互通信息，获取全方位优质高效服务。系统还能根据大学生个体求职意愿，为其自动匹配、实时推送就业及相关服务信息。

　　智慧就业是智慧校园的重要组成部分，建设以学生、教师、校管理者为中心的服务是智慧就业也是智慧校园建设的核心。通过智慧就业平台的建设，将解决消息不精准、不及时等问题，促进应届生就业，提高就业率和对口率。同时，就业岗位要求的变化也可以促进学校专业方向和内容的改革。

第三节　智慧教育国家需求分析

一、教育强国的时代要求

（一）教育强国的内涵

　　教育强国是指一个国家的教育自身及其在功能上足够强大，以至于能够支撑起国家发展对于人力资本所提出的强大需求。这里有两个基本维度：一是本体论意义上的维度，即教育自身的强大性；二是价值论意义上的维度，即教育满足国家发展中对人力资本和人才培养需求的强劲性。

　　因而教育强国既表现为国家的基础教育、高等教育、职业教育、民办教育、特殊教育、终身教育、教师教育等的强大，也表现为教育对于国家的经济转型、科技创新、文化繁荣、民生改善与社会和谐等领域提供强大的人力资本支撑（图2-17）。更重要的是，教育对于为人民服务、为中国共产党治国理政服务、为巩固和发展中国特色社会主义制度服务、为改革开放和社会主义现代化建设服务等方面具有强大的作

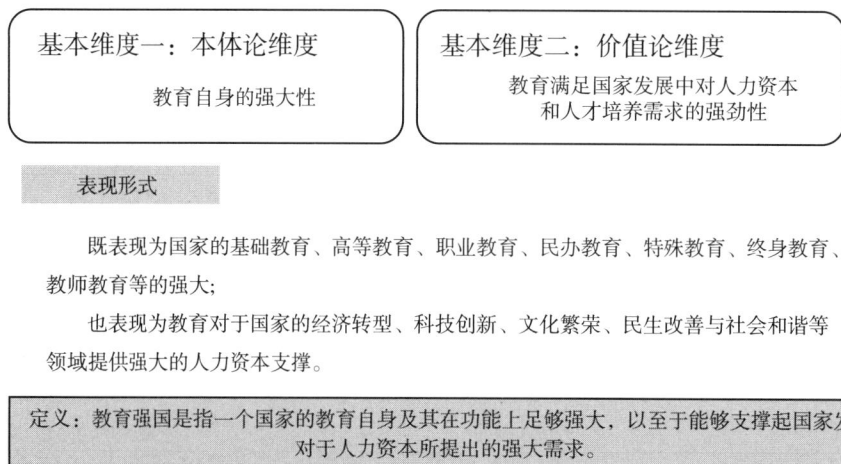

　　基本维度一：本体论维度
　　教育自身的强大性

　　基本维度二：价值论维度
　　教育满足国家发展中对人力资本和人才培养需求的强劲性

　　表现形式

　　既表现为国家的基础教育、高等教育、职业教育、民办教育、特殊教育、终身教育、教师教育等的强大；
　　也表现为教育对于国家的经济转型、科技创新、文化繁荣、民生改善与社会和谐等领域提供强大的人力资本支撑。

　　定义：教育强国是指一个国家的教育自身及其在功能上足够强大，以至于能够支撑起国家发展对于人力资本所提出的强大需求。

图2-17　教育强国的内涵

用，尤其是教育更加符合教育规律，更加符合人才成长规律，更能促进人的自由、全面发展，着力培养德智体美全面发展的社会主义建设者和接班人，从而完全实现党和国家的教育目标。教育强国一定要培养具有政治认同、国家意识、文化自信、公民品性的现代化建设者[151]。

（二）教育强国的发展历程

十九大报告指出："中国特色社会主义进入新时代，我国社会主要矛盾已经转化为人民日益增长的美好生活需要和不平衡不充分的发展之间的矛盾。"这一矛盾，在教育领域体现为人民日益增长的美好教育生活需求与不平衡、不充分的教育发展之间的矛盾。而"教育强国"的提出，为新时代教育主要矛盾的解决提出了总体战略。

教育部《教育信息化十年发展规划（2011—2020年）》明确了教育信息化发展目标："基本建成人人可享有优质教育资源的信息化学习环境；基本实现宽带网络的全面覆盖；教育管理信息化水平显著提高；信息技术与教育融合发展的水平显著提升。"

2021年，国家发展改革委员会、教育部、人力资源和社会保障部印发《"十四五"时期教育强国推进工程实施方案》（以下简称《方案》），围绕基础教育、职业教育和高等教育三个方面，对我国"十四五"时期建设教育强国进行了系统部署（图2-18）。

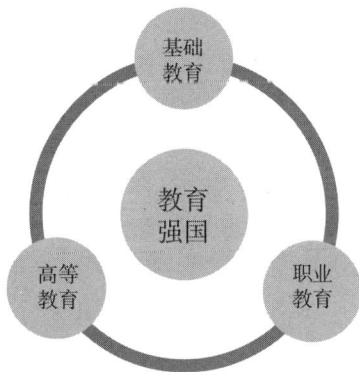

图2-18　"十四五"时期教育强国主要领域

教育强国推进工程紧紧围绕基础教育、职业教育、高等教育三大板块，聚焦关键领域关键任务，推动带动性好、示范性强、受益面广、影响力大的项目建设，不撒胡椒面，把投资用在"刀刃上"。发挥中央投资"四两拨千斤"作用，以投资换机制，促进有关领域、有关区域形成整体性制度设计和解决方案。对接乡村振兴、新型城镇化、区域协调发展等重大战略，服务重大科技攻关和先进制造业、战略性新兴产业发展等重大任务，做到一钱多用。

（三）教育强国的工作重点

1. 基础教育：补短板

任何一个教育强国，首先是基础教育强国（图2-19）。它是国之本、家之基，是教育强国的首要标志和重要内容。基础教育强国主要包括以下内容：①机会均等的教育。所有的儿童都能够接受免费的基础教育，所有的儿童都能够接受义务教育，所有的儿童都能够受到普及的高中教育。②公平而有质量的教育。所有的儿童能够得到公平而有质量的基础教育，所有的幼儿都能够在家门口得到公平而有质量的教育，所有的儿童都能够得到就近而班额适中的义务教育，所有的高中生都能够得到根据兴趣、能力进行分流的高中教育。③科学而又适合的教育。所有的儿童都能够得到科学而适合的教育，符合儿童发展规律的教育。幼儿教育没有小学化倾向；小学教育没有繁重的课业负担；初中教育不再以普通高中为唯一的升学目标；高中教育不再走普通高校的独木桥。

《方案》对基础教育的推进主要集中在支持832个原集中连片特困地区县和片区外国家扶贫开发工作重点县，特别是"三区三州"等原深度贫困地区、易地扶贫搬迁集中安置区等，以义务教育为重点，统筹学前教育建设，扩大学位供给，巩固教育脱贫攻坚成果，阻断贫困代际传递。

2. 职业教育：树精品

《方案》重点支持一批职业院校和应用型本科高校建设高水平、专业化、开放型

基础教育	职业教育	高等教育
补短板	**树精品**	**创一流**
·均等的教育机会 ·公平且有质量的教育 ·科学和合适的教育	重点支持一批职业院校和应用型本科高校建设高水平、专业化、开放型产教融合实训基地	·分类分层的教育体系 ·大众化和精英化的人才培养 ·瞄准关键核心技术

图 2-19　教育强国的工作重点

产教融合实训基地，推动相关院校面向经济社会发展需求，创新培养模式，优化培养结构，打造一批精品职业院校，带动职业教育质量整体提升，有效增强产业升级和区域发展的人才支撑。

3. 高等教育：创一流

任何一个教育强国一定是高等教育强国，它是教育强国的重要标志和内容。高等教育强国主要表现在以下诸多方面：①具有一个能够适应国家变革发展和需要的分类分层的高等教育体系。它是一个分类的高等教育体系，既有研究型大学、研究型和教学型混合的大学、教学型大学等，又包含社区学院、文理学院、技术型应用型院校、综合型院校等。②能够满足大众化和精英化人才培养的高等教育。高等教育强国既是一个大众化的高等教育强国，也是一个精英化的高等教育强国。大众化的高等教育强国满足所有人的正式和非正式的高等教育入学需要；精英化的高等教育强国满足社会经济、政治、文化等国家高精尖发展所需要的人才培养需求。③是一个空间结构布局充分而均衡发展的高等教育。高等教育的空间结构布局，无论在区域内还是在省域内，都具有均衡性和充分性。均衡性表现在高等教育资源配置的均衡性，充分性表现在东西南北中的高等教育机构的饱和度。④人才培养目标、课程和教学、创新创业和实践教育等诸多方面实现高等教育内涵式发展。它使每一个接受高等教育的学生都能享受教育的乐趣，乐于学习，并富有创造力。它体现出高等教育诸环节的有质量有效率地内涵式发展。

《方案》要求，高等教育要面向世界科技前沿、面向经济主战场、面向国家重大需求、面向人民生命健康，瞄准关键核心技术特别是"卡脖子"问题，加强"双一流"高校学科基础设施和大型仪器设备建设；布局建设一批国家产教融合创新平台和产教融合研究生联合培养基地。优化高教资源布局，促进区域协调发展，支持一批在京中央高校疏解转移到雄安新区，支持一批南疆高校建设，支持一批中西部地方本科高校建设。支持一批优质医学院校建设，重点打造一批高水平公共卫生学院。支持一批优质师范院校建设，重点打造一批师范教育基地。

二、智慧政务教育数据管理的必然要求

（一）智慧政务教育数据管理可能存在的问题

一是各业务系统间信息比较分散，存在"信息孤岛"，不能有效共享数据。二是缺少智慧型的教育学习环境，难以扩展个性化教育服务。三是教育行政部门对于教育

管理存在差异化需求，且系统建设不协同，无法提供区域化的整体教学监管与决策分析。四是缺乏应用、平台、资源、服务的整合和连通性，缺少支撑管理与教学的应用，社会公众无法获得教育基础数据服务[152]。

（二）主要政策发展

教育部 2014 年发布了《教育管理信息化建设与应用指南》，早已对"数据管理"建设提供了相关的指导意见：区域教育部门需具有统一的教育数据管理机制，建立教育数据采集、交换、使用、发布相关管理的法规，实现教育数据在教育管理信息系统运行中即时挖掘、直接抽取、统一共享、实时分析。

2018 年 1 月，为加强教育部机关及直属事业单位教育数据管理工作，推进各类教育数据的规范管理、互联互通和共享公开，确保数据安全，更好地服务教育改革发展，教育部办公厅制定了《教育部机关及直属事业单位教育数据管理办法》。

（三）教育数据管理的要求

1. 教育数据管理的基本原则

统筹管理，各负其责。教育数据的采集、储存、共享、公开和安全管理等工作要在教育部统筹管理、统一标准的基础上，由教育部机关及直属事业单位分头实施、各负其责。

推进共享，有序公开。教育数据以共享为原则，不共享为例外。公开教育数据要依照相关法律法规，在满足社会公众知情权的前提下，有序开放公共教育数据资源。

规范程序，保障安全。明确教育数据各环节的管理程序，做到教育数据管理全过程有规可依。依托国家信息安全保障体系，完善教育数据共享与公开安全机制，保护个人隐私信息，保障教育数据资源安全。

2. 数据的采集与存储

教育部机关和直属事业单位采集教育数据，均应经过充分论证。论证内容包括数据采集的必要性和可行性，采集数据与已有教育数据的关系，数据采集机制、经费保障等。

设立新的教育统计调查项目和行政业务管理信息系统应符合精简、高效的原则，充分考虑基层学校的承受能力，数据采集遵循"一数一源"原则。凡属于共享平台可以获取的数据，原则上不得重复采集。

3. 数据共享

数据共享，是指政务部门间教育数据的共享。包括教育部机关及直属事业单位间教育数据的共享，教育部和其他政务部门间的数据共享。教育数据资源共享分为无条件共享、有条件共享、不予共享三种类型。

共享数据的生产和提供部门应按照"谁主管，谁提供，谁负责"的原则，及时提供、维护和更新共享数据，保障数据的完整性、准确性，确保所提供的共享数据与本部门的数据一致。在向使用部门提供共享数据时，需明确数据的共享范围和用途。

因履行职责需要使用共享数据的部门，应按照"谁经手，谁使用，谁管理，谁负责"的原则，依法依规使用共享数据，加强共享数据使用的全过程管理。

4. 数据安全管理

教育部机关及直属事业单位设立的教育统计调查项目和行政业务管理信息系统，均应根据有关法律法规，制定涵盖数据采集、存储、共享、公开、使用等全过程的数据安全管理办法，开展数据风险评估，确定数据共享、公开类型，明确责任人，落实安全管理责任制。教育管理信息中心负责共享平台和公开平台的安全防护工作，确保教育数据安全。

教育部网络安全和信息化领导小组办公室负责制定教育数据网络安全管理制度，指导督促教育数据采集、存储、共享、使用全过程的网络安全保障工作，组织开展教育数据安全风险评估和安全管理审查。

共享数据涉及国家秘密、商业秘密和个人隐私的，提供部门和使用部门应当遵守有关保密的法律法规，在数据共享工作中分别承担相应的安全保障责任。

（四）智慧政务教育管理系统（平台）

1. 政策要求

教育部设立统一的教育数据资源共享交换平台，用于支撑教育数据的共享交换，管理教育部教育政务信息资源目录。共享平台应按照涉密信息系统分级保护要求，依托国家电子政务外网进行建设和管理。

无条件共享数据资源必须依据整合共建原则，通过接入共享平台实现基础数据的统筹管理与维护。教育部机关及直属事业单位可通过共享平台直接获取并使用共享数据。共享平台接入国家数据共享交换平台，其他政务部门可通过国家数据共享交换平台获取并使用共享数据。

2. 发展情况

目前，智慧政务教育数据管理系统（平台）通常可以提供精准数据服务。展示教育大数据，提供可视化的清晰图表，立足教育管理公共服务平台的基础数据和统计数据，引入第三方（人口、经济、社会、互联网）数据，进行深度挖掘和分析，分权限提供不同级别的教育大数据图。如学生流动情况，可通过门户提供的国内及省内学生流动趋势图，方便查看学生在省内不同市州、县区的转学情况和跨省份的转学情况，提高转学效率等，研究在"互联网+"环境下的教育管理等业务。

第四节　智慧教育技术研发需求分析

智慧教育技术研发需求分析是为了其下一阶段的大力发展。具体地，对智慧教育技术未来发展的格局、功能模块、技术、路线等方面展开态势分析。该节为该书的重点，一方面介绍了智慧教育环境的构建，强调学校在发展智慧教育时应从环境入手，让学生可以切身感受到智慧校园的积极影响，从而掌握智慧教育衍生出的新形态，同样也可以为学生带来全新的学习方式和学习体验；另一方面介绍了智慧教育的资源建设，肯定了信息化元素为资源建设带来的机遇，也指出在资源体系重构中所潜藏的挑战，提出教师要进一步提高自身的信息素养，这样才能在资源建设中掌握界限，从而确保智慧教育平台的无限可能得以实现。除此之外，本节将谈到智慧教育中涉及的若干技术，从概念入手，探讨当前的应用情况以及发展态势。

一、学生数字画像

数字画像是以大数据、学习建模、学习分析、数据挖掘等为基础技术，对多来源多模态信息数据进行分析，一般包括数据采集、数据处理、画像建模和画像应用这四个主要步骤，用于支持决策、改进管理以及优化相应的服务。数字画像也就是对目标用户特征的数字化模型化描述，是了解用户需求的工具。在教育领域，"学习者画像"（或者"学生画像"）很常见，是指在智慧教育环境中，通过收集、整合、分析而形成反映学习者基本特征的个人数据，为个体学习者构建多标签的数字化模型化描述，使教育者能够更好地识别不同的学习者，为他们提供更精准的个性化学习服务。学习者画像已成功应用于辅助在线教育和成人教育开展个性化教育，在完善教学服务方面发挥了作用。不过，学界对学习者画像还没有统一的定义。

追踪衍生自用户画像的数字画像的发展。有学者提出，数字画像在很早的时候就已经出现在教育领域，用户画像是数字画像的一个范畴，是由用户多维特征构成的典型角色，用于区分用户群体、了解用户需求和发现潜在用户，数字画像和用户画像的区别在于对象不同，前者描述的对象是任何有意义的东西，而后者描述的对象是一个人[148]。余明华、祝智庭等[149]认为，用户画像通过抽象的用户标签信息呈现用户全貌，借助绘画领域的肖像画，通过肖像画来理解和提炼用户特征。学生画像识别和标记具有不同属性的学生群体，并借助画像来呈现和描绘在线学习者特征。但可以肯定的是，"数字画像"的出现受到了"用户画像"一定程度的影响。交互设计之父 Alan Cooper[150]最早提出"用户画像"这一概念，认为用户画像是建立在一系列真实数据之上的目标用户模型，是真实用户的虚拟代表。

上海电教中心[151]以学生画像的形式呈现学生综合素质评价结果，生成个人学生画像和群体学生画像，为教师、学校、政府等教育相关人员提供有针对性、个性化、发展性的信息，为高校提供参考以便挑选出适合他们的学生，同时为学生更加了解自己、开展职业发展提供相应的指导。陈海建等从学习者的基本属性、感兴趣的知识点、学习者类型和学习风格偏好四个维度构建学习者画像，提供个性化的学习指导[152]。肖君等提出基于 xAPI 数据标准的学习者画像构建框架，设计了画像应用案例，分析了开放教育中学习者的学习状态[153]。张雪等利用聚类和逻辑回归，对学习者基本信息、学习动机主观数据和学习行为数据进行学习分析，生成了学习者类别画像[154]。唐烨伟等采用聚类和规则匹配技术，分析学习过程与结果大数据，构建了学习者画像并规划个性化学习路径[155]。

张治等[156]提出，学生的各项数据需通过数据聚合系统进行预处理，然后根据数据分析模型进行分析，从而生成学生数字画像，在这之后借助相关算法建模将标签集呈现的学生数字画像可视化，在这里需要注意标签分类将会根据需求不同存在一些差异。运用算法构建科学合理的评价 – 反馈模型，人工智能算法可自行进行关联、趋势、聚类和因果分析，进而更好地了解每个学生的长处和短处，为教师提供最优的发展建议，帮助教师更好地实施个性化辅导。学生个体能接收到符合自身认知风格与学习偏好的学习资源，并通过学情预警系统及时发现自己的不足之处，弥补缺点、促进个体的成长。同时，家长可根据学生数字画像所呈现的情况，加深对孩子的了解，而不仅仅是"边缘性参与"，增强家长的参与主体性，帮助家庭和学校协同教育。教育管理者可依据学习者画像把握学生各个维度的整体发展，及时提升教育服务水平和资源配置，有效发挥教育治理作用。

数字画像建设的背后是一系列的技术支撑，包括物联网综合感知、可穿戴设备、图像识别、射频识别、学习行为轨迹转换记录系统等各种数据采集技术和采集工具的应用，这些技术能从多个维度记录学生的学习和生活数据，从而为数据挖掘分析提供了素材[157]。一般来说，采集方法可分为伴随式数据采集、物联网数据采集、填报式数据采集和第三方系统数据采集等。其中，伴随式数据采集借由学生的智能佩戴设备、移动终端设备和AI智能识别设备采集学生的健康信息、学习成绩以及情感过程等数据。物联网（IOT）数据采集属于伦理许可范围，通过传感器、音频采集、客户端进行人脸识别、身体识别等方式对数据进行无感采集，并与业务系统融合。填报式数据采集主要是采用心理量表、问卷等方式搜集一些技术难以采集的主观数据。第三方系统采集可以通过数据端口与学校其他信息系统对接，例如学生学籍平台、名校MOOC平台以及数字课堂等。通过以上几种数据采集方式，基本可得到各类学生信息。

当前，数字画像在教育领域的广泛应用主要是为了提供更加精准的、个性化的教育服务。例如可以将数字画像运用于高校的教育管理革新以及数字图书馆生态服务优化升级中。通过收集、整合、分析数据信息，构建相应的数字画像模型，帮助教育工作者了解学生的成长背景、学习经历、动态和兴趣，为进行思想教育指导、就业指导工作、专业人才培养以及课内课外的教育教学指导，提供必要的、符合时代的启迪，从而实现"智能＋教育"时代对学习者的因材施教和个性化培养[158]。但是目前还遇到一些问题，包括数据采集艰难、平台集成复杂、算法使用偏差、所有指标构建失控、技术主义至上、个性化教育被剥夺、数据泄露风险增加、教育公共利益受损、学生主体性迷失等。

二、个性化学习

在工业时代的教育中，缺乏对学生个体差异与不同需求的关注，也没有实现"因材施教"，也就是个性化教育。全面实行个性化教育是国际教育界的共识，是当今教育大变革的核心。在1972年发表的《学会生存》的报告中，联合国教科文组织提出把促进人的个性全面和谐发展作为当代教育的宗旨。在以终身教育为特色的学习型社会中，个性化教育必然会成为一种极具吸引力和代表人类前进方向的时代精神的衍生物——个性化学习。

英国开放大学迈克·沙普尔斯教授曾说，"个性化学习"是一个非常宽泛的术语，"个性化学习"被定义为结合学习者的需求、兴趣与能力的学习。关于个性化学习的定义，可以从三方面入手。第一，个性化学习是指针对学生的个性特点和发展潜能而采取适合的方法、内容、出发点、过程和评价方法，鼓励学生各方面取得一定的成绩，获得自由和谐的发展过程。第二，个性化学习强调学习过程不仅是个性展示和发展的过程，也是自我实现和追求个性化的过程。第三，个性化学习在一定程度上揭示了教育与学习的本质区别：教育的选择性的，出发点是通过教育机构的考试选择教育者认为聪明的人进行教育，而学习的出发点是使每一个人在原有的基础上都能变得更加聪明；教育的过程是教育者使受教育者成为教育者所期望的人的过程，在一定程度上对人的个性、独立性、反思性、主动性与创造性进行扼杀，具有一定的被动性，而学习的过程则是指学习者成为自己想要成为的人，可以体现人的个性、独特性等特质，具有主动性；教育选择合适的人来进行学习过程，而学习不对任何人有偏见[159]。个性化学习是基于学习者的个体差异，针对学习者个性特征和发展潜能而采取恰当的方法、手段、策略、内容、过程、评价等，使学习者在各方面获得充分、自由发展，以促进学习者个性发展为目标的学习范式[160]。

美国心理学教授霍华德·加德纳提出的多元智力观的核心思想是仔细研究并尊重个体间的差异。元认知的提出与深入研究，使人们认识到每个个体都有自己独特的元认知方法和风格，其元认知知识结构、元认知体验模式、元认知监控能力以及三者的结合方式、发展速度和达到的水平也是各不相同，独特的元认知方法与风格必然会导致个体形成独特的、个性化的学习风格。"以人为本"教育理念影响广泛，该教育理念的普及为个性化学习创设了良好的社会文化背景与氛围，强烈冲击了传统的教育思想与模式，使人们认识到教育应多关注个体生命的意义、学习者的生活世界（现实世界）、学习者价值观的形成、学习者的情感、意志、信仰、理想与希望。很多研究者认为教育公平应进行多元分析，因为教育公平涉及多学科、多层面、多因素，仅从某一方面是难以把握其全貌与本质的。一个正在接受教育的个体如果对自己生存文化背景有所理解，可以把握现实生活经验，通过尊重年龄特征，认同个性发展的需要，变革课程结构、教学内容、教育平台等方式，使个性化学习成为可能，也使教育公平由理想走向现实。从个体发展角度来看，最重要的是最大限度地实现教育公平。新建构主义学习理论由中山大学王竹立老师提出，它建立在经典建构主义之上，强调真实情境、协作与会话在学习中的重要性和关键作用。不同的是，新建构主义学习理论中的意义建构包含知识创新，整合了学习、应用和创新三个阶段。目前，个性化学习也在随着时代而变化，所以它在不同时代有着不同的形式（图2-20）。

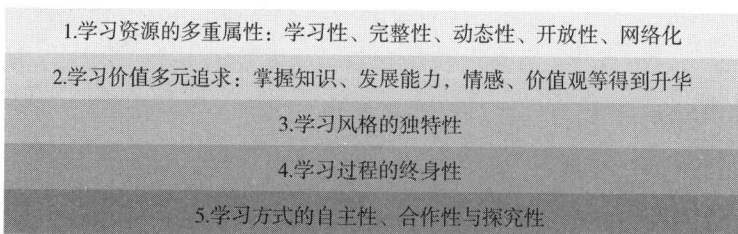

图 2-20　个性化学习的特征

　　教育中的大数据分析应以全新的思维和技术聚焦衡量学习过程中的微观表现，从努力程度、学习态度、智力水平、领域能力、彼此协作等多个维度挖掘价值。数据信息揭示隐藏的学习行为和其他模式，并以可视化方式呈现出来。一方面，教师可以根据学习者的学习行为分析自己的知识库和认知能力，为学习者定制个性化的学习计划，促进教学；另一方面，全面系统地记录、跟踪和掌握学习者的特征、学习需求、学习基础和学习行为，针对不同类型、不同需求的学习者推送不同的内容，促进个体对知识结构的理解，从而促进教学有效的个性化学习需要，基于大数据记录学习者的学习过程，分析学习者的思维习惯，结合实时的学习场景推送适当的学习资源。可见，大数据是教育未来的基础技术之一，个性化自适应学习让教学回归本质，最符合人性的学习一定属于未来的教育生态[161]。

　　个性化学习是近 40 年来教育的目标，其定义是提供满足学习者需求和能力的学习资源和活动。今天的移动技术和人工智能技术已经可以为个性化学习提供物理和社会环境，技术在教育中的应用称作技术增强型学习（technology-enhanced learning，TEL）。随着科学技术的飞速发展和信息资源的不断丰富，学习者可以在课堂之外依旧保持学习的状态。借助深度学习技术可以对学习者产生的数据进行分析，提供与其学习表现相匹配的教学流程，并根据不同的情况推送不同的学习内容。通过个性化推荐技术，为学习者量身定制学习内容、规划学习路径，实现个性化学习。自适应教学也可以对学生的知识水平进行推测，从而使得教学与学生的实际水平可以更加匹配[162]。

　　对于个性化学习的应用，有以下一些观点的输出。一是要积极开发并且合理利用各种社会资源和丰富的自然资源，尤其要积极开发利用信息化课程资源，为实施个性化学习提供内容载体；二是要大力推进教育教学过程中的信息化建设，推动教学方法和学习方法的深刻变革，为实施个性化学习提供技术手段；三是在提高教师素质和转变教学观念的同时，学生学习素质的提高和适应现代社会发展的学习观念的养成成为关注的重点。

个性化学习的核心是学习者的个性化需求。通过建立一个或多个辅助个性化教与学的智能化系统，如自适应学习系统和智能辅导系统，这些系统可以借助机器学习和深度学习技术进行自动调整，学习者可以在系统中自主学习并获得相应的反馈、推送与评价。除此之外，在传统的学习情景中，教师往往承担一个传授知识的角色，在个性化学习背景下，教师的角色也会发生一定程度的转变，教师将更加注重授业解惑的深层意义，启发学生的思考，帮助学生真正地去理解"为什么"。

三、VR/AR/MR

虚拟现实（virtual reality，VR）被称为"沉浸式多媒体"或"计算机模拟现实"，它被认为是21世纪重要的发展学科，是影响人们生活的重要技术之一。虚拟现实基于计算机技术，结合相关科学技术，生成在视觉、听觉、触觉等方面与一定范围的真实环境高度相似的数字环境，用户可以根据需求与数字环境中的对象进行交互，可以产生身临其境的感受和体验（图2-21）。虚拟现实用于探索自然过程认识和模拟自然，可以更好地适应和利用自然[163]。

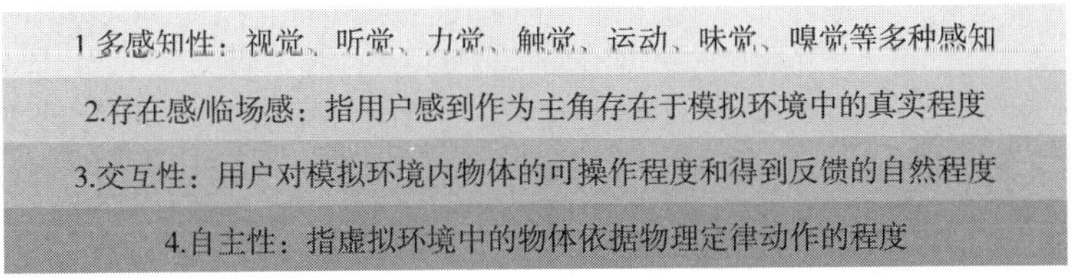

1.多感知性：视觉、听觉、力觉、触觉、运动、味觉、嗅觉等多种感知

2.存在感/临场感：指用户感到作为主角存在于模拟环境中的真实程度

3.交互性：用户对模拟环境内物体的可操作程度和得到反馈的自然程度

4.自主性：指虚拟环境中的物体依据物理定律动作的程度

图2-21 虚拟技术的特征

2016年被业界称为"虚拟现实元年"，致力于虚拟现实的创业团队数量激增。中国虚拟现实与产业化联盟常务副理事长、教育部虚拟现实应用工程中心主任周明全教授认为，"虚拟现实元年"这一说法并不是指虚拟现实技术的诞生，而是为了表明虚拟现实已经受到了人们的热烈关注并且掀起了一股热潮。虚拟现实是仿真自然世界的技术[164]，在20世纪60年代娱乐业中的传感影院就借助了高度沉浸感的虚拟现实技术，其目的是吸引观众的注意，可以说这是虚拟现实的源头[165]。

虚拟现实技术的发展基本上可以分为三个阶段：第一阶段是20世纪50—70年代，该阶段为准备阶段；第二阶段是20世纪80年代初期至80年代中期，在该阶段虚拟现实技术走出实验室，进入实际应用阶段；第三阶段是从 80 年代末至今，该阶段是虚拟现实技术全面发展的时期。1968 年，美国"计算机图形学之父"Ivan Sutherlan 在哈佛大学组织开发了第一台计算机图形驱动的头盔式显示器（helmet mounted display，HMD）和头部位置跟踪系统，这是虚拟现实技术发展史中一个重要里程碑。在一个完整的头盔显示系统中，用户不仅可以看到三维物体的线框图，还可以确定三维物体在空间的位置。并通过头部运动从不同角度观察三维场景的线框图。第二阶段出现了两个典型的虚拟现实系统，即 VIDEOPLACE 和 VIEW 系统。第三阶段，虚拟现实技术从研究转向应用，在医学、航空、教育、商业经营、工程设计等方面都有所构建（图 2-22）。国内许多高校、研究所开始了对虚拟现实技术的研究和应用。例如浙江大学心理学国家重点实验室开发的虚拟故宫、CAD & CG 国家重点实验室开发出桌面虚拟建筑环境的实时漫游系统[166]。

军事	虚拟战场环境、单兵模拟训练与评估各个军种联合虚拟演习、指挥官训练
医学	人体解剖仿真、外科手术仿真，利用虚拟的医疗手术治疗系统对患者进行远程医治
教育	多媒体教学软件，虚拟环境进行危险的实验地震逃生、消防演习、VR观看地质地貌等
娱乐	虚拟电子娱乐中心
城市建设	城市规划等项目

图 2-22　虚拟现实技术在生活中的应用

虚拟现实与人工智能技术及其他相关领域技术结合，将会使其具有智能（intelligent）和自我演进演化（evolution）特征，现有的空间感可以从人的感觉系统中进行改变。现有的虚拟现实产业链大致可分为硬件设计开发、软件设计开发、资源设计开发和资源运营平台等几种类别[167]。

增强现实（augmented reality，AR）是虚拟现实技术的延伸，它可以用来模拟对象，让学习者在真实环境中看到虚拟生成的模型对象，并且这个模型可以快速生成、操作和旋转。增强现实技术与传统虚拟现实技术实现的完全沉浸式效果不同，它主要是将计算机生成的物体叠加到真实景物上。增强现实技术利用多种设备，如连接电脑的光学透视式头戴式显示器（optical see-through head-mounted display，S-HMD）或配备各种成像原件的眼镜，使得虚拟物体叠加到真实场景上从而一起出现在用户的视野当中，用户可以通过多种方式来与虚拟对象进行交互。增强现实教育系统的特点和功能分为五个方面：①将抽象的学习内容可视化、具体化，使得学生可以从多种不同的角度来观察三维模型，从而增强对真实事物的理解；②支持自然环境中无处不在的情境学习，以促进交互性、情境性、连通性和个性化；③增强学习者的存在感、直觉和专注力，增强现实可以给学习者一个特殊的空间，让他们感觉到自己和他人在同一个地方；④以自然的方式交互学习对象；⑤正式学习与非正式学习相结合。目前，国内外已经有多家科技公司在软件开发方面提供了增强现实解决方案和工具，让全球众多开发者参与到增强现实应用开发中[168]。

20世纪90年代初期，波音公司的Tom Caudell及其同事在他们设计的辅助布线系统中提出了"增强现实"这个名词。与沉浸式虚拟现实相比，增强现实不仅应用广泛而且更加安全，这是因为增强现实系统可以让用户在看到虚拟物体的同时还看到真实的场景，即使在停电和设备故障等情况下也能保证用户的安全[169]。增强现实技术通过真实世界和虚拟环境的合成，减少3D建模的工作量，借助真实的场景和物体提高用户体验感和可信度，推动虚拟现实技术的进一步发展[170]。

随着增强现实技术的发展，一系列产品也随之而来（图2-23）。Z Space是由美国加利福尼亚州Infinite Z公司开发的全新3D显示屏，它可以跟踪用户的头部的转动和手部的运动，实时调整所看到的3D图像，并允许用户操控一些虚拟物体，就好像它们真的存在一样。Metaio是2003年由德国大众的一个项目衍生的一家虚拟现实初创公司，现在已经被苹果公司收购到旗下。官方说明里Metaio并没有像Z Space那样正式为教育领域提供通用的增强现实教学工具，但学者们已经开发了一个基于位置服务的增强现实教育应用，并探索它在帮助学生快速熟悉校园、了解校园文化方面的作用。Wikitude是于2008年秋由美国Mobilizy公司推出的一款移动增强现实开发平台，支持安卓、Black Berry以及Windows Phone等多种移动智能操作系统。目前，Wikitude SDK（软件开发工具包）支持加载真实物理环境、向增强现实环境中添加虚拟对象、支持用户与虚拟物体交互、响应用户位置变化、增强现实环境中的信息提示、从本地或网络加载资源等功能。ENTi Ti Creator是由以色列初创公司Waking App开发的一款增强现实创作工具，它的最大特点是易学易用。用户可以使用ENTi Ti平台上传图片、视频以及相应的说明，通过简单的逻辑连接就可以轻松创建出包含3D图像、动画或者游戏的AR/VR内容。

增强现实具有虚实结合、实时交互和三维配准三大特点。增强现实按距离眼睛由近到远具有三种呈现方式，分别为头戴式（head-attached）、手持式（hand-held）和空间式（spatial）。

教育	为学生呈现全息图像、虚拟实验、虚拟环境等
旅游	帮助游客自助游玩景区，以虚拟影像的形式为游客讲解景区概况、发展历史、人文景观等
零售	可以实现一键试穿，在网上销售中具有极大的应用空间
其他	在工业、医疗、军事、市政、电视、游戏、展览等领域都表现出了良好的应用前景

图 2-23　增强现实技术在生活中的应用

混合现实（mixed reality，MR）是虚拟现实技术的进一步发展，该技术通过在真实场景中呈现虚拟场景信息，在现实世界、虚拟世界和用户之间构建交互反馈的信息回路来增强用户体验的真实感。混合现实技术结合了虚拟现实技术与增强现实技术的优点，能够更好地体现增强现实技术。混合现实技术和增强现实技术的区别在于：混合现实技术可以让用户通过一个摄像头看到裸眼都看不到的现实，增强现实技术只管叠加而不管现实本身。

混合现实的特征主要体现在虚实融合、实时交互和三维注册这三方面。虚实融合是指既可以通过显示设备将虚拟物体添加到现实世界中，或者将真实物体加入计算机创建的虚拟世界中，从而实现虚拟与现实的交叉融合。实时交互是指用户通过感官与混合现实环境产生关联，形成多维的感知并提供智能交互和反馈。三维注册则是指在混合环境中，虚拟空间与现实空间之间形成三维映射关系，从而感知用户的位置和身体姿势的变化，实时呈现合适的观察图像，为用户提供完美的沉浸体验。以虚实融合、实时交互、三维注册等为主要特征的混合现实技术将以独特优势在教育领域展现其巨大的应用潜力，混合现实技术实现了虚拟场景与真实世界的无缝融合，借助先进的图像处理技术，通过显示设备生成具有虚实融合特征的视觉环境，实现不同时空场景的嵌入[171]。

虚拟现实、增强现实和混合现实的区别见表 2-12。

混合现实技术区别于虚拟现实和增强现实技术，具有以下一些优势：①支持教学。混合现实具有仿真性强、显示质量优异、方式交互自然等优点，学科知识的注入与融合使得传统教学资源的形式发生改变，给学习者以真实的体验，有效地改进教学手段和方法。②支持创设在线虚拟教室。借助混合现实技术，可以创造一个虚拟世界与现实世界的完美结合，通过网络技术将不同领域的学习者的虚拟个体连接到同一个在线虚拟教室中。与传统的在线学习相比，基于混合现实技术的在线学习形式将有效提高在线参与度，解决在线学习中交互性、参与性、积极性不足的问题，有助于提高

表 2-12 虚拟现实、增强现实和混合现实区别

实现技术不同	虚拟现实依赖计算机图形学（computer graphics）的技术生成虚拟世界，常用技术包括场景重建、空间注册以及感知反馈[172]	
	增强现实较多采用计算机视觉（CV）的相关技术，构造一个增强现实系统需要解决很多的关键技术问题，这主要有显示技术、跟踪和定位技术、界面和可视化技术以及标定技术[172]	
	混合现实对处理复杂的客观世界有更加完善[172]	
教育特性不同	沉浸体验	虚拟现实在真实性体验上难以满足学习者的需求
		增强现实可将学习内容通过虚拟物体叠加的方式进行可视化处理，但虚拟景象和现实景象间依然存在较大的视觉差异，会对沉浸体验的效果造成一定影响
		混合现实促进了虚拟世界和真实世界的联结，在构建多重感觉通道的基础上将人的感觉延伸到新创建的学习场景中
	视觉显示	虚拟现实头戴显示设备存在分辨率低和刷新率低等缺点，由此产生的视觉滞留及眩晕感将会严重影响学习者的学习体验
		增强现实在显示效果上得到进一步增强，但是视觉范围上比较狭窄
		混合现实技术为学习者提供质量更优的显示效果并扩大显示范围，在增强视觉体验的同时，使学习情境得到明显增强，对培养学习兴趣和提升专注度有较好的帮助
	交互方式	由于虚拟现实头戴显示设备存在封闭性强、体积大、学习者难以观察到现实场景等问题，因此虚拟现实在人机交互上存在较多不足[172]

学习者存在感、社区感和协作能力。除此之外，虚拟在线教室还为学习者提供交流讨论的消息传递窗口、将学习情感反馈给教师，这些都对在线学习中的情感交互起到很大的作用。③支持医疗卫生领域的技能培训。由于受到各种客观条件的限制，在现有的条件下，一些高危、高资源开销或者是需要特殊场景的实验和培训难以开展，而混合现实技术为这些情况创造了机会，在保证安全的前提下，实操训练可以进行。④支持建筑与电气工程的技能培训。建筑工人经常需要在各种高危环境中工作，例如脚手架、屋顶和钢架，也是由于工作性质等原因，要求初学者在开始正式工作前具备一定的技能和安全意识。混合现实技术可以让学员模拟真实情境的相关内容，学员可以在其中进行各种类型的模拟训练。⑤支持航空航天和军事领域的模拟训练。混合现实训练系统可以实现虚拟现实与模拟真实环境的融合呈现。在现实世界的基础上，还可以将当前不存在的再现到受训者的视觉范围内，从而实现为受训者提供的模拟飞行环境。此外，混合现实模拟训练系统可实现听觉等综合感知觉进行交互，相比较传统的

模拟而言有较大的优势。

虚拟现实的主战场是"虚拟世界"，人们使用虚拟现实设备探索人为创造的虚拟世界，追求沉浸感，虚拟现实是一个纯虚拟的数字屏幕，可以让用户"身临其境"，一览全景，但是看到的场景和人物全是假的。增强现实的主战场是"真实世界"，人们使用增强现实设备产生的虚拟信息来提高他们探索现实世界的能力。增强现实具有极强的移动属性，是虚拟数字画面加上裸眼现实，用户可以分清分哪一部分是真，哪一部分是假。混合现实是数字化现实加上虚拟数字画面，从概念上来说，混合现实与增强现实更为接近，都是一半现实一半虚拟影像，该技术将物理世界实时数字化，使用户同时感受到现实世界和虚拟世界，真正实现了"沉浸式体验"。

关于虚拟技术，笔者有以下一些设想：①促进智慧教育资源建设，尤其利用虚拟技术构建的新型教学；②为教育游戏提供新思路，沉浸式游戏将会成为主流；③转变学习方式，培养"21世纪技能"；④支持创客教育与在线教育，虚拟在线课堂成为新的教学方式，在特殊条件下可以保证一定的教学质量。

但是，虚拟技术仍旧存在很多问题。在教学方面，存在以下明显问题：①头晕。用户在使用虚拟现实设备的时候会出现头晕的问题，这表明技术还不够完善，虚拟与现实融合得还不够好。②资源紧缺。设施不完善，技术人员不足，目前的虚拟现实教学资源较少。③形式主义。新颖的教学方式并没有解决部分知识较为枯燥的问题，知识点的讲解不够深入，也不够有针对性，仍旧停留在表面，教学质量也并没有提高。④推广较难。由于研发成本较高，销售力度跟不上，价格一直较高，导致学校无力进行推广和普及。同时，还面临着包括资源、成本、教学法等问题，随着技术的变革，教学方式也将产生大的变革，对教师的要求也将进一步提高。

四、虚拟老师（在线教育虚拟教师）

虚拟人是人类在计算机生成的空间（三维虚拟环境）中的几何特征和行为特征的表达，是多功能感知和情感计算的研究内容。借助虚拟人技术，可以在需要的学习场景中设计和实施虚拟教师。虚拟教师是计算机生成的三维虚拟学习环境中的技术实体，具有几何形状，能与环境互动，可以模拟真实教师的形象和动作表达，模拟真实教师的教学功能，能感知和影响周围环境。虚拟教师是虚拟人与工作智能研究的热点，之所以被研究者如此看重，是因为虚拟教师具有许多真实教师所不具备的优势。例如，虚拟教师不知疲倦，不受自身情绪变化的影响，能够保证教学服务质量。此外，在三维环境中，虚拟教师可以代替真实教师做一些重复枯燥的工作；最重要的一点是，虚拟教师不受时间和地理位置的影响，可以全天为学习者提供教学服务，从而很好地保证学习者学习的连续性和自主性[173]。

虚拟教师概念的形成和发展源于 20 世纪 50 年代和 60 年代的计算机辅助教学（CAI）。IBM 奥斯顿研究中心自 1958 年研制出世界上第一个计算机教学系统以来，至今已有 50 多年的历史。早期的 CAI 系统主要采用程序教学，结合教学内容和教学策略，编写顺序执行的计算机程序。具体操作流程是预定的，不能根据实际学习需要调整教学策略，灵活性比较差。在那个阶段里，虚拟教师的概念还没有形成，但已经有了初步的形式，即如何用电脑来呈现教学内容。在 20 世纪 60 年代，CAI 引入了分支程序的概念，在一定程度上，学生可以根据自己的特点决定学习路径和选择学习内容。此时，虚拟教师的内涵增加了互动性。20 世纪 70 年代，人工智能技术被引入到传统的 CAI 系统中，出现了智能 CAI 系统（即 ICAI 系统），然后出现了智能导学系统（ITS）。智能导学可以为学生提供一定程度的学习指导、帮助和反馈，目的是让学生实现个性化和适应性学习。智能导学系统专注于后台功能的研发，因此在交互界面上没有视觉上的导师，但还是为虚拟教师的内涵增强了性能。进入 90 年代后，随着多媒体技术和网络技术的发展，智能导学系统不仅在一定程度上起到了人类导师的作用，还可以弥补真正教师的一些不足。

美国马里兰大学的一个研究团队提出了虚拟教师的概念，即"一种基于多媒体技术的网络教学环境，通过它可以提高多媒体教学内容的传输过程、同步操作和互动性"。进入 21 世纪，随着现实技术和化身（虚拟人）技术在教育领域的广泛应用，虚拟教师的内涵得到进一步发展，形象生动、表达丰富、形象生动的三维虚拟教师将被构建，这时候，虚拟老师就是名副其实的虚拟老师了，模拟真实教师的行为和姿态已成为研究人员关注的焦点。虚拟教师逐渐被定义为：在计算机生成的三维虚拟学习环境中，能够模拟真实教师形象和动作表达，模拟真实教师教学功能的技术实体[174]。

2016 年年初，美国佐治亚理工学院的吉尔·威尔森作为一门在线课程的助教，和另外 8 名助教在网络论坛上回答 300 名学生提出的 1 万个问题。然而，威尔森并不是"人"，而是根据 IBM 沃森项目开发的一款程序。该课程只有 1 名学生对她的身份表示怀疑，剩下的学生并未察觉她不是人类，虚拟教师既能检查一般性错误，还能深入分析意义、主题和论点，为学生提供详尽的反馈意见，可以中断视频讲座向学生提问，也可以回放视频片段帮助学生理解特定的内容^[175]。

国外对虚拟教师的研究比较成熟，内容包括早期具有初始智能的虚拟教师系统，以及现阶段具有逼真的三维图像和语音交互功能的虚拟教师。南加州大学研究人员提出的教学代理 Adele 是虚拟教师的成功应用。Adele 结构中最重要的部分是代理和推理引擎，它具有表达知识，监控学生，提供反馈，探索问题、提示和答案等基本功能。南加州大学信息科学学院计算机系开发的名为 Steve 的教学代理可用于支持学生的学习过程，它的架构包括三个模块：感知、认知和运动控制。AvaTalk 是一个用于交互式技能培训的智能虚拟教师系统。它使用代理技术设计具有知识和情感表达的替身，包括语言处理器、行为引擎和虚拟人可视化引擎。荷兰特文特大学的 Jacob 项目集成了多个学科技术，包括智能辅导系统、虚假报告现实技术、智能代理技术、自然语言处理技术、代理可视化、动画技术等。北卡罗来纳州立大学开发的 Whizlow 包基于三维虚拟环境和真实代理，它提供有关计算机体系结构的学习指导。Jack 是宾夕法尼亚大学人体建模与仿真中心开发的一种软件系统，用于在三维环境中控制和模拟逼真的角色，提供碰撞检测、实时物体捕捉、实时可视化等功能。

国内对虚拟教师的研究始于 2006 年，已经从基于网络的智能虚拟系统发展到有着真实形象的虚拟教师。2008 年，宁波大学开发了儿童安全教育体系。系统内置虚拟教师，以真实形象为孩子讲解交通规则。Lucy 是一款在中国推出的智能英语老师，学习者可以使用这款软件与角色 Lucy 进行交谈和聊天，帮助那些学习英语比较困难的同学克服阻碍，大胆说英语，提高英语水平，通过人机交互创造讲英语的环境，极大地提高了教学水平。北京师范大学赵慧琴博士研究了虚拟教师的情感表达，提出了虚拟教师的情感模型，这为虚拟教师的进一步发展奠定了基石^[176]。

表情丰富、动作生动、行为逼真的虚拟教师可以极大地增强学生在线学习的效果，这也是将来的一个主要研究方向。目前虚拟教师系统很多，大致可以划分为：具有智能性的虚拟教师系统，如 Adele、Steve、Ava Talk、Jacob、Whizlow、SRC 等；具有三维逼真形象的虚拟教师系统，如 RITL、Dubbed Eve、Jack 等；具有语音对话的虚拟教师系统，除 Steve 和 Ava Talk 外，还有 Baldi、Cosmo、Lucy 等。目前虚拟教师的研究重点是构建一个高逼真度的虚拟教师人物形象，除具有接近真实人物的外在表现外，还要具有真实的动作行为，并且具有一定的智能性^[177]。然而，分析现有的虚拟教师系统，并没有发现一个从形象到行为都与真实教师相同的虚拟教师系统。

虚拟教师的行为既可以通过智能代理技术由计算机软件来控制，也可以由真实人控制，即人的化身（Avatar）；虚拟教师与学生之间可以通过自然语言、体态语言等进行交流[178]。虚拟教师的关键技术包括：①生成技术。数据生成、存储和应用的过程。②文本信息检测技术。调用语言库中的反馈信息为学习者解答。③信息动态变化技术。

虚拟教师的不足之处包括：①缺乏逼真的外在形式。虚拟人技术在教育领域还不是特别成熟，拥有真人外观的虚拟教师系统并不多。②缺乏像人一样的行为动作。③内外不一致。运动行为和认知行为的不一致使得学生与虚拟教师之间难以实现真正的互动。④缺乏情感互动。师生之间的情感交流是教学中尤为重要的环节，如果缺乏情感互动，虚拟教师和学生之间总会有一堵墙。

五、智慧导学

在本小节的探讨中，智慧导学即智能导学，智能导学系统是智能导学最关键的一部分。一对一的人类辅导是促进学习的最有效方法，为了实现这一目的，并且减少教学负载，研究者们开发了一对一的智能导学系统（intelligent tutoring system，ITS）。智能导学系统是指能够根据学生对知识的理解情况和掌握程度，选取相适应的教学策略，而且在某种程度上能够模拟真实的教学专家展开教学活动的一类软件系统，这样的系统包含了某一领域的具体学科知识和相应教学知识，其效果就是能对学习者进行个别化教学。

智能学习指导系统在很大程度上推动了教育的发展，对个性化学习产生了很大的影响。从19世纪50年代到20世纪70年代，人工智能进入教育领域，计算机辅助教学教学方法随之而来。19世纪60年代，第一个专家系统Dendral研制成功后，智能计算机辅助教学系统的研发拉开了人工智能教育应用的序幕。十余种智能教学系统的迅速涌现，使ICAI成为一个独立的研究领域。此时，计算机辅助教学系统只考虑为不同的学习者提供不同的学习内容，而不能根据学习者的学习情况调整教学策略和教学方法，因此将这一时期定义为智能导学系统的萌芽期。从20世纪70年代到90年代，随着人工智能技术的引入，智能导学系统进入教育领域，并不断扩展学校和培训中心的各种教学功能。智能学习指导系统具有捕捉学生表达能力和学习能力的功能，这是教师无法实现的，可认为这是智能导学系统极具特色的地方。国外有很多典型的代表系统，比如斯坦福大学设计的BIP系统，毫无疑问，这种系统使"智能"学习向前迈进了一大步，成为智能导学系统的形成阶段。随着教育信息化的不断发展，传统的以教学为导向的学习指导系统已经转变为以学习者为中心的个性化智能学习指导系统。智能学习指导系统的研究重点也转向自适应学习支持，更加注重优化学习过程、教学策略和学习环境，主要用于解决复杂的代数问题和提供个性化的指导。

智能导学系统的内部结构和界面结构影响学习者个性化学习，系统内部采取的算法和学习分析过程对学习者的指导和监督有着重要的影响，利用虚拟的代理对学习者进行个性化监督和指导，能有意识地促进学习者的个性化发展，同时，智能导学系统是一种整合了理论研究（如认知科学、学习科学）、技术发展（如计算机科学、计算机工程）、教育实践和实证评估的集成系统[179]。

Auto Tutor 由美国孟菲斯大学自 1997 年起研发，该系统整合了现实教学中教师所采用的有效教学策略以及基于学习研究的理想化教学策略，已被用于计算机基础、物理、生物、批判性思维、阅读、写作、医学、生物等多个领域[180]。智能导学系统已经广泛应用于美国的教育领域，在促进学生个性化学习方面发挥了重要作用。设计智能导学系统需要考虑两个重要的因素：一是易用性，二是趣味性。智能导学系统实际上就是智能家教，即模拟一对一教学。智能导学系统的主要功能是模拟教师辅导学生学习，它通过了解学生的学习程度、学习兴趣和学习习惯，有效地辅导学习[181]。

智能导学系统在基于网络学习系统中的应用，解决了以往在线学习系统的不足，为学习提供了智能指导的系统。该系统的优点见表 2-13。

智能导学系统是现代远程教育向智能化发展的一个新阶段，其实现涉及人工智能、数据挖掘、认知理论和教育理论等多方面的知识。在系统设计和开发过程中还有许多问题需要进一步解决，包括但不限于以下这些问题：①规则的产生和教学策略的制定。有效的规则需要从海量的信息中提取重要信息，制定有效的策略，通过丰富的教学经验和反复的实验进行调整。②确定智能导学系统和学习工具、练习工具、作业工具、测试工具、答疑工具、交流工具等系统接口参数，工具系统借助智能导学系统传递的参数，合理调用规则库里的规则。③确定条件可信度、加权因子和规则可信度，由于主观因素，领域专家确定的初始值因人而异，与实际情况存在误差。④对规则性能的评估，要思考建立一个什么样的测评系统才可以有效地评估学习者在按照规则形成的个性化学习环境中的学习效果，并对规则做出合理的评价。⑤智能导学系统个性化分析参数的调整和规则的自适应修改。根据规则性能评价的结果，适当修改个

表 2-13　智能导学系统优点

智能导学系统的优点	1. 解决了学习者在线学习的盲目性，让学习者明确学习目标和学习内容，诱导学习内在因素，产生"拉动"效应，鼓励学习者在完成学习内容后主动对学习内容进行测试，以评估学习效果。检查学习目标的完成程度，激发学习者主动建构知识，适应新的学习内容。针对学习者的弱点，针对缺失点提供提示和相应的学习计划
	2. 较高的智能性。智能导学系统可以根据学习者目前的实际情况，为学习者的学习内容和方向提供适当的指导，这大大增强了学习情境的人性化，对于提高学习者的学习兴趣，提高教学效果具有重要的意义；智能导学系统所分析的规则在学习过程中不断地得到训练，即通过规则在学习过程中的表现来修改自身，从而更准确地反映学习者的真实情况。学习者登录学习的次数越多，时间越长，其规则越接近实际情况
	3. 友好快速的个性化交互界面。根据学习者的媒体偏好规律，结合文字、图形（图像）、音频、视频和互动课件，形成个性化的学习环境，抓住学习者的注意力和思维，充分调动学习的积极性和主动性，有效地组织和利用丰富网络资源作为自己的学习资料来源
	4. 因"才"而准确教学与评价。智能导学系统分析学习者的学习情况，根据学习者的认知水平和学习方式动态组织和调整课程和试题的难度。对于水平较高的学习者而言，应适当增加课程和试题的难度或加快课程进度；对水平较低的学习者，应适当降低难度或放慢进度，这样可以最大限度地发挥每个人的潜力，改变传统教育的"平等待遇"，实施个性化教育[182]

性化分析参数和规则的可信度，使个性化分析的规则更符合学习者的学习规律。根据认知建构主义理论、社会认知理论和人本主义理论，运用软件工程、数据挖掘和人工智能等技术，分析设计智能导学系统。首先对网络学习系统中的知识点、学习资源、学习者和规则进行建模，然后根据 Web 日志和数据库信息挖掘学习者个性和共性规则，最后对规则进行评价和自适应修改[183]。

下一步，智能导学系统将在情绪感知、诊断控制功能、语义分析功能、动态交互式教学四个方面进行研究。

智能学习指导系统通过分析学生的各项生理指标，可以大致了解学生的情绪状态，实现精准的"读心"。用户还可以在智能导学系统中获取相应的诊断报告，诊断报告不仅可以显示学生的回答时间和检查提示的频率，还可以显示学生的回答是否正确。在学习过程中，智能导学系统需要利用自然语言分析器、语义解释模块和对话分析器从自然文本中快速提取信息，用于信息检索、机器翻译和语音识别。此外，在智能辅导系统中，学习者可以根据自己的需要，在某个解题步骤点击辅导按钮，与系统进行对话，智能导学系统可以进一步促进个性化教学，距离"因材施教"的理想目标也就越来越近。

六、知识推荐

近年来，随着无线网络和移动宽带互联网的快速发展，以及大量成熟的便携式移动设备的出现，在线学习日益成为学习知识的重要方式。

在线学习具有学习资源丰富、资源更新及时、学习方式便捷等特点。然而，互联网上海量的学习资源在给用户带来便利的同时，也造成"认知超载""知识碎片化"等问题的出现。如何帮助不同的学习者从海量的学习资源中找到个人需要的资源成为一个巨大的挑战，引入个性化推荐技术是必然的选择。传统个性化推荐的主要目标是通过分析用户信息和物品信息来获取用户兴趣偏好，从而向用户推荐感兴趣的物品。主要技术包括基于内容的推荐、协同过滤推荐和基于规则的推荐[184]。知识推荐是知识图谱推荐系统，推荐系统的主要目的是推荐用户可能感兴趣的内容。知识图谱是一种知识库，这个概念最初是由谷歌提出来改进搜索引擎的，目的是提升搜索效率从而提升用户的搜索体验。知识图谱作为一个非常容易理解的外部知识库，可以帮助建立合理的用户和物品之间的关系，可以帮助构建一个可解释的推荐系统。

在 Web2.0 的背景下，互联网已经成为世界上最大的知识库。它在给人类生活和工作带来革命性变化的同时，也引发了"知识泛滥""知识迷航"等问题。个性化知识推荐可以根据用户的知识需求主动为用户提供合适的知识，可以有效缓解网络上的海量信息造成的"知识泛滥"等问题。同时，社交标签作为用户生成的元数据，可以反映用户的需求和变化，"用户－资源－社交标签"之间的关系网络可以为个性化知识推荐提供非常有价值的基础数据[185]。

在基于知识推荐的个性化 e-Learning 系统中，语义本体被广泛地用于表达领域知识和用户知识当中。使用本体方法呈现知识，不仅可以实现知识的共享、复用和可操作性，还可以让学习者更直观地理解知识之间的关系，有利于提高学习效果。利用本体知识还可以创建机器更容易理解的资源描述，实现知识资源的个性化、自适应呈现。研究结果表明，个性化推荐学习的本质是一种"信息找人"的服务模式，它主要考虑的是学习者的喜好、兴趣、学习能力、背景知识和学习行为。个性化学习系统可以根据用户的特点，为用户提供个性化的筛选和呈现服务。推荐依据主要基于学习者的兴趣、偏好和知识背景。这种个性化推荐系统对教师和学生都非常有用。对于学生来说，系统可以根据学生的学习目标、学习需求、学习偏好等信息，提供最适合的学习资源和学习路径，有利于提高学习质量，提高学习速度，优化学习过程；对于教师来说，该系统可以在最合适的时间，将设计好的资源交付给最合适的学生，可以自动实时监控个人，个性化评估学生的学习信息[186]。

个性化知识推荐是从供给端出发，针对特定的目标，借助特定的推荐算法，分析其行为信息数据或计算相似度，向目标推荐与其需求相匹配的知识资源。当前个性化推荐领域的研究热点是个性化推荐算法的改进，以及基于个性化推荐算法的用户偏好挖掘和个性化信息服务。在推荐算法方面，付永平等[187]采用语义验证的方法对基于用户的协同过滤方法（user-based CF）的推荐结果进行处理和分析，排除概率低的算法验证结果，获得概率高的算法校验结果并推送给用户，以实现基于贝叶斯分类挖掘的个性化推荐。N. Mallat 等[188]针对上下文推荐问题，将用户上下文信息集成到推荐系统中，从而提出了各种上下文感知的个性化推荐方法。洪莹[189]比较分析基于上下文的信息检索方法和基于系统的信息检索方法的优缺点，分析当前和未来的研究趋势。刘海鸥[190]等通过构建图书馆大数据知识服务的上下文推荐框架，整合用户上下文信息进行知识推荐，缓解数据稀疏导致推荐效率降低的问题。P. Symeonidis[191]采用矩阵分解，根据评分将用户的社交关系信息从高维分解为低维，从而得到推荐信息。刘璇等[192]指出社交网络已经从最初的 BBS、娱乐社交网络发展到今天的微信息时代，成为图书情报行业的一个重要研究课题。刘先红等[193]通过对比国外主流社交网络的推荐模型，发现我国科研社交网络系统存在的问题并加以改进。吴昊等[194]提出使用共同好友比例和互动比例两个指标来衡量社交网络中好友的亲密度，并根据兴趣相似度进行评分，选择得分最高的 Top-k 用户推荐给目标用户。

知识推荐是从学习者角度出发所考量的一个技术研究，根据学生的实际学习情况以及学习者个人的选择情况，推荐适合的课程，丰富学生的个人学习体系，实现真正的"个性化教学"。在未来的研究中，知识推荐的相关算法是重点，动态知识图谱、动态推荐系统、基于迁移学习都是重点的研究内容，通过这些研究真正了解学习者的特点，从而提高教学效率和教学水平，但是对于学习者的隐私问题也要予以重视。

七、智能批改

智能批改是指利用人工智能技术对学生作业进行自动批改的技术或应用，对题目的对错自动评判。智能批改过程如下：教师首先在线布置作业，学生完成作业并上传至系统，然后系统利用人工智能技术自动批改，生成学习报告和错题集，然后给出反馈给老师、家长和学生，也可以根据学生的作业完成情况推荐针对性的话题。学生完成角色任务后，可以拍照或在线完成。

与传统的教师批改相比，智能批改可以更直观地将学生的不足反馈给学生、老师和家长。对于教师来说，智能批改减轻了教师批改的压力。教师只要阅读分析报告，就可以了解学生对学习知识的了解情况和掌握情况。对于家长来说，分析报告的反馈可以让家长更全面地掌握学生的学习状况，在督促学生的学习时可以有针对性。对于学生来说，即使是在不上学的时候完成作业后也能很快得到反馈。此外，这种新颖的学习方式也在一定程度上提高了学习的积极性。

RealSkill 是由新东方和科大讯飞联合发布的口语和写作智能批改产品，该产品能够实现对托福、雅思的智能写作批改和口语评测，这极大地减少了人工出错的概率，只需要人工进行核查。爱作业运用光学字符识别（OCR）技术进行文本识别，教师和家长在使用的时候只需要将照片上传即可，应用程序将在 1 秒内给出检查结果。汉语言研发中心发布了一款智能批改系统——IN 课堂语文作文批改系统，它使用可以扩展的"知识库"来解释学生写作的"一般逻辑"和"意义"，需要强调学生作文的风格、主题等。现阶段智能批改虽然在口语计算、中英语作文批改方面取得了一定的成果，但总的来说还处在发展初期，还面临与人工批改的一致性较低、笔迹识别率较低以及可能产生一定程度的依赖性等问题。智能批改能够有效减少教师批改作业的时间，从而给予教师更充裕的时间进行个性化教育，降低工作负担。此外，智能批改具有一定的数据分析功能，能够为教师教学提供数据参考，当技术成熟后能够登陆手机端，可以更便利、快速地普及，从而让优质教育资源相对缺乏的地区低成本地使用，缓解教育资源地区差异的状况[195]。

批改网是一款在线英语作文智能批改服务系统，可有效提高教师批改工作效率，提高学生英语写作能力。对于学生，批改网可以在 1 秒内给出作文分数、评论和逐句评论的反馈，实现互动学习，提高学习效率，增强学习效果，即时反馈，激发学生自主学习行为。使用的核心技术包括自然语言处理（NLP）技术、深度学习技术、云计算技术等，其中校正网络是 NLP 技术的典型应用，综合应用相应的处理技术和研究成果，如词性标注、语法分析、自然语言生成、文本分类、信息检索、信息提取和文本含义。校正功能的校正原理是将用户提交的学习者语料库数据与标准语料库数据（母语用户的语言资源库）进行对比分析，衡量两者之间的"距离"数据。然后使用一定的分析规则，将"距离"映射转化为用户可以理解的分数、评论总数和逐句反馈。例如，其映射转换可以基于 192 个语言分析维度来进行。所以直观上讲，一篇作文离标准语料越远，得分越低，反之，得分越高[196]。

智能批改的基本技术已经发展完善，给教师提供了极大的便捷，但是智能批改的智能性还不足够，批改得不够精准，不能根据学生的实际情况进行临时变通，不够个性化。因此，智能批改接下来要学会在规则上进行一定程度的"人性化"，对于字体的识别精准度也应提高。

八、自适应测试

计算机自适应测试（CAT）是 20 世纪发展起来的现代测试理论——项目反应理论，也是近年来将计算机技术应用于教育测量方面取得重大进展的一种测试方法。计算机自适应测试是在项目反应理论的指导下进行的，可以说，项目反应理论是适应性测试的核心。项目反应理论起源于现代测量技术，真正建立于 20 世纪 50 年代，并在 20 世纪 70 年代得到迅速发展。20 世纪 70 年代至今，项目反应理论已成为美国、欧洲、日本、澳大利亚等国家心理学和教育测量专家研究工作的重要课题。自适应测试很大程度上弥补了基于经典测量理论的传统测试的不足，从心理学的角度分析，由于适应性测试的试题适应了考生的能力，考生会更有动力去完成试题，减少因试题不适合于学生造成负面心理影响的可能性，解决太难或太容易造成的动力不足的问题，自适应测试可以在短时间内评估考生的能力，缩短考试时间。因此，自适应测试总是提取适合考生能力的问题，考生更容易发现自己知识的不足，从而有针对性地进行学习，除此之外，自适应测试还解决了兼顾测试跨度和精度的困难[197]。

计算机自适应测试是对学生个人能力进行评估的有效手段和方法，它广泛应用于国外的 K12 教育、升学考试和资格认证中。以考试技术改革为突破口，在规模化考试甚至是未来高考中实施 CAT，是推动教学考试评价和招生改革的有效措施。computerized adaptive testing 和 computer adaptive test 的缩写均为 CAT，两者都指基于计算机的个性化自适应测试，只是用词不同罢了。因此，CAT 在国内也被翻译为计算机化自适应测试或计算机自适应测试，并且经常混合使用。CAT 在国内并没有明确的定义，通常是指基于计算机的个性化测试，目的是为每个被试提供最佳测试，从而准确衡量被试者的能力水平。在使用 CAT 测评的过程中，被测者在考前并不知道测试的题目，测试题目也会根据考生的回答从海量题库中进行抽取，尽可能地满足考生的能力水平，因此该测试方法具有适应性。

计算机自适应测试有多种不同的类型，依据测试理论和采用的组卷技术可以分为两大类（表 2-14）。

表 2-14　计算机自适应测试类型

依据测试理论分类	基于项目反应理论的一维 CAT	项目反应理论（IRT），也称为潜在特质理论，是为经典测量理论提出的现代心理测量理论，一维 CAT（unidimensional CAT, UCAT）是一种基于项目反应理论的一维计算机自适应测试
	基于多维项目反应理论的多维 CAT	多维 CAT（MCAT）是一种基于多维项目反应理论（MIRT）的计算机自适应测试
	基于认知诊断理论的 CD-CAT	认知诊断 CAT（CD-CAT）是认知诊断理论与 CAT 的结合
依据采用的组卷技术分类	全部序列型	
	分组序列型	
	随机分组型	

CAT 在教育领域得到了广泛的应用，尤其是在美国的 K12 教育评估中得到了广泛的应用。多州评估联盟，例如智能平衡评估联盟（SBAC），以及个别州评估，例如犹他州学生成长和卓越评估，都使用 CAT 方法。教育评价机构和互联网教育企业也纷纷投资 CAT 领域，为自适应教学和评价提供支持服务。例如，美国最大的教育评估机构西北评估协会提供基于 CAT 的学业进步评估（academic progress）。在线教育公司 Knewton 的核心业务目标是衡量学习者对知识点的掌握程度，并提供预测分析和个性化推荐，自适应地满足学习者的个性化需求。

CAT 是信息技术在教育教学和考试评估中的创新应用，无论是国际考试测评的趋势，还是我国招生考试制度的改革，科学的测评理念和信息化技术相结合的考试评估方式，必将成为未来包括高考在内的各类考试评估的首要选择。相较于传统纸笔考试而言，CAT 有诸多优势，但随着 CAT 在国外教育教学和测试中的广泛应用，其存在的问题也逐步显现，例如项目曝光率不均衡、题库安全问题、测量的能力结构简单、设计理念问题等，但关键是如何迈出通过技术改变测评目的和方式的第一步[198]。这些问题是未来发展的要点。

九、智能排课

排课问题，从广义上讲，就是安排学校课程的时间和地点的问题。看似简单的数学问题，却牵涉教师、学生、课堂等诸多因素，人为因素干扰较多，所以管理者往往很难进行排课。现有的解决方案往往是在新的形势下对之前的课程进行一些调整。当课程数量较多时非常费时费力，其科学合理性也无从保证。计算机编课虽然在我国还是一个比较新的尝试，但其优势非常明显，它不仅可以快速获得满足约束条件的可行结果，还可以提供大量的可行结果供管理者选择消除一些计算机无法处理的模糊因素，实现决策的科学管理。智能排课是利用计算机快速有效地安排合理、满意的课表[199]。

课程安排是一项复杂的工程，涉及众多专业师生。因此，要全面安排课程，必须采用科学的课程安排原则。主要原则是：课程安排应以教学计划为依据，教学教师和课堂合理配合学生和其他资源，遵守时间不冲突的原则，遵守部分服从全局的原则；在保证时间不冲突的情况下，在课程效果最好的时候安排难度较大的课程，例如，每天早上安排难点和关键的课程，下午安排体育课；根据人脑活动规律，课程交替安排，理论课程和实践课程交替进行、自然科目和人文科目交替进行，同一课程应保持合理的时间间隔，不应串联安排；除此之外，应该让每一节课在一周内尽可能平衡[200]。

目前，智能排课系统在进行课程表排设过程中，通常采用的算法有蚁群算法、模拟退火算法、回溯法、基于规则的推理算法、遗传算法等，随着试题的增多，试题难度等级的逐渐加大，使用现有的算法进行智能组卷，存在陷入局部最优、组卷成功几率较低的问题。随着计算机技术的迅速发展，其拥有更强更快的数据处理能力，并且拥有高速运算的特点，通过对排课实施建模，能够在满足时间、教师、教室、课程、学生等约束条件的同时，通过排课算法进行求解，能够有效地实现自动化排课，提高排课的正确性和排课效率，节省人力、物力和财力，使教务管理人员从烦琐、复杂的排课任务中解脱出来，推动了排课工作的管理与发展，也间接地推动了教学管理的信息化，具有非常重要的意义[201]。

目前，传统的遗传算法已经在很多领域得到了广泛的应用，例如在自动生成试卷的过程、基因序列预测的过程、数据库连接优化的过程等，都取得了不错的成绩。但是在使用传统遗传算法的过程中，存在以下问题：首先，在传统遗传算法的应用过程中，由于课程软硬件约束较多且较为复杂，遗传算法选择优秀的个体遗传给下一代，在安排课程的过程中，遗传算法很容易陷入局部优化，无法找到全局最优解；其次，在排课过程中，排课有硬件约束（教师、教室）和软件约束（时间），如果同时考虑这两种约束方式，遗传算法就变成了一个多约束多目标组合优化问题，无法解决。因此下一步需要处理约束并在一定程度上优化算法。

十、智慧教研

智慧教研是基于网络培训平台开展的教师科研培训活动，以专业指导为目的、以技术支持为手段，依托网络信息平台开展教研的新形式，让联动智慧教研有家有园[202]。智慧教研平台是大数据背景下的"研训"一体化的互联互动工作大平台，旨在基于"互联网+"教育的大环境下，进行线上线下教学、研究、培训与指导。建设智慧校园，必须关注智慧教研。校本资源结构体系强调各类教育资源的整合与协调，探索多元发展的混合学习型校本发展道路，打通教师成长与资源环境整合通道，不断扩大教师自主发展空间，用智慧教研帮助教师成长[203]。

教学和科研是提高教师知识和技能的重要途径，教研可以帮助教师顺利完成职业低潮的过渡，促进教师体验职业幸福。科技支撑的教研智慧具有七个特点：①有助于看到教学中的实际问题；②有助于在师生课堂教学中从多个维度收集多模态信息，例如学生和教师的肢体动作表情、语言表达等行为；③可以帮助表征教师的课堂教学；④可以促进多方无边界深度协作和平等对话；⑤可以帮助教师以个性化和精确的方式学习和提高；⑥可以帮助教学和研究资源的进化和生成；⑦可以推动实现数据驱动的持续跟踪和管理。

智慧教研平台已在宁夏石嘴山、云南怒江、广州、湖北、北京通州等多个区域实际应用。以宁夏石嘴山市为例，智慧教研的实施流程为：①确定研讨主题；②自主备课；③线上备课 & 协同备课；④公开听评课；⑤精准反思；⑥基于问题的群体研讨；⑦面向个体的精准学习与改进；⑧迁移应用，群体实践智慧汇聚再分享。数据驱动的智慧教研与传统教研相比有很多不同之处，包括教研模式从面对面转变为混合模式，观察记录手段从碎片化转变为结构化和系统化。从语言到"文本+数据"的反馈形式，研讨中心从"核心人物"转变为群体"焦点"，讨论过程从浅显的意见分享转变为问题解决讨论，研讨成果从个人讲课记录演变为问题、经验和策略的集体知识。未来，通过人工智能技术和5G网络，智慧教研平台可以支持远程分布式授课和多地师生实时互动，为师生提供实时、高清、网络自适应视频服务功能，实时分析相关数据，提供相关的学习和课堂诊断报告[204]。

随着区域智慧学习环境的不断建设和学校智慧课堂、智慧课堂智慧学习的不断推进，教研系统急需一个集研究与培训、分析与建议、分析与建议于一体的智慧教育管理综合平台，对学校、教师、学生、家长的数据资源进行提取、整合、处理、分析、研究、推广，形成个性化的教研体系，只有这样，才能更好地为学校、教师、学生服务，满足网络资源自主开发、促进网络科研合作和教育科研科学融合，为中小学和教育行政部门提供有力的支撑。

"互联网+"背景下智慧教研实践指导意见：①明确平台架构，形成"互联网+"智慧教研新体系；②打造智慧教研综合平台实现数字化研训与经验研训相结合；③构建优质资源数据中心，探索基于优质资源的适应性研训；④构建智慧教研分析体系，推进大数据"互联网+"教育研究与培训；⑤优化智慧教研环境，突出"4A智慧教研"体系架构，即 adpptive content 适应内容、anyone 人人皆学、any time 时时可学、anywhere 处处可学。这样的教学和研究环境可以支持参与者进行轻松（easy learning）、参与（engaged learning）和有效（effetive learning）（简称3E）学习。

互联网思维下的智慧教研平台的有效实施推进，离不开互联网思维与传统思维并重相融，更需要将区域理念模型与磨合实践模式互补，必须将网络教研、校本教研、区域培训形成共有合力。互联网思维下的智慧教研平台开发与应用，必须借助各级各类教研活动的论文、案例、反思，不断拓展智慧教研平台的功能开发与核心架构，充分实现理念模型与实践模式的互补互促[205]。

十一、脑科学与教育的结合

2020年11月，党的十九届五中全会审议通过了《中共中央关于制定国民经济和社会发展第十四个五年规划和二〇三五年远景目标的建议》。这个建议明确提出，瞄准人工智能、脑科学等前沿领域，实施一批具有前瞻性、战略性的国家重大科技项目。未来的15年里人工智能和脑科学两个领域必将迎来飞速的发展，这两个领域也势必会对未来教育带来更为深远的影响和挑战。教育也需要利用脑科学的研究成果，从经验判断走向实证研究。

1986年，日本制定并实施了"人类前沿科学计划"，并于1996年启动了名为《脑科学时代》的20年脑科学计划纲要。最新的科学研究发现，大脑是由环境（学习）构建的。人的本性虽然是由基因决定的，但也有不断变化的另一面，这为脑科学与教育的研究奠定了理论基础。人类已经可以观察到人脑的功能，可以将学习、教育和脑科学紧密联系起来，使学习和教育可以作为一个贯穿整个生命从生到死的概念，并重新从生物学意义进行定义：学习是通过外部环境刺激构建中枢神经网络的过程，教育是控制和完善外部刺激的过程。脑科学与教育研究的目的是为了人类的和平与美好生活。为此，脑科学与教育的研究具有以下意义：培养"人"能站在他人立场上思考问题的心理行为；培养"人"学会接受多样性的心理行为；有效地面向所有"人"开展教育；培养"人"的创造力和热情；培养"人"适应急速变化时代的适应能力[206]。

20 世纪 90 年代，美国出现了两种基于大脑的教育运动：脑科学运动和学前教育运动。在美国教育研究协会、课程开发与监督协会、全国中学校长协会的积极支持下，基于大脑的学校教育运动不断发展壮大。部分脑科学研究成果包括大脑 10% 的潜能、左右脑划分理论与教育、大脑可塑性与教育、关键期与教育、情感与教育。大脑是人类独有的重要器官，具有高水平的智力和巨大的潜力。然而，长期以来，鉴于大脑极其复杂的结构和功能，探索和揭示大脑的奥秘只是人类的一个美丽梦想。但是，随着社会的进步和科学技术的飞速进步，特别是 20 世纪 60 年代末以来，分子生物学和计算机科学的飞速发展，促进了对大脑活动机制的相关研究。

30 年来，由于研究方法、方法和技术的不断更新，以及多学科科学家的合作，脑科学研究领域取得了突破性进展。研究成果正在深刻地改变着人类大脑的认知。同时，脑科学的研究成果将进一步推动计算技术、信息工程与技术等诸多相关科技领域的发展，尤其是医学、教育，甚至与整个人类的健康成长相关，生命领域和生存状态也会发生根本变化。为此，20 世纪下半叶，在科学家的积极倡导下，世界各国政府都高度重视脑科学研究，加大了对脑科学研究的投入。

近年来，我国有关部门也对脑科学作为重点学科给予了大力支持。1999 年，科技部启动了国家重点基础研究计划"脑功能与重大脑疾病的基础研究"，标志着我国脑科学研究进入了一个新时代。1999 年 5 月，以"跨世纪脑科学——脑功能研究"为主题的学术研讨会在香山召开。来自生命科学、计算机科学、物理学等领域的学者从认识大脑、保护大脑、开发大脑三个方面讨论了大脑的原理和智力的起源、脑部疾病的防治、智力的发展和研究并研究如何开发大脑。中国科学家提出的开发大脑的想法强调人脑本身的开发，试图将脑科学研究与素质教育、人力资源开发直接联系起来，并试图通过合作交流脑科学的目的。

总之，脑科学研究的序幕已经揭开，科学家们预言，人类将有可能在 21 世纪取得脑科学研究的突破性进展，有关认识脑、保护脑、开发脑，尤其是创造脑的研究，将会增强有关脑的创造性研究，如人工智能、生物芯片电脑、生物脑网络和人工脑网络的连接、互补等将对人类社会产生深远影响。在脑科学与教育科学的互动之中，一个新的跨学科的研究领域将在新世纪诞生。这还意味着，在脑科学与学校教育的联姻中，需要有一些新的理论与工具来评价脑科学研究成果对教育的潜在影响[207]。

至少有五个脑科学的新概念对教育产生了重要影响。第一个新概念是模型假设，即大脑的突触以倒 U 形生长；第二个新概念是大脑发育关键期假说；第三个新概念是大脑的变化、学习和记忆以及大脑中神经元的连接程度是由环境对大脑的刺激决定的；第四个新概念是高级脑功能的生理基础主要是后天的和可变的，没有先天的智慧，没有单一的智慧，心智的结构是多样的；第五个新概念突出了杏仁核在情绪反应乃至大脑整体结构中的关键作用，强调了大脑神经系统和行为系统的综合功能，进而提出了"情商"的概念。"情商"（EQ）对狭隘的经典智力和智商（IQ）概念带来挑战[208]。在脑科学与教育相结合的新概念影响下，必将会出现新一轮的定义和思考。架起脑科学与教育的桥梁、确立新的研究方向、为师范生开设相关课程是把握机会迎接挑战的主要对策[209]。在脑科学与教育教学融合的实践探索中，以实验室、试点学校、试点班为重点，利用工具、数据、专题培训、课例串联起来，形成全面的脑融合。通过学科研究和培训，教育的领域中的这些点、线、面其实都在学科的主体框架内，在学科的深入研究中不断地相互作用。在脑科学与教育教学相结合的过程中，我们也面临着专业知识、师资力量和实施路径的困难，但只有在实践中才能找到桥梁和突破点。

第五节　智慧教育技术瓶颈分析

一、数字画像：信息广度待提升、数据孤岛待打通、画像异化需避免

学生数字画像是利用技术对学习者的学习过程和学习成果进行分析和预测的过程，它包括数据采集、数据处理以及画像可视化等环节[210]。随着大数据、人工智能等新兴技术的日益发展，学校的信息化进程也不断加快，这无疑为学生数字画像的构建提供了便利。然而，在个性化教育这一美好愿景的背后，由于学校实际情况的限制，学生数字画像的实施仍存在诸多的技术瓶颈。

从数据采集这一环节来看，现有的技术大多采集的是学生的学业成绩以及健康状况等易于量化的表层信息，对于学生的深度学习行为、校外学习表现以及德育等方面的信息采集较为缺乏。另外，在数据采集过程中所采用的新兴技术的精准度以及可靠

性也有待进一步检验。从数据处理这一环节来看，学生数字画像需要综合学生各方面的信息，而各种信息之间的有效整合尤为关键。现阶段学习者信息的来源较为分散，容易形成数据孤岛，因此在打通数据平台，实现数据精准对接方面也存在较大的困难。除此之外，在对学生进行数字画像的过程中，不可避免地要运用相关的算法对采集到的学习者数据进行分析，虽然在新兴技术的支持下，现有的算法也在日臻完善，但也会存在使用偏差的问题，即从数据采集到画像呈现的过程中，难以保证经由算法得出的结论不会与学习者的真实情况存在较大的差异，造成学生数字画像的异化。

二、个性化学习：学习内容的系统性是制约个性化学习的重要因素

个性化学习是依据学习者的个性特征和学习特点采取适当的方法和手段，为学习者量身定制学习服务的一种学习方式。由于个体之间的差异性，个性化学习的内在机制也较为复杂，涉及资源推荐、学习路径生成以及评价等诸多内容[211]。尽管大数据和智能学习系统等为个性化学习的实现提供了一定的技术和平台支持，但在海量的信息和资源面前，学习者难免会出现"网络迷航"和"知识过载"的状况，因此如何在保证学习资源丰富度的同时增强学习内容的连续性和完整性，并将其精准地推荐给不同的学习者是个性化学习亟待解决的难题。具体来说，每个学生在认知结构和学习风格等方面都有自己的特征，要实现个性化学习就需要依据个体的学习差异推荐符合学习者需求的学习资源，因此对学习者需求的精准诊断是向学习者推荐资源的基础。

当前，大数据技术通过采集和分析学习者的行为数据，能够为学习者提供资源推送服务，但却无法对学习者的认知水平进行诊断，即无法向学生说明其已掌握和未掌握的知识各有哪些，也不能实现真正意义上的个性化资源推荐。除此之外，在对学生个性特征的分析的基础上，需要为其量身定制具备个体特性的学习目标和计划，从而形成个性化的学习路径。但学习者在学习的过程中可能会产生大量的无效数据，而无效的数据也会影响学习路径的生成，造成路径的错误推荐甚至误导学习者。因此，如何有效甄别数据信息也是实现个性化学习的一大瓶颈。

三、沉浸式技术：技术尚未成熟、体验感差、开发成本高

虚拟现实是一种利用计算机模拟现实世界的仿真系统，它能够提供视觉、触觉等多种感官的体验，从而帮助学习者实现沉浸式学习[212]。增强现实是基于虚拟现实的

一种新技术，与虚拟现实不同的是，增强现实可以让学生在真实的环境中与计算机创造出来的虚拟环境进行交互。混合现实是将现实环境和虚拟环境相混合的一种技术，为学习者与环境之间实现深度的互动提供了支持。VR、AR、MR 具有良好的沉浸性和交互性，能够丰富学习者的感官体验，增强学习的专注度，因此其在教育领域中的应用潜力不容小觑。

然而，由于现有技术的局限，目前市场上主流的 VR、AR、MR 显示设备，例如 HTC Vive、Google Cardboard、Gear VR 等，大多分辨率、刷新率较低，容易造成视觉滞留，导致用户产生眩晕感和疲劳感。此外，这些显示设备基本上都需要与电脑端的 HDMI 接口相连接才能使用，未能实现无线连接，这也为用户使用 VR、AR、MR 设备带来了不便[213]。最后，将 VR、AR、MR 技术应用于教育领域的一个重大挑战就是 VR、AR、MR 资源的设计和开发门槛较高，需要使用专业的开发工具，中小学各科教师很难像设计课件那样开发学科教学资源，虽然可以交由专业的公司或团队负责制作，但设计出来的资源的质量与公司开发人员对学科教学知识的理解和把控能力息息相关，VR、AR、MR 技术需要进一步改进开发的技术和工具，降低设计的门槛，以方便学科教师根据自己的需求进行资源的开发，从而促进 VR、AR、MR 的普及应用。

四、虚拟老师（在线教育虚拟教师）：高质量的知识图谱及"情感缺失"成为制约因素

"虚拟教师"这一概念源于 20 世纪五六十年代的计算机辅助教学，它是指通过计算机模拟教师的授课过程，并与学习者进行交互的虚拟代理。最初的虚拟教师只能执行一些固定的教学任务，无法与学习者进行智能对话，在经过了半个多世纪的发展后，现在的虚拟教师已经具备了模拟真实教师授课状态的能力，可以做出丰富的表情和逼真的行为动作。现有的虚拟教师大致可以分为技能培训型、教学辅助型以及方向指引型等三类，不同类型的虚拟教师通过利用虚拟人、虚拟代理、自然语言处理、语音识别等技术实现了不同的功能。在新冠肺炎疫情仍旧蔓延的时代背景下，线上线下相结合的教育可能会成为未来学校教育新的发展方向，虚拟教师的应用不仅可以为教师提供教学支持，同时也可以为学生提供个性化的反馈，真正实现线上线下教育的融合式发展。

但不可忽视的是，目前的虚拟教师在技术实现和应用上仍面临着众多难题，例如，在知识推理整合方面，虚拟教师要想真正实现个性化的辅导，需要依赖大规模的

知识库和知识图谱的支持，但如何构建高质量的知识库和知识图谱仍有待进一步探索。另外，现有的虚拟教师虽然能够在一定程度上实现交互，但与学校教师相比，缺乏真实感和情感表达，无法让学生产生教学临场感。因此，如何改善虚拟教师的"情感缺失"问题，为学生提供真实情感的陪伴，仍是亟待解决的一大难题。

五、智慧导学：导学精度有待提升、素养导学有待发展

智慧导学是利用人工智能技术为学习者提供学科知识个别化指导的学习支持系统，它既扮演着智能学习伙伴这一角色，同时也承担着指导教师的责任。智慧导学系统会根据学习者自身的知识掌握情况，为其量身定做知识学习路径，并在学习者知识获得和问题解决的过程中提供学习支架和反馈，这不仅有利于学生的学习，同时也有利于教师的教学。现有的智慧导学系统主要是针对"专科训练"这一学习类别而设计的，在专科训练的学习过程中，学习者具有明确的目标，并且可以按照既定的步骤进行学习，在短时间内就可以完成学习任务，例如烹饪、插花等。

在人工智能技术快速发展的时代背景下，智慧导学系统拥有了更强大的智能技术支持，但目前仍面临着一些技术瓶颈，一方面，智慧导学系统需要借助语义分析、情感分析以及规则模型等技术和模型的帮助，开发的成本较高；另一方面，基于这些技术开发的智慧导学系统对学习者辅导的精准度也有待提升。另外，现有的智慧导学系统尚未具备支持团队学习环境的能力，对于一些需要团队合作完成的任务无法进行有效的指导。而且，由于目前智慧导学系统在非智力因素方面的分析和建模方面还存在一定的困难，其对于学习者的监控和学习意志的支持能力还有待提升。

六、知识推荐：教育知识图谱是制约知识推荐智能化程度的瓶颈

知识推荐是基于学习者的已有知识水平、学习风格或者认知风格等学习者特征向学习者推送其最可能需要的学习资源的过程[214]。知识推荐是实现个性化学习的关键一步，在知识推荐技术的支撑下，学习者的学习过程将有别于传统的无差别学习模式，实现学习者的个性化学习路径。当前已存在的智能学习系统都有基于各类技术路径的知识推荐能力，一个优秀的知识推荐功能至少需要有优秀的推荐算法以及优质的学习资源内容。知识推荐归根结底是向学习者推荐最合适、最优质的知识，因此，是否拥有一个完备的教育知识图谱是制约知识推荐智能化程度的瓶颈。

知识图谱是描述真实世界中存在的各种实体或概念以及它们之间的关联关系。在

教育领域，知识图谱对知识的聚合组织起着重要的作用，它能将互联网上分散无序的海量教育信息按照一定的关联关系整合为一个结构化的知识综合体，在这个知识综合体中，知识直接的相互关系得以直观呈现，用户在智能推荐系统的支撑下，知识图谱中的最合适的相关知识信息得以推送给学习者[215]。如百度研制的百度教育知识图谱在 K12 教育市场中有着广泛的应用，将题目与知识点进行对应，聚合相关知识点的多态优质资源，能够支持并完成高效的人机交互。然后，即使是拥有最海量的中文教育资源数据的百度公司，所构建的教育知识图谱仍然还不足以支持达到完美的知识推荐体验，仍然需要不断的完善知识图谱。因此，当前以及未来一段时间内制约知识推荐的发展是知识图谱的建设，急需成熟的教育知识图谱产品。

七、智能批改：汉语语义理解是制约智能批改发展的主要技术瓶颈

智能批改是智能教学环节中的一个重要环节，当前智能批改的主要适用对象是对学生作业和考试试卷的批改，在对学生答案评判的同时生成对批改结果的智能分析。对于客观题的批改已有较多成熟的产品，多采用涂卡的形式对答案进行识别，或者直接对选项的文字识别。对于客观题的智能批改目前不存在较大的技术瓶颈，制约智能批改发展的是对主观题的全面准确批改。虽然当前文字识别技术的发展已经较为成熟，已有的技术已经能够较为准确地识别学生的手写文字，但是对于语义的理解还未能有较为成熟的技术手段。主观题的批改对学生答案语义的理解是最为重要的一步，只有全面准确地理解了学生答案的语义，并和标准答案的语义进行相似性比较，才能够较为准确地对答案进行批改。由于汉语是一门博大精深的语言，同时每一个富有思想的个体的语言表达又有不同的习惯，这种差异化的表达方式对机器去进行语义理解构成了较大的挑战。因此，对汉语言语义的理解是制约智能批改发展的主要技术瓶颈。

同时，智能批改意味着教师与学生的学习结果缺乏交互，导致教师对学生的学习情况不能够有较为直接的体会，因此，智能批改系统在生成学生的作业或考试的结果报表的同时，也需要智能地生成对每一个同学的批改评语，让教师对该学生的作业或者考试情况有直接的了解。让系统基于每一个学生的批改情况生成差异化、有针对性的评语是智能批改系统的另一挑战，涉及语义生成等多项技术，当前这些技术还不够成熟。

八、自适应考试：题库建设需完备、评估策略及出题算法智能化需提升

自适应考试是对每一位差异化的学习者进行差异化、精细化的学习评估，包括过

程性评估和终结性评估等。一个优秀的自适应考试系统，至少需要拥有一个全面完整的题库，以及一套理论（算法）来选题。因此，制约一个优秀的自适应考试系统发展的因素至少包含题库的建设和选题算法的构建。自适应考试系统的题库不仅需要覆盖的知识面全，同时还需要涵盖不同的难度梯度，并且所考察的不仅是知识，还需要在情感、态度、价值观等方面具备一定的考察能力。这些要求结合在一起就对考试系统的题库建设有了较高的要求，人力物力需要一定的投入。然而，一般一个题库只能支撑某一考试，而现实中的考试多种多样，因此题库的建设对人力物力的投入有一定的门槛，是制约自适应考试发展的一大因素。在拥有一个全面的题库之后，在全面评估学生能力的基础上，推送相应考题的算法同样是决定自适应考试系统是否成功的一个重要因素。选题算法建立在对学生的整体知识水平能力的基础之上，对学生的评估结果将对最终的自适应考题推送产生直接的影响，也将直接影响最终考试结果。

九、智能排课：排课系统建设理念陈旧及排课算法制约其发展

课程管理是教学的一个重要部分，随着教学的深入改革和创新，课程管理将成为教学研究的一大领域，智能排课将是其中的重要组成部分。排课是教学的重要部分，其是否科学合理对教学质量起着直接的影响。传统的排课系统只是满足了最基本的排课问题，实现了各个班都有课上的需求，但是并没能做到智能化排课。智能化排课的目的和要求是对每一个班的排课在满足课程规划安排的基础上，从学生情况、师资、上课时间等方面进行班级个性化排课。

制约智能排课发展的首要因素是排课系统建设理念陈旧，当前大多数学校排课系统的建设目的在于替代手动排课，实现排课的自动化，但不是智能化。智能化排课系统设计要从本校出发，比如教学资源、学生情况等，从不同学校的课程特点出发，要从教务工作者、教师、学生这三大群体出发去设计。在排课之前需要对各个班学生各个方面的情况有充分的了解，包括各个科目的学习情况等，同时还要对各个教师的情况有充分的了解，哪个教师擅长教授何种基础的学生等信息有充分的了解，再将这些学生信息、教师信息按照一定的规则进行编码，在此基础上设计智能排课算法，这样的排课系统才具备一定的智能性，不仅达到了排课的目的，还能一定程度上促进教学的发展。综上分析可知，制约智能排课发展的主要因素有对学生和教师信息的编码方式以及排课算法的设计。

十、智慧教研：教师的协作意识有待提升、教研平台需互通

教研是实现教师知识和技能提升的重要途径，对教师而言，教研的主要作用在于找到自己的教学设计与实践等环节中存在的问题并寻求解决的方法，同时探索自己与专业名师之间的差距，在不断的教研打磨中消除这种差距[216]。教师即是通过教研这个渠道来进行自我对话、同行和专家对话，使自己的专业能力得到持久的进步。传统的教研方式是教师们在同一个物理空间中以面对面的形式进行交流沟通，探讨教研的相关问题。智慧教研是基于网络研修平台开展的教师研训活动，以专业指导为目的技术支持为手段，依托网络信息平台开展教研的新形式[217]。

在上述形式下的教研活动中，教师们可以打通物理空间的壁垒，实现远程即时互动交流讨论、共享数据及资源并实时分析相关数据等。因此，要实现教师远程智慧教研活动的顺利开展，不同学校间的教研平台要能对接得上，相应的技术要有统一的标准，这样才能保障智慧教研活动在不同的学校间随时开展。因此，制约智慧教研发展的主要因素在于学校间的信息平台未能有统一的功能和技术标准，教师智慧协作教研的意识还不足，而传统的在线会议平台又不能满足智慧教研所需要的一些特定功能。

十一、脑科学与教育的结合：引发的伦理问题日益严重，治理需同行

随着脑科学的发展，特别是脑机接口的出现，在拓展人的认知和行动能力上有很大的潜能。脑科学与教育结合的研究和应用上，已有不少的案例，例如，基于学习者在不同学习状态下的脑波数据以及学习者学习效果等数据，分析影响学习者学习因素等[218]。抑或通过学习者的脑波数据监督学习者的学习状态等。由于脑的相关数据与学习者的认知过程存在极大的相关性，同时，对脑的监测技术有了长足的进步，理论上对于脑科学与教育的研究有了良好的基础，但是当前制约脑科学在教育中研究的主要因素是伦理问题。

随着脑机接口、神经调控、人工智能等脑科学领域前沿交叉技术的不断突破，人类对自然和生命的干预性越来越强，但由于这种对自然进化的人为干预所产生的后果具有长期性以及不确定性，不能及时发现干预所产生的显现的或者潜在的所有后果，因此引起了学术界和公众的广泛关注与质疑[219]。因此，为脑科学在教育中的研究和应用能够真正落地，需要重点解决脑科学教育研究的伦理问题和法律问题。

第六节　智慧教育产业与技术发展的总体目标

一、智慧教育实现教学智能化

智慧教育是人工智能技术与教育深度融合、相互赋能、创新发展的产物。它具有网络化、智能化、个性化、自主化、终身化、无处不在、交互性、创新性等鲜明特征。智慧教育的快速发展为未来教育的改革发展提供了无限的活力和可能，已成为各国教育竞争的制高点。习近平总书记在 2019 年 5 月 16 日给人工智能与教育国际会议的贺信中强调，要"把握全球人工智能发展趋势，寻找突破口和主攻方向，培育一大批人工智能人才。培养高端人才是教育的重要使命"。习总书记为我们指明了方向。国务院《新一代人工智能发展规划》提出"运用智能技术，加快人才培养模式和教学方式改革，构建智能学习、互动学习的教育新体系"。实现智能教学的途径如下：一是开发利用平台教学模块和工具，如"微课""在线课""MO 课""翻转课堂""云课堂"，以及 QQ、微博、微信等智能交互工具，以及用于教师和学生之间的教学和互动的智能手机等；二是利用虚拟现实、增强现实、混合现实技术开发出"虚拟课堂""虚拟教师""虚拟实践中心""虚拟模拟课堂体验教学中心"等；三是利用人工智能、物联网、5G 技术实现万物互联、实时交互，建立智慧课堂和智慧校园平台，为教学提供个性化、智能化的互动空间[220]。

由于当前的互联网信息技术具有开放性和共享性的特点，可以为学生营造良好的学习环境。在网络学习软件的技术支持下，有效促进了师生之间的交流，原本枯燥抽象的数学概念变得非常直观有趣。具体体现在：①创设生动情境，提高教学效果。通过将网络技术有效融入课堂教学，可以使课堂教学气氛更加活跃，让学生在课堂上积极参与数学学习。②利用网络技术突破教学难点。在"互联网＋"的背景下，各种信息技术在小学数学课堂教学中的应用，可以使过去抽象的教学知识直观生动，让学生更容易理解，教师可以利用多媒体播放相关卡通片进行演示，培养学生的思维能力，有效突破知识的重难点。结合互联网，与时俱进，充分考虑学生个体差异，更适合中小学教学，教师要充分利用这种教学方式，充分发挥智能教学的优势。教师还可以在网上设立问答区，避免学生尴尬，与教师缺乏沟通。互联网可实时答疑，促进师生有效互动[221]。

认知智能赋能教师的教学智慧。具有认知智能的机器不再只是充当 AI 代理，用机械、单调、重复的任务代替教师，而是作为 AI 助手负责需要理解和思考的任务，例如问答、个性化指导等方式，智慧教育人机协作不再局限于事务层面，而是认知层面。换言之，人工智能可以作为教师的"外脑"进行教学设计、情感交流等创造性工作，为学校教育教学的方方面面提供建议和贡献，提升教师的教学智慧，为学生提供精准高效的服务。

在学习成长组合的基础上，还可以建立基于区块链的智慧教育和信用体系。学分体系一般包含身份认证、学业成绩与学分、学分转换机制、教育经历、学历证书等内容。信用体系除安全可信外，还可以追溯到学习组合中的记录，有助于改善因信息不完整和不透明而导致的信用危机。OAO 框架下的典型学习模式是无缝学习，即学生可以在不同的环境和情况之间快速、轻松地切换，并且无论是线上还是线下，仍然能够连贯地上课[222]。

智慧教育要以人的智慧为核心，从人的角度参与智慧教育方式的变革，强调不仅仅是物联网、云计算等新一代信息技术进入校园，更重要的是，在信息技术进入校园的同时，在教育过程中要通过应用面向知识社会的全人教育方法论，利用信息技术促进教育改革的自由全面发展，实现立德树人教育的根本任务。

为教师提供智慧教学服务。教师可主持和参加跨地区、跨校名师公开课；将名师资源引入课堂教学；全面掌握学生学习成绩分析数据，开展针对性教学；实时了解班级学生出勤情况；及时与家长、同事、学校领导沟通沟通；加入教师社区，开展在线教研活动；让在线备课更加高效便捷；自动更正和自动分析学生的作业和试卷；快速获取、处理和整合教学资源，支持课堂教学；根据学习学生的特点，快速分组，在课堂上组织协作学习；灵活控制学习终端，实时推送相关学习资源给学生；登录个人教学空间，动态获取系统推送的优质教学资源。

随着科学技术的发展，教学方法也在不断变化。根据各种技术工具在教学中的应用，教学发展过程可分为传统教学、视听教学、数字化教学和智慧教学四个阶段。智慧教学是教师利用各种先进的信息技术和丰富的教学资源，在智慧的教学环境中开展的教学活动。智慧教学旨在提升教师教学智慧，促进教师专业发展，培养创新人才，可有效改善传统课堂教学机械化、效率低、参与度不足的问题。具有高效、开放、多元化、互通、深度互动的特点。教学环境的变化对教师的信息化教学能力提出了更高的要求，因此，要进一步实施教师信息技术应用能力提升工程，开展全员培训，鼓励教师在智慧课堂中实施多种新型教学模式，建设智慧课堂。课前（在上课之前），教师使用智能备课系统进行电子备课；课中（在上课之中），视频会议子系统可以进行远程同步互动教学，还可以监控每个学生的学习过程，了解他们的学习进度和难点，并提供个性化指导。课后（在下课之后），老师通过智能作业批改系统自动分析学生的作业成绩，并通过可视化图表一目了然地呈现学生的作业成绩和趋势。

二、智慧教育促进育人智能化

智慧教育是建立在教育信息化、智能化基础之上的教育范式的重大变革，智慧教育区别于数字化、信息化、智能化教育的地方就在于从人的视角出发，以人为本，开放空间，实现用户、大众、协同的可持续创新[223]。

为学生提供智慧学习服务。学生可以利用博物馆、图书馆等数字场馆资源进行自主探究学习；国际国内名师免费公开课；参与校际同步课堂，享受优质教学资源；及时与老师和同学沟通，解决学习和生活中遇到的问题；使用各种媒体终端随时随地学习、交流、分享；登录个人学习空间，动态获取系统推送的个性化优质学习资源；及时获取学习评价反馈信息，弥补自身知识缺陷；学习过程中的关键信息存储在电子学习档案中进行发展评估；课堂教学反馈信息及时传递给教师，便于教师调整教学；享受学习、交通、购物、医疗等一卡通服务[224]。

智能学习是在智能环境中进行的完全以学习者为中心的学习活动。学习者不仅可以即时获得自己需要的资源、信息和服务，还可以享受个性化的资源和服务，不断发掘自己的兴趣爱好，挖掘自己的潜力，让学习过程更加轻松高效。智慧学习具有个性化、高效、沉浸、连续、自然的基本特征。它可以帮助学习者不断地认识自己、发现自己、提升自己，成为21世纪知识和智慧的创造者。智慧学习的发展，要求学生具有较强的学习能力。学习能力是组织和个人掌握知识、创造知识、传承文化的基础。它主要包括组织学习活动的能力、获取知识的能力、运用知识的能力、创造知识的能力以及随着学习过程而发生的一系列智力技能。智慧教育环境应注重培养学生在认知、创造力、内省和沟通四个方面的学习能力。

第三章

智慧教育产业细分领域和区域发展分析

第一节　智慧教育产业细分领域发展分析

一、智慧教学

（一）直播教学与直播互动

1. 定义及界定

直播教学与直播互动是指以互联网为媒介，利用多媒体及其他数字化手段进行的教师和学生之间模拟面对面的实时互动教学活动。其中，互动包括连麦、签到、答题、问卷、红包、礼物、奖赏等。基础网络设备、学习终端设备、教师、教学内容、直播教学平台、学生等是构成直播类在线教育的基本要素。

2. 发展背景

中国直播互动教育发展在 2010 年以前，以政府支持为主，在线教育经历了萌芽和短暂繁荣发展；2010 年以后，国内在线教育呈现稳步发展趋势。

继 2016 年中国网络直播元年以来，伴随着人工智能、5G 等新技术的崛起和推广，网络直播行业迅速发展。在此背景下，借助直播平台进行教育成为部分学校采用的教学形式之一。

2020 年的新冠肺炎疫情，给课堂教学造成了一定的影响。根据教育部提出的利用网络平台"停课不停学"的倡导，学校采用网络教学的方式开展课程。然而，由于网络教学的形式多种多样，大部分教师对网络教学还处在摸索学习阶段，造成教学质量存在参差不齐、效果各异的局面。

2021 年，国务院发布《关于进一步减轻义务教育阶段学生作业负担和校外培训负担的意见》，提出校外培训机构培训行为全面规范。政策对义务教育阶段学科类校外直播教育影响很大。

3. 优势与特点

直播教学与直播互动优势与特点主要体现在提升学习完成率、优化资源配置、提升学习效果等方面。

1）提升学习完成率。直播互动类在线教育能够不受地域的限制，而且随时可以查看学习视频，加深对知识点的理解，便于知识点查缺补漏。

2）优化资源配置。直播大班课堂可以较大限度扩展优质内容的影响力，提高资源利用率，优化资源配置。

3）提升学习效果。教师通过直播互动，可以将教学内容完整地传递给学生，并且师生间可进行有效的沟通互动，及时答疑，尽量还原学生线下学习模式，促使学习效果得到有效提升。

综合来看，直播互动类在线教育不仅能够打破空间限制，优化资源配置，降低信息不对称，提高人才利用率，促使各方需求得到满足，而且可以通过答疑、实时互动和评估反馈等环节提高学生学习的完成率和学习效果。有效地改善了录播及其他形式在线教育学习效果不明显和完成率低的痛点。

4. 应用情况

（1）教育直播的现状

1）教育直播平台多样化。直播教学模式逐渐深入教育各个学科，受到一线教育工作者的青睐，这首先表现在教育直播平台的搭建和使用上。在校内，从初等教育到高等教育均有教育直播平台的发展痕迹。

2）教育直播内容丰富化。教育直播的发展促使教学内容不断丰富。在专业性强的教育直播平台中，直播内容主要涉及学历教育、职业教育、语言培训三大领域。其中，学历教育在教育直播市场占比最大。例如，直播平台支持多个年龄段的在线直播和辅导，直播内容包括多学科课程。直播内容占比较大的是职业教育，具体内容包括计算机基础、网页开发、影视动画、平面设计、机械设计等技术以及与职业考试相关的知识，基本能满足大多数从业者的求职需要。语言培训直播内容主要集中于英语语言的学习，涉及各种语言考试，如大学英语四六级、考研英语、小语种、出国留学语言等模块。（注："双减"政策背景下，义务教育阶段学科类校外直播教育影响很大。）

此外，在以娱乐为主的直播平台上，所涉及的教育内容可谓包罗万象，有外语学习、育儿方法、专业技能、兴趣教学、美食烹饪和心理辅导等（图 3-1）。

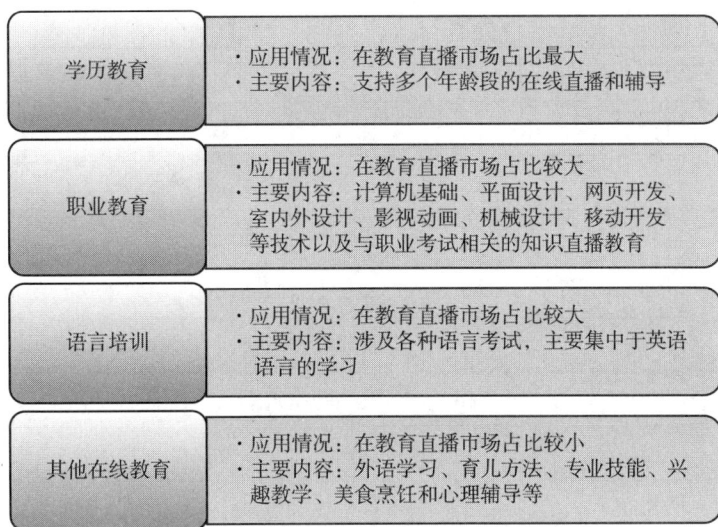

图3-1　直播教育与直播互动的主要内容

（2）供给企业竞争状况

直播教学与直播互动行业主要形成了四类企业共同竞争的局面（表3-1）。第一类，是以新东方、好未来为代表的传统教育机构纷纷暂停线下业务，将课程转移到了线上平台，有的也向公立学校或其他教培机构免费开放自己的线上直播系统；第二类，是以掌门1对1、猿辅导、作业帮为代表的主打人工智能个性化的在线教育独角兽，推出各种在线直播课，有的也向学校或教育机构免费提供自己的在线直播平台系统；第三类，是以百度、阿里巴巴、腾讯等互联网巨头为代表的阵营，开放云技术能力，或提供在线教育直播平台，或支持学校通过远程办公软件开展线上直播，向全国各地区中小学校免费提供远程教学服务；第四类，是以北京四中网校、翼鸥教育等为代表的教育信息化企业，疫情期间向全国各地学校和教培机构免费开放自己的在线直播平台系统或教学资源。

从整体竞争来看，直播教学与直播互动行业教培机构头部效应明显，以新东方、好未来为代表，教学资源和技术优势都处于行业领先地位。对于人工智能在线教育企业，猿辅导、作业帮处于领先地位，课程收费标准较高。规模较小的企业，大多提供免费直播课程，处于用户积累阶段，竞争激烈。对于互联网巨头，凭借其强大的规模和技术优势，在直播教育领域竞争较激烈。阿里巴巴重点推广用钉钉开展在线直播，以公立学校为对象，覆盖范围广，影响力最大；腾讯整体采用"大而全"的布局战略，腾讯课堂、腾讯会议、企业微信等多条业务线齐头并进，影响力较大；华为的WeLink

表 3-1　直播教育与直播互动行业主要企业及产品服务

竞争主体类型	主要企业 / 品牌名称	产品服务
传统教育机构	新东方[225]	提供免费直播课；线下转线上；提供线上直播系统
	好未来[226]	提供免费直播课；线下转线上；提供线上直播系统
人工智能在线教育企业	猿辅导[227]	提供免费直播课
	作业帮[228]	提供免费直播课
	洋葱学院	提供免费直播课
	学霸君	提供免费直播课
	掌门 1 对 1	捐赠 1 对 1 直播课程
	VIPKID	提供免费直播课；提供在线直播平台
	松鼠 AI	线下转线上；提供免费 AI 在线学习账号
	一起教育科技	开放教育直播平台
互联网巨头	阿里巴巴（优酷、钉钉）	提供在线直播教学平台
	腾讯教育	腾讯教育推出"不停学"联盟；参与搭建"空中课堂"，提供在线教育解决方案；助力线下机构转线上；提供免费教学资源；提供协同办公工具
	百度云	提供免费课程资源、直播平台以及技术支持
	华为云	提供远程教学服务，开放 WeLink 办公软件；免费开放 Classroom 云上软件教学平台
	字节跳动（K12 在线教育）	提供在线直播教学系统；免费开放飞书远程办公服务；推出免费名师课堂
教育信息化企业	北京四中网校	免费开放在线智慧教学平台和教学资源
	翼鸥教育	提供 ClassIn 在线互动教室方案
	希沃	提供免费在线直播方案

办公软件跟钉钉的功能类似，也是用在线办公软件帮助中小学教师实现在远程教学功能，但其用户范围还是集中于在线协同办公领域，在教育领域应用相对较少。

配套技术方面，在线教学通常采用音视频直播或录播、共享屏幕、共享文档、讨论区、聊天室等手段来实现虚拟空间中的知识传播和师生互动，从而满足教学需求。

5. 企业案例

案例：钉钉直播教学案例（图 3-2）

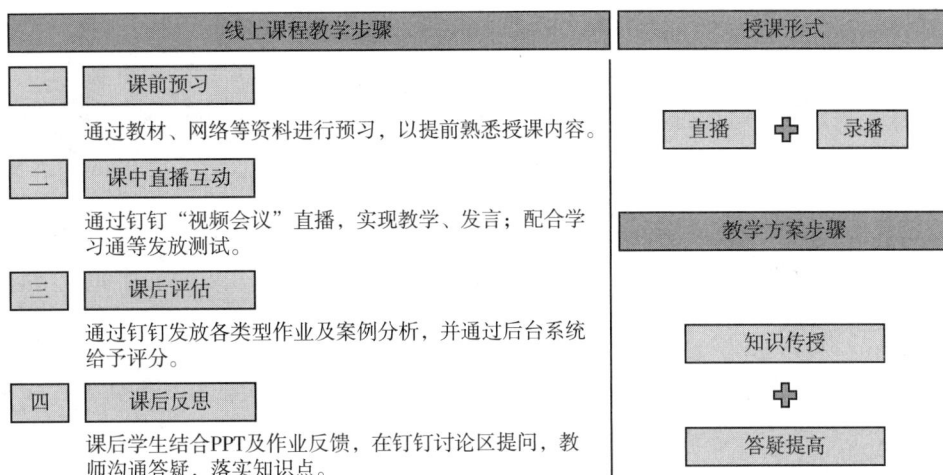

图 3-2 钉钉直播教学案例

（1）线上课程教学步骤

第一步：课前预习。通过教材、网络等资料进行预习，以提前熟悉授课内容。

第二步：课中直播互动。通过钉钉"视频会议"直播，实现教学、发言；配合学习通等发放测试。

第三步：课后评估。通过钉钉发放各类型作业及案例分析，并通过后台系统给予评分。

第四步：课后反思。课后学生结合 PPT 及作业反馈，在钉钉讨论区提问，教师沟通答疑，落实知识点。

（2）线上课程实现及效果

采用钉钉"视频会议"可以很好地实现授课预期，同时，用笔记本电脑进行直播时还有录播功能，对于部分学生网络接收效果不稳定以及课上没有听懂的情况，录播视频可以帮助学生有效地实现回顾。

"钉钉直播（视频会议）"的教学方案分为两步来解决学生"知识传授 + 答疑提高"的问题。一方面，知识点的分析、思维的拓展等通过主讲教师在直播中得到落实；另一方面，通过后台系统给予评分，教师明确学生对知识点的掌握程度，使课后的答疑与提高更具针对性与有效性。从直播的效果来看，学生普遍表示效果令人满意。

6. 问题与发展

（1）存在的问题

教育直播存在的问题主要包括网络通信不够流畅、直播内容有待完善、教育"主播"认识不到位等。另外,"双减"政策背景下,义务教育阶段学科直播教育增速放缓,相关教育机构面临转型及业务调整。

1)在线网络通信不够流畅。直播过程中存在画面卡顿和音视频不同步等现象,网络接入条件有待进一步优化。例如:在新冠疫情期间,当大量师生同时直播时,部分在线教育平台的直播授课出现崩溃现象;另外,将人工智能、虚拟现实、大数据等新兴技术用于支持直播教学的平台和工具很少,其教学支持服务体系仍较为薄弱。

2)直播内容有待完善。专业性强一些的教学平台,其直播内容主要限于学历教育、职业教育和语言培训,注重智育方面的学习,缺乏与素质教育和创新教育相关的直播内容。专业性弱一些的直播软件也可进行直播教学,如教学互动类软件、远程办公类、社交软件,但对教学主播的教学内容没有规定或限制,其直播内容不固定,覆盖范围广泛。大众化的直播平台主要以娱乐为主,涉及的教育内容有限且不成体系。另外,教育直播平台缺乏相应的在线学习效果评价指标体系,使得学生在线学习效果的评价标准不统一、结果不科学。

3)教育"主播"对在线教育的认识不到位,缺乏在线教学设计能力和高水平的信息素养。部分教师对在线教育的认识不到位,教学设计仍没有脱离传统的教学模式,或者教育革新意识和信息素养不足,难以达到良好效果。此外,教育直播行业缺乏相应的教师测评标准,行业规范化有待提高。

整体上看,直播教学平台和内容发展还不够成熟,随着科学技术的深入发展,教育直播将会获得持续的发展,教育直播的未来值得期待。

(2)发展趋势

教育直播发展趋势主要包括直播平台优化、教学内容细化、交流互动深入化、直播者综合素养优质化等。

1)直播平台优化。首先,需要优化通信网络。加强传输服务的优化,或者加快教育专网的建设。其次,平台管理机制要严格化和规范化,需要加强教育直播内容及形式的监管。最后,完善教育直播平台功能,打造从授课、学习、评估、反馈到总结的教学服务体系。

2)教学内容细化。现有的教育直播内容主要涉及语言类、职业培训类、应试教育类等,教学类别有待进一步细化。此外,应该不断扩大现有直播教育所涉及的知识领域,特别是人文社科类和通识类文化教育内容。最后,还应加强情感价值观类课程的开设,提高学生团队协作和为人处世方面的能力。

3）交流互动深入化。师生互动和生生互动有待进一步加强，直播教学互动方式有待扩展和丰富。例如：运用教学互动类软件辅助主体之间交流互动、运用虚拟现实技术以达到面对面的交流效果等。

4）直播者综合素养优质化。随着教学分析技术的发展，直播者要善于利用平台工具和大数据技术来掌握实时学情，实现由数据驱动的因材施教。也可以通过学习和运用互联网思维来提升在线教学能力。另外，教师应认真分析自身的教学优势，打造个人教学风格与特色。

（二）智能批改

1. 定义及界定

（1）智能批改的定义

智能批改，是一种基于语料库、云计算技术等人工智能技术，对学生作业和考试试卷进行自动批改、评分并分析的一种批改方式。

智能批改可以对客观题和主观题进行批改。客观题包括判断题、选择题、匹配题、计算题等，主观题包括简答题、论述题、应用题、作文题等。由于客观题的智能批改功能实现相对容易且技术发展较为成熟，目前企业对智能批改的研究和讨论集中于主观题部分，主要包括语文作文、英语作文等。

（2）智能批改的实现过程

以"人机双评"语文作文智能批改为例，利用人工智能与大数据技术，机器通过版面和图文识别获得题目和作答内容，而后利用智能定标筛选具有代表性的作文，从内容、立意、表达和结构等维度进行专家评分并学习评分模型，最后对机评结果进行分析和汇总。

2. 发展背景

（1）智能批改的发展背景

传统人工作文批改的效率低、工作量大。随着作文评分标准的客观化发展，为智能批改的实现提供了可能。传统作文阅卷，一份卷子由两位阅卷教师独立批改，取批改的平均分，如果误差太大，会提交第三人审核。如果阅卷评分全部凭主观判断，很可能出现较大的分差，阅卷客观性难以保证。作文阅卷流程决定了作文评分的方向必须要客观化、标准化，这一背景为智能批改的实现提供了可能。

（2）传统批改的缺点

传统批改由教师进行真人批改，其缺点主要包括评分受主观性影响大、工作量大、耗时长、对细节错误易忽视等。

作业批阅的重复性劳动量较大，占用了教师的大量时间且效率低。教师批阅一篇作文的时间 1 ~ 2 分钟，批阅效率随着批阅时间的推移逐步下降，教师注意力容易分散，对细节错误容易忽视。此外，人工批阅结果受主观因素的影响较大，如批阅教师情绪和环境、卷面整洁程度等，降低了结果的公平性和公正性。

3. 优势与特点

（1）智能批改的优势与特点

智能批改优势与特点主要包括效率高、客观公平、留痕批阅、学情分析时效性等。

1）效率高。智能批阅卷系统相比人工批阅速度更快，教师难以记住所有的客观题答案，需要不断检查标准答案，时间成本较高。智能批阅系统帮助学校和教师提高工作效率、减少教学成本。

2）客观公平。智能批阅卷系统更加理性，不受外界条件的干扰，不受情感信息的影响，不受疲劳等原因的误判，结果更为客观公平。

3）留痕批阅。智能批阅卷系统具备自动批阅后留痕打印出试卷的功能，可以保留批阅痕迹，让学生清晰了解知识点的不足。

4）学情分析时效性。智能批阅卷系统能够在评分后直接做好学情分析，统计出错题数据、考试数据、评估分析等综合信息，帮助教师减负、增效，帮助学生了解学习状况。

（2）智能批改与传统批改的对比

机器智能评分无需组织教师集中多次评分，减轻工作量的同时还能提升评卷速度（表 3-2）。以蚌埠市 2021 届高三年级第三次教学质量检查语文作文阅卷为例，机器在 30 分钟内就完成了 17000 多名学生的试卷评阅，以每篇作文阅卷人工阅卷 1 分钟为例，共计节省阅卷教师 300 多个小时，平均为每位教师节省约 8 个小时，人机评分一致率达到 99% 以上，全面提升阅卷速度和阅卷质量。

表 3-2 传统批改与智能批改的对比

对比	传统批改	智能批改
批改效率	低（每篇用时约 1 ~ 2 分钟）	高（每篇用时约 1 ~ 10 秒）
主观性	主观性较高	完全客观，统一标准
其他功能	教师手动标注	留痕批阅、学情分析
人机评分一致率	90% ~ 99%	

4. 应用情况

（1）主要企业及产品

智能批改主要企业（产品）包括深圳市腾讯计算机系统有限公司（腾讯教育应用平台）、北京词网科技有限公司（批改网）、北京理琪教育科技有限公司（IN课堂）、安徽东方讯飞教育科技有限公司、小船出海教育科技（北京）有限公司（作业帮）、北京猿力教育科技有限公司（猿辅导）、微软亚洲研究院（爱写作）等企业以及百度云、阿里云等智能批改服务（表3-3）。

（2）应用领域

智能批改的应用领域以英语作文批改、语文作文批改为主，此外还包括数学计算题的批改等。

英语作文批改主要包括常见的八大英语考试类型，语文作文批改主要包括小学作文、中高考作文、公务员考试申论作文以及汉语言学习中文作文等（表3-4）。

（3）主要功能

目前，智能批改可以实现自动评分、自动纠错、分析点评、推荐表达/词汇扩展等功能。

1）自动评分功能。学生提交作业后，智能批改系统通过比对语料库或标准答案，快速计算并反馈学生学习情况，实时给出分数。智能批改能够克服空间、时间的限制，可以做到即时反馈，同时注重学生的修改和习作提升过程，学生习作的分数会随修改发生相应的变化。这种过程性评价有效地激发学生修改习作的积极性。

2）自动纠错功能。自动纠错主要应用于作文的错别字、语法和拼写问题。例如在英语学习过程中，许多学生存在经常出现语法和词汇拼写的错误，导致作文拿不到高分。针对这个问题，教师可以将学生的作文输入到智能批改软件中进行批改打分，软件会将语法错误和拼写错误的地方标示出来。学生对照标示修改即可，修改的过程可以促进学生语法应用和单词拼写能力的提升[229]。

3）分析点评功能。智能批改的分析点评功能，从多维度进行评分，通常包括整体点评和分句点评两大模块，涉及词汇、篇章结构、句式等评分项。学生坚持按照智能批改软件修改作文，可以提升写作能力。由于学生存在不重视智能批改软件修改建议的情况，教师可以采用有效的教学方法进行正确引导。

4）推荐表达/词汇扩展功能。部分企业的智能批改软件还有推荐表达/词汇扩展功能，主要应用于英语作文批改中，即提供可以替换的词或长句。例如学生将英语作

表3-3　中国智能批改应用情况

产品名称	所属企业	产品介绍	应用领域			功能布局			
			数学计算	英语作文	中文作文	自动评分	自动纠错	分析与点评	推荐表达/词汇扩展
批改网	北京词网科技有限公司[230]	一款基于语料库和云计算技术的智能批改英语作文的在线服务平台，通过计算语料库之间的距离，即时生成作文的得分，评语并逐句点评分析		√		√	√	√	√
IN课堂	北京理琪教育科技有限公司	由教育部国家语委中国语言智能研究中心指导研发，按照中、高考作文评分标准，从"内容""表达""发展"三个维度建构智能评测模型		√	√	√	√	√	
RealSkill	科大讯飞 & 新东方	该产品以机器人作文批改、口语评测为主要卖点，首先服务于新东方集团的留学语培业务		√		√	√	√	
英文作文批改 ECC	腾讯云 & 腾讯优图	腾讯云联合腾讯优图团队推出的英文作文智能批改产品		√		√	√	√	
猿辅导	北京猿力教育科技有限公司	智能批改采用了由深度学习技术驱动的批改人工智能，识别和批改结果会更为准确，支持手机拍照批改	√	√		√	√	√	
爱写作	微软研究院	微软爱写作网站是一款人工智能自动批改英语作文的网站，可以自动找出英语作文的语法错误及修改建议等		√		√	√	√	√
作业帮	小船出海教育科技（北京）有限公司	"口算批改"功能：使用手机对着作业扫描或拍照，能立刻完成智能批改，显示出批改结果，并给出相应的更正和讲解	√				√	√	

表 3-4　智能批改在各应用领域的功能情况

应用领域		英语作文批改	语文作文批改	其他
范围		以八大类型英语考试为主	学校作文（小学、中考、高考）、公务员作文（申论作文部分），其他中文作文（外国人汉语言学习中文作文等）	计算题（口算题）等
功能	自动评分	给出作文分数（约几秒内算出）	给出作文分数（约几秒内算出）	计算题通常不显示总得分
	自动纠错	拼写错误、语法错误等	错别字、句子逻辑错误等	标注错误
	分析点评	全篇点评、分句点评	全篇点评、分句点评	—
	推荐表达/词汇扩展	单词替换、扩展词汇推荐等	此功能应用较少	—

文提交到智能批改软件中，软件会针对一些词汇推荐可以替换的词。学生可以尝试将软件所推荐的替换词应用到作文中，长时间的实践可以提升学生书面表达的词汇量，解决学生在写英语作文时出现的词汇量贫瘠的问题，让学生所写的英语作文更加生动[231]。

5. 企业案例

案例：英语作文批改——腾讯云＆腾讯优图

（1）简介

英文作文批改（English Composition Correction，ECC）是腾讯云联合腾讯优图团队推出的英文作文智能批改产品。腾讯云针对此场景推出英文作文批改服务，覆盖学生英语学习全周期，提供高参考价值的智能批改功能，其中批改包含整体点评、分句点评，涉及词汇、词性、句式结构、内容相关性等40余项细评分维度。帮助教师、家长、学生快速修正语法错误，轻松提升作文水平。

（2）产品特点

1）双引擎纠错。语法规则与自然语言处理双向融合，有效提升纠错准确性，批改结果与人评拟合度高，可广泛应用于作文批改教学中。

2）多维度评分。评分包含整体点评、分句点评两大模块，涉及词汇、词性、句式、篇章结构等40余评分项，并给出修改建议。系统严谨，专业有效。

3）全周期覆盖。支持初中、高中、大学英语作文批改，覆盖学生英语学习全周期，根据各阶段考纲制定相应评分标准，因时制宜更科学。

（3）应用场景

1）教师批改作文。英文作文批改过去需要教师做基础性、重复性的批改工作，消耗大量时间，又难以规避批量批改中对细节错误的忽视。英文作文自动批改为教师提供高参考价值的批改建议，省时高效。

2）家长辅助检查。对于学生的英文作文，大部分家长很难给出准确、专业辅导，通过使用英文作业批改，家长一键拍照，精准纠错，减轻家长辅导负担。

3）学生自查纠错。学生很难通过自查，全面纠正英文作文中的错误。通过使用英文作文批改服务，学生可以快速自查，一键拍照，秒出结果，帮助学生智能纠错，节省时间（注："双减"政策，提出不得要求学生自批自改作业，要求线上培训机构不得提供和传播"拍照搜题"）。

（4）产品定价

1）计费与结算方式。按量计费的后付费模式。在每日凌晨1点结算前一日产生的费用，用户只需为英文作文批改的实际使用量付费，不需要提前支付费用。

2）产品价格。英文作文批改提供两种批改方式，且价格不同。图像识别批改0.18元/次调用，文本批改0.08元/次调用。

6. 问题与发展

智能批改的发展，目前主要面临技术瓶颈和社会障碍两方面的因素制约。

技术方面，对于汉语来说，实现自然语言处理技术是非常困难的。由于汉语的复杂性，考生有很大的余地来充分利用语言。如果算法没有包含相关的关键语义，则会导致阅卷时的错误判断。此外，由于问题解决视角和研究方法的不同，智能阅卷主观题往往只能用于主体的浅信息结构和语义结构，但针对相对更加复杂的主观题，理解技术仍有待提高。

社会障碍方面，即使在主观智能评卷系统成熟之后，强大的社会壁垒也是影响主观智能评卷的重要因素。大部分家长或学生，还不能接受把命运完全交给不成熟的机器。对人工智能的不信任将成为主观智能评分的最大问题。另外，家长也担心机械化的评分系统会使学生作文向着应试化、模板化发展，扼杀了孩子发挥的自主空间和想象力。

整体来看，智能批改在客观题批阅上技术已较为成熟，在主观题批阅上还有待完善。未来，智能批改需要不断优化自己的评分逻辑以适应作文的多样性表达，点评与讲解也需要更加有意义且具有针对性。

（三）自适应考试

1. 定义及界定

计算机自适应考试的关键在于"自适应"，意为"自动调整试题难度来适应考生在做题过程中的实时表现"。计算机自适应考试与传统考试中试题题目不同，不是提前设置的，是动态的，可以根据考生在考场中的实时答题情况，在试题库中抽取测试题目难度值与考生能力水平相对应的下一道测试题目，直到最终得到反映考生真实能力水平的结果，出题和评分过程是动态的。因此，计算机自适应测试可以实现为每位考生实时"量身定制"试卷。

2. 发展背景

近年来，由于计算机的普及，考试形式、试卷评分等形式逐渐变成计算机形式，与此同时，自适应考试也在逐渐深入发展。

基于传统的考试理论没办法根据试题的难度系数来确定所占试卷比例大小，虽然试卷中大部分试题是由经验足够的专家预先设定好的。例如，在题库中容易出现同类型题目重复，对同知识点考查次数过多等情况。另外，传统的考试理论没办法根据试题估定被测试者的能力高低，缺乏确定的把握。因此，随着中国教育事业发展突飞猛进，在教育的实践过程中，单纯以往的考试理论已经不能满足当今发展的需要。

最新更新的计算机自适应能力测试会自动根据个人能力，定制不同的考试试题，然后根据测试者回答问题的情况，对测试者做大体估计，再根据估计值，从题库中抽取合适题目让被测试者应对，有利于完善考试测评系统以及促进发展人才。

3. 优势与特点

自适应考试优势与特点主要包括高效精准、安全便捷、结果精确度高、激发被测者的积极性等。

1）高效精准。由于被测试者需要回答的问题都是根据测试者的能力大小出的，所以被测试者完成整体试卷的时间大大缩短。水平高的考生无需回答过多简单试题，水平有限的考生也不会遇到太多难题，从而可以确保在短时间内获得较为精确的测评结果。

2）安全便捷。通过远程监考，并配合计算机自动评分，可以实现随时随地进行考试。同时，自适应系统能够有效避免作弊情况的出现。由于自适应系统采用的是根据被测试者能力进行出题，所有题目均是随机抽取，提出题目出现相同率极低，并且出现在试卷上的顺序也不相同。

3）结果精确度高。传统测试系统没办法根据题目困难程度划分题目在试卷中所占比例，其成绩精确程度相关性较低。而现行的计算机自适应系统，会根据能力大小进行题目出题，不论被测者能力大小，均能有个准确值来评定。

4）激发被测者的积极性。最新的自适应系统是根据被测试者能力来出题的，能力低者也不会因为做不出题目而影响考试心态。同时题目对每个人来说又具有挑战性，不会让被测试者无从下手，让考生在考试中充分发挥其水平。

综上所述，计算机自适应考试系统是科学发展与现实考试结合的产物，它立足于建立最佳测评方案，合理评估被测人能力，提高评审的准确度，并且通过测量结果选拔有用人才，对国家发展人才路线有着积极深远的重要意义。

4. 应用情况

进入 21 世纪以来，受计算机技术和统计技术进步的影响，教育测量技术飞速发展，教育测量理念也不断变化。从技术发展来看，教育测量从服务选拔开始向个性化辅助培养转变，构建适合个人、更加开放灵活的学习系统是未来教育的发展趋势。自适应考试技术是先进的个性化测试技术之一，中国虽然进行了理论研究和实践探索，但受人员和技术限制，应用范围相对较小。

供给企业方面，自适应考试领域主要竞争企业有三类：一类是提供在线英语课程和工具的公司，英语领域本身具有一定的国外自适应学习及考试经验，而且相关的学习资料、标准化测评和题库数据都比较丰富，开发环境相对较好；二类是以题库、作业平台为基础，或进入公立学校做考试数据采集和分析的公司，在大数据采集和用户认知经验上具有移动的先发优势；三类是主打自适应教育的公司，自适应考试或测评作为辅助教学手段，而以自适应学习系统为主要产品及发展目标（表 3-5）。此外，其他在线教育机构、线下教育机构，甚至非教育行业的机构也在纷纷进入该领域。

表 3-5　自适应考试竞争企业类型

企业类型	部分主要竞争企业品牌
在线英语课程、工具类企业	贝乐在线、朗博网、盒子鱼[232]、魔力学院、英语流利说[233]、智课网等
K12 题库类、作业类工具企业	阿凡题、狸米学习、学霸君、一起作业、猿题库、作业帮等
主打自适应教育类企业	高木学习[234]、论答、葡萄学院、图索教育、先声教育、义学教育等
其他类型企业	百看早教、成长保、高顿网校、新东方、好未来、精锐教育等

5. 企业案例

案例：GRE自适应性测试案例

（1）案例介绍

现行的GRE（Graduated Record Examination）考试具体采用的是"多阶段计算机自适应考试"。考试的特点是，每个考生语文和数学各考两部分题目（不算加试），其中语文和数学各自的第一部分为中等难度，而各自第二部分的难度取决于考生在第一部分中的表现。

如果考生第一部分正确率较高则第二部分为高难度，反之亦然。而语文和数学两个科目之间在难度上互不影响。

在GRE考试中每个语文和数学部分均有一定数量题目，GRE的多阶段计算机自适应考试（MST）本质上是以section为单位进行难度自适应。在GRE考试中每个考生语文和数学各自的第一部分会包含低中高三种不同难度的题目，整个部分平均难度为中等。GRE语文和数学的section难度总共分为低、中、高三个级别。在最后打分时系统会综合考虑考生做对的题目数量以及考生的题目难度。

（2）实现效果

计算成绩时，GRE机考由系统根据语文或数学全部题目的难度和正确率计算获得。在得出原始分后，机考考生根据一套算分标准计算出最终成绩。这一算法导致的一个结果是，对于机考考生而言，计算最终成绩时越难部分的题目分值越高。考生只要第一部分做得足够好，接下来难度较高的第二部分即使正确率较低，最后成绩也不会差；反过来，如果第一部分做得足够糟糕导致第二部分进入低难度，则第二部分哪怕做得再好成绩也不会高。

6. 问题与发展

现有的自适应考试能够在一定的范围内具有较好的功能，但是大部分自适应考试系统在考试内容和考试形式等方面存在较多缺陷。

1）简单的功能堆积。市场上的在线考试系统功能基本相似，各地出现了一批远程在线考试系统或实现类似功能的系统，如上海电视大学的网上教学支持工具、上海交通大学远程教育中心开发的远程考试系统等，另外一些有条件的中学也开发设计了一批功能类似的系统。

2）题库建设不合理。由于缺乏先进考试理论的指导，往往只是把大量的题目收集到数据库中。这些题目没有经过很好地分类，对于试题的知识点信息、难度信息以及学生对题目的反映情况等信息很少涉及，导致试卷设计不合理。例如，很难把握试卷的精度和难度，对大部分考生都偏难或偏易，难以真实反映被测试者的实际水平。

3）组卷策略及组卷模式的落后。由于没有合理的题库组织方法或者缺乏有效的组卷策略，降低了考试的有效性，客观性及公正性。

4）测评理论。测评理论没有充分体现量化和非量化、主观和客观、过程性和总结性的紧密结合。对过程性评价重视不够，没有全面定义网络教学测评需要检测的测评要素及其合理区间，不能科学地反映学生的学习效果。

教育测量是依据一定的法则，对教育活动中某一现象给予数量化的描述。教育测量技术的未来发展方向是，通过提供数据支撑为每个学生提供适宜的教育，为每位教师提供准确的教学建议，自适应考试是实现该目标的良好工具。随着自适应系统等相关技术研究的加强和应用的深入，自适应考试会得到进一步发展。

（四）虚拟实验室

1. 定义及界定

（1）定义及界定

虚拟实验室，又称虚拟实验系统，可以追溯到美国弗吉尼亚大学（University of Virginia）计算机专业威廉·沃尔夫（William Wolf）教授提出的"合作实验室"（Collaboratory），即利用计算机建立网络化的虚拟实验室环境。虚拟实验室[235]即利用计算机建立网络化的虚拟实验室环境，旨在打破空间的限制，进行合作性实验研究。虚拟实验室在实践上具有高仿真、开放共享、可扩展性、重复使用性以及安全性高等诸多优点，可以补充和延伸课堂教学，发展实验教学的远程教育和混合学习。

虚拟实验室是对通常在实体实验室环境中发生的活动进行的交互式数字模拟。虚拟实验室模拟化学、生物化学、物理、生物学和其他包括实验部分的学科课程中所使用的工具、设备、测试和程序，虚拟实验室的关键特征是交互性。通过准确地呈现操作材料和设备的动作、反应和结果，虚拟实验室可为学生提供参与基于实验室的学习活动的途径，而省去使用实体实验室的开销。

（2）虚拟实验室的运行与开发

虚拟实验室在线运行，通常嵌入到 LMS 中。与实体实验室一样，教师决定在教学大纲的各个方面需要哪些实验任务来支持学习目标。学生可以访问实体实验室中设备和用品的虚拟表示。大多数虚拟实验室允许用户停止、启动和重播活动。许多虚拟实验室与课程整合在一起，记录学生的进步，并基于学习目标和评分给予学分。虚拟实验室应用程序及其内容可以从供应商处购买或内部开发。一些供应商工具允许教师添加或调整内容，以适合他们的课程，而其他系统则允许教师与商业开发人员共同开发资源。

（3）虚拟实验室和 VR/AR/MR 沉浸式教学的区别

虚拟实验室和 VR/AR/MR 沉浸式教学的范围有一定重合。传统虚拟实验室的设备以电脑、手机为主。近年来，随着 VR/AR/MR 技术的发展，采用沉浸式设备的多维度体验虚拟实验室得到推广。此外，VR/AR/MR 沉浸式教学的应用不仅包括虚拟实验室，还包括非实验室的教学环境，如幼儿园课堂等（图 3-3）。

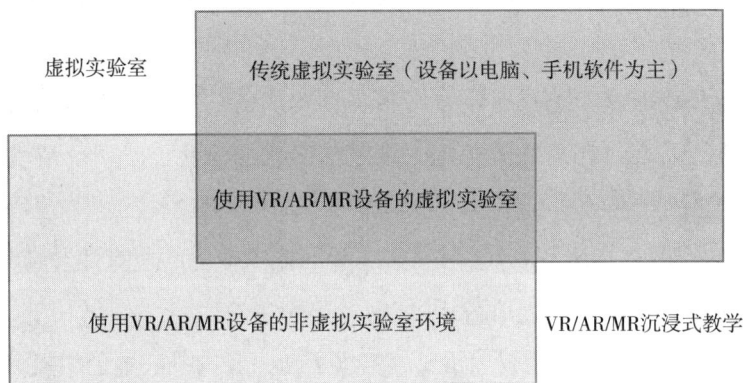

图 3-3　虚拟实验室和沉浸式学习的范围及区别

（4）虚拟实验室的意义

虚拟实验室允许学生参与基于实验室的学习练习，而不需受实体实验室的成本和限制约束。虚拟实验室可以为参加在线课程的学生或因疾病或受伤而无法到实体实验室参加实验的学生提供访问。对于一些实验室活动来说，操作错误的后果可能非常严重，而虚拟实验室会将这种风险转移到在线环境中。在某些方面，虚拟实验室可以提供比实体实验室更多的功能，如在模拟中包含测验和访问其他教育资源的功能等。

2. 发展背景

（1）政策背景

在教育信息化政策背景下，教育部也确立了建设虚拟仿真实验室的具体要求，还专门针对虚拟仿真实验室的特性、环节、适用学科方向进行了深入细致的研究。教育部 2017 年印发了《关于 2017—2020 年开展示范性虚拟仿真实验教学项目建设的通知》，计划到 2020 年遴选出 1000 项示范性虚拟仿真实验教学项目。在此背景下，中国高校掀起了积极开发应用虚拟仿真教学项目的热潮。

（2）理论依据

虚拟实验室的设计和发展主要依据情境学习理论和具身认知中教学环境相关理论。在中国校园的教学实验环节，由于学生群体的数量庞大和教学实验设备建设的不足，学校的实验设备已经不能满足学生多次随时地学习一门实验的要求，虚拟实验室由此孕育而生。据情境学习理论和具身认知中的教学环境相关理论，学生通过沉浸式虚拟实验室进行实验，可以使身体和心理均沉浸在逼真的虚拟实验场景中，进而完成实验教学，能够吸引学生学习兴趣、提高学生学习的主动性与实验的创造性。

情境学习理论是基于德国哲学家哈贝马斯提出的"情境理性"知识观，他认为人的理性总是嵌入在具体情境里并随着情境的变化而变化。基于"情境理性"知识观[236]，情境学习理论演绎的学习四大隐喻即"知识具有情境性""学习是情境性活动""学习是知识的社会协调""学习是实践共同体中合法的边缘性参与"，是沉浸式虚拟实验室设计开发的必要性和可行性依据。

具身教学认知环境和传统教学相比，突出了学习者的中心地位，强调学习者对知识和任务的感知和参与。随着教育技术的发展，很多基于网络的教育技术可以把虚拟环境和实体环境很好地融合在一起，形成较为真实的混合现实环境。可以帮助教师充分调动实验教学媒体资源，让学生沉浸在这种具身的实验教学环境中，从而促进学生主动学习，增强学生的学习效果。

3. 优势与特点

虚拟实验室优势与特点主要包括成本优势、降低事故风险、提高学习效果、增加趣味性、更新教学观念等（图 3-4）。

1）成本优势，减少投资和损耗。虚拟实验室不仅可以减少实验室建设的资金和空间投入，弥补实验场地的不足，还可以节省实验器材的损耗，缓解设备的缺少或陈旧带来的压力等情况。

2）降低事故风险。虚拟实验室可以避免实验中的危险和危害，降低污染。对于实验室条件无法满足的化学实验项目，例如：对环境造成严重污染的实验、实验成本较高的实验以及无法进行微观现象观测的实验，均可借助虚拟实验室开展

传统实验室		虚拟实验室
高	投入成本	低
部分实验较危险（爆炸等）	操作风险	无事故
一般，比较抽象	学习效果	更加具体，方便理解
低	趣味性	高
学生被动接受	教学观念	学生主动学习

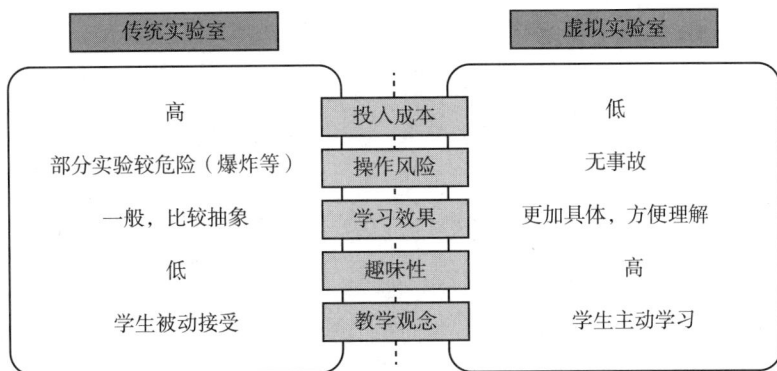

图 3-4 传统实验室和虚拟实验室的对比

教学。

3）提高学习效果。生动、立体、逼真的表现形式，能让抽象的实验过程浓缩在形象逼真的动画演示中，教师可发挥虚拟资源的优势，提高教学效果。此外，虚拟实验室还能提供实时监测、模拟自检等多种训练模式，并给予反馈性提示。

4）增加趣味性。虚拟现实仿真的实验教学环境，使学习者体验置身其中的感觉，能够实现互动实验教学，能最大限度地激发学生的自主实验兴趣，有助于发展学生的构建思维，具有独特的实验教学的实践作用。

5）更新教学观念。教师由知识讲授的权威者、讲授者转变为实验的设计者、引导者和组织者，学生由知识受体转变为学习主体，主动获取知识。沉浸式虚拟实验室促进学生转变"学习只能依靠被动接受"的固化思维，主动学习和模拟训练，灵活安排自己的实验时间，也可以根据自己的进度或兴趣选择实验内容进行课外拓展和补充[237]。

4. 应用情况

（1）应用领域

虚拟实验室的应用领域，主要以中小学的实验室课程和大学的虚拟实验室为主。部分企业布局小学科学和中学物理、化学、生物实验课程；而布局大学虚拟实验室开发的企业通常业务还涉及工业级虚拟实验室的开发。通常，这两类企业业务的重合度不高。

（2）产品发展

目前比较常见的虚拟实验室大多为基于网络的"非沉浸式"虚拟实验室，是一种桌面仿真型虚拟实验室，主要通过对设备和实验过程的软件进行仿真操作。这种虚拟实验室的缺点非常明显，如在实践体验与实验效果上的沉浸感不强、仅仅依靠鼠标键盘操作等。虚拟实验室[238]需从"非沉浸式"向"沉浸式"过渡。

沉浸式虚拟实验，主要通过VR、AR、MR等虚拟现实技术，设计数字化虚拟实验环境，从而创建沉浸式的实验交互情境。通过沉浸式虚拟实验室，学习者借助一定设备进入与真实实验室一样的空间场景进行交互操作和体验，能够进行反复训练、实践并获得理想的数据进行分析和处理等。同时，学习者借助体感交互设备，可以从视觉、听觉、嗅觉、触觉甚至是味觉等多种感知通道来感知虚拟实验环境中的信息，并且能够通过基于多种感知通道的输入设备与之进行交互，从而可以使学习者在限定实验条件下，操控实验仪器设备，控制实验进程，不断进行实验训练、观察和获取实验结果。

（3）主要企业

虚拟实验室领域的主要企业包括北京乐步教育科技有限公司、网龙华渔教育（福建网龙网络公司旗下）、北京欧倍尔技术开发有限公司、广州易加网络科技有限公司、厦门凤凰创壹软件有限公司等（表3-6）。

此外，中国各大学通过自主研发或与企业合作，也建立了诸多虚拟实验室。例如，中国农业大学建立了机械与农业工程虚拟仿真实验教学中心、北京邮电大学开发了网络、通信、电子三门学科的虚拟实验系统、山东农业大学构建了国家级农业机械化及其自动化虚拟仿真实验教学中心。

5. 企业案例

案例1：郑州市五十八中学——北京乐步教育NOBOOK

郑州市第五十八中学是郑州市第一个NOBOOK虚拟实验示范校，2018年郑州市第五十八中学与北京乐步教育签订了虚拟实验室供应合同。

物理虚拟实验室。在物理实验室中，包含有电学、力学、声学、光学等所有实验的仿真演示。软件中包含经典实验和DIY实验两部分，经典实验根据人教版进行编排，针对物理所有实验进行模仿真实的教学环境，解决在实验室无法完成的实验。学生可以根据仪器选择自主性探究实验，在连接错误时系统会出现真实的后果，使学生在保障人身安全的前提下能够认识到错误操作的危害。

化学虚拟实验室：高锰酸钾制造氧气。传统实验由于场地限制，或者在部分实验过于危险、复杂的情况下，不能操作。而在虚拟实验室内就没有任何问题。乐步教育首席讲师丁瑞雪向学校展示了高锰酸钾制备氧气实验的操作，包括实验开始时的气

表 3-6 虚拟实验室主要公司及产品布局

产品名称	公司名称	产品介绍	应用领域（年级、学科、范围等）				
			初中及高中			大学	其他
			物理	化学	生物		
NOBOOK	北京乐步教育科技有限公司[239]	传统虚拟实验室	√	√	√		小学科学
华渔101虚拟实验室解决方案	网龙华渔教育[240]（福建网龙网络公司旗下）	VR虚拟实验室	√	√	√		科学
—	北京欧倍尔技术开发有限公司[241]	传统虚拟实验室、VR虚拟实验室				天津大学（3D化工原理虚拟仿真软件）、东北农业大学、青岛科技大学、中国药科大学（制药工程虚拟仿真软件）等	工业研发虚拟实验室
易加虚拟仿真实验室	广州易加网络科技有限公司	传统虚拟实验室	√	√	√		小学科学
VR虚拟现实实验室	厦门凤凰创壹软件有限公司	传统虚拟实验室、VR虚拟实验室				吉林大学（机械虚拟仿真实验教学中心）、厦门大学、华侨大学、哈尔滨工业大学土木工程仿真实验中心（VR）等	
通州教育云平台	北京康邦科技有限公司	传统虚拟实验室、VR虚拟实验室	√	√	√	北京航空航天大学虚拟实验室、北京市通州区（智慧教育平台）	
—	广州维脉电子科技有限公司	传统虚拟实验室				上海交通大学交通虚拟仿真实验室	以交通领域虚拟实验室为主

密性检查、实验结束后应先把导气管拿出水面再熄灭酒精灯的细节操作都有详细的展示，以及违反操作会导致的"倒吸"均有实际体现。

生物虚拟实验室。生物实验初中版：生物实验室最大的特点是有生动逼真的 3D 教学环境以及视频资源。在观察结构时，其他部分会自动虚化来突出要学习的部分；并且可以 360 度旋转，多维立体展示，以及某一个部分的详细解释。在探究性实验中，有实验目的、实验器材、实验步骤以及讨论环节，在讨论中均展示有具体的讨论题。

案例 2：福州第十中学——网龙华渔教育（福建网龙网络公司旗下）

传统实验教学使福州第十中学面临着实验采购及维护成本高、实验风险不易把控、无满法足学生多次实验练习等局限性，以及传统实验教师为中心，实验互动性不强，难以提升学生学习效果等问题。为解决传统实验课问题，学校探索新技术在物理、化学、生物、地理等实验性、演示性课程中的应用。福州第十中学选择了华渔 101 虚拟实验室解决方案，将 3D、AI 引擎技术与实验课结合，助力教师拓展教学内容广度和深度、延伸教学空间，提升学校在理化生教学方面整体的质量和水平。

华渔 101 虚拟实验室为物理、化学、生物实验课教学提供了完整的解决方案。教师在备课过程中可根据实验教学目标，轻松搭建虚拟交互实现环境，轻松完成备课工作。在理论授课过程中，教师也常通过虚拟实验室将扁平性的知识立体化生动、逼真地演示。

例如，在化学课"高锰酸钾制氧气"实验中，学生佩戴 VR 眼镜设备可以直观看到拟真化的实验场景；通过操控 VR 手柄，能够操控试管、酒精灯、钥匙等实验仪器。在进行虚拟实验的过程中，有一位悬浮在眼前的机器人，它是全程在线的 AI 实验助教，会提示学生详细的实验步骤和操作细节。每一个步骤结束后，AI 实验助教就会发出"正确"或"错误"的提醒。

6. 问题与发展

（1）虚拟实验室存在的缺点和问题

沉浸式虚拟实验室的不足主要表现在以下方面：实验器材模型、实验场景和类型不够丰富，有待充实；实验产生的气味无法亲身体验，只能以简单的现象作为替代；实验操作的其他交互设计较少，可能会造成穿模现象等；实验操作中操控手柄代替双手，有一定的不适，在体验上有虚拟感和眩晕感。

实践中需要注意的问题包括以下方面：首先，沉浸式虚拟实验室只是学习的工具而不是学习的目的，切勿本末倒置；其次，利用沉浸式虚拟实验室进行实验前要根据实验类型选取相应的教学模式；再次，沉浸式虚拟实验室不能完全代替真实实验室，因为沉浸式虚拟实验是一种实验过程的设计；最后，沉浸式虚拟实验在一定程度上会限制实验的丰富性和创新性，学生在训练、操作时会出现"现象"完全相同的情况，而科学的发现还是要来根据真实实验作为基础，学生要把沉浸式虚拟实验室作为一种工具，更要勤于探究和创新。

另外，尽管虚拟实验室模拟物理世界的真实感和逼真度在不断提高，但仍无法与在实体实验室中的完整体验相媲美。因为应对实体实验室中各种解决方案的实际风险是学习的一部分，一个想成为化学家的学生必须在实体实验室中学习；虚拟实验室的商业化产品可能很贵，有些不允许定制，因为制作和测试这些定制会很耗时，并且会显著增加成本，而从头开始开发新的虚拟实验室更是要耗费大量资源；在某些学科中，虚拟实验室还不能提供令人信服的、有效的体验；目前大多数虚拟实验室工具是不适于残疾学生或教师访问的，即使这样的工具访问扩展至某些用户群体，仍有一部分人无法访问。

（2）虚拟实验室的未来发展

国内的虚拟仿真教学方法应用较国外略晚，但发展极为迅速。目前，单从技术纵深度来说，国内与国外已相差无几，而在普及应用上，显然与国外相比有较大差距。主要原因包括部分地方政府或单位对虚拟教学的认识不足，受观念和经济等因素制约；部分学生对虚拟式教学授课不适应，诉求度不高；虚拟仿真教学对学生学习的主动性和自主性要求大幅提高，导致学生学习随意性增加，可能影响教学效果。

虚拟实验室关注度日益提高，全新的关注水平将导致虚拟实验室运行的应用程序和内容的新一轮发展。一些虚拟实验室的虚拟现实和增强现实技术，加强了虚拟实验的沉浸感和学习体验，潜在增长的领域包括将游戏化和角色扮演元素融入虚拟实验室体验中。

（五）智慧导学

1. 定义及界定

智慧导学是指以模式驱动，以导学案为载体，以小组组织为抓手，以学生的自主学习为主体，教师的智慧引领为主导，以"三维目标"为目标，"传道、授业、解惑"，师生共同合作完成教学任务的一种教学模式。而"学案"是建立在教案基础上的激发学生自主学习、合作学习而设置的一种学习方案。从"教案"到"学案"的转变，其本质是教学重心由教师如何"教"转变为学生如何"学"，落实先学后教的教学理念，必须把教师的教学目标转化为学生学习的目标，把学习目标设计成学习方案交给学生。

智慧导学的核心包括学案导学、课堂互动、作业创新三个部分，和初读预习、尝试质疑、互动释疑、再读导学、检测反馈、拓展反思、复读创新七个环节（图3-5）。

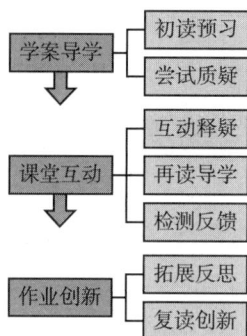

图 3-5　智慧导学具体结构

2. 发展背景

当前中国教育模式下，中小学普遍存在"填鸭式"教学方法和以分数为唯一标准的教学目标不合理等问题。中国有部分中小学生存在"厌学"心理，给家长和教师带来更大的困惑。一方面我们想培养出优秀的学生，而另一方面却陷入了教学怪圈。教师在当前的应试教育体制下，只能忙着让学生多做题和考高分。而家长既想让孩子考高分，又想让孩子全面发展，拼命给孩子报各种兴趣班，结果是部分孩子在这样的压力下，出现逃避学习的情况，不利于素质教育的发展。

顺应技术发展环境，以学生为主体，教师在课堂中围绕某个知识点进行精彩教与学活动过程的智慧导学应运而生。这种教学方法，改善了传统的以教师为主的授课方式，能激发学生的学习兴趣，增强学生的学习动力。

3. 优势与特点

智慧导学优势与特点包括激发学生学习兴趣、提高学习效率、激活学生思维等。

1）激发学生学习兴趣，引导学生总结和提高。智慧导学可以深入把握教材的内涵，设计形式丰富的探究活动，让学生充分感受到生动有趣的知识，感悟到精妙的思想。

2）增强学生学习动力，提高学习效率。巧设问题智慧导学，是指在教师备课时，按照学习内容，找准切入点，设计一个问题，这个问题要贯穿于整个教学过程来培养学生积极动脑思考问题的能力，激发学生的学习兴趣，增强学生的学习动力。智慧导学还可以灵活运用图表、思维导图、视频等方式，让学生的思维发散和碰撞，使学生注意力迅速集中起来，从而提高学习效率。

3）具有开放性，激活学生思维。智慧导学关注导思、导学、导疑、导练四个方面，跳出知识，学会质疑问难，启发引导学生思维，并进行有效的训练。

4. 应用情况

智慧导学系统平台主要供给企业有科大讯飞、冠捷科技、中软国际、拓思德、金山云等，其业务特点均不是单纯的智慧导学，而是综合型智慧教育一体化解决方案（表3-7）。未来在线教育平台作为智慧导学的载体将聚合更多元化的优质教育内容，更好地满足用户端的学习需求，利用大数据技术实现内容的筛选和精确匹配，为用户生成个性化推荐，提供更好的用户体验。智慧导学行业线上线下加速融合，互联网企业加速布局。

表 3-7　智慧导学部分代表企业及服务

主要企业名称	企业智慧导学相关产品或服务
科大讯飞	大数据精准教学系统、基于知识图谱和大数据精准教学系统的优质教学资源、智慧教考平台、智能评卷系统等
冠捷科技	智慧教室、云教室、智慧课堂、智慧学校、智能会议、平安校园监控等一体化解决方案
中软国际[242]	以大数据为支撑，贯穿教、学、测、评、职、创六个过程，实现自我驱动、自我循环、自我进化的智慧教育云平台
拓思德[243]	数字光学点阵技术的核心专利拥有者，将数字纸笔作为智能终端，为校内外客户提供覆盖教学全场景的智慧教研、智慧教学、智慧考试等解决方案和服务。旗下产品有：E笔微课、E笔板书、维思课堂、智慧作业等
金山云	计算、存储、网络等服务的基础设施层；基础教育、智能教学、教学大数据应用等服务的能力层；面向在线教育互动、评测、招生等各条线产品的业务层；以及防盗加密、账号管理等服务的安全防护功能

5. 企业案例

案例：某品牌人工智能导学系统之双师课堂

某品牌人工智能导学系统属于自适应学习型人工智能系统，自适应学习系统致力于通过计算机手段检测学生当前的学习水平和状态，并相应地调整后面的学习内容和路径，采用"智能系统教学＋督导教师"的双师线上教学模式为学生营造一个全新的自适应考试/学习课堂，帮助学生提升学习效率。

人工智能导学系统以AI为依托将学习内容进行碎片化分割与结构性整合，采用游戏闯关模式激发学生自主学习兴趣，学习内容由浅入深。遵循个体认知发展规律，符合学生心理特点，系统针对不同学段、不同学科学生的学习特点及认知差异，为每一位学生量身定制专属的学习方案。在人工智能课堂上，智能导学系统代替教师完成程序化重复的知识传授过程，督导教师卸下繁重的课业负担，只专注于解决学生学习习惯、学习态度、情感疏导等内因问题。

该品牌人工智能课堂通过创设生活情景帮助学生完成由具体概念到抽象理解、感性经验到理性认知的过程，帮助学生提升学科素养。

6. 问题与发展

实践过程中，智慧导学还存在着不少困难和不足。首先，理论认识水平有待提升。研究者大多是一线教师，比较多地关注行动研究，对课题的支撑理论学习与应用显得相对单薄，尤其是在教育学、心理学等方面。其次，让学生充分自主探究性学习，教师担心教学内容无法完成。因此，部分教师在实际操作过程中会有意无意地回归到过去那种完全由教师牵着学生走的教学方式中去，让学生的主体地位在课堂上体现得不够充分，从而制约课题的进一步推进。最后，教师实践能力有待提高。在实践过程中，导学案设计如何走向效率化、对课堂教学的情景设计如何走向生活化、学生对课堂的评价研究如何深入化等方面还有待提高。教师对自主探究和教师导学的尺度把握也难以控制。另外，多数的研究还停留在对主课的知识传授上，在研究的内容和环节上还需要进一步优化和细化。

综上所述，智慧导学挖掘出更多有效课堂教学实施策略，对于减轻师生的身心负担、开拓学生的思维能力以及提高教学质量具有重要意义。

（六）智慧学伴

1. 定义及界定

（1）智慧学伴的定义

智慧学伴，也称作智能学伴，是一种自适应学习平台或教育机器人，具有全学习过程的数据采集、知识与能力结构的建模、学习问题的诊断与改进、学科优势的发现与增强等特征，以练习测评、学习交互、作品分析等作为数据汇聚的主要方式，采集学习者在学习过程中产生的各种数据，利用大数据分析使学习评估有证可循，逐步从经验性评估走向依据科学数据分析的发展性评估，为个性化教学提供支撑。

智慧学伴的精准教学是基于学习者核心素养和学科能力的微测诊断工具。诊断学习者核心知识的表现水平，平台通过数据分析实现可视化显示。一方面，教师根据可视化报告进行自适应教学策略选择；另一方面，大数据分析的结果也会传递至自适应引擎，自适应引擎针对学习者的认知特征推荐个性化学习资源，从而更好地促进学习者自主学习。此外，将评价诊断环节嵌入教师与学习者的课堂交互过程之中，以精准诊断学习者不断变化的知识水平与潜在问题，帮助教师及时调整教学策略、进行精准的教学干预。

（2）智慧学伴的分析框架

智慧学伴平台应用视频录制、点阵数码笔、可穿戴设备、日志记录等设备，可以对学习过程性数据进行收集。既可以分析共性与群体性指标，也可以分析微观个体的特征。编制学科测试题库、试卷，开发学科诊断分析工具，以科学的测评采集学生学科知识、行为、能力、心理等表征信息，对数据进行挖掘和建模，帮助教师进行精准教学，有利于学生解决学习问题。

2. 发展背景

传统的教育方式受时间和空间的限制，学生需要在特定的时间进行学习；教师的教学计划通常以班上同学的整体学习进度为主，难以同时兼顾学习能力强和学习能力弱的同学，个性化教育程度较差。此外，很多课程都有学生能通过自学解决的问题，学校一直在寻找能让学生在家预习并针对预习情况达标检测，而教师又可以监管的软件，在节省课堂时间的同时，还可以提高教学效率。

3. 优势与特点

智慧学伴优势与特点主要包括个性化教育、推动自主学习，提高学习效率、提供分层施教等。

个性化教育、推动自主学习。学生是课堂的主体，教育发展的趋势是必须重视每个学生的学习情况。在大数据技术支持下，智慧学伴能够对每一个学生的学习情况进行精准分析，评估出学生对所学知识的掌握程度以及学习中的薄弱之处。同时，智慧学伴还能根据学生的实际情况，为学生推送符合自身能力的个性化学习资源，帮助学生巩固薄弱知识，体现学生的主体地位，推动自主学习。

提高学习效率、提供分层施教。智慧学伴为学生提供丰富的学习资源，重视对学习技巧的训练，帮助学生了解更多的学习方式，形成属于自己的学习技能。此外，智慧学伴中的分层测试能够照顾到班级中学习水平、学习能力以及理解能力不同的学生，结合对测试结果的分析，为不同水平的学生提供相匹配的学习资源，引导学生采取不同的方法进行学习，形成分层次的学习模式。

4. 应用情况

（1）企业及应用情况

目前，智慧学伴的布局企业较少，主要公司及产品包括北京师范大学未来教育高精尖创新中心的智慧学伴产品以及醍摩豆（成都）信息技术有限公司的 AClass ONE 智慧学伴产品等（表 3-8）。

表 3-8　智慧学伴主要企业及功能布局

产品名称	公司名称	产品介绍	产品主要功能			
			自主学习（翻转课堂）	个性化推荐练习题及测试	学情诊断/分析报告	电子笔记
智慧学伴	北京师范大学未来教育高精尖创新中心	整合大数据学习资源，学生端采集全学习过程，将教学辅具与教学紧密相连，随时云端学习	√	√	√	
AClass ONE 智慧学伴	醍摩豆（成都）信息技术有限公司	从线上到线下、课前到课后，提供自动化的教学数据汇流服务，为每一个孩子生成专属的学习资源，通过行动设备，随时随地地学习	√	√	√	√（使用智慧教室的课程）

应用情况方面，智慧学伴教育平台正在逐步深入各个学校，包括北京市通州区教育全面深化综合改革项目、宁夏石嘴山市第六中学智慧学伴项目等。此外，在 2020 年疫情期间，为落实全国大中小学幼儿园 2020 年春季学期延期开学相关工作要求，响应教育部"停课不停学"的决策部署，北京师范大学未来教育高精尖创新中心面向全国开放其智慧学伴产品。

（2）功能布局

智慧学伴教育机器人能够作为学习者在家庭环境的教育指导者，利用其教育专业性、实时反馈与感知等关键能力，设计符合个体学习者特点的典型应用模式，完成不同阶段的教学目标，满足学习者对于自主感、胜任感及归属感等核心需求。智慧学伴教育机器人的典型应用模式包括学习督促提醒、学习陪伴激励、学情报告分析、学习疑难问答和家长教育助手五类。

1）自主学习。由教师安排编序式的学习内容与练习任务，按进度发布给学生进行课前预习。学习内容包含阅读文档、影片以及网页链接等形式，练习任务则有学习单、线上测验以及简答题等类型，并在完成后标示时间、结果以及整体进度信息，方便教师掌握全班预习成果。

2）个性化推荐练习题及测试。根据学生课前、课中、课后的练习题回答情况，自动收集学生所有回答错误的题目，有针对性地提出新的个性化习题，弥补知识漏洞；也可按课程查看错题，每题的教师详解与补救学习资源可以直观地点击浏览，方便学生检讨和复习曾经答错的题目。

3）学情分析报告。智慧学伴服务平台的学校端，可以采集学习者长周期、多模态的过程性与测评性数据。然后结合学习者个体、班级以及学校层面的分析模型，把个体与群体性学情报告呈现给家长和学习者。多维度的学习报告，让其了解阶段性学习的数据和意义，如学科优势知识点、能力素养水平、观看的视频资源数量等。

4）电子笔记。使用智慧教室进行的课程、教师上课笔记，都会上传保存在云平台，并且推送到学生的行动设备上，让学生能够随时通过智慧学伴复习上课内容，帮助课后复习。

5. 企业案例

案例：石嘴山市第六中学——未来教育高精尖创新中心

2019年石嘴山市第六中学使用"智慧学伴"，开展了八年级物理上册第三章第五节《光的反射》（苏科版）的课程教学。

智慧学伴（Smart Learning Partner）是北京师范大学未来教育高精尖创新中心研发的一款自适应学习平台，具有"全学习过程的数据采集、知识与能力结构的建模、学习问题的诊断与改进、学科优势的发现与增强"等特征[244]，以练习测评、学习交互、作品分析等作为数据汇聚的主要方式，采集学习者在学习过程中产生的各种数据，利用大数据分析使学习评估有证可循，逐步从经验性评估走向依据科学数据分析的发展性评估，为个性化教学提供支撑[245]。

智慧学伴不仅能前测监管学生，实现"翻转课堂"，还能在课上向学生推送练习题，平台对学生的作答及提交情况迅速给出详细的诊断报告，方便教师及时调整教学。其次对于学生做错的题，智慧学伴智能推送相关知识点讲解视频，学生可只补救自己薄弱知识，节省大量时间，在观看完视频后，对于学生的掌握情况，智慧学伴平台会自动推送同类题以检测达标，真正实现了精准教学。

（1）翻转课堂：观看微课

针对《光的反射》这一节光的反射现象中相关名词的认识与辨析这个简单知识，其实学生可以自学完成，但是布置的自学任务总有一些同学不完成，滥竽充数，常规教学难以把控学生自学情况。为此，教师课前借助"智慧学伴—教师端"给学生推送"光的反射"自学视频，学生学习微课进度在教师端也能查看，用学习数据监管学生。

（2）课前测试：精准掌握学生基础情况

教师通过智慧学伴"日常测评"组卷功能，针对不同班的学情，组了不同的试卷发布题目给学生。从各题的得分率及班级成绩分布情况，可以更好地设计教学，从而在课堂上实现有针对性地教学，从而更好地确立课堂目标。使得课堂设计更精准，更符合本班学情。

（3）课上测试及推送视频：精准教学及时调整

在光的反射作图环节，通过"智慧学伴—教师端"向"智慧学伴—学生端"推送作图讲解视频，学生在自学的基础上完成作图并总结作图方法。在此环节推送的视频能长期保存，后续学生只需登录自己"智慧学伴—学生端"App 便可温习。

学完本节知识，向学生推送课堂小测练习题，平台对学生的作答及提交情况迅速给出详细的诊断报告，方便教师及时调整教学。其次对于学生做错的题，智慧学伴智能推送相关知识点讲解视频，学生可只补救自己薄弱的知识点，节省大量时间。在观看完视频后，对于学生的掌握情况，智慧学伴平台会自动推送同类题以检测达标，真正实现了精准教学。

（4）课后测试：课下及时巩固随时检查

通过课后测试，学生在学习过程中掌握不牢固的知识点得以掌握。对于课后测试题得分率较低题目，教师通过智慧学伴平台布置微课让学生独立完成。

（5）能力报告：物理核心素养

智慧学伴平台对这节课学生的物理核心素养完成情况精准统计，并与大武口全区进行对比，让教师可以及时发现问题，并对教学计划进行调整。

6. 问题与发展

（1）存在的问题

国内智慧学伴存在的问题主要包括：①硬件配套不足，学校网络覆盖不全面，能实现全班使用平板登录智慧学伴的教室不多；②学生自律性不足，使用平板等网络设备可能会做与课堂无关的事；③家长监管困难，在家使用智慧学伴需要有网络设备，但学生使用网络设备是否全部用于学习，家长难以监管。

（2）未来发展

"智慧学伴"呈现多技术融合发展趋势。例如，结合"基于人脸识别的魔镜系统"，来判断学生上课时的听课、发言、举手、练习、阅读等课堂状态和面部情绪变化，生成专属每一个学生的学习报告。对教师来说可以做到精准地掌握每一个孩子的学习状态差异，进而因材施教。对于家长来说可以课后看孩子学习报告，进而了解孩子状态。对学生来说则可以更加专注，提高学习效率。

（七）教育机器人

1. 定义及界定

机器人教育是一系列的活动、教学课程、实体平台、教育资源或教育哲学，一般来说，模块化机器人和机器人套件是机器人教育中常见的辅助产品。

教育机器人倡导"创客"教育理念，创新课程教学形态，以"师生共创课程教学内容、共同探讨教学方式、共同分享学习经验、共同创新课程作品"为基本指导思想，强化研创活动设计，重点培养学生的教学能力、表达能力、资源创作能力、文献检索能力、数字化学习能力、创新思维、创新能力、科学研究能力等。

教育机器人产品可分为 1~5 个层级，具体产品的表情动作、感知输入、机器人智能程度以及社会互动特点不尽相同（表 3-9）。

表 3-9 教育机器人产品分析框架

层级 / 维度	表情动作	感知输入	机器人智能	社会互动
5	真实表情动作	仿生感知	真人智能	文化互动
4	拟人表情动作	多重知觉	自主学习智能	多群互动
3	拟真表情动作	单一知觉	被动学习智能	多人互动
2	自主表情动作	基本信号感知	预置规则	双人互动
1	无自主表情动作	无感知	无智能	无互动

2. 发展背景

中国全面二孩政策提高了义务教育在校学生数，2021 年三孩政策的出台有望进一步提升在校学生数量。预计 2027 年中国小学在校学生将达到约 1 亿人，教育机器人面对的市场基数稳步增长；叠加政策大力扶持人工智能中小学落地化，大力推广建立人工智能实验室、编程实验室及推广比赛，使教育机器人需求持续增加。

此外，在消费升级的背景下，教育焦虑导致家庭教育投入增加等因素，共同驱动教育机器人行业发展，教育机器人将拥有广阔的发展前景。

3. 优势与特点

教育机器人优势与特点主要包括寓教于乐、提高知识应用能力等。

　　1）寓教于乐。游戏与玩相结合，在"玩"的过程中，孩子们体会、探索属于他们的世界，则会更容易掌握知识，无论是书本里的还是书本之外的。

　　2）提高知识应用能力。教育机器人以学习者为核心，一个项目就是一个需要解决的问题，没有模仿的对象，没有标准答案。教师引导学生通过探索，自主完成课程项目，分析能力、创新能力、实践能力缺一不可。项目挑战性强，学生学习兴趣更强，效率大幅提升，使学生更好地适应智能时代的要求。

　　4. 应用情况

　　（1）教育机器人发展现状

　　从市场发展现状来看，首先，教育机器人产品主要集中在家庭和学校场域中使用。如家庭中的智能玩具、家庭智能助理、儿童娱乐教育同伴；学校一般教室的远程控制机器人、STEAM教具；专用教室或培训机构的自闭症特殊教育机器人等。其次，部分产品仍处于概念性阶段。如课堂机器人助教、机器人教师等产品，仍需要市场验证。再次，公共场所的教育机器人产品主要涉及安全教育功能。最后，专业培训上的教育机器人发展，显示教育机器人应用在各领域的潜力。如手术医疗培训、工业制造培训、复健看护等（表3-10）。

　　从全球市场的教育机器人应用来看，教育机器人主要有课堂助教机器人、特殊教育机器人、医疗手术培训机器人、安全教育机器人等类型。

　　根据市场情况分析，教育机器人应用特点主要包括：第一，以教育资源为基础，发展有针对性的教育服务功能，是智能机器人占领教育服务市场的关键；第二，综合应用科学、技术、工程、艺术与数学知识的新型机器人，将会更受市场欢迎；第三，恰当的本体和外观形态是教育机器人获得使用者信赖的基础，也是教育机器人能够胜任日常教育服务活动的基础；第四，机器人的可操控性，影响着其被用户接受的程度。

　　（2）供给竞争

　　国内教育机器人公司主要分为两大类：一类是设备提供商，另一类是服务提供商。从教育机器人产品类型来看，国内教育机器人的企业主要由乐高系、韩国系、中国系三大派系组成。整体来看，中国教育机器人行业市场集中度较低，国内企业市场份额较小，以乐高为代表的国外教育机器人在国内市场占有一半以上的市场份额（图3-6）。

表 3-10　教育机器人产品类型及说明

序号	产品类型	说明	部分代表品牌
1	课堂助教机器人	课堂助教机器人主要用于协助教师完成课堂辅助性或重复性的工作，协助教师完成演示实验等任务	"未来教师"教育机器人
2	特殊教育机器人	特殊教育机器人是针对有特殊教育需求的使用者设计的，可以有效改善他们的社交与行为能力	Milo、Qtrobot、ASKNAO
3	医疗手术培训机器人	医疗手术培训机器人本质上是适用于某些外科手术的机器人，也可用于外科医生的培训	智医助理、达芬奇
4	安全教育机器人	安全教育机器人是帮助低龄儿童认识安全问题，并形成安全理念的教育机器人	Robotronics
5	儿童娱乐机器人	儿童娱乐教育同伴是伴随 0~12 岁儿童成长的机器人，在与儿童玩乐与学习的过程中，达到寓教于乐的效果	阿尔法超能蛋、小墨智能机器人
6	智能玩具	是一种可随身携带的电子零件且拥有智能的玩具。在满足儿童玩乐需求的基础上，加入教学设计	Pleo、Dash-Dot
7	家庭智能助理	作为个性化学习服务的助理	Jibo、Pepper
8	STEAM教具	STEAM 是指科学、技术、工程、教学等多学科融合的综合教学方法，STEAM 教具则指根据 STEAM 教育理念设计的教学工具	Mbot、Lego
9	工业制造培训	通过对企业内专业人员的培训，满足生产线的需求	Baxter
10	复健照护	培训医疗专业的工作人员，增加其对机器人手术操作的熟悉感等	Zora Bot
11	机器人"教师"	机器人"教师"能根据不同的教学情境，独自完成一门课程的教学，以达到教学效果	NAO、索菲亚
12	远程控制机器人	远程控制机器人由于可以提供较好的临场感，可被应用于教育、医疗、商业领域的各种交互性的活动之中	Double Robolis、PadBot

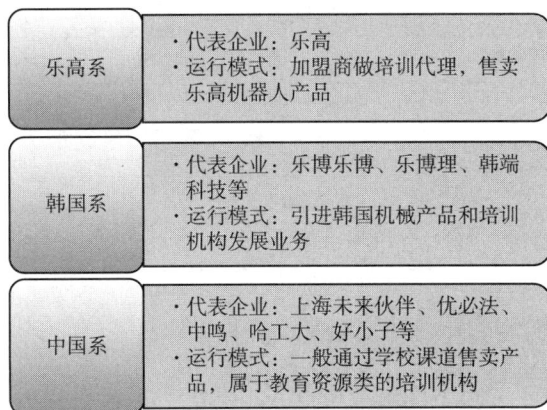

乐高系
· 代表企业：乐高
· 运行模式：加盟商做培训代理，售卖乐高机器人产品

韩国系
· 代表企业：乐博乐博、乐博理、韩端科技等
· 运行模式：引进韩国机械产品和培训机构发展业务

中国系
· 代表企业：上海未来伙伴、优必法、中鸣、哈工大、好小子等
· 运行模式：一般通过学校课道售卖产品，属于教育资源类的培训机构

图 3-6　中国教育机器人主要竞争主体

从教育机器人设备提供商来看，国内主要品牌是哈工大机器人、能力风暴机器人等；从机器人教育服务提供来看，目前国内规模较大的机器人教育企业主要有乐博乐博、童程童美、乐创教育、博佳机器人、棒棒贝贝机器人、好小子机器人、凤凰机器人等（表3-11）。

表3-11　中国市场主要厂商教育机器人品牌

品类	公司	品牌
早教陪护系列	科大讯飞	阿尔法蛋
	金鹰卡通卫视	麦咭机器人
	未来人工智能科技	未来小七
	物灵	Luka 机器人
	鑫益嘉科技	巴巴腾
积木模块系列	创客工场	童小点
	能力风暴[246]	伯牙系列
	Robo Wunderkind	RoboWunderkind 智能积木
	小米	米兔积木机器人
	乐高[247]	乐高 EV3
	索尼	索尼 koov
	创客工场	mBot
	优必选[248]	Jimu 系列
类人系列	WowWee	WowWee-MIP 系列
	优必选	Alpha 系列
	能力风暴	珠穆朗玛峰系列
	钕娲创造（小米生态）	小丹机器人
飞行系列	能力风暴	虹湾系列
	创客工场	Airblock
移动系列	奇幻工房	Dash & Dot
	Ozobot	Ozobot Evo
	Sphero	Sphero BB8
	能力风暴	奥科流思系列

5. 企业案例

案例：基于之江汇的萝卜圈虚拟机器人教学案例

某中学是宁波市较早开展机器人教学的学校。学校坚持以普及与竞赛并重的教学理念，依托机器人实验室这个平台，以机器人教育为突破口，扎实推进学校科技课程的建设，探索线上线下混合教学模式，逐步形成具有特色的虚实结合、线上线下的机器人课程体系，激发和发展学生的兴趣爱好，开发学生的潜能，真正提升学生的科技创新能力，凸显学校的科技特色。宁波市某中学教育机器人应用案例——基于之江汇的萝卜圈虚拟机器人教学案例，入选浙江省教育机器人应用典型案例。

6. 问题与发展

中国教育机器人行业处于快速发展阶段，在行业发展过程中，仍存在一些限制发展的痛点需要解决。具体来看：在机构层面，行业规范性欠缺，导致机器人教育产品缺乏规范性；配套设施不足导致普及难度大；在教学过程层面，行业存在课程缺乏科学规划、师资队伍良莠不齐、竞赛活动商业化严重等问题；在客户层面，存在培训不足、普及率低等问题。

教育机器人发展关注的七个方向包括外观、听觉能力、视觉能力、认人能力、口说能力、同理心与情绪以及长期互动。其中，外观是教育机器人设计的重要问题，也是研究最为普及和深入的领域。特别是对儿童而言，外观会影响儿童对机器人好恶的评判；听觉能力、视觉能力、认人能力、口说能力方面的研究也已有所突破；但是同理心与情绪，以及长期互动的研究还处于相对初级的阶段，是未来突破的重点。教育机器人关键技术发展方向主要包括人机交互、机器视觉、机器学习、情境感知等。

（八）VR/AR/MR沉浸式教学

1. 定义及界定

沉浸式教学，是指学生在学校全部或部分时间段内，将其"沉浸"于某一个教学环境中。传统意义上的沉浸式教学多用于语言课程类的教学，如教师不但使用第二语言教授第二语言本身，而且使用第二语言讲授学科课程，使学生完全沉浸于第二语言的环境之中。而智慧教育中的沉浸式教学，主要是指使用VR/AR/MR等设备，将学生置身于现实和虚拟相结合的环境中，增加学生的代入感与学习积极性，沉浸于"科技"创造的环境之中。

VR通过多项计算机技术，模拟人的感官及力学反馈等，并将交互式三维动态多源信息和身体行为相结合，实现人与机器的实时交互。该技术[249]是利用计算机模拟产生一个三维空间的虚拟世界，提供使用者720度全景无死角3D沉浸观感，和真实世界零交互。

AR 利用计算机将虚拟的 3D 信息实时叠加到真实场景，虚拟世界和真实世界有一定交互。AR 又分为手机 AR 和 AR 眼镜，手机 AR 是通过手机屏幕显示真实场景和虚拟物体的叠加，实际显示的是 2D 画面。AR 眼镜则使用户佩戴后可直接看到真实场景叠加虚拟物体，也是未来产业的发展方向。当前 AR 的教育应用很多，且门槛不高，仅依靠手机或平板电脑就可以实现，因此可广泛用在教学中。

MR 技术在 AR 技术的基础上对真实场景进一步数字化处理，真实世界和虚拟世界完全融合。AR 和 MR 可通过虚拟物体的相对位置是否随设备移动而移动来区分。AR 技术中，墙上有一个虚拟钟表，会随着用户头部移动而移动，而 MR 技术中，墙上的虚拟钟表，无论用户如何移动，都会待在固定的位置，好像墙上本来就有一个真正的钟表一样。

2. 发展背景

传统教学方法学习效率较低。传统教学方法，是教师在讲台上说，学生在座位上听（表 3-12）。然而根据著名学习专家爱德加·戴尔的金字塔理论，这种最常用的"听讲"方式学习效果却是最低的——两周以后学生还能记住的内容仅有 5%。

表 3-12　传统教学模式与沉浸式教学对比

教学模式对比	传统教学	VR/AR/MR 沉浸式教学
教师操作及精力分配	教师操作多，需要浪费很多精力在做重复的事情	一键式广播、一键式互动、一键式锁屏，为教师节省时间，将更多的精力用于学生的教学
易理解程度	对于抽象的概念和理论，学生难以理解知识点	突破现实条件限制，通过 3D 动画技术，将抽象的概念和理论，转为具体的画面，有助于学生对知识点的理解
学生动手能力	现实条件限制，学生动手机会少	让学生在虚拟的世界中拥有更多真实的动手机会，提高学生的动手能力和感官认知能力，降低教学成本
授课标准化	没有一套统一完善的授课内容（相对）	针对性地开发、定制课程、科普内容，形成一套统一完善的授课标准

VR/AR/MR 在教育的应用场景越来越多样，给教师和学生带来积极影响。当沉浸式教学遵照教学理论进行正确部署，将有可能支持和拓展课程内容，优化学习效果。而且成本低，支持规模化，这将是以往教学手法无法实现的。

通过模拟，学生可在 VR/AR/MR 中重现并练习各种常规场景，甚至还能体验现实生活中很难遇到的场景。若要达到效果，VR/AR/MR 将需要营造沉浸的环境和叙事，才能为学生提供足够逼真的模拟训练体验。

此外，VR/AR/MR 对教学效果也有多方面积极影响。通过将复杂概念和结构进行直接的可视化来降低大脑认知负荷等，可以提高对复杂知识的吸收和记忆效果，提高学生自主学习积极性。相对于传统教育中知识的扁平性，VR/AR/MR 教育的呈现将更加立体，有效帮助学生加深知识印象，便于理解和记忆。

3. 优势与特点

VR/AR/MR 沉浸式教学优势与特点包括成本低、安全性、沉浸感等。

1）成本低。VR/AR/MR 等软件开发完成后，其使用成本很低。按目前主流低端开发平台 Vuforia、Unity、Android Studio 来看，软件的使用成本只需要一台能够正常运行的安卓移动设备和几张打印好的识别卡。在设备的流通方面，AR 等教学软件也具备明显优势。偏远山区的学生们很难拥有设备齐全的实验室和丰厚的材料，但是随着智能设备的广泛普及，电子教学软件可以在第一时间进入偏远山区。

由于是基于计算机设备的教辅材料，VR/AR/MR 教学软件有极强的规范性。随着 VR/AR/MR 教育的普及，会有越来越多的学校将会选择统一的 VR/AR/MR 教学套件，而不是去各处购买质量参差不齐的教学设备。

2）安全性。使用 VR/AR/MR 设备模拟一些危险性的实验，可以规避非正常实验操作带来的危险问题，这是 VR/AR/MR 教学软件的一个重要优势。学生们可以大胆地在设备上进行试验。例如在探究物距相距焦距的实验中，学生们可以移动识别卡，来调整实验的参数；浓硫酸稀释的危险实验，学生们在电子设备上进行时也完全不用考虑安全隐患。

3）沉浸感。沉浸感主要包括心理沉浸、感官沉浸、叙事和象征性沉浸等。沉浸式教学帮助学生在课程上集中注意力，类似于游戏式学习原理。足够的沉浸感是设计有效情境学习的关键，有效的情境学习可显著提高学生对知识的转化率。

4. 应用情况

（1）应用领域

根据不同沉浸式设备的技术特点，VR 设备目前主要应用于初高中及大学实验室；AR/MR 设备主要应用于幼儿园及小学的科学课程以及一些其他商用领域。透过沉浸式教育的特性分析，目前在校园里应用沉浸式教学的场景主要有以下几种。

1）实验室（物理化学等）。各类数字化实验室在学校里逐渐替代传统实验室，为多学科的智慧课堂提供智能装备。利用虚拟现实设备，可以使学生在虚拟环境下模拟物理、生物、化学不同环境做实验，进行现实中难以重复的、现实中无法模拟的、具有危险性的、肉眼难以观察的、器材损耗高的等多种实验。

2）教育课堂。虚拟现实设备可以应用于科学课程以及一些安全教育课程等。例如，VR/AR 技术可以在虚拟环境下模拟火灾场景，训练学生模拟从火灾发生、报警、扑灭等环节的自救操作，认识和使用消防道具、隐患排查、逃生等技能训练，加强学生安全防范意识。

3）其他场景包括创业教室、科技走廊、科技馆、活动中心等。例如，创客教室是学生发挥想象力，训练动手能力的重要学习空间。这里的 VR/AR 设备主要帮助学生利用虚拟环境进行建模、3D 观察、互动分享等；而结合 VR/AR 技术的校园科技走廊，通过裸眼 3D 形式给学生普及生命、科学、历史、地理等相关领域的知识，还可以利用追踪眼镜和触笔实现知识互动，增强互动性。

（2）主要企业

目前，沉浸式教育处于初期发展阶段，有很多公司从技术领域向教育业务布局，VR 技术相对成熟，AR/MR 技术仍在发展之中。行业内主要公司包括网龙网络公司、北京微视酷科技有限责任公司、杭州易现先进科技有限公司和四川科华天府科技有限公司等（表 3-13）。

表 3-13　VR/AR/MR 沉浸式教学公司及布局情况

产品	公司名称	技术 / 设备			主要应用场景		
		VR	AR	MR	实验室	教育课堂	其他
101VR 沉浸教室解决方案	网龙网络公司	√			√		
微视酷（VR SCHOOL）	北京微视酷科技有限责任公司[250]	√				√	创客教室、VR 实训空间等
智慧教育解决方案（AR）	杭州易现先进科技有限公司[251]		√			√	儿童活动中心、科技馆、博物馆、亲子餐厅、特殊教育机构等
ARSEEK	四川科华天府科技有限公司[252]		√	√		√	
MR/VR 实训教学平台	北京触角科技有限公司[253]	√		√			医疗教学、土木施工、设备检修教学等

5. 企业案例

案例：四川省成都市——"ARSEEK" AR/MR 智慧教育综合平台[254]

"ARSEEK" AR/MR 智慧教育综合平台是四川科华天府与四川省教科院按课标要求，将增强现实技术、混合现实技术、体感技术、计算机图形图像等新理论新技术与教育教学深度融合开发的教育平台，具有自主操控、人机协同、深度学习、跨界融合、群智开放、增强智能、群体集成智能等新特征，旨在为教学管理方、教师、学生提供革新性的教学体验。

在成都市金苹果公学的示范课现场，教师先通过 ARSEEK 生动、直观地将知识点呈现在课堂上，利用高科技表现力提高课堂氛围，提升学生对知识点的兴趣；辅之以 ARSEEK 的互动性，实施探究体验活动，让学生分组来亲自参与接触虚拟模型，增强学习体验，提升教学的互动性、内容的有趣性、视觉的创新性，培养学生的推理能力和合作学习的精神。

在泡桐树小学教师的示范课现场，教师通过"猴子爬树"的 AR 影像，生动形象地描述了"爬得越高，视野越广"的道理。该课程以贴近学生生活的内容为载体，用 AR 的表现形式创造充分体验机会，激发他们学习的兴趣。学生在预测和验证过程中，体会实验验证是认识事物的重要方法，增强互相合作与交流的意识，形成大胆猜想、勇于质疑和尊重事实的科学态度，通过生活实践与自然知识相联系的过程，感悟数学知识与人类的密切联系。

6. 问题与发展

（1）行业存在的问题

目前，大多数科研人员对于 VR/AR/MR 沉浸式教育持有积极态度，但目前这项应用还处于初期，依然缺乏数据和相关文献支持。沉浸式教育需要收集大量纵向反馈，以了解这项技术的教学效果能否持久。另外，对于想要应用 AR 技术的普通教育机构，通常难以承受设备采购和运营维护成本，并在内容开发、系统安全等方面，存在一定困难。

（2）行业未来发展

教育者们对于沉浸式设备的潜力普遍展现热情的态度，不过依然受到实用性和应用门槛等问题的限制。针对这个问题，未来有可能会出现将科学标准与教学计划直接联系起来的内容范例。

为了将虚拟设备沉浸式教学体验的长期影响最大化，应该开发全面的 VR/AR/

MR 内容体验，让学生们沉浸在丰富的知识中，同时感受到强烈的叙事、逼真的练习以及 VR/AR/MR 与真实世界的互动，这样才能真正转变沉浸式技术和游戏学习体验。

另外，VR/AR/MR 教育应该作为现场授课的一项辅助功能，因为在真实课堂上才能增进人与人之间的交流和交互，促进社会情感学习。而教师所提供的持续且内容丰富的教学依然是教育中的最佳工具，VR/AR/MR 等技术只是为传统教学带来更多可能性。

最后，学校在建立沉浸式教学环境时，同时也要进行相应的资源配备，比如专业的教师资源、可持续更新的 AR 课程资源、相关设备软件升级换代等，都是沉浸式学习环境是否能够发挥效能的关键。

二、虚拟教师

（一）智能问答

1. 定义及界定

智能问答是模拟人类对话的计算机程序，检索用户输入，基于关键技术进行内置算法计算，再匹配数据库并返回运算结果。

智能问答系统功能模块主要包括用户输入、识别技术、自然语言处理、算法数据库、自然语言处理、合成技术和响应输出模块。智能问答关键技术包括自然语言处理、解析技术、语音识别、语义识别、机器学习与深度学习等。智能问答系统涉及多门学科，包括计算机科学、语言学、统计学等。

智能问答在教学领域的应用主要包括语言学习、学科学习、学习效果、思维训练、学习环境、学生态度等方面，仍处于起步阶段。

2. 发展背景

教学问答是课程教学的重要组成部分。传统的教学问答环节包括课堂提问和课后提问两部分。其中，课堂问答环节主要是教师要求学生回答相关问题，或者根据学生的提问进行解答；而课下问答环节则是学生当面找教师解答问题，或通过教学软件、微信、QQ、课程网站等渠道向教师询问问题。整体来看，传统的教学问答主要存在以下问题：①所问知识点内容相同，但形式多变。部分学生提出的问题往往是大家都会感到疑惑的知识点，问题往往是同一个问题，只是表述的形式不同，教师可能需要对同一类问题作出多次解答。②教学问答没有分享与互动。学生课下寻求教师对知识解惑，只解决了个人的疑问，导致教师的教学指导效率低下。另外，有的学生比较积极主动，但也存在有的学生不愿与教师交流，自己在课堂上不懂的问题也不积极主动与同学交流，导致疑惑点积累过多，影响成绩。③多种信息工具造成的信息孤岛。一般教师会利用QQ群、微信群等信息工具为学生答疑解惑，但由于其非专业功能软件，教师的问题解答往往会被聊天信息淹没，对教学问答情况也缺乏整理和统计。同时，由于各种问答信息工具并不联通，对于学生信息查询和集成造成了较大的困难。④教学问答占用了较多的教学时间。教师的教学任务大都十分繁重，学生人数较多，教师不具备一对一答疑条件，导致答疑没有针对性。若对每个学生提出的问题进行详细解答，将占用大量的教学时间。这不仅增加了教师的教学负担，还会造成教学质量的下降。

在此背景下，将智能问答技术与教学相结合、设计新型的智能问答模式、高效率地处理学生疑问、反馈学生薄弱点以调整教学计划是一种解决问题的理想方式。通过教学智能问答系统，学生和教师的所有解答会保留到系统中，作为构建课程知识问答的基础[255]。

政策背景方面，英语口语机考从2014年国务院印发《国务院关于深化考试招生制度改革的实施意见》至今，英语听说考试的考查形式已经得到普遍认可。英语听说考试改革让口语教学受到重视，也高度契合以能力为先的人才培养理念。目前，英语听说考试正被越来越多的省份采纳，也将成为英语考试改革发展的必然趋势。

另外，新考试场景出现，人机交互考试应用增多，将成为未来考试的主要形式。随着信息化产品的普及以及国家考试改革的实施，人机交互考试代替传统纸笔考试运用到了更多考试类型中。

3. 优势与特点

智能问答教学系统主要分为教师端和学生端。教师端具备查看问题、回答问题和添加问题等功能。学生端具备根据科目求助教师、解答问题、查询常见问题、自动答疑、查看问题记录、积累积分等功能。

智能问答具备有效性、交互性、趣味性、智能性及社会性，智能问答的教学系统优势与特点主要包括可扩展性强、信息化程度高、教学互动性强、减轻教师工作负荷等。

1）可扩展性强。智能问答系统在问答服务基础上，可以构建教学智能问答机器人、手机 App、教学智能问答网站等作为问答系统的交互前台。灵活的构建方式将教学问答的信息化建设成本显著降低，可扩展的特性也使教学问答系统能够覆盖师生的日常生活。

2）信息化程度高。系统可以从网络中自动爬取与课程专业相关的专业性词条数据和问答知识。系统运行时，所有的问答环节全程通过互联网进行，用户只需进行自然语言提问即可得到答案，将传统的教学问答高度信息化。

3）教学互动性强。通过智能问答系统，学生能够通过一问一答的方式进行问答，也能够发布自己的问题，邀请教师或者同学作答。此外，学生可以反馈教师授课中的疑惑点，而教师可以通过系统看到并进行解答，然后通知学生，并可以解答开放给所有用户。

4）减轻教师工作负荷。学生提过的问题会自动放进问题库中，不断地更新扩大问题库。学生可通过查询问题库直接获得答案，也可以通过网络得到采纳率最高的答案，而教师只需回答其他无法解决的小部分问题，从而减轻工作负荷。

4. 应用情况

（1）应用领域

智能问答在教育领域的应用主要集中在语言学习、学科学习、学习效果、思维训练等方面（表 3-14）。①语言学习。语言学习涉及整合听说读写等技能。大部分学习者在口语交流过程中，由于不自信而感到害羞，缺乏练习导致口语能力难以提高。而整合智能问答，将其作为学习同伴，可以提供语言学习情境，促进学生交流参与。②学科学习。智能问答促进学习的应用趋于具体化和个性化。激励和促进学科有效学习的方法是聚焦学习者的兴趣、目标、志向及价值。充分了解学习者，才能够构建有效的学习环境，引导开展深度学习。对此，可以借助智能问答的特性，将其引入学科学习，成为学习流程的一个组成部分。③学习效果。智能问答机器人辅助教育可加深学生对知识技能的记忆效果；充分利用其媒体属性，以视频、图像、动画等多种方式呈现教学内容，可以提高专注度，帮助学生思考并促进知识内化。智能聊天机器人还可以充当教师助手，辅助教学过程。④思维训练。智能问答有助于学习者创造性思维的增强、批判性思维的增加以及反思性思维的形成。可根据学习者能力的不同，适应性地推送题目，同时要求学生进行提取问题关键信息、分析相似问题并回答更高阶的问题。通过提问促使学生反思，斟酌解题过程，以便理解问题本质，达到举一反三的教学效果[256]。

表 3-14　智能问答主要应用领域及分类

应用领域	分类	主要作用	关键技术
语言学习	英语语言、濒危语言	提升学生语言对话能力及语言学习技能	语音识别、语义识别、合成语音
学科学习	工程学科、英语学科、医学学科、心理学科	辅助课程教学或提供学科知识	自然语言处理、模式匹配
学习效果	学习动机、学习兴趣、记忆能力、理解能力	增强学习效果	自然语言处理、模式匹配
思维训练	批判思维、创造思维、反思思维	个性学习	本体库技术

　　智能问答扩展应用方面，其高扩展性、高可用性能够使其与现有教学相结合，提供更多教学改进方案。①与图书馆系统相结合。智能问答系统与图书管理系统相结合，学生在系统中提出关于图书或文献的问题，即可获得与问题相关的书籍和文献信息。学生可通过智能问答系统实时查询图书馆藏信息，调动学生借阅图书的积极性，提高图书馆便利性和利用率。②教学问答奖励机制。学生通过智能问答系统解答问题，系统能够综合学生的解答次数、解答满意度、教师对答案评价等指标，对参与问答环节的学生给予学业或荣誉上的奖励。在调动学生参与问答积极性的同时，又能使学生在问答中学到新知识，也有利于理解课程知识点。③与多媒体联动。教师可以将教学课件和视频等多媒体信息上传到问答系统中，系统的表现方式不仅有文字，还有图像、视频、语音等多媒体信息。通过多媒体的教学展示，能够生动地展示课程信息和知识点，解答学生疑问。

　　（2）供给竞争

　　智能问答领域主要企业包括科大讯飞、乂学教育、腾讯教育、佳发教育等，主要产品包括英语听说智能模拟测试系统、松鼠 Ai 智适应学习、腾讯 AI 考试解决方案、英语 AI 教辅解决方案、英语听说评测解决方案等，产品以英语学习、学科辅导领域为重点，具备自动化、智能化、人机交互、个性化、大数据等特点（表3-15）。智能问答产品只是企业产品之一，大多企业拥有多个教育产品，共同为企业教育战略布局服务。

表 3-15　智能问答领域主要企业布局情况

产品名称	所属企业	智能问答产品功能及特点
英语听说智能模拟测试系统	科大讯飞	英语听说智能模拟测试系统以正式考试为依托，集成科大讯飞持续突破的智能语音评测技术，能够实时组织英语听说区级联考、校级模考和班级测试。系统能够提供全真的英语听说模拟测试环境，还能在考试结束后对考生语音进行自动评测，生成区级、校级、班级和学生个人的英语听说水平诊断分析报告，帮助教师开展针对性教学，帮助学生实现个性化学习，提高学生英语听说水平
松鼠 Ai 智适应学习	乂学教育	松鼠 Ai 智适应学习通过创新的"真人教师＋人工智能"1+1 辅导模式以大班的价格提供比主流传统在线学习系统高多倍的提升效率。科学采集 Ai 系统教学数据，同步记录答题行为与结果，智能和动态评估学习能力，实时生成个性化学习方案
腾讯 AI 考试解决方案、英语 AI 教辅解决方案、腾讯英语君	腾讯教育	腾讯 AI 考试解决方案是针对中高考等考试提供的一套完整考试方案和服务。基于 AI 技术和大数据能力，助力英语听说、理化生实验、体育等学科考试信息化，围绕考前、考中、考后各环节，保证大规模考试的稳定、安全、高效、公平。聚焦基础教育领域推出的英语 AI 教辅解决方案，腾讯英语君在语音识别、口语评测等方面拥有雄厚的技术积累，能够提供"教、学、考、辅"等多场景支持。利用技术优势，腾讯英语君聚焦英语学习、课堂教学、校园考试等场景，研发出腾讯英语听说考试系统、腾讯英语君 App 等多种解决方案
英语听说评测解决方案	佳发教育[257]	英语听说综合智能解决方案中，智能训练系统使用与课标完全匹配的题库资源用以满足学生日常训练，智能评测系统满足日常考试需求，智能机考系统完全满足正考需求。解决方案已经在上海、浙江、江苏、北京、青海等地区使用。其中，英语听说智能正考系统是佳发教育根据国家新高考政策和标准化考试要求研发的英语听说正考全流程解决方案。通过信息化的手段和人工智能技术实现考试管理精细化，听说题库标准化，考试人机交互化，阅卷评分智能化的目标；实现从命题制卷到智能阅卷的全流程覆盖

5. 企业案例

案例：松鼠 Ai 智适应学习——乂学教育

松鼠 Ai 是中国较早将人工智能自适应学习技术应用在 K12 中小学教育领域的人工智能公司。松鼠 Ai 开发了拥有完整自主知识产权、以高级算法为核心的人工智能自适应学习引擎，拥有 L5 级全自动授课 AI 虚拟教师。

松鼠 Ai 智适应学习系统，能实现以学生为中心的智能化、个性化教育，还能在测试、学习、练习、测试、答疑等教学过程中应用人工智能技术，达到超越真人教学的目的，做到因材施教，有效提高学习效率。松鼠 Ai 的智适应学习产品，以人工智能＋真人教师的模式，做到因材施教，有效解决传统教育课时费用高、名师资源少、学习效率低等问题。科学采集 Ai 系统教学数据，同步记录答题行为与结果，智能和动态评估学习能力，实时生成个性化学习方案。

6. 问题与发展

教学智能问答面临的问题主要包括智能问答学习运算存在困难、智能问答学习周期和样本欠缺、难以服务整体学习、学生使用积极性不高等。①学习运算存在困难。教学智能问答仍处于起步阶段，技术发展相对滞后。由于缺乏机器学习与深度学习等技术应用，导致教学智能问答运算力不足，影响回答问题的准确率，甚至出现答非所问的现象。②学习周期和样本欠缺。教学智能问答存在渗透率较低、应用范围较小的问题。尽管有不少研究，但大多存在投入时间短且参与者较少等问题。教学智能问答的实现基于特定的内置算法，通过使用大量数据对算法模型进行训练，及时发现系统尚未解决的问题，系统才能够根据算法作出具有类人智能的判断、行为和决策。③难以服务整体学习。无论是语言学习还是学科学习甚至网络学习环境，教学智能问答的知识库构建应是面向任务、基于特定知识面，涵盖某一知识面的所有知识点，以达到促进学习的最终目的。教学智能问答的知识库不应局限于零碎的知识，应用范围也不应局限于碎片化的知识学习。④学生使用积极性不高。由于缺乏激励机制、学生问题意识不强等原因，目前教学智能问答存在使用频率不高、学生提问积极性低等问题，甚至出现系统"形同虚设"的现象[258]。

智能问答发展趋势主要包括协作学习、智能学习、深度学习、个性化学习等。协作学习主要通过智能问答系统，提高学生的学习经验和成果；智能学习通过情境感知语言学习智能问答，促进语言会话的练习；深度学习通过扩充智能问答机器人的知识库和改进算法提升系统能力；个性化学习通过评测和交互，针对学习者打造个性化方案，激发学习兴趣，提高学习效率。

（二）智慧排课

1. 定义及界定

排课是指学校为了正常进行教学工作，对班级、教师、课程及学校教学资源合理安排，制定各种各样课程表的行为。排课是教学管理中最重要的工作之一，是确保教学活动正常开展的关键环节。排课主要涉及课程、时间、地点、教师和班级五个关键要素，排课的过程也是要素进行协调和分配的过程。

智慧排课是指通过排课软件和系统完成排课过程，功能主要包括在线选课、分班分层、智能排课、优化调课、课表管理等。与人工排课相比，在排课时长、准确度、有效性、个性化等方面均具备优势。

排课软件主要包括手动型、自动型和混合型，智慧排课主要指自动型和混合型。

手动型排课软件。传统的排课软件一般侧重手动。然而由于课节数目较多，教师与教师之间、课节与课节之间的冲突与牵连，排课者在面对繁杂的、牵一发动全身的课程编排时，容易顾此失彼，导致排课失败。

自动型排课软件指软件随机或通过通用的排课算法，自动完成课程编排。自动型的优点是速度快、操作简单。但排出来的课程会出现资源利用率低和不容易被排课者接受等问题。

混合型排课软件即手动、自动结合的类型，对排课算法要求很高，是主要发展方向。混合型排课软件手动部分有排课指引，自动部分有精确的条件设置，使手动编排课程和自动编排的课程结合形成完善的课程表。

2. 发展背景

随着信息技术快速发展，学校的教育方式发生了巨大变化，课程安排也从传统的手工操作过渡到信息化智能编排。目前，随着教学手段的信息化以及校园网的普及，大部分学校已采用计算机软件排课系统替代人工排课。但传统排课软件仍有问题有待解决，主要表现在智能化水平低、算法不完善和操作不方便等方面。①智能化水平低。大多排课软件都是专门为某些学校而开发的，只能满足当时的需要，一旦学校的设施和资源出现改变，软件就可能难以满足学校要求。但是现实的学校状况是动态变化的，造成很多学校需要对排课软件进行间断性的修改，导致人力资源和物力资源出现浪费。②算法不完善。有很多从事教务管理的专家在实践过程中有着宝贵的经验，这些经验是值得吸收和借鉴的。但是软件的算法求解问题是根据其推理机制去决定的，导致不满足其结果，所以要管理人员大量的修改和完善该排课方法。③操作不方便。部分排课软件存在环节多、流程长、功能复杂、操作烦琐、操作逻辑难理解等问题，导致部分操作人员不认可[259]。

政策背景方面，2014年《国务院关于深化考试招生制度改革的意见》正式出台，启动了新一轮高考改革。新高考打破固定班次的教学模式，给学生带来了更大的走班选课自主权，但增加了学校排课及资源规划、教育管理的难度。

在新高考模式下，学生不分文理科，可以自由选择搭配考试科目，那么学校需要相应地解决排课、排教师、排教室的问题。学生需要适应分层走班教学管理模式，原有的行政班管理有所弱化。班级形式将从行政班逐步走向教学班模式，在加入人数、场地、科目、成绩等变量后，如何制定合理的排课表格将更多依赖于排课系统，促使学校对智慧排课的需求快速增加。

3. 优势与特点

智慧排课突破传统排课算法瓶颈，根据不同层次学校定位，为各种分班分层分类提出有效创新的解决方案，高效合理配置有限的资源，重塑教学管理模式。综合来看，智慧排课优势与特点主要体现在优化资源配置、个性化排课和智能化程度高等方面。

1）优化资源配置。智慧排课引入人工智能技术，优化算法，实现教师、学生、教室、教学设备等资源的优化配置。在提高排课效率的同时，还能节省人力，解决教学资源短缺的问题。

2）个性化排课。智慧排课可以实现个性化教学，满足教育机构个性化排课需求。通过教师限制、课程限制、教室限制等多种预设规则，满足各学校特色化分层、分班、走班的不同需求，实现一人一课表，尊重每位学生自主选课的意愿。

3）智能化程度高。智能排课系统智能化程度高，具备在线选课、智能分班、多样化课表、选课数据分析、个性化设置等功能，支持分层走班、选修课走班、跨科目合班等复杂需求，自动提示教室占用、教研时间、教师进修等排课矛盾，灵活实现教师、班级、教室间的临时调课安排，满足各种智能化排课场景[260]。

4. 应用情况

（1）应用领域

智慧排课应用领域包括学校课表、教育培训机构课表和教育类企业员工值班表等。学校课表包括幼儿园、小学、中学、大学等各学段课表的编排；教育培训机构课表包括 K12、职业技能、考试培训等机构课表的编排；教育类企业员工值班表包括学校用户和培训机构员工值班表的编排[259]。

（2）主要企业及产品

智慧排课领域主要企业包括科大讯飞、佳发教育、晓羊教育、志诚教育和希悦等，智慧排课产品包括走班排课解决方案、走班排课系统、智能排课服务开放平台等，产品以新高考走班排课领域为重点，具备功能丰富、智能化程度高、资源配置合理等特点（表 3-16）。智慧排课产品只是企业产品之一，大多企业以智慧排课产品为切入口或综合解决方案组成部分，为企业教育战略布局服务。

智慧排课企业核心竞争力主要体现在算法、数据积累、渠道等方面。智慧排课软件底层算法复杂，技术研发能力要求高；软件优化需要大量的数据和项目经验积累，对软件用户规模和渠道要求高。

表 3-16　智慧排课领域主要企业布局情况

产品名称	所属企业	智慧排课产品功能及特点
走班排课解决方案	科大讯飞	新高考解决方案，提供学生生涯规划、高考选课、走班排课一揽子解决方案，核心正是基于人工智能的超脑排课引擎。基于人工智能技术可实现 3 分钟智能排课；依托学科潜能测评帮助学生，发现优势学科潜力，实现科学选科
走班排课系统	佳发教育	提供符合新高考选课需求的走班排课系统，包括走班制排课、定制化设置、手动调课、多样化课表、人性化排课算法等功能
智能排课服务开放平台	晓羊教育[261]	将排课能力转换成一个基础服务对外开放，开放平台主要提供两种类型服务，第一种是提供开源排课工具，用户下载使用；第二种是提供调用排课服务的开发文档，用户可以通过接口直接调用企业的排课服务
走班排课系统	志诚教育[262]	在尊重学校发展特色教学和学生选课意愿的前提下，突破传统排课算法瓶颈，研发出最新一代智能走班排课系统，根据不同层次学校定位，为各种分班分层分类提出有效创新的解决方案，高效合理配置有限的资源，重塑教学管理模式
智能排课	希悦[263]	希悦排课模块全面支持选修课走班、分层走班、跨科目合班等复杂需求，自动提示教师进修、教室占用、教研时间等排课矛盾，灵活进行班级、教师、教室间的临时调课，用最优质的课表为每个学期奠定基础

5. 企业案例

案例：简阳市教育局新高考平台——佳发教育

简阳市教育局新高考平台建设生涯规划评测系统、学生选课（科）系统、走班教学资源评估系统、双向择师系统、分班排课系统、综合素质评价系统等，为学校建立适应新高考改革的"一体化生涯规划，一体化教学管理，一体化综合评价，一体化家校互动"体系，提升新高考下教学与管理效率，降低管理成本。解决新高考带来的选、走、排、管、教、评等一系列难题。覆盖 7 所高中学校，实现"区管校用"，促进区域资源统筹，实现优质教育资源的均衡发展，有序推进简阳市招生考试制度改革的顺利实施。

包括学生选课（科）系统的一体化方案优势主要包括注重顶层设计、强化实际应用、定制个性方案、兼顾整合拓展、智能高效便捷、保障品质服务等，具备 30 秒极速排课，全方位资源评估，电脑、手机、平板等多端使用，业务数据精准分析等功能。

6. 问题与发展

智慧排课产品数量众多，性能差距较大，在使用过程中仍有问题有待解决，主要体现在信息录入、约束条件、排课系统等方面。①基础信息录入不方便。智慧校园目前还处于建设阶段，其教务排课系统相对独立，师生和教学场所等信息需要教学管理人员不断地更新，对教务排课系统基础信息录入的准确性和实时性无法保障。②约束条件定义不完整。学校采购的智能排课系统，大多为标准化的配置。实际应用时，学校排课中除了需要考虑基本的约束条件，学校还存在个性化需求，标准化的排课系统难以适应学校个性化的约束功能和条件。这些约束条件的缺失，对排课计划和方案实施都会产生不利影响。③排课系统难以实现最优化。排课系统如何根据每所学校的不同情况，满足个性化教学需求，找到最优化的智能处理算法，制定更加适合师生教学的排课方案，是每所学校教学管理部门需要面对的问题[264]。

智慧排课发展趋势方面，主要包括算法优化、资源配置利用、个性化定制、操作简便化、人工智能技术运用等方面[265]。

（三）教育App

1. 定义及界定

教育 App 是指以教职工、学生、家长为主要用户，以教育、学习为主要应用场景，服务于学校教学与管理、学生学习与生活以及家校互动等方面的互联网移动应用。教育 App 一般指手机或智能移动终端上的教育类应用软件。

教育 App 数量庞大，类型众多，涵盖了幼儿教育、中小学教育、大学教育、成人教育、职业教育等多个领域，涉及多个学科，有着不同的教育目标。

2. 发展背景

近年教育 App 快速发展，在提高教学效率和管理水平、满足学生个性化学习需求和兴趣发展、优化师生体验等方面发挥了积极作用。

教育 App 伴随着中国移动教育的发展而兴起。2002—2010 年是中国移动教育的萌芽期，开始尝试使用各种移动网络技术来推动教育教学活动的开展，此阶段的教育资源形式基本上是以短信或彩信，即文字或图片简短信息为主。从 2010 年开始，随着智能手机使用的普及和网络传输速度的提升，以移动客户端 App 存在的教育形式开始出现，充分实现和发挥出其空间移动性、主体协作性的功能价值，加强了学校、教师、学生、家长等不同行为主体之间的有效沟通和联系，进一步推动了教育及教学网络化、信息化、移动化的改革与发展。各种教学 App 的开发和使用，也为学生创设出更加创新化、灵活化的学习环境，实现了随时随地的移动式学习[266]。

教育 App 发展更加规范。2018 年教育部发布《关于严禁有害 App 进入中小学校园的通知》，明确教育类移动应用的禁入条件，按照"凡进必审""谁选用谁负责""谁主管谁负责"的原则建立"双审查"责任制，对遏制有害教育移动应用起到了积极作用。2019 年教育部发布《关于引导规范教育移动互联网应用有序健康发展的意见》，提出探索"政府统筹引导、企业参与建设、学校购买服务"的教育移动应用供给机制，提供优质的教育资源和应用服务。发布《教育移动互联网应用程序备案管理办法》，明确了备案对象、流程、时限、内容等要求。依托国家数字资源公共服务体系开发教育 App 备案管理平台，实现教育 App"一地备案、全国通用"和备案全程网上办理。截至 2020 年 8 月底，共有 1768 家教育 App 企业备案了 3845 个教育 App，为学校放心选用教育 App 营造了良好的环境。2021 年国务院发布《关于进一步减轻义务教育阶段学生作业负担和校外培训负担的意见》，提出校外培训机构培训行为全面规范。政策对义务教育阶段学科类校外 App 教学影响很大。

传统教学模式的不足主要体现在课堂效果较差、教学模式单一、教育资源分配不均、现场上课困难、缺乏个性化等方面。①课堂效果较差。传统教学模式存在课堂氛围凝重、学习氛围低迷、作业量大等缺点。在教学过程中无法提起学生的学习兴趣，使学生丧失自主性。而且繁重的作业导致学生可以进行自由支配的时间太少，没有办法根据自身学习情况作出学习计划的调整，课堂效果较差。②教学模式单一。传统教学模式主要是课上教学，学生在课后进行自主训练时，没有办法将所遇到的问题及时解决，存在填鸭式教学问题，影响学生的学习兴趣。③教育资源分配不均。优质教学资源集中在少数大城市，小城市的学生难以轻易接触。尽管在小城市已建立教育基础设施，但优秀教师数量较少，导致该地区的学生缺乏优质教育资源。④现场上课困难。现场上课要求学生到达教室及在路上花费时间，不仅耗时且会引发安全问题，尤其是校外辅导及备考市场的学生中不少为少年儿童。⑤缺乏个性化。传统课堂教师面向所有学生授课，通常不会特别重视个性化因素。尽管一对一辅导可为特定学生提供针对进度的课程，但大多数家庭无法负担。

3. 优势与特点

教育 App 的优势与特点，主要体现在激发学习兴趣、优化教学质量、提升教学效率、教学工作更加灵活、教育公平化等方面。

1）激发学习兴趣。教育 App 教学题材丰富、自由度高，有效激发学生学习兴趣和积极性，活跃课堂气氛，使学生更加主动地参与课堂教学活动。学生还可以根据自己的兴趣爱好自主选择学习内容，让学生在教学工作中占据了主导地位，进一步激发学习兴趣。

2）优化教学质量。教育 App 帮助学生进行课前预习及课后复习，实现课堂外的自主学习和知识拓展，有利于优化教学质量。学生通过课前观看教育 App 中的视频内容，可以更加准确地认识到课堂知识的重点和难点。课后复习时，学生也可以重复性地查阅和观看课件，实现对知识的巩固。另外，学生还可以通过教育 App 对教学进行反馈和评价，有利于教师优化提高教学质量。

3）提升教学效率。教育 App 产品能够避免课堂教学中重复性的知识讲解，使教师拥有充足的时间和精力去解答疑难问题，及时总结和评价学生的学习情况，提升学习针对性和教学效率。另外，教师通过教育 App 批改作业，可以对学生一对一地反馈和辅导，有效解决辅导时间不足的问题，作业批改效率显著提高。

4）教学工作更加灵活。教育 App 不受时间和空间的局限，可以通过文本、图像、视频、动画等多媒体形式进行呈现，学生在家中也能完成学习工作，教学工作变得更加灵活，也使教师、学生、父母三者的联系更加紧密。此外，学生中存在不少性格内敛、不敢勇于表现自己的学生，教育 App 有利于消除学习恐惧性，帮助学生克服害羞胆怯的心理，线上勇于交流，有利于教学工作顺利开展[267]。

5）有利于教育公平化。教育 App 打破了地理空间对于师资供给的约束，使优质教育资源得以下沉，有利于提高教育资源利用率和实现教育公平化[268]。

4. 应用情况

（1）主要应用

教育 App 应用主要包括课前自主学习、课堂互动学习、课后辅助学习三个部分。

1）课前自主学习。课前教师可以利用教育 App 的资源优势，引导学生进行知识预习，推动课堂教学质量和效率的提升。教师也可以发布学习资源，布置课前自主学习任务。学生按照学习任务完成学习要求，过程中遇到问题，学生可以通过教育 App 相互讨论交流，教师也可以进行回复。教师还可以通过教育 App 查看学生自主学习情况，以便教学更具有针对性，也起到督学作用。

2）课堂互动学习。在课堂教学中，教师可通过教育 App 进行点名、签到、投票、随堂测试、问卷、小组讨论、分发资料、抢答等互动教学。也可以通过教育 App，引导学生进行课堂交流讨论，分享课程相关的图文资料、音视频课件等，有效地加深学生对知识点的记忆和理解，促进学生自主思考，帮助学生建立学习兴趣和自信，提升课堂教学效果。

3）课后辅助学习。教师通过教育 App 可以课后测试、批改作业、互动交流、在线答疑、统计分析等，帮助教师及时了解学生学习动态并有效干预。学生通过教育 App 学习总结和复习巩固，可以强化对知识点的理解与记忆，加强自主学习意识，提高教学效率和质量。另外，学生还可以合理利用零碎课外时间，通过教育 App 查阅书籍、文献等与课程相关的学习资料，让学习实现泛在化[269]。

（2）供给竞争

教育 App 领域主要企业包括腾讯、作业帮、猿辅导、世纪超星和猿力教育等，主要产品包括腾讯课堂 App、作业帮直播课 App、猿辅导 App、学习通 App、粉笔 App 等，产品以学科辅导、职业教育领域为重点，具备优秀教师资源、线上线下融合、智能化、互动性、个性化等特点（表 3–17）。为了满足用户不同需求，企业往往发布多个教育 App，布局不同教育方向和功能。（注："双减"政策对义务教育阶段学科类校外教育 App 影响很大，相关教育机构面临转型或业务调整）

5. 企业案例

案例：作业帮直播课 App——作业帮

作业帮直播课 App 包括双师直播课、主讲教师在线教学及互动和课下辅导教师 1 对 1 答疑。同步校内课，全学科课程任用户选。三年不限次回放，随时复习记忆牢。

作业帮直播课 App 产品功能及特点包括：①个性化辅导。根据不同学生学习情况，智能匹配辅导班型，让孩子跟得上，学得快。②双师教学模式。主讲教师直播授课，辅导教师总结答疑，反馈孩子学习情况。③沉浸式体验。互动课堂和趣味性教学，给孩子沉浸式体验，学习效率更高。④大数据教辅。研发大数据教辅，每 90 天迭代一次，同步最新教研成果，覆盖中小学各年级学科。⑤课程重复观看。购课三年内可随时观看回放，课程重点不遗漏。

表 3-17 教育 App 领域主要企业布局情况

产品名称	所属企业	产品功能及特点
腾讯课堂 App	腾讯	腾讯课堂 App 是腾讯推出的专业在线教育平台，聚合大量优质教育机构和名师，下设职业培训、公务员考试、托福雅思、考证考级、英语口语、中小学教育等众多在线学习精品课程，打造教师在线上课教学、学生及时互动学习的课堂
作业帮直播课 App	作业帮	作业帮直播课 App 包括双师直播课、主讲教师在线教学及互动和课下辅导教师 1 对 1 答疑。同步校内课，全学科课程任用户选。三年不限次回放，随时复习记忆牢
猿辅导 App、斑马 AI 课 App	猿辅导在线教育	猿辅导 App，提供小学、初中、高中全学科在线辅导，直播互动随选随学；斑马 AI 课 App，专为 2~8 岁孩子提供多学科在线学习的智能教育平台
学习通 App	世纪超星[270]	学习通 App 是基于微服务架构打造的课程学习、知识传播与管理分享平台。利用超星 20 余年来积累的海量的图书、期刊、报纸、视频、原创等资源，集知识管理、课程学习、专题创作，办公应用为一体，为读者提供一站式学习与工作环境
粉笔 App	猿力教育	粉笔 App 覆盖公务员、事业单位、教师及其他职业教育类考试培训；提供十余年考试题目及解析，全面指导学习方法；名师课程在线直播，体验真实上课场景；直播课程离线下载，随时随地想看就看

6. 问题与发展

（1）存在问题

教育 App 快速发展的同时，也存在一些问题，除缺乏对教育 App 资源建设和评价标准外，主要体现在功能同质化、轻内容、质量差距大、针对性弱等方面。此外，"双减"政策背景下，义务教育阶段学科教育 App 增速放缓，相关教育机构面临转型或业务调整。

1）功能同质化。教育 App 数量众多，但优质的却较少，同质化问题突出。大部分教育 App 在功能上高度重复，缺乏创新。

2）重功能而轻内容。教育 App 功能强大而内容不足的问题也较为普遍。学习资源是教育 App 是否优质的关键，优质内容的开发，需要吸引一线优秀教师和教学设计者的参与，这方面工作仍有待提高。

3）质量差距大。存在较多低质量产品，部分教育 App 没有对学习课程进行深入分析，课程资源设计没有按照教学设计要求进行，缺乏必要环节，导致用户反映 App 使用效率低下，难以达到预期目标。

4）针对性弱。大部分教育 App 智能化水平较低，选择模式较少，缺乏根据学习者个性特征、学习目标和内容进行教学设计的教育 App 资源，难以满足不同学习者的学习需求。

（2）发展趋势

教育 App 发展趋势方面，随着人脸识别、语音识别等人工智能技术的不断更新和应用研究的不断深入，教育 App 将更加符合学习者个性化学习的需求，不断向智慧学习的方向发展，双师和智适应线上线下融合模式是主要发展方向。

1）双师线上线下融合模式（双师 OMO）。双师 OMO 是一个课堂、两个教师的教育形式，具体实现方式是主讲教师通过直播或录播的方式在线进行授课，助教则在教室内负责维持秩序、学生互动、课后复习、线下练习、问题解答等。双师 OMO 模式将"学"与"习"二者拆分开，让线上优质师资负责"学"，线下助教负责"习"。这种方式有效解决了低线城市教育资源和小机构教研体系缺乏的问题，并借助线下教学环境，保证了学习体验。但双师模式同样存在一定的局限性，比如主讲教师通常面对多个班级同时直播，互动性和个性化难以保证等。

2）智适应线上线下融合模式（智适应 OMO）。智适应 OMO 运用智能技术，让人工智能完全取代教师的职责，负责教育全环节，而助教只需维护课堂秩序以及情感沟通。在教学效果上，智适应 OMO 致力于用技术模拟甚至超越真人 1 对 1 个性化教学，通过引入虚拟现实等技术设备，以实现线上全仿真线下学习体验的效果，打破"成本—个性化"在教育方面的取舍关系。相较于双师课堂，智适应 OMO 对师资的要求更低，从根本上摆脱了教育资源匮乏以及教师成本高昂的困扰，并通过混班混科制，解决规模不足排班困难的问题，实现运营成本进一步压缩。随着智能技术的发展，智适应 OMO 将在教育领域体现更高的价值[271]。

（四）MOOC、微课和翻转课堂

1. 定义及界定

慕课（MOOC），即大规模开放在线课程，是"互联网 + 教育"的产物。"M"代表 Massive（大规模），与传统课程只有几十个或几百个学生不同，一门课程可超过万人；第二个字母"O"代表 Open（开放），以兴趣导向，凡是想学习的，都可以进来学，不分国籍，都可以参与；第三个字母"O"代表 Online（在线），学习在网上完成，不受时空限制；第四个字母"C"代表 Course，就是课程的意思。

微课是指运用信息技术按照认知规律，呈现碎片化学习内容、过程及扩展素材的结构化数字资源，时长大多为 5～20 分钟。微课类型可分为讲授型微课、解题型微课、实验型微课、答疑型微课、活动型微课等。微课的三大核心环节包括教学设计、教学过程和包装展现。其中，教学设计是核心，教学过程是基础，包装展现是保障。

翻转课堂是把传统课堂的"课堂学习＋课后练习""翻转"成为"课余学习＋课堂练习"。翻转课堂的核心是调换教学方式和学习方式，突出学生的主体地位，以培养学生的创新和独立，促进教师的专业成长，从而提升教学的整体品质。在学习流程安排上由传统"教—学"模式翻转成"学—教"模式，翻转课堂教学模式进一步强化了以学生为中心的教学理念，提升了学生的学习动机和成就感。

2. 优势与特点

慕课与传统课堂教学相比，具备规模大、开放性高、方便灵活、自主学习等特点。①规模大。慕课突破传统课程人数限制，规模可超过万人，能够满足大规模课程学习者学习。②开放性高。慕课课程整合多种社交网络工具和多种形式的数字化资源，形成多元化的学习工具和丰富的课程资源。③方便灵活。慕课突破传统课程时间、空间的限制，依托互联网，世界各地的学习者在家即可学到国内外著名高校课程。学习过程中，可对不懂的地方多听几遍或者放慢，也可跳过比较容易的部分。④自主学习。慕课课程具有较高的入学率，同时也具有较高的辍学率，这就需要学习者具有较强的自主学习能力才能按时完成课程学习内容。

微课与传统课堂教学相比，具备教学时间短、学习重点突出、资源容量小、使用方便等特点。①教学时间短。在课程教学中根据学生注意力集中的情况，微课教学时长一般为 5～20 分钟。②学习重点突出。教学内容和教学的重点条理清晰，一堂微课教师只讲解一个知识点，让学生在短时间内集中注意力，有利于帮助学生抓住学习重点，提高学习效率。③资源容量小。微课视频支持各种格式，资源占用空间较小，能够实现在互联网上的快速传播，有利于学生及时获取资源进行学习。④使用方便。微课资源使用频率和使用效率较高。通过微课，学生可以利用碎片化的时间进行学习，也可以将微课保存到终端，通过反复观看进行巩固，加强学生对知识点的理解和掌握[272]。

翻转课堂与传统课堂教学相比，具备教学视频短小精悍、重构学习流程、学生自主掌控学习、精讲多学、复习检测便捷等特点。①教学视频短小精悍。大多数的视频从几分钟到十几分钟不等，视频长度控制在学生注意力集中的合理范围内，符合学生身心发展特征；每个视频针对一个特定的问题，有较强的针对性，方便查找；视频具备暂停、回放等功能，有利于学生的自主学习。②重构学习流程。学生的学习过程一般包括课上信息传递和课后吸收内化两个阶段。翻转课堂对学习过程进行了重构，信息传递由学生在课前进行，教师可以提供视频和在线辅导；吸收内化是在课堂上通过互动来完成，教师能够提前了解学生的学习困难，在课堂上给予有效的辅导。另外，同学之间的讨论交流也有助于促进吸收内化的效果。③学生自主掌控学习。利用教学视频，学生可以自主安排控制学习。学生可以掌握观看视频的节奏，掌握的部分快进跳过，未掌握部分可以倒退并反复观看，也可以暂停下来仔细思考或笔记，甚至还可以向教师和同学寻求帮助。而不必像在课堂上，出现紧绷神经，担心遗漏什么，或因为分心而跟不上教学节奏等情况。④精讲多学。传统课堂40分钟的讲解浓缩为10分钟左右，教师精讲，节约群体授课时间，学生就有了大量的自主学习时间。学生课前已经完成了知识的学习，在课堂上先独立做作业，对于难题则通过小组合作、全班讨论、教师指导等方式来解决。⑤复习检测便捷。通过翻转课堂系统可以提高学习、测试、练习、答疑等方面的教学工作效率。学生在课前完成练习或课后完成作业，系统会立即反馈正误，学生根据反馈决定是否再次进行学习。教师通过系统快速了解学生对本课知识的学习和掌握情况，从而帮助教师制定、调整、优化教学方案，提升教学质量。

3. 应用情况

（1）主要应用

慕课应用主要分成三种形式，分别是以内容为重点的慕课、以教学任务为中心的慕课、以网络为中心的慕课。①以内容为重点的慕课，学生需要具备一定的理论基础，再引入高级教师开展的课程讲解，最后进行相关知识的检测。其在三种形式中占据主流位置。这种慕课不足表现在，学生无法和教师进行有效互动，不能很好地参与课堂讲解等。②以教学任务为中心的慕课，重点是让学生掌握相关技能。以教学任务为中心的慕课会设定主题，教师以主题为中心，指导学生执行课堂任务。课程中，学生和教师可以沟通交流，也可以展示成果。③以网络为中心的慕课，要求学生具备良好的知识基础，有较好的自我约束能力。学生可以开展针对先进理论的交流，探讨更加深奥的知识，课堂重点包括学生之间的沟通和对课程的改进等。

微课主要应用主要分为讲授型微课、解题型微课、答疑型微课、实验型微课、活动型微课等。①讲授型微课。以学科知识点及重点、难点、考点、疑点的讲授为主，授课形式多样[273]。②解题型微课。针对某个典型习题、例题、试题的讲解分析与推理演算，重在解题思路的分析与演算过程，适合于理科类的学科知识传递。③答疑型微课。针对学科教学中代表性的、疑难性的、普遍性的问题进行分析、归纳、总结或解答。④实验型微课。针对理化生等学科的典型实验进行设计、演示和操作的视频，具有较强交互性。⑤活动型微课。反映学生针对某个具体的学习活动、任务等，所进行的思考、探究、讨论、辩论的过程或学习场景。

翻转课堂主要应用包括课前自主学习、学生交流汇报、学习问题呈现与探究、课堂检测与提升、课后复习与拓展、评价体系等。①课前自主学习，完成作业。教师通过系统向学生推送视频、PPT等资料，配有相应的习题，学生自主学习。不懂的内容可以标记反馈，系统将学生预习进度、习题解答和不懂内容等情况自动采集汇总。教师根据学生预习数据反馈，制定教学计划[273]。②学生交流汇报，导入课堂。教师一般会组织学生谈学习体会和收获，进行课堂导入。学生先以组内交流的形式，谈学习的感受、心得、收获或遇到的问题等，然后有学生代表在班内交流主要的学习内容与体会，最后教师再进行针对性指导。③学习问题呈现与探究。呈现学习问题并当堂解决，是翻转课堂的主要特点。问题的呈现与探究有两个环节。一是呈现作业完成过程的共性问题。由教师或者学生解决问题，并做讲解。也可以通过组内讨论或者教师指导来完成。二是通过拓展深化或知识应用等环节，进一步呈现作业问题，共同探讨解决，提升对该专题的掌握度。④课堂检测与提升。当堂检测课程主要内容，并给以反馈和矫正，该环节对学习程度较弱的学生尤为重要。对于学习程度较好的学生，则可以进行提高性的教学或探究，满足学生高层次的学习需求。⑤课后复习与拓展。课后学生复习课程内容、上传作业、与教师讨论问题等。教师会布置拓展性学习任务，学生可以通过独立思考或小组合作，利用借阅书籍、网络等多种途径和方式来完成任务。⑥评价体系。评价体系的作用是促进学生学习方式改变，约束学生学习行为，促进自主学习能力。评价体系包括考勤、互动、讨论、作业、成绩等情况，在终结性评价的基础上，侧重评价学生的学习动机、学习行为、学习成效和素质发展。

（2）供给竞争

慕课、微课和翻转课堂领域主要企业包括高教社、上海交通大学、微课创景、闻道科技、盒子鱼教育等，产品包括中国大学MOOC、好大学在线、微课网、闻道微课、盒子鱼英语等，产品以职业教育和课程辅导为重点，具备功能丰富、智能化程度高、线上和线下相结合等特点（表 3-18）。大多企业专注其中一种教育产品，少数企业采用组合产品经营模式。

慕课、微课和翻转课堂领域主要企业核心竞争力主要体现在课程质量、产品功能、数据处理、智能化、线上线下相结合等方面。

表 3-18 MOOC、微课、翻转课堂领域主要企业布局情况

产品名称	产品类型	所属企业	产品功能及特点
中国大学MOOC	慕课	高教社[274]	中国大学 MOOC 是由网易与高教社携手推出的在线教育平台，承接教育部国家精品开放课程任务，向大众提供中国知名高校的 MOOC 课程。教师可以开展签到、点名、练习、讨论等课堂教学活动，可以快速汇总和分析学生线下课堂与线上课程的详细学习数据。课程包括大学、职业教育和终身学习等
好大学在线	慕课	上海交通大学	好大学在线是中国高水平大学慕课联盟的官方网站，联盟是部分中国高水平大学间自愿组建的开放式合作教育平台，为公益性、开放式、非官方、非法人的合作组织。旨在通过交流、研讨、协商与协作等活动，建设具有中国特色的、高水平的大规模在线开放课程平台，向成员单位内部和社会提供高质量的慕课课程。提供优质课程教学、第二专业系列课程教学、高端培训系列课程以及相关在线教育产品
微课网	微课	微课创景[275]	微课网专注小初高名师在线辅导，以升学考试为目标，提供各年级各学科在线教育微课程视频。以全新的学习理念为引导，由名校名师倾力奉献丰富的微课程，以全新视角解读新高考、新中考，20 分钟轻松打通一个盲点，全面构建多层次初、高中学科知识体系，真正实现了名师的个性化高效指导
闻道微课	微课、翻转课堂	闻道科技[276]	闻道微课是以原笔迹书写和声音同步录制为特色，针对泛在学习理念开发的移动教学系统。该系统集微课制作、出题、发布、微课学习、答题、学情反馈、批阅、实时交互等功能为一体，适用于学校、教育局构建个性化微课平台开展微课教学、微课大赛，同时也适用于行政机关、企事业单位开展移动培训
盒子鱼英语	翻转课堂	盒子鱼教育	盒子鱼英语，包含一套自主研发的基于移动设备的英语教学体系，并且免费提供给公立学校。目前已大规模进入中国多省市公立学校的常规课堂，北京城区 70% 的学校都已常规使用盒子鱼进行教学。盒子鱼英语以学生为中心，分为学习用课程和上课用课程，通过智能的人机学习和中外教师实时互动教学让学生在不断完成任务、不断主动探索中来掌握语言和知识，而不是被动听讲、被动作业

4. 企业案例

案例1：中国大学 MOOC——高教社

中国大学 MOOC 承接教育部国家精品开放课程任务，向大众提供中国知名高校的 MOOC 课程。教师可以开展签到、点名、练习、讨论等课堂教学活动，可以快速汇总和分析学生线下课堂与线上课程的详细学习数据。课程包括大学、职业教育和终身学习等。

（1）中国大学 MOOC 产品功能及特点

1）丰富的名师名校课程。产品汇集来自众多"双一流"高校的优质课程，更好更全的大学课程。课程由各校教务处统一管理运作，教师新制作一门 MOOC 课程需要涉及课程选题、知识点设计、课程拍摄、录制剪辑等9个环节，课程发布后教师会参与论坛答疑解惑、批改作业等在线辅导，直到课程结束颁发证书。

2）广泛认可的证书支持。每门课程有教师设置的考核标准，当学生的最终成绩达到教师的考核分数标准，即可免费获取由学校发出主讲教师签署的合格或优秀证书电子版，也可申请纸质版认证证书。每一张证书皆证明学习者的能力与水平，这对学习者升学、求职、职业提升等多方面都有帮助。证书现已获得猎聘网、领英等求职招聘渠道的认可，获得证书后可一键添加简历至这些网站。

3）全新教学体验。全新完整的在线教学模式，每门课程定期开课，整个学习过程包括观看视频、参与讨论、提交作业等多个环节，穿插课程的提问和终极考试。无论是在家里，还是在室外，进度自主掌握。

（2）中国大学 MOOC 产品应用

"模拟电子技术基础"是武汉理工大学电气与电子信息相关专业的平台课，也是被广大师生所公认的大课和难课。为了帮助学生形成高效的学习方法、锻炼学生独立思考和培养学生批判性思维的能力，武汉理工大学引入中国大学"慕课堂"，基于学校慕课进行了混合式教学设计。线上依托慕课完成知识点的讲授，线下课堂借助"慕课堂"开展启发式教学，构建了线上线下融合一体的混合式教学环境。

每次授课，利用"慕课堂"的随堂测验进行前测，在课堂教授过程中，利用"慕课堂"的点名、讨论等功能加强学生的课堂参与度，利用问卷有效激发学生的好奇心和批判性思维，并在课末进行后测和小结，同时运用公告功能实现承前启后，此外，还组织课后讨论，引导学生养成整理定期整理笔记的学习习惯。通过精心设计环环相扣的教学环节，线上课程的优势得以充分发挥，线下课堂也被充分激活。无论是教师还是学生，每次课都"有备而来"，不仅高效完成了教学任务，而且学生的学习热情、学习习惯都有了显著提升。期末问卷调查显示，超过 97% 的学生对课程的教学组织形式达到满意和非常满意。

案例 2：闻道微课——闻道科技

闻道微课是以原笔迹书写和声音同步录制为特色，针对泛在学习理念开发的移动教学系统。该系统集微课制作、出题、发布、微课学习、答题、学情反馈、批阅、实时交互等功能为一体，适用于学校、教育局构建个性化微课平台开展微课教学、微课大赛，同时也适用于行政机关、企事业单位开展移动培训。

（1）闻道微课产品功能及特点

1）微课文件小、收看方便。闻道微课每 10 分钟的课程在 2~4M，在 3G、4G 和 Wi-Fi 状态下均可查看，轻松实现全域覆盖、随时随地学习。

2）教学培训功能。教学者可通过电脑、平板电脑端录制课件、出题后将录制好的课件和习题发布给学习者，系统自动对学习者的收看情况和答题情况做精准统计，教学者根据反馈情况开展针对性讲解。

3）移动学习功能。学习者利用已有的平板电脑、电脑、笔记本电脑、手机均可安装微课，利用碎片时间下载、收看微课和答题、参与交流，系统自带的错题集自动收集错题供学习者查看回顾。

4）数据查询功能。闻道微课数据查询系统，可实时监控教学、培训过程中产生的各项数据，对不同学习对象进行分类统计分析和管理。

（2）闻道微课产品应用

借助闻道微课平台，可构建纯互联网的微课大赛模式，从参赛教师作品的制作和参赛、微课作品评选到获选微课作品的公布、展示等活动均在线上完成。参赛教师根据大赛的要求，使用自己的电脑或平板电脑通过手写和点选方式便可随时随地制作参赛微课。参赛教师对自己微课作品满意后，可直接将微课上传到微课大赛平台上。

案例 3：盒子鱼英语翻转课堂——盒子鱼教育

盒子鱼英语以学生为中心，分为学习用课程和上课用课程，通过智能的人机学习和中外教教师实时互动教学让学生在不断完成任务、不断主动探索中来掌握语言和知识，而不是被动听讲、被动作业。

（1）盒子鱼英语翻转课堂产品功能及特点

1）以学生为中心。根据学生个性化需求智能规划学习和上课。让孩子在人工智能和全球非常优秀的中教、外教教师的指导下，不仅能实现学习效率的显著提升，更能完成从被动上课和做作业到主动爱学习的转变。

2）翻转课堂教学模式。系统通过智能的人机学习和中外教教师实时互动教学让学生在不断完成任务、不断主动探索中来掌握语言和知识，而不是被动听讲、被动作业。分为学习用课程和上课用课程，学习版侧重于养成语感，每一课至少有 5 种基础练习和 2 种高难度练习，一共 41 次以上的互动练习；课堂版则是基于问题探究式教学，教师会通过不断提问来启发学生表达。教师的问题分为 3 大类：有引导式问题、知识性问题和启发式问题，每堂课至少 12 次的问题。

3）营造语言环境。系统通过漂亮的图片、原汁原味的声音、有趣且有很强知识性的视频，三方面来营造一个语言环境，通过影像化的方式来解读各个知识点的内涵。

4）人工智能技术应用。包括智能知识图谱、智能语音互动、智能纸质作业、智能学习规划、智能能力评估等。

（2）盒子鱼英语翻转课堂产品应用

盒子鱼英语包含一套自主研发的基于移动设备的英语教学体系，并且免费提供给公立学校。目前已进入中国多省市公立学校的常规课堂，北京城区大部分学校都已使用盒子鱼进行教学。

5. 问题与发展

慕课的不足，主要包括针对性差、互动性不足、课程完成率低、接受性学习等。①针对性差。教学设计简单、教学模式单一，既没有针对多种学员对象的需求，也没有分类、分层的教学目标分析，难以适应不同学科、课程及人群需求。②互动性不足。网络教学，教师不能很好地掌握学生学习情况，影响效率。与传统课堂相比，缺少及时互动、相互感染的气氛，没有临时生成问题的精彩[277]。③课程完成率低。学生学习没有紧迫感，自律能力要求较高，课程完成率低，可以完成课程并取得证书的比例不高[278]。④接受性学习。课程改革提倡由"接受性学习"变为"探究性学习"。慕课从在课堂上听教师讲课，改变为随时随地听教师讲课，但并没有改变接受性学习的实质。

慕课的主要发展趋势为混合式教学模式，即将慕课与传统课堂有机地结合起来。将慕课作为课堂传统教学的补充，使学生的学习方式更多样化、学习形式更自主化。混合式教学法的优势主要体现在反馈及时和交互性强两个方面，共同提高慕课教学的实际效果。

微课的不足，主要包括目标对象不明确、缺乏系统性、缺乏有效的教学应用模式等。①微课应用的目标对象不明确。综合来看，适合于教师教学的讲授型微课比例较高，而适合于学生自主学习的学习型微课比例较少。部分教师对微课应用的目标对象不明确，存在不是为了学生的自主学习，而是为了辅助教师开展教学或比赛的现象。②微课开发缺乏系统性和完整性。由于教师制作微课数量较少，并且大多只介绍一个知识点，导致对学科教学来说，缺乏系统性和完整性，很难对学科教学产生真正的促进作用。③缺乏科学、有效的教学应用模式。目前应用于传统教学的微课较多，应用于翻转课堂、教研活动、移动学习的微课较少，部分教师对如何将微课应用于教学感到困惑。尽管制作了微课，但教师依然习惯于传统的教学模式，使微课教学价值难以体现。

微课发展趋势为交互性、个性化、融合性等。交互性的教学视频能激发学生的兴趣，吸引学生的注意力，更有利于提高学习效果；个性化主要体现在以微课教学融入更多的学习内容，满足不同学生对学习的需求，以此促进课程教学的个性化；融合性体现在微课与翻转课堂、慕课、线下课堂的配合等方面[279]。

翻转课堂存在的问题主要包括学习效果难以保证、学业负担加重、过度依赖名校资源、教师能力难匹配等。①学习效果难以保证。翻转课堂要达到教学效果，仍需考虑很多不可控的因素。一方面，教学效果与学生课前观看视频的态度关系密切，如果学生缺乏自觉性，课堂的作用就会大打折扣；另一方面，学生存在不擅长主动发问，缺乏主动讨论的意识，在线下课堂上很难提出自己的看法等问题。②学生学业负担加重。学生提前观看教学视频是翻转课堂的重要环节。然而除了学校布置的作业，部分学生还报有课外班。这无疑增加了学生的课业负担，占用了锻炼、娱乐、休息的时间，与减负的提倡相违背，可能不利于学生的身心健康发展[280]。③过度依赖名校资源。部分教师过分依赖名校资源，不重视自身优势、学校特点、学生学情等情况，盲目照搬，不利于学生成长成才，也不利于教师自身的发展。④教师能力难匹配。翻转课堂对教师能力要求较高，既要求教师有足够的经验和学识把握课堂，并能及时发现学生存在的困惑，制定解决方案；又要求教师掌握计算机基本技能，学会录制、编辑视频等知识。

翻转课堂主要发展趋势为提升课程吸引力、教学个性化和线上线下融合等[281]。

（五）其他

其他还包括"三个课堂"，分别指专递课堂、名师课堂和名校网络课堂。

"专递课堂"强调专门性，主要针对农村薄弱学校和教学点缺少师资、开不出开不足开不好国家规定课程的问题，采用网上专门开课或同步上课、利用互联网按照教学进度推送适切的优质教育资源等形式，帮助其开齐开足开好国家规定课程，促进教育公平和均衡发展。

"名师课堂"强调共享性，主要针对教师教学能力不强、专业发展水平不高的问题，通过组建网络研修共同体等方式，发挥名师名课示范效应，探索网络环境下教研活动的新形态，以优秀教师带动普通教师水平提升，使名师资源得到更大范围共享，促进教师专业发展。

"名校网络课堂"强调开放性，主要针对有效缩小区域、城乡、校际教育质量差距的迫切需求，以优质学校为主体，通过网络学校、网络课程等形式，系统性、全方位地推动优质教育资源在区域或全国范围内共享，满足学生对个性化发展和高质量教育的需求。

中国规划到 2022 年，全面实现"三个课堂"在广大中小学校的常态化按需应用，建立健全利用信息化手段扩大优质教育资源覆盖面的有效机制，开不齐开不足开不好课的问题得到根本改变，课堂教学质量显著提高，教师教学能力和信息素养持续优化，学校办学水平普遍提升，区域、城乡、校际差距有效弥合，推动实现教育优质均衡发展。

中国将发挥国家数字教育资源公共服务体系对"三个课堂"的基础支撑作用，增强优质教育资源的有效供给和基础数据的互联互通能力，广泛开展直播式、录播式、植入式、观摩式等多样化应用。加强"三个课堂"与网络学习空间应用的融合，依托网络学习空间拓展资源共享、教学支持、学习交互、学情分析和决策评估等服务。综合利用人工智能、云计算、大数据、虚拟现实等技术，不断增强"三个课堂"的智能化、共享性、互动性。

三、智慧课堂

（一）智慧课堂

1. 定义及界定

智慧课堂指在信息技术的支持下，通过变革教学方式方法、将技术融入课堂教学中，构建个性化、智能化、数字化的课堂学习环境，从而有效促进学生能力培养的新型课堂。

智慧课堂是对教育信息化设备的多产品整合应用。智慧课堂将教育硬件、软件和多终端设备深度整合、对接，实现"互联网＋教育"课堂的新型教学模式。智慧课堂涉及智能交互平板、电子交互白板、电子书包、激光投影机、录播系统、视频展台等硬件及提供备授课、互联网教学和智能测评等功能的交互式教学软件。智慧课堂建设一般包含顶层设计、设备采购、环境搭建、教师培训、探索应用、资源建设、开展教学提升活动、总结提升、形成教学模式等几个步骤[282]。

智慧课堂运用大数据、物联网与云计算等新一代信息技术，对学情实时收集反馈，将课堂打造成智能、高效的学习空间，实现整个教学过程的反馈即时化、交流互动立体化、教学资源推送智能化，完成从传统授课模式到即时互动教学模式的转变，构建信息化课堂教学新模式。

2. 发展背景

传统课堂教学存在客观的局限性，主要表现在教师备课学情分析不足、课堂教学反馈粗略滞后、师生缺乏有效沟通等方面。①教师备课学情分析不足。传统课堂，一名教师要面对几十个学生，备课精力不足。教师往往靠对学生学习情况的模糊印象和感觉，基于经验来主观地、大致地判断，进行教学预设。②课堂教学反馈粗略滞后。教师一般采用三种方式检验学生知识掌握情况：一是提问，个别学生回答问题，教师给出点评，并以此判断学生知识点掌握情况；二是现场布置测试题，再找学生代表在黑板上做，教师带领学生现场批改；三是布置课后作业，教师批改后，在下次上课时讲评。由于时间等因素，教师无法清楚统计学生的作答情况。③师生缺乏有效沟通。学生学习遇到困难，缺乏与教师、同学相互沟通交流的手段，使得学生问题得不到及时解决。随着时间的推移，问题越积越多，造成学习困难，逐步丧失信心，导致成绩下降。

为促进信息技术与教育教学实践深度融合，推动课堂革命，创新教育教学模式，促进育人方式转变，支撑构建"互联网＋教育"新生态，发展更加公平更有质量的教育，加快推进教育现代化。政策方面，2014年教育部发布《2014年教育信息化工作要点》，启动"一师一优课，一课一名师"活动，推动信息化手段在课堂教学中的广泛应用，在应用中逐步汇聚形成系统的优质个性化数字教育资源。

2020年教育部发布《关于加强"三个课堂"应用的指导意见》，提出到2022年，全面实现"三个课堂"在广大中小学校的常态化按需应用，建立健全利用信息化手段扩大优质教育资源覆盖面的有效机制，开不齐开不足开不好课的问题得到根本改变，课堂教学质量显著提高。全面推动以"专递课堂""名师课堂""名校网络课堂"为代表的教育教学新模式，推动"优质学校带薄弱学校、优秀教师带普通教师"模式制度化，扩大优质教育资源覆盖面。各地探索形成了安徽在线课堂、湖北"恩施三式"在线互动同步课堂、海南陵水"1+2"同步课堂、内蒙古"同频互动课堂"等大量"三个课堂"的典型应用案例。

3. 优势与特点

智慧课堂的优势与特点主要包括教学资源数字化、学习资源网络化、教学互动化、教学反馈数据化、学习个性化等。

1）教学资源数字化。智慧课堂向学习者提供包含电子文档、在线课程、微课、视频语音和网页等丰富的多媒体学习方式，使学习内容更加生动、有趣，并且能够按照学生需求智能化推送，满足个性化的学习需求。

2）学习资源网络化。网络打破了传统学习方式受时间与空间的限制。同时将校内外学习资源整合，实现了资源利用和资源共享。

3）教学互动化。在教学过程中，教师可利用智能终端的多种互动功能，让学生不受时空限制地进行交流与学习。

4）教学反馈数据化。智慧课堂采集课堂教学信息数据，能够准确地分析课堂上师生的学习行为，得出准确、真实的学习评价结果，构建更加优化的学习评价体系[283]。

5）学习个性化。智慧课堂对学生的学习数据进行深度收集、整理和分析，使教师更精准地掌握学情，便于针对每个学生的具体情况提出不同的教学安排，达到个性化教学效果。

4. 供给企业

智慧课堂领域主要企业包括科大讯飞、天喻信息、鸿合科技、明博教育、华发教育、真灼科技等，智慧课堂产品包括智慧课堂（智课）、智学网、天喻智慧课堂、鸿合智慧教室、优课智慧课堂、多媒体教室解决方案、乐学课堂交互系统等，产品以学校应用为重点，具备学生为中心、软硬件结合、个性化教学、互动化教学、学生行为数据化等特点（表3-19）。主要企业智慧课堂产品基本包括硬件、个性化学习、学习行为收集与反馈等解决方案，为用户提供一站式解决方案。

表 3-19　智慧课堂领域主要企业布局情况

产品名称	所属企业	智慧课堂产品功能及特点
智慧课堂（智课）、智学网	科大讯飞	智慧课堂是科大讯飞智慧教学领域的核心产品。科大讯飞新一代智慧课堂由讯飞智慧窗、讯飞智能学生机两大硬件和班级超脑能力平台组成。截至 2020 年底，智慧课堂产品共覆盖 34 个省级行政单位 3 万多所学校，服务教师 85 余万名，服务学生 120 余万名，帮助教师授课 900 余万次，备课 1800 余万次，帮助教师备课时间平均减少 56%，批改作业时间平均减少 45%，课堂效率提升了 28%。智学网学生端于 2019 年发布，借助人工智能、知识图谱及大数据自动分析技术，为学生打造个性化在线学习平台。学生端主要功能包括个性学情分析、个性化学习资源、智能错题本等。基于智学网对学情数据的采集与分析，个性化学习手册实现"千人千面"针对性辅导
天喻智慧课堂	天喻信息	天喻智慧课堂是整合平板电脑、掌中黑板、答题器、数码笔、移动讲台等智能设备，集导学、备课、互动课堂、在线检测、课后练习为一体的智慧课堂综合解决方案。构建以课前、课中、课后为闭环的互动式教学模式，从而实现智慧教育中的互动课堂、自主学习和自我提升的目标。解决方案主要功能包括便捷高效的移动授课、丰富实用的授课工具、生动高效的课堂互动、自主灵活的课堂管理等
鸿合智慧教室、互动教学解决方案	鸿合科技	鸿合智慧教室由鸿合智能交互设备和交互教学软件构成，通过软硬件间的无缝对接，将教与学进行充分融合，支持多样化教学，贯穿课前、课中、课后整个教学过程，打破传统课堂中以教师为中心的教学模式，同时激发学生参与课堂的积极性。解决方案特点包括软硬件整合、全流程体验、个性化教学、学生为中心等
优课智慧课堂	明博教育[284]	优课智慧课堂是基于平板电脑学习终端为中心的智慧课堂。以融合认知主义与建构主义学习理论为依据，利用云计算、大数据、HTML5、AR 等新一代信息技术，借助主流教育信息化硬件设备，结合数字化互动教学实际，以一对一数字化教学模式为基础，全面建设集数字化内容、互动工具、大数据学情分析、课堂教学设施于一体的智慧课堂，从课前、课中、课后多方面提高教育教学质量。解决方案特点主要包括护眼终端与绿色管控、交互式授课体验教学、个性化自主式学习、场景式体系化内容配置等
多媒体教室解决方案	华发教育[285]	多媒体教室方案以触摸白板软件为基础，辅以"教学资源云平台"提供各学科全面的课件资源，让教师们随时随地查找各种素材，制作、采编，轻松地完成备课，并一键上传至云端，授课时随机调用，简洁方便，带来更加人性和智能化的效果
乐学课堂交互系统	真灼科技[286]	乐学课堂交互系统是真灼科技研发的一套基于班班通系统的课堂交互授课应用系统。该系统以"简"为基本设计原则，在不改变现有教学过程的情况下，实现教学过程数据的伴随式采集，获得每节课学生课堂答题的客观数据并实时录入数据库。系统可实现自动批改、自动统计以及自动评测。教师、家长、学生可以依据客观的评测结果进行针对性地查漏补缺、定向训练以提高对应知识点掌握程度

5. 问题与发展

智慧课堂问题主要包括系统操作难度大、课前准备工作繁杂、配套资源不足、缺乏用户视角、部分家长反对等。①系统操作难度大。系统功能复杂、界面不直观，学习熟悉时间长，使用中容易出错，降低了使用效率和效果。②课前准备工作繁杂。需要按一定的格式、按特定步骤导入课件，引入视音频，进行教学任务发布、教学预评估等，增加教师负担。③配套资源不足。系统自带的配套课件资源和题库难以满足教学需求，在教材更新的情况更加严重。④缺乏用户视角。系统需要按照厂家规定进行操作教学，而不是教师的教学习惯，部分教师不适应。⑤部分家长反对。部分家长由于担心影响孩子视力和质疑成绩提升效果，提出反对意见。

智慧课堂发展趋势方面，主要包括教材多媒体化、教学个性化、学习自主化、学习泛在化、信息数据化、管理自动化、环境虚拟化等。

（二）智能硬件终端方案

1. 定义及界定

智慧课堂对于硬件要求较高，智能硬件终端方案需要配备硬件主要包括一体机、触控投影机、计算机、平板电脑、多媒体显示屏、无线路由器、摄像机等，部分学校添加虚拟仿真的硬件设备，更形象地展示教学内容，增强了教学沉浸式体验。

智慧课堂通过各类智能装备辅助教学，课堂知识传授、研讨和师生互动得以更加便捷，同时利于激发学生参与课堂互动的积极性。例如：教学过程中，教师需要应用无线路由器及网络进行多媒体电子技术教学，通过平板电脑以及多媒体显示屏来实现课件播放和分组讨论，通过摄像机可分析学生的学习状态等，各硬件功能相互结合，智慧课堂才能发挥出理想作用，更大效率地提升教学效果[287]。

2. 优势与特点

智能硬件终端方案优势与特点主要包括教学设备集成、教学内容呈现、课堂互动、教学数据化、课堂空间拓展等。

1）教学设备集成。能融合、连接与统一管理教室所有的设备。

2）教学内容呈现。显示屏可以多画面地直播，包括教师演示、教师与学生的互动、学生移动终端或者电子书包上的内容与虚拟教学环境等[288]。

3）课堂互动。通过课堂管理、教学资源调用、师生互动等功能，为教学活动提供互动功能，并能够将互动的信息以数据的形式记录下来。

4）教学数据化。通过教学数据收集和分析，全面掌握学生学习情况，使教学更加智能化。例如：随堂测试时，教学系统后台运算对学生测试结果进行分析；学生进入教室后，人脸识别自动捕捉，名字出现在教师的签到列表上等。

5）课堂空间拓展。将传统教学空间由单一的教室延伸到外部，学生可以从网络多角度搭建多元的学习空间。

3. 企业案例

案例：智慧课堂（智课）硬件——科大讯飞

智慧课堂（智课）是科大讯飞智慧教学领域的核心产品，科大讯飞新一代智慧课堂由讯飞智慧窗和讯飞智能学生机两大硬件组成。①讯飞智慧窗配备 AI 教学笔，提供超大屏、高清、无死角教学互动窗口，且支持远程教学。②学生端配备的讯飞智能学生机，除了可以在课堂使用，还增加了自主学习功能。通过少量练习就可以定位学生薄弱知识点，精准推送智慧微课和习题进行专门强化训练。

（三）个性化学习解决方案

1. 定义及背景

个性化学习，是通过对特定孩子的全方位评价发现和解决孩子所存在的学习问题，为孩子度身定制不同于别人的学习策略和学习方法，让孩子有效地学习。每一个孩子都是与众不同的，有自己独特的天赋特性、偏好和天生优势，也有不同于别人的弱点。构建个性化学习方案是帮助学生提高学习成绩的一种有效工具。

传统学习环境下，由于学生学习的风格、方式、偏好、进度等存在差异，很难提供个性化学习支持与服务。智慧课堂学习环境中，在智能设备和智能教学系统的支持下，提供个性化的学习与支持服务逐步成为现实。例如：教师利用阅读集中监测系统，能够及时了解每位学生的阅读情况，为教师开展有针对性的阅读指导提供便利[289]；学生借助平板电脑，通过语音输入或文字输入，能够让所有学生在课堂上都有发言的机会等。

此外，基于智能设备的移动学习可满足部分学习者，在学习时间和地点以及学习资源等方面的差异化需求；基于结构化插件形式设计的智能教育系统，具有较好的集成性和可扩展性，可为教师、学生、家长提供教学制作、课程管理、内容检索、学习辅导、学习监控等服务。

2. 应用情况

智慧课堂个性化学习解决方案，通过生成学生画像、帮助其规划最佳学习路径等方式，实现"千人千面"，提升学习效率。个性化学习主要应用在课前、课中、课后和自主学习等方面。

1）课前。基于大数据、知识图谱构建技术，生成学生画像，教师通过平台发布课程资料、设置测验和讨论主题，帮助学生规划最优学习路径[290]。

2）课中。教师掌握每个学生的学习情况成为现实。教师能够在教学过程中对学生的学习专注度、答题得分率、课堂活跃度、学习困难点等内容进行综合评价。例如：运用人脸识别技术，结合学生听课的行为数据，判别每个学生在课堂上的专注度。教师能够利用系统讨论、问卷、抢答、投票、分组、评分等功能，开展互动式教学，提升课堂气氛、激发学习兴趣，实现个性化教学。

3）课后。智慧教学系统收集教学行为数据进行分析，帮助学校掌握教学情况，教师据此调整教学方式和内容，提高教学的针对性。例如：教师可以综合每个学生的课堂学习情况，发布有针对性的作业，并推送个性化的学习资料。

4）自主学习。智慧教学系统提供由丰富教学经验教师打造的精品课程，满足学生预习、复习、阶段备考等自主个性化学习需求。

3. 企业案例

案例1：个性化学习手册——科大讯飞

科大讯飞个性化学习手册实现"千人千面"针对性辅导。个性化学习手册基于智学网对学情数据的采集与分析，依托人工智能和大数据技术，对每个学生的日常学业进行分析，精准定位薄弱知识点，不改变纸质习惯，为学生精准定制专属的个性化学习资源和路径规划服务，帮助学生科学规划自主学习路径，提高学生自主学习的效率。在错题整理的基础上，保证题目难度适中、题量合理，促进学生更高效地掌握知识，有效解决错题，避免无效重复练习。

案例2：智慧教学系统——真灼科技

智慧教学系统是上海真灼科技股份有限公司与华东师范大学联合研发的重点智慧教育系统产品。该系统融合了华东师范教育教学资源、班班通、华东师范大学综合教育平台、上海真灼科技课堂交互系统等教育信息化产品于一体，顺应国家教育信息化趋势，为中小学提供一套基于全方位课堂数据采集的全面智慧教学综合应用解决方案。

全方位伴随式课堂数据采集客观上记录教学过程，为教学评估提供数据支持。系统通过个人"学程"记录，实现基于学情分析的个性化分析与指导，及时知晓差弱项并针对性提高。通过大量的课堂数据分析，为学生、教师、校方、家长分别提供不同的、符合各方需求的针对性数据服务。全自动化的系统分析、及时高效的数据推送有助于家长全面整体地掌握孩子学习情况，帮助孩子制定针对性强的家庭辅导方案与内容。

（四）学习行为收集与反馈

1. 定义及界定

学习行为收集与反馈是指通过不断扫描抓取课堂中师生行为数据，汇总展示教师和学生行为数据，通过数据分析课堂气氛、师生状态、教学效果等教学信息，实现对师生情况的全程跟踪和对教与学需求的全面掌握，建立完整的教师和学生档案，为教学管理和评价提供依据和决策信息。数据分析包括教师和学生在线上和线下参与的课堂互动、试题练习、测验考试、问卷作业和问题反馈等。

2. 应用情况

智慧课堂学习行为收集主要包括教师和学生在课前、课中和课后的数据采集，教师数据包括备课、作业、资源、授课、互动等方面信息，学生数据包括预习、状态、作答、作业、互动、资源等方面信息（表 3-20）。

表 3-20　智慧课堂学习行为收集环节及分类

数据采集环节	主要分类	
	教师	学生
课前	备课时长	预习完成率
	作业布置次数	预习时长
	资源分享类型和次数	预习参与率
课中	授课时长和次数	互动参与率
	互动类型和次数	作答情况、分数
	表扬类型和次数	课堂状态
	授课板书、语音和文字	课堂测验成绩
课后	作业布置次数	作业内容、成绩、时长和次数
	批发作业次数	错题、薄弱知识点
	资源分享类型和次数	资源观看时长和次数

1）课前。智慧课堂通过采集学生课前预习、作业结果等数据，自动生成分析报告，解决学情难掌握问题，帮助教师高效备课。

2）课中。智慧课堂采集课中互动学情，实现个性化分层导学。还可以实时采集人脸和学生行为进行对比分析，及早发现离群学生、离群班级，并进行预警和指导，做到真正的因材施教[291]。

3）课后。智慧课堂通过教学数据全过程采集与技术分析，探究深层次的教学规律，为教研提供数据支撑，帮助管理者进行科学的教学评价和决策。还可以基于图像识别、语义分析等技术，实现客观题和部分主观题智能批改，大幅减轻教师批改负担，同时提高数据统计准确性，帮助教师优化教学方案。

3. 企业案例

案例：班级超脑能力平台——科大讯飞

讯飞班级超脑能力平台链接课前、课中、课后，不仅对学生课堂学情进行全过程数据动态反馈评价，还应用大数据技术，对学生学情进行分析，帮助教师实现精准教学。此外，讯飞智慧课堂基于识别准确率高达98%的图像识别、语义分析技术，实现部分主观题（数学及英语填空题、英语作文题）、客观题机器自动批改，自动分析学生答题上存在的问题，大幅减轻教师批改负担，同时提高数据统计准确性。

平台学习行为收集与反馈主要体现在学情全过程数据动态反馈评价、应用大数据技术对学情进行分析、智能批改等方面。

四、智慧校园

近年来，关于高校信息化如何发展、信息化校园如何推进，国家和教育部依次出台了相关的政策文件，特别是国家发布《智慧校园总体框架》后，各高校开始了结合本校实际情况的智慧校园建设的摸索。所谓智慧校园，是指充分利用移动互联网、大数据、云计算、物联网等新技术[292]，通过监测、融合、智能分析及响应的方式，面向学校管理、教学、科研等主要业务流程，结合已有资源，使各业务系统信息共建共享，以实现科学的、全新的管理模式，为师生提供以快捷便利为基础的高质量的学习、生活环境，构建节约型、智慧型校园，确保教育资源最优利用[293]。

（一）基础设施管理

1. 基础设施的定义和界定

目前，高校信息化智能化系统的体系结构沿用行业信息系统的结构模型，即三层结构模型：基础环境层、数据层和业务应用层。基础环境层主要包含有线/无线校园网、计算资源、存储资源以及各类终端等；数据层主要包括中心数据库、各类专项业务数据库等；业务应用层主要有各类校务信息管理系统、教学支持系统、科研支持系统等。

智慧校园建设，网络设施是基础和支撑，人工智能、大数据、云平台、物联网、视频网是智慧校园建设的关键设施。通过物联网、云计算、人工智能等技术，获取到师生学习、工作、生活的数据，并结合各个业务系统产生的数据，形成数据中心。另外，5G具有速率高、延迟短、成本低等的优势，随着智慧校园建设的推进及5G的普及，5G也将广泛应用于智慧校园建设中。

智慧校园基础设施层主要包括网络设施、云服务能力、智能终端系统、基础设施运维平台等。

2. 基础设施的作用与分类

智慧校园基础设施是智慧校园平台的基础保障，其提供广泛的物联网感知、异构网络间通信、海量数据汇集与存储地能力，为智慧校园应用平台提供通信技术、传感技术、计算技术层面的基础支持，同时也为校园大数据技术领域的数据存储、数据分析、数据挖掘等提供数据设施层面的支撑。整体上看，智慧校园基础设施的分类，包括一般校园信息化基础设施和数据设施两个方面。

一般校园信息化基础设施主要包括有线网络、无线网络、交换设备、路由设备、数据中心机房、计算机机房、多媒体教室等。此外，对基础设施分类，也可从应用需求角度来划分，归类为公共网络基础设施、教学环境基础设施、教学资源基础设施、校园服务基础设施、办公自动化基础设施等。

数据基础设施，即数据库系统、服务器和存储设备等，是实现智慧校园海量数据汇集、存储、交换、发布的系统，涉及配置管理数据库、用户数据库、媒体数据库等数据库系统软件层面，及与之相应的应用服务器、资源服务器、文件服务器等硬件层面。

3. 基础设施的管理与整合

充分理解和分析智慧校园基础设施的内涵，对优化智慧校园基础设施的应用与管理、共享信息基础设施资源、科学规划智慧校园建设具有实际意义。由于不同高校的个性化差异，高校智慧校园基础设施的申请者、建采者、使用者、运维管理者的归属管理不尽相同。

一般高校通常会依据基础设施的作用、中层部门设置、组织结构与授权等情况，将智慧校园基础设施建设与管理工作授权给几个不同的部门，再依据部门业务需求进行申购、使用及运维管理。例如，常见的多媒体教室系统设施，有的归属学校教务部门管理维护，有的归属学校教育技术中心、计算机中心进行管理维护，也有的直接归属到学校具体使用部门管理维护等。总之，可以通过了解一个基础设施项目建设工作的项目申请、系统论证、立项授权、启动准备、建设采购、验收交付、运营维护、改进完善等环节，来分析判断该基础设施的业务共享程度、共享能力、运维服务水平等。

（二）教务班级管理

1. 定义及界定

教务班级管理系统是智慧校园平台中的核心系统之一，利用网络平台，以互联网B/S为管理系统核心实现教务管理，在设计教务系统的过程中，应充分考虑了系统与校园各部门之间的工作流程等关系，包含了校园教务管理工作中的各个环节。

教务管理数据量大、涉及面广，系统模块包括课程管理、教学资源管理、开课计划管理、选课管理、排课管理、考务管理等。

教务管理的系统模块中，主要包含学校各个教学相关的管理内容，如教学质量、计划、评价等，并以校园网以及互联网为平台的网络基础，促进信息化管理模式的应用，让教务工作人员充分享受其带来的优势。学校的教职工与学生都能够拥有可登录教务管理系统的账号，并且根据职位等不同，每个账号权限也不同，可以在权限范围内查询不同的信息。

总体来看，教务管理软件实现了教务信息的集中管理，使传统的教务管理向无纸化、数字化、智能化、综合化的方向发展，并为进一步实现完善的教务管理系统和全校信息系统打下良好的基础。

2. 发展背景

随着中国高等教育的快速发展，高校办学规模不断扩大，学生不断增多，教学资源明显紧缺，使得教务管理部门任务越来越重。不仅增大了工作量和工作难度，还容易出现失误。教学管理的好坏直接影响着学校的办学质量，如何做好教学管理工作已经被越来越多的教育管理者所重视[294]。

教务管理涉及院系、专业、师生等诸多方面。目前国家的教育体制正处在不断改革、创新的阶段，教育部门需充分吸取国外优秀的教学模式，结合国内办学经验，逐步探索出适合中国的教学形式。此外，教育部面向各级各类学校开展了全面学分制改革。同时，随着选课制的展开和深入，教务日常管理工作也日趋繁重、复杂，如何把教务工作信息化、便捷化、模块化成为现代院校发展的重点。

此外，由于目前黑客技术发达，很多学校的教务管理系统在技术高超的黑客面前毫无安全可言，换言之，即现在广泛使用的教务管理系统无法保障学生及教育工作者的基本信息安全，因此必须加强学校教育系统的安全性研究，确保相关工作正常有序进行[295]。同时必须合理调整系统安全结构，实现教务系统的优化，须结合系统实际存在的问题进行具体的方案设计[296]。

（1）校方对新教务管理系统的需求

学生数量的稳步增长，使得学校的管理工作面临着前所未有的挑战。这种挑战既有来自学生人数太多、管理系统无法承载的因素，又有来自年轻一代的思想因素，还有一部分来自社会的影响。目前学生在学校凸显的问题主要包括逃课情况难管理、打架事件难预防、夜不归宿难发现、思想指引难展开等，使得校方不得不考虑采用更加全面高效的新校园教务管理系统。

（2）学生对校内应用的需求

由于学生数量的增多，学校管理人员无法照顾到每个学生，需要学生自己对学校的有关信息进行关注。及时确定相关的学习任务以及活动，这就需要一个智能教务系统为学生提供方便快捷的校内服务，满足学生对校内信息的快捷获取。

3. 优势与特点

（1）充分实现数据共享

智慧校园的建设目标之一就是要实现学校各项业务的信息化管理，搭建各部门间信息共享的桥梁，保证学校各项数据的权威和质量，为学校领导的决策提供数据支持。

（2）提高教职工工作效率和信息化应用水平

构建智慧校园应用系统，将有利于突破传统的工作方式，提高工作效率，实现部门之间和部门内部的资料、数据、文件等的共享，也提高了教职工自身的信息化应用水平。

（3）推进教育改革，促进教务管理，提升教学质量

智慧校园的建设，将推动教学手段、教学方法和教学工具的变革，普及网络远程教学、多媒体教学，实现教学资源的共享，促进教务管理，提升教学质量。

4. 应用情况

（1）主要功能

智慧教务的主要功能包括课程设置及材料订购、智慧排课调课、学籍管理、题库建设及考试、考务管理、成绩录入、教师工作量统计等（表3-21）。

表 3-21　智慧教务班级管理系统主要功能

功能名称	功能描述
课程设置及教材订购	在智慧校园教务平台，课程设置导出之后，通过各个专业、班级的课程输入，然后再导入智慧校园平台。课程设置作为基础信息，在此基础上可以开展多项工作。首先就是订购教材，学期教材的数量、种类等立即可以汇总，进行教材订购
选课、排课、调课、代课及课表查询	教师可根据课程设置进行网上选课。网上选课的结果快而准确，避免了人工选课重复、缓慢等弊端。教师选课之后，智慧校园平台可依据设置条件，进行自动排课。目前普遍使用智慧校园平台的排课正确率非常高。教务员可依据教师的特殊要求进行人工排课，大大减少了排课的劳动强度和失误率。教师因为公假、病事或者其他原因调课，通过智慧校园平台可随时查询班级或者教师的课表，可有的放矢地进行调课
学籍及资助管理	学生入学之后，把学生的信息录入智慧校园平台，方便学校给每位学生申报学籍。同时在学籍管理上面也非常方便，比如申请退学，经过学生申请，班主任及各个部门的同意之后，提交给招生办，批准之后学籍自动撤销，便于教务部门进行管理。同时，涉及部分学生满足资助条件的，可在智慧校园平台进行申请，审核然后再报区资助中心
试题库建设及在线考试	随着教学改革的推进，考试改革不断深入，智慧校园为学校开展教考分离的要求提供了技术支撑。学校把试题库建设作为切入点，从专业课核心课程推广到文化课课程，使得任课教师将更多的精力投入到备课、教学及教研活动中，有利于教师探索教学内容、教学方法和教学手段的改革。试题库的建设使命题更为科学化、规范化，让学生更注重过程学习，提高了学生学习的自觉性和积极性。试题库建设也在在线考试提供了保障。学校近几年在德育和英语等学科中实行在线考试，取得了很好的效果。为进一步实行教考分离、在线考试等新要求提供了借鉴
考务管理	面对众多的考试，考务这项工作在以往只靠人工的话是一项非常艰难的工作。如今，在智慧校园平台，考务也变得相对简单。发布考试通知、组织监考报名、教师组题、发布监考表、召开考务会、组织阅卷、成绩登记、成绩统计等都可以在智慧校园平台上进行，节省了大量的人力物力
学生成绩录入	在部分中职学校和大学高校中，学校对学生的期末总评成绩的界定主要包括平时出勤及纪律占20%，平时的练习及考试占30%，期末成绩占50%。在智慧校园平台，任课教师只需输入学生的几样成绩即可，其总评成绩会自动生成，会自动记录在学生的电子档案中。当然，下学期要补考的学生及科目也会一目了然
教师工作量统计	教师工作量统计是一项复杂的劳动，包括的选项非常多。尤其是教师因公因私请假由此产生的调课、代课的统计，以及一些临时性工作导致的工作量统计，非常复杂。在智慧校园平台中，因为调课、代课以及其他工作已经将数据输入平台，在统计教师的工作量时就比较简单。同时，平台还可以统计每周、每月、每学期等的调课情况、代课情况，可以将这些数据作为评优评先的依据
各种统计及资料上传	智慧校园平台下载，还可依据平台上的数据，进行各种统计分析。诸如教师任教个别班级的情况分析、全部班级的情况分析、同一专业的某一学科成绩统计、同一专业所有学科的成绩统计、不同专业某一学科的成绩统计等，非常直观、迅捷，为教务管理部门和学校其他决策部门提供了非常好的参考依据。在智慧校园平台，教师上传资料也非常方便。如教师的个人信息资料、获奖情况，教师考试的出题、成绩统计、试卷分析，教师的论文、总结等，可及时、迅速地上传到教务管理系统，极大地节约了人力物力

（2）主要企业

智慧教务功能企业数量较多，主要企业包括腾讯、新开普、国泰安、成都伊能科技等（表3-22）。

表3-22 智慧教务班级管理主要企业及产品功能

产品名称	公司名称	产品介绍及功能
腾讯智慧校园—智慧教务[297]	腾讯	帮助教师在线智能排课，学生线上自主选课，生成个人课表，教师、学生、家长随时随地查询本周课程安排。智慧教务还可提供校历管理等，师生及家长可一键查看学校学期安排。同时具有OA办公在线审批等功能，方便教师查询办事进度，提升学校管理效率
新开普教务管理平台	新开普	全国首家基于完全学分制的教务管理系统，定位于教学信息化改革的先锋
国泰安智慧校园教务管理系统[298]	国泰安	遵循国家教育管理信息标准（JY/T 100X—2012）和智慧校园总体框架（GB/T 36342—2018），采用先进的J2EE技术，基于易于使用的B/S架构。功能包括基础数据、培养方案、学籍管理、排课管理、选课管理、考务管理、成绩管理、教学评价、教学工作量、毕业管理、教材管理、教师服务、学生服务、系统管理等13个功能模块，支持学年制、学分制、学年学分制等多种管理模式
依能智慧校园课程教学平台[299]	成都依能科技股份有限公司	依能智慧校园课程教学平台包含备课管理、在线授课管理、试题管理、资源管理等多个方面

5. 企业案例

案例：国泰安智慧校园教务管理系统

国泰安智慧校园教务管理系统遵循国家教育管理信息标准和智慧校园总体框架，涵盖教务管理工作的各个环节，包括基础数据、培养方案、学籍管理、排课管理、选课管理、考务管理、成绩管理、教学评价、教学工作量、毕业管理、教材管理、教师服务、学生服务、系统管理等13个功能模块。该系统支持学年制、学分制、学年学分制等多种管理模式，采用面向服务的设计理念，为学生、教师、管理人员和校领导提供满足个性化定制应用、便捷化数据采集、智能化业务推送的整体解决方案。通过软件持续有效地提升教务管理业务水平和工作效率。其产品功能亮点如下。

1）学籍管理。批量导入学生信息、报道注册、学籍异动管理等。

2）培养方案。管理课程资源，提交、审核及发布培养方案，快速生成开课计划，记录开课变更差异。

3）排课管理。批量生成教学班，快速制定教学任务，自动或手动排课，调整及查询课表。

4）选课管理。支持大并发的选课应用场景，多种选课控制，处理异动学生选课。

5）考务管理。末考、中考、补考任务设置，自动或手动排考，监考安排。

6）成绩管理。成绩录入、审批及分析，成绩补录及修改，异动学生成绩认定，支持学分绩点。

7）教学评价。多批次过程性评价与终结性评价，支持学生评教、同行评教、督导评教、领导评教。

8）教学工作量。综合考虑教师授课方式、上课学时、班级人数、职称、课程类别、上课场地等因素计算教学工作量。

9）教材管理。申报及审核教材，学生提交采购教材，登记学生领取教材，支持零库存管理。[300]

10）毕业管理。灵活设置毕业审核条件，课程、成绩、学分审核，批量处理毕业学生，支持学年制、学分制审核要求。

6. 问题与发展

（1）存在的问题

1）软件研发人员不懂教学管理，系统处于"半信息化"。教务管理系统有别于其他的系统，专业性较强。现在的状态是懂教学管理的不懂信息化，懂信息化的不懂教学管理。例如：学校的信息化硬件、软件可能依靠学校之外的某个公司来完成或直接购进。开发商不懂教学管理，往往在现有系统的基础上稍作改动，或是对其他信息平台作简单的整合，然后就投放市场。学校买来的只是一个通用型的教务管理系统，它对教务管理部门该有的独立性信息化没有引起重视，缺乏足够的信息实时交互与共享功能，而每个学校教学管理其实各不相同，产生了软件与管理实际脱节，实用性和功能性都不完善，从而造成教学管理的磕磕绊绊，不能顺利进行，给教学管理人员增加很多麻烦和痛苦。

2）信息更新之后，部门之间存在"孤岛"现象。一所学校对于基础性数据的应用应该是统一的，由于教务管理工作有很强的逻辑关联性，环环相扣，只要某个部门在某个环节上出现问题，就会导致后续工作的停滞甚至返工。一方面部分学校由于不同的部门有不同的信息系统，完全是独立的体系，导致部分基础数据无法共享；另一方面部分学校各个部门之间由于沟通和协调不及时可能会引起信息更新滞后，出现

"孤岛"现象,这就影响了教务管理系统的正常使用或是数据不准确。

3)教学管理人员技能水平跟不上信息化的发展。智慧校园教务管理系统对教学管理人员的业务要求是必须具有一定的教学管理能力,同时具备一定的网络技术[301]知识和操作技能且有大数据知识应用能力。目前学校的教学管理队伍是由不同专业、不同年龄结构的行政人员组成的,他们对于信息化技能的掌握参差不齐。年轻的管理人员肩负着一线的教学任务和日常管理工作,导致无暇对系统业务的刻苦钻研和创新;年龄大的管理人员思维较缓慢,计算机使用技巧不熟练,对于新技能有畏难情绪。

(2)发展趋势与建议

1)重视信息化建设,保障资金投入。学校领导要转变传统管理理念,认识信息化管理对高校教学管理的重要性和必要性,加强信息化发展意识和创新意识,加大信息化建设资金投入。广泛吸纳大量既懂信息和网络技术应用与数据库知识,又掌握教学管理的人才,全面负责教学管理信息化建设,听取并采纳教师、学生以及管理人员的意见和建议,建设独立的既具新型技术又具学校特色的教务管理系统。

2)加强部门间协作与数据共享。教务部门是学校教学工作的主要负责部门,与其他部门是平级的兄弟关系。教学工作一环扣一环,教学管理秩序必须依靠各部门的沟通协调、相互配合才能有条不紊地展开,避免信息不对称现象发生,避免"孤岛"现象,避免做无效劳动,从而提高管理效率。同时强调在智慧校园建设过程中一定要注意学校各种管理系统间的有效融合和联动性,严禁转换过程中数据丢失和紊乱现象的发生,以确保各系统间数据继承的准确性和可操作性。

3)多方加强力度,确保教务管理系统正常运行。学校应当从资金、人力、物力、技术上加大对信息化建设的支持力度,保障信息化设施的完备。技术人员要定期维护网络终端和服务器,更新升级软硬件设施;多下基层收集师生和管理人员在系统应用过程中的意见和建议,找出问题存在原因,查漏补缺;定时升级和完善系统功能,实时更新和维护数据,做好备份,以免给后续使用造成严重影响;再者可以积极开发新的系统和功能,确保教务管理系统的正常运行。

4)教学管理团队信息化能力有待提高。为确保教务管理系统的正常高效运用,学校要对教学管理的各级人员采用多种形式多种途径进行系统的培训,以提高教学管理人员的信息素养,掌握现代化网络管理手段,使之成为既熟练掌握教学管理,又懂网络信息技术的教学人才,确保学校信息化教学管理的创新性发展。

（三）校园安全管理

1. 定义及界定

校园安全与每个师生、家长和社会都有着密切的关系。从广义上讲，校园事故是指学生在校期间，由于某种偶然突发的因素而导致的人为伤害事件。就其特点而言，一般是因为责任人疏忽大意过失失职而不是因为故意而导致事故的发生。

智慧校园安全管理通常运用物联网、云计算、大数据和人工智能等信息技术手段，构建以人、车、事、物统筹监管，校内校外安全联动，日常、预警、应急全周期调度三大体系，形成校内校外学生安全的全周期管控。发挥信息化手段覆盖面广、效率高、时效性强、智能性的特点和优势，为保障各级中小学教师、学生生命安全提供坚实基础和支撑，为学生健康成长、全面发展营造良好的教育环境和社会环境。

2. 发展背景

近年来，校园安全突发事件层出不穷，校园安全问题成为社会关注的焦点。2019年，国务院发布了《国务院教育督导委员会办公室关于进一步加强中小学（幼儿园）安全工作的紧急通知》，要求各地各校切实做好中小学、幼儿园校园安全工作，严防无关人员和危险物品进入校园，确保广大学生、幼儿生命安全，由此可见加强校园安全管理建设已日益紧迫，智慧校园建设正当时。

由于高校周边的环境越来越复杂，而安全管理规范不健全、人员和车辆流动性增大、安全管理人员少、巡检范围大等因素导致原有的人防、物防，以及少数重点部位采取的技防措施已无法适应高校安全发展的需要。

3. 优势与特点

校园安全管理通过校园安全管理系统的建设，全面覆盖所有学校、全员覆盖所有人员，全面提高"人防、物防、技防"水平，增强所有人员安全防范意识和水平，提高安全信息送达效率，从而降低安全事故发生，构筑学校、社会、家庭三位一体的校园安全管理体系。

4. 应用情况

（1）主要功能

智慧校园安全管理主要包括校园和宿舍的人员安全管理、校车安全管理、消防安全管理等方面（表3-23）。

表 3-23　校园安全管理主要功能

智慧校园—校园安全管理系统模块	介绍	功能特点
校园安全管理系统	人员进出校园管理，针对学生出入安全、信息及时送达、数据合理统计、随时掌握学生情况做到有效管理	1. 访客预约登记，非法闯入报警禁行 2. 快速识别放行 3. 数据统计、生成报表 4. 人证合一，人像采集识别放行 5. 信息推送 6. 实时监控，远程统一管理
宿舍管理系统	学校自定义门禁时间，实时查询寝室考勤状况，并生成报表导出。门禁时间未签到的同学，将通知到寝室管理员	1. 实时进出消息推送 2. 数据汇总 3. 灵活设置门禁时间
校车管理系统	解决校车超载超速、不按规定路线行驶以及学生被遗忘车内等安全事故	1. 学生上下车信息采集和推送，精准预测到站时间 2. 统一数据管理 3. 校车位置实时掌控
智慧消防管控系统	巡检人员对学校巡查，系统定位跟踪，知道巡检人员什么时间去了什么地方，形成报表。遗漏了哪些地方，自动提醒。对消防设备设施检查，通过手机填报，重点检查消防栓水压、消防水带，灭火器的数量、压力、年检期限等。检查情况自动上传到云平台，报表呈现	人员巡视定位、漏检自动提醒
移动端平台系统	主要依托于互联网大数据技术，用于校内各种信息的流转，让消息数量不再受限制，消息触达不再滞后	1. 家长了解学生在校动态 2. 学生可收到校园推送通知 3. 教师可以随时随地发布资讯

（2）主要企业

校园安全管理企业数量较多，主要包括海康威视等传统视频监控安防企业以及北京中汇通、熵基科技、百度等互联网企业（表 3-24）。

5. 企业案例

案例 1：智慧校园解决方案——熵基科技

熵基科技使用 5G、大数据、云计算、物联网等创新技术，推出了智慧校园解决方案，为教育行业的数字化转型赋能，打造全连接、智能化的智慧校园，建设和谐科学的平安校园（图 3-7）。

表 3-24　智慧校园安全管理主要公司及产品布局

产品名称	企业	产品功能布局
智慧校园（安全）解决方案[302]	海康威视	视频监控、一键报警、出入口管理、校车管理
智慧校园安全管理系统云平台及各类智能安全设备	北京中汇通达科技有限公司	校园、宿舍的出入口管理、考勤管理、体温监测、非法闯入预警、校车管理及配套移动端管理
熵基科技智慧校园解决方案	熵基科技	出入口管理、宿舍管理、视频监控、实时报警
智慧校园 AI 人脸一站式解决方案	百度	使用百度大脑人脸识别技术进行特征识别以核验学生身份、实时统计、无感刷脸考勤等，新功能包括人脸口罩检测识别。

图 3-7　熵基科技智慧校园安全管理系统架构

资料来源："熵基科技"微信公众号，《熵基科技智慧校园解决方案：智慧建设守护校园安全》，2020 年 8 月 10 日。

应用场景方面，覆盖了校园的方方面面，从人、车、物出入口安全管理、宿舍管理到食堂消费管理，家校在线沟通和校园视频监控，实现可视化管理，联动附近 110 指挥中心，对校园突发事件可快速处置，加大安全防范力度（图 3-8）。

出入口管理
安保管理：进出校园人、物安全检查
门禁管理：人脸门禁、考勤推送、防疫测温
车行管理：校园固定车、临时车辆管理
访客管理：教师邀请、在线申请、现场核验

宿舍管理
住宿考勤、留宿
管理、宿舍管理

视频监控
校园视频监控，并联动附近
110指挥中心

消费管理
消费记录、在线充值、消费曲线

家校沟通
学校通知、家长委托、在线沟通

图 3-8　熵基科技智慧校园安全管理应用场景
资料来源：熵基科技股份有限公司官网，http://www.zkteco.com/cn/scheme_detool/1.html。

案例2：沈阳工业大学——海康威视[302]

随着网络、视频、物联网等技术的不断成熟，高校安防系统建设取得了显著的成果，如视频监控系统、报警系统、车牌识别系统等，满足了日常高校的安防需求。沈阳工业大学携手海康威视，陆续搭建了一键报警、车辆识别、校园刷脸通行、访客登记、门口测温等安防体系，并利用数据看板对校园内的技防数据进行分析、整合，这对有效保护学生的安全和权益都有十分重要的意义。主要功能如下。

1）一键报警系统。在易于发生突发事件的学校出入口和主要通道安装一键报警紧急呼叫装置，一旦发生校园安全事故，只要按下校园内的一键求助按钮，报警信息便可实现上报。

2）车牌识别。利用智能补光抓拍道闸、雷达等出入口设备，进行联动整合，除可管制车辆的进出以外，亦可进一步管制车位数量。针对每辆车停车时间的计算或限制的举措，更能加强防盗及防弊的功能，对通过出入口的车辆进行更有效的辨识和管理。

3）校园刷脸通行。人员通道作为进入校园的第一道防线，维护了校园安全秩序。通过人员通道系统实时统计人员进出校园的记录，给校方提供更为有效的管理手段，也大大提高了学校的管理效率。在图书馆入口设立人员通道，不仅可以杜绝外来人员随意进出图书馆，为学生创造良好的学习环境，还可以通过平台定期统计各院系学生学习数据，方便校方掌握学生学习情况。对于需要提前预约的来访者，可通过学校的微信公众号进行预约，被访者需事先注册并由安保人员审核有权限可以申请被访。微信公众号中填写相关来访信息，来访信息通过后，反馈二维码信息到来访人。访客登记时进行人证比对，即现场抓拍的人脸与身份证人脸进行比对，确保人证统一。

4）进校测温。在校门口，学校通过热成像测温相机或手持测温设备，对入校师生进行体温快速筛查工作。进入师生无需停留，即可快速、安全、无感知完成体温检测。如果人员体温出现异常，系统便会通过图像和声音发出警报声，降低了交叉感染的风险，为疫情防控工作提供了有力保障。

5）数据看板。沈阳工业大学技防大脑实时告警系统融合了人员统计、车辆统计、报警统计等，将高校安全工作进行量化、可视化处理，使用大数据分析决策，让校园安全指数直观呈现，清晰明了，各区域有对比、有指标、可提升。由点到面，实现校园重点部位的全面覆盖。

6. 问题与发展

随着互联网、云计算、智慧应用带来了应用、数据、业务的爆发式增长，一所高校每天的安全报警日志经常达到百万级，告警的筛选、甄别是智慧校园急需处理的难题。

（四）就业服务指导

1. 定义及界定

智慧校园就业服务指导（下文简称"智慧就业"），是智慧校园的重要组成部分，建设以学生、教师、校管理者为中心的服务是智慧就业，也是智慧校园建设的核心。通过智慧就业平台的建设，将解决消息不及时、不精准等问题，促进应届生就业，提高就业率和对口率。同时，就业岗位要求的变化也可以促进学校专业方向和内容的改革。

智慧就业通常包括数据采集、数据统计分析、就业信息监测、岗位信息精准匹配及推送等业务模块。

（1）就业数据采集

就业数据采集包括往届学生学业和就业数据、应届学生的个人和学业数据、学校其他管理系统相关数据、网络数据等。其中网络数据采集主要包括求职网站、就业政策公告网站、招聘会发布相关网站等。通过对招聘公司和岗位信息进行预处理工作，提取包括职位、薪资、要求、工作地点等多维属性，为与学生信息匹配打下基础。

（2）就业数据统计分析

就业数据统计分析通过对大量数据的预处理后，多维立体地展示就业变化形势。通过对往届学生就业信息的统计，从学生的生源地、学习状况、兴趣特长、工作地点、就业单位性质等多角度分析就业形势，结合就业大环境的变化，及时提供学生方向性的指导，提高就业质量。

（3）应届生就业信息实时监测

传统模式中，应届就业信息需要各班级负责人定期统计上报学院，再由学院提交学校就业部门，导致信息传递迟滞，效率低下。而应届生就业信息实时监测模块，通过学生实时上传就业协议或升学确认信息，管理人员可以通过登录系统实时查看学生就业情况，管理更加便利，工作效率显著提高。

（4）就业岗位精准匹配

就业岗位精准匹配是智慧就业的重点和难点。就业岗位精准推送分为两个部分，一是在学生首次登录时，根据往届学生数据和就业公司岗位属性的匹配，建立推荐模型，将与往届学生属性相同或相近的往届学生的类似公司信息和岗位信息推荐给用户；二是等用户使用系统产生部分数据后，再根据用户和访问的公司和岗位属性标签，结合应届学生的属性标签，做就业岗位和就业信息推送。

（5）多平台精准推送

智慧就业平台在收集大量就业岗位信息、行业政策信息后，需要通过多渠道高效精准地推送给学生。目前主流的推送方式是通过班级负责人转发给学生，而智慧就业平台可以采用微信、QQ 群、App、邮箱、网页等消息渠道，确保学生及时准确地获取就业消息。

2. 发展背景

近年毕业生就业形势越来越严峻，学生就业难是各大院校不能忽视的一个事实，而且毕业的学生就业难易、好坏直接影响到招生。在国家政策下，毕业生就业模式早已转变为双向选择，这对各级管理部门的工作提出了更高的要求。除了需要有完备的就业管理制度来保障就业管理流程顺畅完成，促进就业工作的规范和公平，还需要特别加强就业信息的发布、信息处理、信息交换、数据统计、校企沟通等。

对于学生来说，虽说国内知名就业网站如智联招聘、前程无忧等，提供的信息量巨大、用户众多，但是也存在一定的虚假性，招聘信息审核不严，毕业生缺少经验，容易落入招聘陷阱。而且这类大型招聘网站综合性强，主要群体为社会人员，毕业生在社招中信息筛查难、竞争力不足，容易带来就业压力。

对于学校来说，不仅仅要为用人单位与学生搭建桥梁，让学生有一个平台展示自己，获取更多的就业信息，为用人单位提供信息发布、在线沟通的渠道，促进学生就业。更要实时跟踪学生的就业情况，实时查看数据统计。

综合来看，传统的毕业生就业方式通常具有如下问题：①就业相关数据利用率低。就业相关数据包括学生个人信息、学业信息、一卡通信息，往届就业信息及反馈信息，招聘单位及岗位信息等。目前这些数据存放方式多源且分散，数据共享难，数据之间交换通用性差，数据利用率低。而分散的数据信息的处理和更新也会导致大量的重复工作，很难保证数据的完整性、一致性和准确性。②学生就业监测信息滞后。毕业就业是学生大学数年学习努力的社会检验，是学校重点工作之一。学生就业状况实时监测是就业职能部门的重点工作之一，目前主要采取定期汇总上报，由于信息由学生、班主任和学院以文件形式分级上报，必然会导致监测信息的滞后和不精确。③就业指导模式缺乏及时性、有效性和针对性。就业指导不仅需要给学生传递就业信息帮助其就业，同时也需要选择职业准备就业，以及在职业发展中，为其提供知识经验技能和指导。而目前大部分高校就业指导模式是将招聘岗位和招聘单位通过网站发布，并让班主任通知学生查看。在就业知识经验技能和指导也是通过组织讲座等形式向同学讲授，两种就业模式均缺乏及时性、有效性和针对性。

3. 优势与特点

智慧就业服务指导优势与特点主要包括提高招聘效率、保障学生求职安全、求职数据实时分析等方面[303]。

1）提高招聘效率。智慧就业节约学生简历投递时间，简历投递更加便捷。在线下招聘会现场，毕业生无需携带纸质简历，通过企业二维码等方式即可一键投递简历，求职更加便捷；而线上招聘会，毕业生可以方便观看招聘会直播，不用出门便可以投递简历，避免突然的现场招聘会或宣讲会造成的时间冲突。此外，招聘企业收集到的简历为统一格式，大幅提高企业人才管理及招聘工作效率；对于数据管理员来说，利用智慧就业平台，将统计数据简单化，不再需要大量的手工操作，提高工作效率。

2）保障学生求职安全。智慧就业平台可以记录毕业生投递过程数据，学校可以查看并跟踪学生所投企业，做到对用人单位的审核与监控，避免毕业生陷入求职陷阱，保障学生求职安全。

3）求职数据实时分析。智慧就业平台通过全面收集并分析招聘会数据，招聘会效果可精准量化，并采用大数据手段对数据进行多维度分析，分析结果可实现数据可视化。例如职位及行业的热度、就业学生院系及专业的分布、薪资分布等。

4. 应用情况

智慧就业主要公司包括深圳国泰安、卓志网络、南京繁和电子科技等，其业务布局主要将线下的招聘过程转移到线上，实现对学生、学校、用人单位数据的实时监控和共享，简化招聘在业务上的流程（表3-25）。同时提供往届及应届毕业生的就业数据分析。

表 3-25 智慧就业公司及产品

产品名称	公司名称	产品介绍
国泰安智慧校园就业管理系统	深圳国泰安教育技术有限公司	面向就业指导中心及毕业生、辅导员与用人单位，涵盖用人单位管理、简历管理、招聘管理、就业交流、就业登记等多方面，对毕业生就业进行全面、深入的指导，为毕业生就业提供网上服务平台，有效提高毕业生就业率
智慧就业系统	卓智网络科技有限公司[304]	"无纸化招聘+就业大数据实时呈现"的新模式
繁和高校就业信息综合管理系统	南京繁和电子科技有限公司	包括就业推荐表管理、用人单位信息、校园招聘会、毕业生信息、省厅数据生成、就业协议管理、毕业派遣、离校报到证管理等

5. 企业案例

案例：国泰安智慧校园就业管理系统[305]

国泰安智慧校园就业管理系统面向就业指导中心及毕业生、辅导员与用人单位，涵盖用人单位管理、简历管理、招聘管理、就业交流、就业登记等多方面，对毕业生就业进行全面、深入的指导，为毕业生就业提供网上服务平台，有效提高学校就业率（图3-9）。

就业网站
招聘信息/就业学习/企业注册
政策资料/交流咨询/求职信息

企业管理
企业注册、审核/
登录、维护单位信息

简历管理
学生发布简历/设置简历
有效期/企业搜索简历

招聘管理
发布招聘信息/招聘审核/
学生应聘/面试邀请

就业交流
求职、创业交流/多种
形式/同异步交流

就业登记
学生提交就业信息、审核/
管理人员登记/统计报表

图3-9 国泰安智慧校园就业管理系统功能模块

资料来源："国泰安智慧校园"微信公众号，《国泰安智慧校园就业管理系统》，2019年5月17日。

国泰安智慧校园就业管理系统已在辽宁石化职业技术学院、河南省驻马店财经学校等院校得到了广泛应用，为学校搭建了就业网站，提供了信息化的就业管理平台，减少人工录入数据的工作量，就业率也得到了一定的提升。其产品特点如下。

1）就业全流程管理。建立用人单位招聘、学生求职、学校监督的管理模式，创新管理"招聘—求职—就业—反馈—跟踪—统计"等全流程业务。

2）提升就业匹配率。就业信息及时发布，用人单位在线发布职位，学生在线求职，交流咨询，针对性更强，匹配度更高，多方共赢。

3）保障学生就业。用人单位注册、职位发布审核，保障信息有效性，避免招聘陷阱；数据随时可查，根据情况深入指导，提高就业率。

4）就业去向实时跟踪。就业去向学生或管理人员实时填报，多维数据报表，就业情况实时统计，及时反馈，提高就业管理效率。

6. 问题与发展

（1）存在的问题

高校智慧就业系统主要存在以下问题：数据不及时，不能及时获取到招聘企业和学生双方数据，这样造成毕业生不能及时获取招聘信息；就业无跟踪反馈；招聘就业信息不对称；不能随时随地获取招聘信息；人找信息，效率低[306]。

（2）发展趋势

智慧就业模块是智慧校园平台的重要组成部分，建设以学生、教师、校管理者为中心的服务是智慧就业也是智慧校园建设的核心。通过智慧就业平台建设将解决消息不及时不精准等问题，促进应届生就业，提高就业率和对口率。同时，通过就业岗位要求，也可以促进学校专业方向和内容的与时俱进和促进学生在求职前根据要求学习所需知识，提前为高质量的就业做好准备。其发展方向如下。

1）建立功能更加全面的信息数据共享平台。智慧校园背景下精准就业服务工作需要建立一个功能全面的信息数据共享平台，需要收集国家就业政策和行业就业形势情况、学生在校情况和职业测评、人才招聘数据化交接、校内管理数据信息等。而高校也能够对这些信息进行统一的分析和处理，并跟校外各个企业的用人信息进行对接，针对不同的学生推送精细化的就业信息与服务内容。

2）加强信息安全工作的建设。智慧校园背景下精准就业服务工作的展开涉及多个部门和机构，并且需要使用大数据收集和计算技术，因此如何保证信息数据安全是每一个高校都需要面临的问题。特别是智慧校园系统本身就将各类信息放置在了互联网中，虽然提高了信息沟通和交流的效率和程度，但是也大大增加了信息泄露的风险。为了规避这些风险，各大高校应该牵头引线，先做好自身信息的安全管理工作，避免校内信息的泄露。接下来高校还应该联动教育管理部门、各大企业和其他社会力量，共同进行技术整合与合作，提高数据信息安全保护等级。

（五）校园文化建设

1. 定义及界定

校园文化是学校在办学过程中长期积淀而成的具有行为和道德意义的风气，是学校所具有的特定的精神环境和文化氛围，是学校教育不可缺少的重要组成部分。

校园文化以社会文化为背景，以学生为主体，以校园为主要活动空间，以育人为主要导向，以特定的精神文化、制度文化、环境文化建设等为主要内容。校园文化包括学校独特的办学理念、组织制度、校园建筑设计、校园景观、道德规范，也包括学校的校风、教风、学风、班风、人际关系、集体舆论等[307]。

2. 发展背景

在学校接受教育的青少年学生，生理、心理尚未成熟，辨析能力差，随时随地上网的方便也容易使学生受到外部环境的影响。校园文化对学生的健康成长有着巨大的影响，潜移默化地影响着学生的人生观、价值观。智慧校园文化建设的终极目标在于创建一种氛围，使学生在信息化环境下，可以陶冶情操、拓宽视野、提高道德素养、构建健康人格，全面提高学生素质。

3. 应用情况

随着教育信息化 2.0 的开启，当前基于大数据的智慧型校园建设成为社会各界关注的热点问题。人工智能、物联网、云计算、移动互联等都是高校创新文化发展的新机遇，高校与科技的融合与创新，将是时代发展的必然趋势。高校要依托高科技，动态采集学生的各项指标数据，随时了解学生的成长数据，如睡眠习惯、专注力程度、运动习惯、疾病预防能力，及时了解校园环境。在高校安装考勤机器、智能手环、智能身高体重仪、智能新风系统、智能饮水机等，掌握学生的相关情况，从而通过大数据平台进行多维度的数据整合，精准地为每一个学生制定健康成长模型，帮助学生进行时间管理、情绪管理、运动管理，营造良好的校园环境和文化氛围，使高校成为"智慧校园"。

在智慧校园背景下的校园文化建设，可以从多角度入手。例如，浙江大学玉泉校区食堂安装了刷脸支付，并将账单的具体情况、食物热量和营养成分通过微信发送到学生的手机上，让学校随时掌握学生的健康状况，也帮助学生自身调节饮食、注意健康；山东大学通过人脸识别系统，实现了对学生宿舍的监控和记录，保证学生安全；北京交通大学通过智能手机就可以精准地了解哪个食堂就餐人多，哪个浴室洗澡的人少，方便大学生活。大学校园依托大数据进行管理的模式，使校园文化更加趋于人性化和个性化，更加具有开放性和先进性。而在这种校园文化氛围中成长学习的大学生，由于获得了技术创新与应用的体验感，其思维和视野也会表现得更加开阔，创新意识更强，为适应未来社会发展奠定了基础。

4. 问题与发展

（1）存在的问题

智慧校园存在的问题主要包括发展较为缓慢、忽略精神文化建设、制度文化教育有待完善等。

1）智慧校园发展较为缓慢。建设智慧校园的平台需要大额资金、人员和技术投入，这对很多学校而言是个大难题。目前，一体化物联网综合信息平台建设困难，使得"智慧校园"建设迟迟无法向前大步前进。大多数学校与学生的即时沟通仍通过教师、班长通知的方式，没有完全实现移动互联网化；学生课上学习、活动通过信息平台，却达不到大数据时代下信息共享化。

2）重视物质文化建设，忽略精神文化建设。现今，各级政府加大了对职业教育的投入，学校的办学条件有了很大的改善，但是有些学校只重视物质文化的建设而忽视了精神文化的建设，部分学校只重视硬件设施建设，却忽视了文化建设中隐性的精神文化建设的内涵。而人的思想和某些品质也是需要隐性环境的熏陶培养才能经受住外界环境的刺激。无论多么扎实的硬件设施，多么雄厚的师资队伍，如果没有朝气蓬勃的学生，学校就不会拥有强大的生命力。

3）制度文化教育有待完善。学校制度文化包括校规校训、制度纪律等，具有约束、规范的作用。智慧校园对学校制度的建设提出了更高的要求，学校需要进一步完善校园制度文化，建立民主、科学、进取、和谐的制度文化，加强学生对制度的认知。将学校的具体"硬制度"与精神"软文化"融为一体，使之既能起到强制作用，又能发挥激励作用。

（2）未来发展

当下所处的人工智能和大数据时代是信息高速传播的时代，它改变了人们的生产和生活方式，蕴含着巨大的潜力和价值，改变了人们的认知思维和认知范围，其交互性、广泛性、多元性既带来了机遇，也带来了挑战。

高等院校要充分认识到当下时代的特征、趋势和功能，积极构建与之相适应的多元性校园文化，树立校园文化建设的新理念，提高校园文化建设的综合水平，拓宽文化建设的总体思路。积极构建智慧校园，为大学生提供更多的学习资源、科技体验、信息资源，丰富其学习生活和精神生活，实现校园文化的和谐健康发展。

五、素质教育

（一）素质教育定义及背景

1. 定义及界定

素质教育是以提高受教育者诸方面素质为目标的教育模式，重视人的思想道德素质、能力培养、个性发展、身体健康和心理健康教育。素质教育是以全面提高人的基本素质为根本目的，以尊重人的主体性和主动精神，以人为的性格为基础，注重开发人的智慧潜能，注重形成人的健全个性为根本特征的教育。

中国素质教育主要包括科学创新、艺术教育、体育教育、研学旅行、生活素养等（图 3-10）。科学创新包括机器人、编程、无人机、科学课、3D 打印等；艺术教育包括音乐、美术、舞蹈、戏剧、语言、国学等；体育教育包括体能、球类、武术、冰雪运动、水上运动、棋类等；研学旅行包括游学和营地等；生活素养包括礼仪、思维、厨艺、全脑开发等。其中，科学创新类包括 STEM 教育和创客教育，艺术教育和体育教育属于文体类。

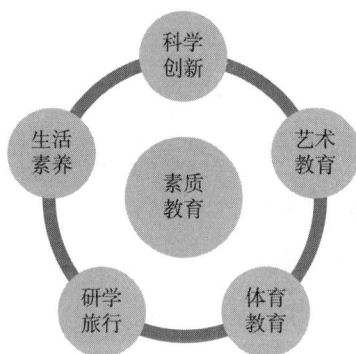

图 3-10　素质教育主要结构

2. 发展背景

2019 年，国务院发布《关于深化教育教学改革全面提高义务教育质量的意见》，提出坚持"五育"并举，突出德育实效、提升智育水平、强化体育锻炼、增强美育熏陶、加强劳动教育。坚决克服"唯分数、唯升学"的片面评价做法，着眼于学生综合素质、持续发展，全面发展素质教育，努力培养德智体美劳全面发展的社会主义建设者和接班人。

2020 年，国务院发布《关于全面加强和改进新时代学校体育工作的意见》，指出学校体育是实现立德树人根本任务、提升学生综合素质的基础性工程，是加快推进教育现代化、建设教育强国和体育强国的重要工作，对于弘扬社会主义核心价值观，培养学生爱国主义、集体主义、社会主义精神和奋发向上、顽强拼搏的意志品质，实现以体育智、以体育心具有独特功能。同时发布《关于全面加强和改进新时代学校美育工作的意见》，指出美是纯洁道德、丰富精神的重要源泉。美育是审美教育、情操教育、心灵教育，也是丰富想象力和培养创新意识的教育，能提升审美素养、陶冶情操、温润心灵、激发创新创造活力。

2021年，国务院发布《关于进一步减轻义务教育阶段学生作业负担和校外培训负担的意见》，提出科学利用课余时间。学校和家长要引导学生开展适宜的体育锻炼，开展阅读和文艺活动。教育部发布《关于进一步明确义务教育阶段校外培训学科类和非学科类范围的通知》，指出在开展校外培训时，体育（或体育与健康）、艺术（或音乐、美术）学科，以及综合实践活动（含信息技术教育、劳动与技术教育）等按照非学科类进行管理。

（二）科创类（STEM教育/创客教育）

1. 定义及界定

科创教育主要包括 STEM 教育和创客教育，主要应用领域包括机器人、编程、科学课、无人机、模型、3D 打印、设计制作等。

STEM 教育是集科学、技术、工程、数学多领域融合的综合教育，注重提高学习者问题分析与解决的能力以及创新能力，具有跨学科性、趣味性、体验性、情境性、协作性等特点。STEM 是科学（Science）、技术（Tcchnology）、工程（Engineering）、数学（Mathematics）四门学科英文首字母的缩写，其中科学在于认识世界、解释自然界的客观规律；技术和工程则是在尊重自然规律的基础上改造世界、实现与自然界的和谐共处、解决社会发展过程中遇到的难题；数学则作为技术与工程学科的基础工具。

STEM 教育重点是提高学生四个方面的素养：一是科学素养，即运用科学知识（如物理、化学、生物科学和地球空间科学）理解自然界并参与影响自然界的过程；二是技术素养，也就是使用、管理、理解和评价技术的能力；三是工程素养，即对技术工程设计与开发过程的理解；四是数学素养，也就是学生发现、表达、解释和解决多种情境下的数学问题的能力。

STEAM 教育是由 STEM 教育发展来的，在 STEM 教育的基础上加入了艺术教育，变得更加全面。STEAM 教育是集科学、技术、工程、艺术、数学多领域融合的综合教育。

创客教育是一种融合科学、技术、工程、艺术、数学等知识与技能，遵循自由开放、创新创意、探究体验的教育理念，以实践创造学习为主，培养创新型人才的新型教育模式。创客教育核心教育理念是通过动手实践培养学生的创新能力、探究力和创造力，具有整合性、研创性、协同性、共享性等特点。

创客教育与 STEM 教育均属于跨学科教育，创客活动需要 STEM 教育提供知识理论支撑，而创客实践是 STEM 教育的最终目的，即知识体系在实物创造中发挥相应作用，实现可商业化产品，使教育与商业形成衔接。目前中国教育市场通常将创客教育解读为 STEM 教育的应用模式之一，即创客教育从属于 STEM 教育。

2. 发展背景

2016 年，教育部发布《教育信息化"十三五"规划》，指出有效利用信息技术推进"众创空间"建设，探索 STEM 教育、创客教育等新教育模式，使学生具有较强的信息意识与创新意识，养成数字化学习习惯，具备重视信息安全、遵守信息社会伦理道德与法律法规的素养。

2017 年，教育部发布《义务教育小学科学课程标准》，提出倡导跨学科学习方式，建议教师可以在教学实践中尝试 STEM 教育。

2019 年，教育部发布《关于加强和改进中小学实验教学的意见》，指出要注重加强实验教学与跨学科教育、编程教育、创客教育、人工智能教育及社会实践的有机融合。

3. 优势与特点

STEM 教育的优势与特点主要包括课程体系的跨学科整合性、学习过程的实践体验性、学习活动的协作互助性、教师队伍的专业复合性、提升整体学习效率等。从课程实施要求看，STEM 教育具有从解决真实情境问题出发、以学生为中心、让学生用跨学科知识整合来解决问题等特征。①课程体系的跨学科整合性。STEM 教育培养学生横向融合多门学科知识和素养去解决问题的能力。强调针对某一特定问题，综合运用多门学科知识进行问题的探究和解决。②学习过程的实践体验性。STEM 教育强调学生通过实践活动和经验情境，以多学科、多视角、多方面的整体观去进行项目式学习。学生在项目活动中的动手操作不仅能获得相关问题领域的经验性知识，还能在参与活动中获得过程性知识。这种学习方式切实做到淡化形式、注重实质，更加关注于学生学科知识的掌握和运用。③学习活动的协作互助性。STEM 课程是基于项目的群体协作式学习，其活动需要团队成员之间的配合协调。STEM 活动一般要求组成小组进行协作完成，共同发现问题、分析条件、设计方案、准备材料、提出假设、完成操作、综合评价等。学生通过协作互助完成教学任务，可以培养良好的团队合作意识、组织协调能力和互助精神。④教师的专业复合性。STEM 教育需要教师具备综合学科素养知识，即具有技术、科学、工程、数学等学科知识。此外，随着新兴技术的发展，教师除了掌握已有的学科知识外，还需了解更多新兴领域的知识以及信息化时代的科学技能等。除了理论知识的传授，教师还需重视对学生技术应用的启示和创新思维的开发。⑤提升整体学习效率。STEM 教学模式能够引发学生多角度去思考问题，更能激发广大学生的学习劲头与求知欲望，课堂上能够加强师生之间的交流与沟通，提升学习效率。

创客教育优势与特点主要包括在探索中学习、学习重心转向"做"与"说"、学习资源手段丰富、提供创新成长平台等。①在探索中学习。在创客教育中，学习不仅仅是靠教师的讲授，自主学习是学习知识的主要方式。"创造中学"是创客教育的基本理念，以一个项目为线索，通过适当的引导，一个创意作品或创意主题为载体，使学习者创造自己理想中的知识空间。②学习重心转向"做"与"说"。"听"与"记"是主要传统学习方式，创客教育更多地将学习的重心转向学习者本身，以"做"与"说"代替"听"与"记"的地位。"做"与"说"既是培养学生知识建构的有效方法，也是培养学生核心素养的重要过程。③学习资源手段丰富。创客教育的知识不仅来源于教师和教材，更来源于图书馆、网络、专家等途径，学生的知识获取途径更为多样。创客教育并不限定获取知识的途径，以最适合的方法获得信息即为最好的学习方法。学生可以查阅图书，可以在网上搜集资料，可以咨询专家、实地考察等。同一个要求，设计出的作品也各有特色，同一个主题，不同的小组得出不同的结果，充分给予学生创造的自由。④提供创新成长平台。创客教育旨在为学生提供一片承载自由思想的空间，学生通过自己发现问题、探索问题、解决问题的过程，既是学生学会学习的过程，也是学生获取知识的过程。这种自由的教学方式，为学生提供了一个创新成长的平台，使得学生求知与制造的天性得到充分释放[308]。

4. 应用情况

（1）主要应用

STEM 教育作为一种教学策略，根据具体目标的不同，STEM 教育分为验证型、探究型、制造型和创造型四种不同的应用模式，主要应用于编程教育、机器人教育、3D 打印、无人机、虚拟现实、人工智能等领域。①验证型 STEM 教育应用的目标，是让学习者通过综合运用 STEM 知识验证一个学习者已经明确的结果，其核心是学习者的验证过程和方法而非结果。验证型 STEM 教育应用基本步骤主要包括明确问题、设计方案、评估方案、实施方案、分析数据、分享反思等。②探究型 STEM 教育应用的目标，是让学习者通过综合运用 STEM 知识去发现并解释某些学习者未知的现象，其核心是学习者的探究过程及结果。探究型 STEM 教育应用基本步骤主要包括发现问题、收集证据、分析数据、解释结论、分享反思等[309]。③制造型 STEM 教育应用的目标，是让学习者通过综合运用STEM知识去完成一个已有形态物品的生产和改良，其核心是学习者的工程实践能力的培养。制造型STEM教育应用基本步骤主要包括情境引入、设备培训、模仿制造、知识讲解、协同改进、分享反思等。④创造型STEM教育应用的目标，是让学习者通过综合运用STEM知识去完成一个创新物品的设计和制造，其核心是创新的设计。创造型STEM教育应用基本步骤主要包括情境引入、创新引导、协同设计、制造验证、应用改进、分享反思等。

目前，中国创客教育主要有体验式、素养式、平台式三种应用模式。①体验式创客教育。这种模式主要满足学生科技体验和制作的乐趣，让学习者在从中感受到科学与艺术的魅力，学习难度较低，适合创客教育的初步教学。这种模式通常借助一些半成品的手工制品或者玩具，通过学生完成组装、完善作品以实现作品的功能，重在学生的参与和体验[310]。②素养式创客教育。教师通过组织一些创客式教学活动，引导学生完成情境思考、设计、制作或探究、解决问题、分享交流的整个过程，培养学生的能力和素养。这种培养形式需要学生有作品或主题报告的产出，以此塑造学生的创新思维、问题解决、信息整合能力等。③平台式创客教育。这种模式更为深入、开放、长效，学生自行学习专业的技术或知识完成项目，这更加考验一个学习者的自主学习能力和执着精神。当前，创客资源和创客网络平台十分丰富，为平台式创客教育开展提供了有力支撑，这种应用模式将是未来创客教育发展的主流。

（2）供给企业

科创领域主要企业包括童心制物、寓乐湾、倍尔科技、编程猫等，STEM教育和创客教育产品包括STEAM教育一站式解决方案、创客教育解决方案、STEAM平台、青少年STEAM智能云测评系统、校园创客空间、5C1E教学模式课程、MCC课程体系等，产品以编程教育、机器人教育为重点，具备科学的课程体系、完善的师资培训、强大的线上内容、国际化赛事、丰富的活动运营、专业的软硬件装备等特点（表3-26）。主要企业大多将创客教育产品包含在STEM教育中，为用户提供一站式综合解决方案。

5. 企业案例

案例1：STEAM教育一站式解决方案——童心制物

童心制物提供STEAM教育一站式解决方案，覆盖小学、中学、高中和大学。解决方案包含教师发展指导、教学具研发、综合实践活动策划、创新赛事运营以及课程资源管理等。方案根据不同学段学生的知识经验和认知发展特点，开发基于问题的、基于项目的学习活动方案，并以系统科学的校本化课程、完备的硬件及软件产品，帮助更多学校提升 STEAM 教育水平。

解决方案主要特点包括科学的课程体系、完善的师资培训、强大的线上内容、国际化赛事、丰富的活动运营、专业的软硬件装备等。例如，公司机器人教育产品通过设计、组装、编程、运行机器人，激发学生学习兴趣、培养学生综合能力。产品依托 MakeX 机器人挑战赛，通过国际化的机器人挑战赛、STEAM 嘉年华等活动形式，为学生提供与全球青少年同台竞技的机会，为中小学生综合能力、信息素养的提升提供平台。目前，公司产品被广泛应用于课堂教学及家庭教育，为孩子提供 STEAM 教育。

案例 2：创客教育解决方案——童心制物

童心制物的创客教育解决方案，以解决现实生活中的问题为出发点，通过 PBL 项目式学习理念，让学生灵活使用各种器材、工具和软件来进行造物，并在此过程中培养学生的自主学习能力、动手能力、协作能力、逻辑思维和创造力。

公司创客空间套装课程，包括《机械智造家》和《电子发明家》两个系列，覆盖了教材、搭建手册、教案和教学 PPT 四大内容板块。课程融合了 STEAM 教学理念和 PBL 项目式学习理念，充分发挥 makeblock 产品优势，让学生能高质量地完成案例作品的制作，激发学生对创新活动的兴趣和信心。学生在不断地分享和学习过程中，享受了创造的乐趣，同时学到了知识，也提升了能力。

案例 3：STEAM 平台、青少年 STEAM 智能云测评系统——寓乐湾

寓乐湾 STEAM 平台打造学校专属的 STEAM 教育资源云平台，提供丰富的 STEAM 教学及学习资源。寓乐湾课程以建构主义、创造心理学为理论基础，结合 PBL、游戏化教学方法，创造性地以 5I 教学法贯穿整个教学过程，让学生真正成为课堂的主人。用青少年 STEM+ 课程培养学生的创造力、创新力及对未知事物的探究能力和发现问题、分析问题、解决问题的能力。教学工具的使用从拼插件到开源硬件、从手工工具到数字化桌面智造工具、从电子元器件到集成电路、从现实世界到虚拟世界、从预设指令到人工智能，以此来实现面向未来的教育。

青少年 STEAM 智能云测评系统，依托美国 21 世纪核心素养以及中国学生发展核心素养框架相关理论，并结合跨学科学习的理念对学生的课堂表现进行测评。整套系统将通过移动学习方式，采用线上线下相结合方式将移动终端设备融入科技创新教育课堂，对学生整个学习过程中的生生互动、师生互动等多维数据进行量化收集、分析

表 3-26 STEM 教育 / 创客教育领域主要企业布局情况

产品名称	所属企业	STEM 教育 / 创客教育产品功能及特点
STEAM 教育一站式解决方案、创客教育解决方案	童心制物[311]	童心制物是一家 STEAM 教育解决方案（包含创客教育解决方案）提供商。面向学校、教培机构、家庭的 STEAM 教育场景和娱乐场景，提供齐全的机器人硬件、编程软件，输出优质的教学内容，并打造国际化的青少年机器人赛事。解决方案包含教师发展指导、教学具研发、综合实践活动策划、创新赛事运营以及课程资源管理等。根据不同学段学生的知识经验和认知发展特点，开发基于问题的、基于项目的学习活动方案，并以系统科学的校本化课程、完备的硬件及软件产品，帮助更多学校提升 STEAM 教育水平。产品主要特点包括科学的课程体系、完善的师资培训、强大的线上内容、国际化赛事、丰富的活动运营、专业的软硬件装备等。公司产品销往全球 140 多个国家和地区，已进入全球 25000 多所学校，被广泛应用于课堂教学及家庭教育，为孩子提供 STEAM 教育启蒙
STEAM 平台、青少年 STEAM 智能云测评系统、校园创客空间	寓乐湾[312]	寓乐湾 STEAM 平台打造学校专属的 STEAM 教育资源云平台，提供海量丰富的 STEAM 教学及学习资源。寓乐湾课程用青少年 STEM+ 课程培养学生的创造力、创新力及对未知事物的探究能力及发现问题、分析问题、解决问题的能力。青少年 STEAM 智能云测评系统，依托美国 21 世纪核心素养以及中国学生发展核心素养框架相关理论，并结合跨学科学习的理念对学生的课堂表现进行测评。寓乐湾目前已面向 7000 多所中小学，为 300 多万中小学生提供课内及课外教学及产品服务
5C1E 教学模式的课程	贝尔科技[313]	贝尔科技是面向 3~13 岁儿童及青少年进行创意科教活动服务的公司，以编程课程为主，以培养学生想象力和创造力为宗旨，坚持以兴趣为导向，通过"动手做"来学科技，激发他们探索知识的热情，从而完成知识的构建、思维的发散、各项能力的提升。5C1E 的独特教学模式包括导入、联系、建构、反思、延续、效果评价六个环节，课程通过科技教育的方式，探索新型教育理念，让孩子在游戏中学习，在高科技环境中成长。公司在中国 120 多个城市拥有超过 800 多家机器人活动中心
MCC 课程体系	编程猫[314]	编程猫面向 4~16 岁青少儿，专注研发适合中国儿童的编程教学体系。通过学习，孩子们可以创作出奇妙的游戏、软件、动画等，以"工具 + 内容 + 服务"产品形态培养孩子逻辑思维、计算思维和创造性思维，提升综合学习能力。产品特点包括专业名师辅导、PBL 项目制提升学习效率、资深教研团队、多元化教学、真人 +AI 随时随地方便学等。已研发了超过 19 种品类编程课，全国 34 个省份，17000 所公立中小学校引入编程猫课程

和数据挖掘，为青少年提供多维度的测评结果，并进一步反映课程教学效果，同时为教育主管部门提供学生群体能力分布、学生能力发展趋势、课程教学效果等多维度可视化数据，为教育决策提供数据支持。

6. 问题与发展

STEM 教育问题主要包括缺少打通学段的整体设计、标准与评估机制尚未建立、师资队伍整体水平不高、教学资源不充足等。①缺少打通学段的整体设计。目前中国 STEM 教育没有形成完整的系统性方案，各学段内容和目标不衔接。例如在小学科学教育中有 STEM 的内容，但是到了中学没有相应的延续课程。另外，由于对 STEM 的理解不同，STEM 教育的实施内容也是五花八门，不成系统。②标准与评估机制尚未建立。中国 STEM 教育还处于发展初期，相应的标准还处于空白状态。什么样的课程可以进入学校、课程是否达到预期效果、评价体系如何建立等，这些问题都需要解决。只有建立相应的标准和评估机制，才能保证 STEM 教育健康持续发展。③ STEM 师资队伍整体水平不高。即便有些学校开设了 STEM 方面的选修课或必修课，但都面临着合格教师短缺的问题。比如技术工程类教师等。④ STEM 教学资源不充足。STEM 教育在中国兴起不久，无论是线下资源还是线上资源都很较欠缺。教师想要用现成的教材与教学方法有一定的困难。除此之外，城市和农村学校的 STEM 教育资源分布不均，例如城市学生为了解决一个问题，可以很方便地进入当地图书馆、科技馆查阅相关资料，但农村孩子就没有这样的便利。资源不足以及资源的分布不均制约了 STEM 教育在学校的全面开展[315]。

创客教育问题主要包括理论体系不完整、师资力量缺乏、与课程教学融合问题等。①创客教育理论体系不完整。由于对创客教育规律，特别是对教学设计问题的关注，滞后于硬件设备及空间环境的建设，导致创客教育出现"有形而少实"的现实困境。因此，建立一套经典的完整的体系十分重要，能对创客教育的教学设计、教学过程、教学评价以及资源建设整个过程的实施提供借鉴与指导。②师资力量缺乏。创客教育仍处于发展阶段，师资力量的培养相对滞后。创客教育对教师的要求很高，一个合格的创客教师既要懂电学、机械、结构，又要会编程、计算机，还要有正确的价值观和一定的人文素养，并能够采用创客的教育理念和方法进行教学。这种高门槛让很多教师望而却步。③创客教育与课程教学融合问题。随着创客教育在中国的逐步发展，创客教育与课程教学融合的问题逐渐凸显。作为一门新的教育形态，创客教育面临着在时间和空间上与现有学科课程协调的问题，平衡创客课程与其他学科课程的实践问题是一个绕不开的问题。此外，创客教育与课程教学融合的问题还包括教师角色的转变、教师团队的组建、教学资源的整合、教学评价等[316]。

中国科创教育行业发展趋势包括融合化、智能化、泛在化、幼儿化等。

（三）文体类

1. 定义及界定

艺术教育，即以文学、音乐、美术等为艺术手段和内容的审美教育活动。艺术教育是美育的重要组成部分，任务是培养审美观念、鉴赏能力和创作能力。艺术教育以培养鉴赏能力为主，创作能力为辅，使受教育者在欣赏优秀艺术品的实践中学习审美知识，形成审美能力。

艺术教育主要内容包括艺术知识、艺术欣赏和艺术创作。其中，艺术知识包括艺术理论、艺术批评和艺术史；艺术欣赏包括对艺术作品思想性和艺术性的感受和鉴赏能力；艺术创作包括创作艺术作品的构思和表达能力。

体育教育是以身体活动为手段的教育，主要包括体能、球类、武术、冰雪运动、水上运动、棋类、其他运动等。体育的教育功能是通过体育对人的身心的促进与发展，来促进教育目的的实现而体现出来的。体育的教育功能主要体现在：体育运动可以促进良好生活习惯的形成；通过提供社会规范教育、社会角色尝试来促进人的社会化；通过促成个性形成、约束个性发展和养成进取精神来发挥体育在促成个性形成和发展中的作用。

2. 优势与特点

艺术教育的优势与特点主要体现在培养认知能力、培养创造能力、提高审美能力、提升心理调适能力、培养社交能力等方面。①艺术教育有助于培养认知能力。认知能力是人首要的、基本的能力，也是形成其他能力的基础。智识教育强调的是逻辑的、理性的认知能力，更多在开发人的左脑。艺术教育侧重于直觉的、感性的认知能力，更多在开发右脑潜能。②艺术教育有助于培养创造能力。创造能力是人类能力系统的重要内容，也是考察一个人可持续发展的重要标志。艺术思维更侧重于直觉，具有跳跃性、非线性，因此在发明创造的过程中，会起到潜移默化的关键作用。③艺术教育有助于提高审美能力。艺术教育有助于唤起人对审美的需要，培养审美趣味，形成审美观念，提高审美能力。通过对艺术作品的感受、欣赏、理解和创造，人会逐渐形成一定的审美能力，在日常生活中，就能按照美的样式来改进自己的生活，提升幸福感。④艺术教育有助于提升心理调适能力。随着生活和工作节奏的加快，人的心理普遍存在承受力小、净化能力弱、调适能力差等问题。由于艺术直接作用于情感世界，并在人的理性和感性冲突之间找到平衡，使人的生活方式由"物质化、身体化"向"艺术化、审美化"转变，因而具有心理疗治功能的作用。⑤艺术教育有助于培养社交能力。艺术教育不仅让人学会创造，也能够让人学会合作和交往。艺术教育过程中，会通过使用一系列视觉的、听觉的、动觉的信号和动作，来表达自己的想法、意见和建议，对于培养沟通与表达能力具有重要作用。

体育教育的优势与特点主要体现在促进学生增强体质、智力发展、德育发展等方面。①体育能增强学生体质，培养学生的意志和毅力。体育是增强学生体质、提高学生身体素质的重要手段，使学生的身体形态、生理机能、身体素质、身体基本活动能力和心理素质等方面得到全面发展和锻炼，从而增强学生对自然环境的适应能力和对疾病的抵抗能力。②体育促进学生智力发展。健康的体质是智力发展的物质基础，智力的发展是建立在大脑这个物质基础上。大脑发展的主要物质基础之一是氧。体育运动能促进学生心、肺功能等方面的机能的发展，心肺机能发展了，就大大改善大脑的血液循环和氧的供应，这是体育对学生智力发展起到的间接作用。同时，由于体育活动的各种动作，多是在短时间或瞬间来完成，并要求准确、轻松、优美，这也对大脑产生强烈的刺激，有利于提高大脑的强度、均衡性、灵活性及分析、判断等各方面的能力。③体育促进学生德育发展。体育活动大多是在室外进行的，体育运动的特殊性，为学生自由活动提供更多的机会，从而增强学生与学生之间、学生与教师之间直接交往的时间。体育要求学生必须有更强的组织纪律性和自觉性，这为教师对学生进行德育创造了良好的条件。

3. 应用情况

（1）主要应用

艺术教育是素质教育的重要组成部分，按照艺术课程内容，中国艺术教育市场分为造型艺术、表演艺术、语言艺术、综合艺术等教育项目。目前表演艺术教育市场占比最大，以乐器、舞蹈教育为主。

造型艺术主要包括绘画、雕塑、摄影、书法、篆刻等课程，旨在培养学生通过使用一定的物质材料以及手段，创造出可视静态空间形象来反映社会现实与感情；表演艺术主要包括演唱、舞蹈、乐器演奏等课程，旨在培养学生的艺术表演能力；语言艺术主要包括文学、小品、播音主持、演讲、辩论等课程，旨在培养学生的语言能力，从而支撑语言类艺术形式的表达；综合艺术泛指不同艺术成分组合而成的艺术，其中的各类艺术形式相互制约、互相渗透。综合艺术包含戏剧、戏曲、电影、电视等艺术形式。

综合来看，造型艺术以绘画、雕塑为主；表演艺术以乐器、舞蹈为主；语言艺术以文学为主；综合艺术以电影、戏曲为主。

体育教育包括体能、球类、武术、冰雪运动、水上运动、棋类、其他运动等。其中，体能以游泳、体能训练为主；球类以篮球、足球、乒乓球为主；武术以跆拳道为主；冰雪运动以滑雪、滑冰为主；水上运动以滑水为主；棋类以围棋、国际象棋为主。

（2）供给企业

文体领域主要企业包括艺旗教育、未来橙科技、动因体育等，文体类教育产品包括美术宝 1v1 课程、快陪练 App、少儿体育教育等，产品以乐器、绘画、篮球、羽毛球为重点，具备个性化课程、随时随地学习、一对一地教学、双师教学模式、建立专属成长档案等特点（表 3-27）。主要企业大多专注于某一文体领域，在领域内进行多品类布局，很少采用多领域综合发展战略。

表 3-27　文体类教育领域主要企业布局情况

产品名称	所属企业	文体类教育产品功能及特点
美术宝 1v1 课程	艺旗教育[317]	美术宝 1v1 课程体系 3.0 版，是基于中国基础教育新课程标准、美术学科核心素养，结合美国 STEAM 艺术教育课程体系、中国优秀经典传统文化、跨学科知识、专注力培养等多方面潜心研发的符合儿童身心发展及认知规律、开放多元的国际少儿美术课程体系，课程以美术宝独有的 ART CLASS 在线直播技术为授课平台，为全球 4~12 岁儿童提供便捷和高品质美术教学服务。课程共包含六大经典科目：创意绘画（含线描）、油画、国画、动漫、彩铅、素描（含速写）。整套体系满足 4~12 岁适龄儿童不同难度、不同画科需求。课程特点包括个性化专属定制课程、随时随地学习、一对一的教学理念、自主研发的艺术课程、建立专属成长档案等
快陪练 App	未来橙科技[318]	快陪练 App 是一个专业在线音乐教育平台，为 4~16 岁琴童提供一对一真人在线乐器陪练服务，开设有钢琴、小提琴、古筝、架子鼓、吉他、琵琶、竹笛、萨克斯、手风琴、二胡、长笛、马林巴等全品类乐器线上陪练课程。平台功能包含教师线上陪练、AI 智能服务、在线约课、上传乐谱、一对一在线陪练互动、课后反馈互评、月度练琴报告、互动课堂等。课程特点主要体现在儿童心理学教学方法、随时随地查看教师点评、线上钢琴陪练教学法、双师教学模式等方面
少儿体育教育	动因体育[319]	动因体育以少儿体育教育为核心业务，坚持专业、标准、高品质的教学理念。课程以篮球、羽毛球、网球为主，提供以学生为中心、线上线下协同、本地化的运动产品和服务，拥有系统的教育和运动理念，在注重孩子专项能力培养的同时，塑造全方位综合素质。2019 年开始，动因体育全面布局运动服务领域，构建少儿体育教育、运动空间、体育装备等业务。公司累计服务客户近 100 万，在籍学员近 10 万

4. 企业案例

案例：快陪练 App 在线音乐教育平台——未来橙科技

快陪练 App 是一个专业在线音乐教育平台，为 4 ~ 16 岁琴童提供一对一真人在线乐器陪练服务，开设有钢琴、小提琴、古筝、架子鼓、吉他、琵琶、竹笛、萨克斯、手风琴、二胡、长笛、马林巴等全品类乐器线上陪练课程。平台功能包含教师线上陪练、AI 智能服务、在线约课、上传乐谱、一对一在线陪练互动、课后反馈互评、月度练琴报告、互动课堂等。课程特点主要体现在儿童心理学教学方法、随时随地查看教师点评、线上钢琴陪练教学法、双师教学模式等方面。

快陪练 App 根据琴童的学习情况划分 25 分钟、50 分钟课程，根据琴童的学习进度，由陪练教师进行在线一对一陪练。同时，琴童主课教师可以在快陪练平台为琴童布置作业，在主课教师和陪练教师指导下，纠正练琴问题，培养琴童弹琴习惯。在课程完成后，陪练教师将对琴童上课情况进行点评（打分点评与语音点评），并实时同步给家长和主课教师，实现教学跟进、实时互动。

（四）其他类

中国素质教育其他类主要包括研学旅行、生活素养等。其中，研学旅行包括游学和营地等；生活素养包括礼仪、思维、厨艺、全脑开发等。

研学旅行践行知行合一的生活教育理念，将"知"与"行"有机结合起来，让学生暂别书桌，走出教室，走向绚丽多彩的大自然，走向繁华变幻的大社会，走进实践创新的第一线。学生在亲力亲为的实践和体验中增长知识，达到"行以求知，知更行"的研学目的。从研学旅行课程实践的视角，研学旅行课程分为课前、课中、课后三个阶段；从研学旅行课程理论的视角，研学旅行课程分为确定目标、选择资源、课程实施、课程评价四个环节。供给代表企业包括新东方、世纪明德[320]等。

六、特殊教育

（一）特殊教育定义及背景

1. 定义及界定

为了满足特殊需要儿童学习的需要，而设计（提供）的教育，即称特殊教育。1994 年 6 月 10 日联合国教科文组织召开的"世界特殊需要教育大会"通过的《萨拉曼卡宣言》中所说："每个儿童都有其独特的特性、志趣、能力和学习需要；教育制度的设计和教育计划的实施应该考虑到这些特性和需要的广泛差异。"对不同种类特殊儿童的教育又可分成盲童教育、聋童教育、智力落后儿童教育、超常儿童教育、言语障碍儿童教育、情绪和行为障碍儿童教育、多重残疾儿童教育等。特殊教育的主要精神是考虑到每个孩子个体内在及个体之间的个别差异。

中国实施特殊教育的对象主要是盲、聋、哑、智力落后以及有其他身心缺陷的儿童和青少年，设有盲聋哑学校、低能儿学校或低常儿童班、弱智儿童班，以及工读学校等。我国《宪法》《义务教育法》和《残疾人教育条例》都明确规定："国家保障残疾人受教育的权利""对残疾儿童、少年实施义务教育"。

本文采用国内对特殊教育的定义，指运用特殊的方法、设备和措施对特殊的对象进行的教育，主要包括盲人、听障人（聋人）、弱智儿童教育以及问题儿童教育等。特殊教育的机构包括盲人学校、聋人学校、肢残和畸形儿童学校、语言障碍儿童训练中心、特殊学校、低能儿学校、儿童感化院以及附设在普通学校的特殊班级等。

2. 发展背景

2017 年，国务院发布《新一代人工智能发展规划》，提出要在中小学设置人工智能课程，逐步推广编程教育，鼓励社会力量参与寓教于乐的编程教学软件开发、游戏的开发和推广。支持开展人工智能竞赛，鼓励进行形式多样的人工智能科普创作。

中国将加强特殊教育学校信息化、智能学校、数字校园和无障碍设施等建设，大力推进信息技术、"互联网 +"、大数据、辅助技术和人工智能等在特殊教育教学中的应用，推进现代科技与特殊教育课程、教学的深度融合，促进育人方式变革和教学质量提高。提升特殊教育的数字化、信息化水平，是特殊教育专业化发展的重要方向。

中国特殊教育存在着地域校际教育资源分配不均的问题，这也成为限制特教教师专业化发展的重要因素，如何合理配置教育资源显然是急待解决的问题。特殊教育学校可利用大数据技术的优势，共同构建资源共享的平台，在此平台，院校和其他教育部门共同合作，不断开发高质量的教育资源，打破院校间、区域间的壁垒，让优质的教育资源合理流动，实现地域间校际优势互补和教育资源共享，这不仅有利于让特殊教育教师享受到优质资源，促进自己专业知识技能等方面的提升，更能从整体上提升处于资源匮乏的区域的师资力量。

（二）面向特定人群的智能学习平台

1. 定义及界定

智能学习平台是学习者在智慧环境中按需获取学习资源，灵活自如开展学习活动，快速构建知识网络和人际网络的学习过程。在智慧教育理念指导下，在已有数字化学习、移动学习、泛在学习等基础上发展起来的一种新型学习平台。

2. 发展背景

特殊儿童类型多样，存在各种困难，人工智能有望为特殊儿童带来新的干预策略。国外在相关领域开展了多项研究，中国正处于初步探索阶段。人工智能根据特殊儿童的特征提供精准干预，如机器人监测自闭症儿童课堂学习的情绪状态，帮助教师及时调整教学；人工智能可以提供多场景的沉浸式体验，增强特殊儿童的参与兴趣，如基于虚拟现实技术的设备为脑瘫儿童提供多样的舞蹈场景，并实时反馈视觉图像，及时纠正运动模式；人工智能还能在专业人员不足的情况下提供持续干预，如偏远地区的家庭通过机器人辅助特殊儿童学习和康复，实现了家庭干预的可能；人工智能提供一定程度的情感支持，如使用智能教师系统分析学障儿童参与任务的情况，发现相比普通在线平台减少了任务外的无效活动[321]。

3. 优势与特点

面向特定人群的智能学习平台优势与特点包括为特殊学生提供便捷的教育、具备个性化学习特点、有利于特殊教育教师均衡发展等。

1）智能学习平台为特殊学生提供便捷的教育。特殊学生足不出户就可以随时学习丰富的课程，享受优质的教学质量。

2）智能学习平台具备个性化学习特点。不同类型学生可定制不同的课程目标、培养方案和教学方式等。同时，人工智能技术的规范化标准被重视，以保证在安全环境中对特殊儿童实施个性化干预，包括产品的建设标准、专业人员培养等。

3）智能学习平台有利于特殊教育教师均衡发展。培训是特殊教育教师专业发展的主要途径，然而由于中国特殊教育资源配置存在很大的区域差异，导致偏远或不发达地区的教师无法享受到优质的发展资源。智能学习平台使特殊教育教师方便获取海量的学习资源，且拥有平等的学习机会，为特殊教育资源和教育机会均衡发展提供支持[322]。

4. 应用情况

（1）主要应用

面向特定人群的智能学习平台应用主要包括提升特殊人群的学习动机、促进特殊学生对知识的理解应用、为特殊学生提供丰富的课程资源、提升特殊学生教学效果等。

1）提升特殊人群的学习动机。特殊学生由于各种障碍的不利影响，在语言、认知、思维、记忆力、注意力等方面处于劣势，因而激发其学习动机就具有了特殊的意义。智能学习平台将信息化技术引入教育场景，为特殊课堂教学提供生动有趣、兼具益智性与互动性的沉浸式教学体验，对于特殊人群简单地知觉唤醒、深度好奇心的唤醒起到积极作用[323]。

2）促进特殊人群对知识的理解应用。智能学习平台运用人脸识别、动作识别、虚拟现实等技术，可将课堂教学的知识与概念形象化、增强趣味性和交互性，倡导感知、参与、体验的学习方式，有利于学生对知识的理解。

3）为特殊人群提供丰富的课程资源。特殊学生要求教师重视课程资源的开发和利用，创造性地开展各类活动。智能学习平台帮助教师整合多元的教育资源，提升教学内容的丰富度，以多种方式提升特殊人群的核心素养。

4）提升特殊人群教学效果。在特殊学生教学中，枯燥的照本宣科、生硬的教学模式、固化的教学经验等成为课堂转型升级的阻碍。智能学习平台为课堂教学模式变革提供了全新的思路。如通过虚拟现实技术的应用，将教学内容逼真呈现，同时可进行场景对话式学习，增加课堂互动，让学生完全沉浸在学习的体验之中，从而提升教学效果。

（2）供给企业

智能学习平台主要企业包括松鼠课堂、酷培教育、编程猫、童心制物等，产品包括松鼠 Ai1 对 1 学习系统、酷培 AI 学习系统、MCC 编程课程体系、STEAM 教育一站式解决方案等，产品以编程教育、K12 教育为重点，具备个性化课程体系、自主学习、丰富的教学内容、大数据应用、智能学习诊断、智能规划学习路径等特点（表3-28）。主要企业没有专门针对特定人群的智能学习平台，只是当智能学习平台智能化、个性化、人性化达到一定水平时，也适合特定人群使用。

5. 问题与发展

面向特定人群的智能学习平台面临的主要问题包括农村特殊人群使用率低、初中及高中阶段在校特殊学生数量流失率高、技术不成熟等。此外，面向自闭症儿童的智能学习平台成果多样化，涉及康复、认知、沟通等，但针对其他类型儿童的成果仍停留在计算智能和感官智能阶段，应用以改善功能缺陷为主。

为满足个性化需求，面向特定人群的智能学习平台应用向认知智能方向发展。智能性研究从计算智能到感官智能到认知智能发展，认知智能是人工智能未来发展的突破口。

表 3-28　智能学习平台主要企业布局情况

产品名称	所属企业	智能学习平台功能及特点
松鼠 Ai 1 对 1 学习系统	松鼠课堂	松鼠 Ai1 对 1 学习系统以多种人工智能算法技术为核心，实时捕捉学生学习动态数据，准确诊断学习弱点，给每个孩子制定适合的学习路径，大幅提高学习效率。具备准确检测知识漏洞、动态规划学习路径、难度实时调控、快速掌握知识点等特点
酷培 AI 学习系统	酷培教育[324]	酷培 AI 学习系统是基于论答公司人工智能算法引擎，酷培 AI 革新了传统机构的补习形式，将大数据应用到学习全过程的人工智能学习产品，为中小学生提供智能的个性化辅导。酷培 AI 无需专业学科教师参与，可快速打击薄弱知识点。更全面的大数据应用，帮助每个学生查漏补缺，高效学习；可视化的提分路径，让学生摆脱题海战术，消灭薄弱知识点
MCC 编程课程体系	编程猫	MCC 编程课程体系面向 4～16 岁青少年，专注研发适合中国儿童的编程教学体系，已研发超过 19 种编程课。通过学习，孩子们可以创作出奇妙的游戏、软件、动画等，以"工具＋内容＋服务"产品形态培养孩子逻辑思维、计算思维和创造性思维，提升综合素质能力。产品特点包括零基础入门、趣味动画教学、PBL 项目制提升学习效率、资深教研团队、多元化教学、真人＋AI 随时随地方便学等
STEAM 教育一站式解决方案	童心制物	童心制物是一家 STEAM 教育解决方案提供商。提供齐全的机器人硬件、编程软件，输出优质的教学内容。根据不同学段学生的知识经验和认知发展特点，开发基于问题的、基于项目的学习活动方案。产品主要特点包括科学的课程体系、完善的师资培训、强大的线上内容、国际化赛事、丰富的活动运营、专业的软硬件装备等

（三）面向特定人群的教育机器人

1. 定义及界定

教育机器人是以人为主导，以人工智能为呈现方式，以激发学生学习兴趣、培养学生综合能力为目标的机器人成品、套装或散件。教育机器人能够有效提高学生的信息技术能力和在数字时代的竞争能力，具有较大教育价值。特殊教育机器人是为特殊症状使用者设计的教学机器人。

2. 发展背景

美国、韩国、日本、英国、丹麦等国家目前在教育机器人的研究中处于领先地位，日本和韩国在教育机器人的实际应用上普及更加广泛。中国机器人研究早在 20 世纪七八十年代就已开展，但针对中小学的机器人教学起步较晚，直到 90 年代后期才逐步发展。目前，北京、上海、广东、江苏等地已经将教育机器人纳入地方或校本课程，全世界超过 20 个国家已将编程列入国家规定的教材中。

2018 年中国发布的《教育信息化 2.0 行动计划》强调"智慧教育创新发展行动"

要加强智能教学助手、教育机器人、智能学伴、语言文字信息化等关键技术研究与应用。教育机器人作为机器人应用于教育领域的代表，将成为智慧学习环境的重要组成部分。

教育机器人经历了外形和技术特征的转变。外形从无生物特征型、动物型、机械型、卡通型到仿人型，虽然仿人机器人成功作用于特殊儿童的模仿行为和情绪识别，但可接受性问题也逐渐得到关注。技术从计算智能向认知智能演进。

3. 优势与特点

面向特定人群的教育机器人优势与特点主要包括教学适用性、拓展性、友好性、趣味性等。

1）教学适用性。教育机器人能够促进特定人群信息技术课程体系的进步和机器人教学普及的发展。能够消除以往无法识别不同类型儿童高级行为的困难，将声音、手势、表情等多模态行为，和生理特征结合起来观察儿童的社会参与状态。

2）拓展性。教育机器人拓展性适合特定人群个性化教学，能够根据用户需求自由拆卸、设计、组合模块部件和自由编写程序。

3）友好性。教育机器人人机交互界面、材质、造型设计等方面适合特定人群心理及生理发展特征，并对其沟通能力、智力开发等方面起到一定的促进作用。

4）趣味性。教育机器人可以整合 STEM 教育、创客教育等素质教育，激发特定人群的学习兴趣，将复杂的理论体系知识转化为简单的实际操作。

4. 应用情况

（1）主要应用

面向特定人群的教育机器人以编程教育机器人和陪伴教育机器人为主，主要面向幼儿、小学生和中学生，用于学校、培训机构和家庭，应用包括特定人群 K12 教育、自闭症人群教育、身心障碍人群教育、陪伴教育等。

1）特定人群 K12 教育主要涉及幼儿、小学生和中学生特定人群。特殊学生学习渠道较少，跟机器人进行交互式的学习和沟通，是学习渠道的一种补充，也可以增加学习兴趣和乐趣。通过机器人课程的开展，特殊学生更加自信，解决问题的能力有所提高。

2）自闭症人群教育。机器人让自闭症儿童感到亲切，易于被使用者接受，在自闭症儿童情绪识别和理解训练方面具有独特优势。此类型机器人以仿人和动物机器人为主，扮演学习同伴的角色，通过游戏的方式与特定人群进行社交互动，促进特定人群与其他人沟通、了解他人情感以及表达的社交能力。

3）身心障碍人群教育。身心障碍特殊幼儿，早期治疗黄金时期主要集中在六岁之前，协助特殊幼儿于治疗的黄金时期进行特殊教育，是教育机器人的重要发展方向。机器人结合视觉、音频、人工智能等技术，可以监测孩子的视觉反馈和声音，能够在一定程度上自发地与孩子互动，让每个孩子的学习过程充满乐趣，提供一个优化的教学环境。

4）陪伴教育机器人。陪伴教育机器人是孩子娱乐及教育的同伴，主要是伴随 0 ~ 12 岁孩子成长的机器人，在与孩子玩乐与学习的过程中，达到寓教于乐的效果。

（2）供给企业

面向特定人群的教育机器人领域主要企业包括未来伙伴、乐博乐博、优必选科技、软银机器人、慧昱教育等，产品包括能力风暴机器人、机器人编程课程、悟空机器人、自闭症治疗机器人 NAO、小哈机器人等，产品以编程教育、K12 教育、素质教育为重点，具备个性化课程体系、情绪识别反馈、丰富的教学内容、国际化赛事、AR 学习课程、AI 智能语音交互等特点（表 3–29）。主要企业大多没有专门针对特定人群的教育机器人产品，只是当教育机器人智能化、个性化、人性化达到一定水平时，也适合特定人群使用。专门针对特定人群的机器人产品以辅助治疗功能为主，中国相关产品应用仍处于初级阶段。

5. 企业案例

案例：能力风暴（Abilix）教育机器人——未来伙伴

能力风景教育机器人创客实验室系列将创客文化与教育结合，基于学生兴趣，以项目学习的方式，使用数字化与智能工具，倡导造物，鼓励分享，以培养学生跨科学解决问题的能力、团队协作能力和创新能力。课程覆盖小学、初中和高中，小学课程包括制作一个有趣的结构以及传动项目、用 Scratch 简单编程、学习定格动画制作等；初中课程包括制作组装电动项目、学会使用简单的电子元件、学会用能力风暴创客套件组装带传感器功能的项目等；高中课程包括用 Arduino 开源硬件解决日常问题、学习 C 语言编程、制作自己的机器人、3D 图绘制以及 3D 打印实操等。

教育机器人课程特点主要体现在创新教育、体验教育、项目学习法、个性化、自主性、信息技术整合等方面。使孩子在身心自由中，自己建构忘不了、能活学活用的知识；发现和强化孩子有天赋的智能元素，发现和补强偏弱的智能元素；均衡训练孩子的创造、分析、实践能力。

表 3-29　教育机器人领域主要企业布局情况

产品名称	所属企业	教育机器人功能及特点
能力风暴机器人	未来伙伴[325]	能力风暴产品主要包括家庭用户机器人产品、机器人活动中心和机器人实验室系列。课堂模式基于无搭建手册的建构式教学、多模块的课堂设计、加之天然具有趣味性、技术先进性、自主体验性的教育机器人平台，使孩子在身心自由中，自己建构忘不了、能活学活用的知识；发现和强化孩子有天赋的智能元素，发现和补强偏弱的智能元素；均衡训练孩子的创造、分析、实践能力
机器人编程课程	乐博乐博[326]	乐博乐博教育科技有限公司是专注于 3～18 岁青少年机器人编程教育的集团化企业。人形机器人课程是通过学生自主搭建人形机器人来了解机器人的组成部件、硬件结构以及运行方式的一门课程。课程配备了专门为中小学生设计的小型人形机器人，搭载了大型 3D 图形化编程系统，并对原有舵机进行升级，实现了从图形化编程到代码编程的转化。课程通过以 GUI 为基础的编程软件，使学生可以用编程的方式控制机器人做不同的动作。课程不仅有助于检验与提高单片机阶段学习，还能在了解相应的代码编写知识的过程中，达到提升逻辑分析能力，培养学生冷静、严谨面对问题的目的
悟空机器人	优必选科技	优必选人工智能及机器人教育课程体系以核心素养为前提、人工智能为内核，紧扣小初高涉及的课程课标和教学大纲。教学内容覆盖国内真实科创情景需求，契合国际人工智能教育主流趋势。课程主要分为标准型、拓展型和探究型
自闭症治疗机器人NAO	软银机器人[327]	软银机器人提供开放的机器人应用平台。在教育方向，软银机器人应用于 STEAM 教育领域、科研领域、比赛领域及特殊教育（如自闭症）领域
小哈机器人	慧昱教育[328]	小哈机器人专注 3～14 岁儿童的学习与陪伴，同步小学、初中、高中各学科教材，随时随地帮助孩子课前预习、课后复习、考前巩固。是同时拥有独家内容、独家系统、独家芯片及独家硬件的教育机器人，以幼儿园、K12 应试教育和素质教育为内容核心，满足用户刚需，基于物联网思维，以内容和服务为导向，以智能硬件为载体，根据应用场景研发系统和硬件。产品特点包括中小学同步课堂、多元教育、AR 学习课程、AI 智能语音交互、远程通信、一键投屏、个性化定制等

6. 问题与发展

面向特定人群的教育机器人存在的问题主要包括行业缺乏规范性、机器人教育体系不完善等。①行业缺乏规范性。教育机器人行业在中国发展时间短，许多企业涌入教育机器人行业，产品质量差距较大。另外，行业对教育机器人产品质量、价格和服务方面缺乏规范性标准，导致许多教育机器人企业间存在恶性竞争，不利于行业的整体发展。②机器人教育体系不完善。当前中国机器人教育体系不完善，存在机器人教育理论研究数量少和课程内容设计缺乏科学规划的问题，阻碍教育机器人行业的应用发展。在机器人教育内容方面，中国尚未有科学化标注化的课程内容体系。当前机器人教学使用的课本教材质量不高，多数属于产品说明或用户指南的形式，不能发挥教育引导作用。

面向特定人群的教育机器人发展趋势包括模块化设计、功能适用性、技术融合等。①模块化设计是教育机器人本体设计的趋势。与计算机、手机等电子设备相比，机器人的本体结构还没有形成规范，采用模块化的方法将教育机器人设计成多个有机的模块，利用必要的通信协议、接口进行信息和控制命令的传递，比较适用于教育机器人的本体设计。通过不同模块组合，满足特定人群各种教育需求。②增强教育机器人的功能适用性，充分考虑特定人群需求。需要深入研究特定人群课堂教学过程，把教育机器人在教学过程中真正能实现的服务功能分解出来，使教育机器人更胜任特定人群教育服务。③技术融合提升产品竞争力，与人工智能、大数据、情境感知、人机交互等技术相结合。如机器人技术和大数据技术结合，以更好地识别和预测特殊儿童的行为；超声波机器人连接在线音乐平台，播放合适的音乐缓解自闭症儿童不良情绪；人工智能技术与其他技术的结合，如使用机器人培养视障儿童自我学习、解决问题、创新实践的能力等。

（四）其他

融合教育是将身心障碍儿童和普通儿童放在同一间教室一起学习的方式。它强调给身心障碍儿童提供一个正常化的教育环境，而非隔离的环境，在普通班中提供所有的特殊教育和相关服务措施，使特殊教育及普通教育合并为一个系统。

融合教育的最终目的是将特殊孩子包含在教育、物理环境及社会生活的主流内。无论是普通孩子还是特殊孩子，都因其不同特质有不同的学习目标，达到适才适能的快乐学习。

2020年教育部发布的《教育部关于加强残疾儿童少年义务教育阶段随班就读工作的指导意见》中指出，坚持科学评估、应随尽随，坚持尊重差异、因材施教，坚持普特融合、提升质量，实现特殊教育公平而有质量发展，促进残疾儿童少年更好融入社会生活。普通学校要根据国家普通中小学课程方案、课程标准和统一教材要求，充分尊重和遵循残疾学生的身心特点和学习规律，结合每位残疾学生残疾类别和程度的实际情况，合理调整课程教学内容，科学转化教学方式，不断提高对随班就读残疾学生教育的适宜性和有效性。有条件的地方和学校要根据残疾学生的残疾类别、残疾程度，参照特殊教育学校课程方案增设特殊课程，参照使用审定后的特殊教育学校教材，并为残疾学生提供必要的教具、学具和辅具服务。

融合教育是继回归主流教育理念后的全新特殊教育理论，融合教育以经过特别设计的环境和教学方法来适应不同特质孩子的学习。融合班的教室和一般小学教室的摆设不一样，不是排排坐的对着黑板、看着教师，而是分小组上课，很少写黑板却有许多辅助教具，针对孩子不同的特质设定每个孩子不同的学习目标，以合作学习、合作小组及同组之间的学习、合作以达到完全包含的策略和目的[329]。

第二节　智慧教育区域发展分析

一、智慧教育示范区发展建设

（一）概念和定义

智慧教育示范区是指在地方政府支持下，充分发挥市场机制的作用，利用新一代信息技术，为学生、教师和家长等提供个性化支持和精准化服务的地区，通常以市、直辖市的区作为单位[330]。

智慧教育示范区可以采集并利用参与者群体的状态数据和教育教学过程数据，促进学习者在任意地点、任意时间，采用任意方式、任意步调进行学习，为该区域师生提供高学习体验、高内容适配和高教学效率的教育供给，以促进教育公平、提高教育质量（图3-11）。

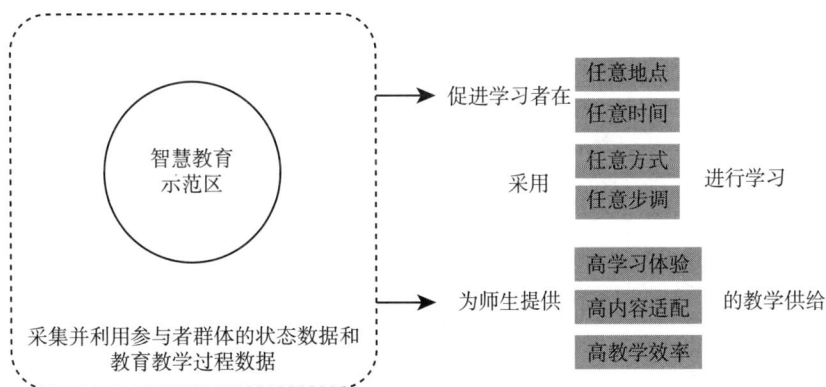

图3-11　智慧教育示范区的概念和定义

（二）发展历程

教育部"智慧教育示范区"创建项目于2018年启动实施，旨在推动教育信息化融合创新发展，实现教育理念与模式、教学内容与方法的改革创新，提升区域教育水平，探索积累可推广的先进经验与优秀案例，形成支撑和引领教育现代化的新途径和新模式。

近年，中国高度重视智慧教育，密集发布了相关政策文件，以大力推进智慧教育示范区的建设。2018年1月，教育部发布《教育部2018年工作要点》，首次提出"推进智慧教育创新示范"；4月，教育部发布《教育信息化2.0行动计划》，提出实施"智慧教育创新发展行动"，开展智慧教育的探索与实践。2019年1月，教育部办公厅发布《关于"智慧教育示范区"建设项目推荐遴选工作的通知》；4月，教育部遴选出北京市东城区、山西省运城市等8个智慧教育示范区创建区域，江苏省苏州市、山东省青岛市2个智慧教育示范区培育区域。2020年度，中国"智慧教育示范区"创建项目名单共10个区域入选。

中国已将智慧教育示范区建设提升到了国家战略层面，各示范区将信息化作为教育现代化的重要驱动力，以促进信息技术特别是智能技术与教育教学深度融合为核心，以能力素养培育为重点，推进建设高质量教育体系，加快信息化时代教育变革，落实《中国教育现代化2035》战略任务。智慧教育示范区成为建设社会主义强国、构建智慧社会的重要战略选择（表3-30）。

表3-30　中国智慧教育示范区发展历程

时间	事件
2018年4月13日	教育部办公厅发布《教育信息化2.0行动计划》，把"智慧教育创新发展行动"列入八大行动，提出开展智慧教育创新示范。要求协调有关部门，支持在雄安新区等一批地方积极、条件具备的地区，设立10个以上"智慧教育示范区"，开展智慧教育探索与实践
2019年1月2日	教育部办公厅发布《关于"智慧教育示范区"建设项目推荐遴选工作的通知》，决定遴选一批地方积极、条件具备的地区，开展"智慧教育示范区"建设。并在通知中明确了"智慧教育示范区"创建的总体思路、指导思想、建设目标、工作原则、建设重点、遴选要求以及其他有关要求
2019年2月13日	中共中央办公厅、国务院办公厅印发《加快推进教育现代化实施方案（2018—2022年）》，明确了推进教育现代化的十项重点任务。在第六条大力推进教育信息化中指出，要加快推进智慧教育创新发展，设立"智慧教育示范区"
2019年3月1日	教育部办公厅同时印发《教育部科技司2019年工作要点》和《2019年教育信息化和网络安全工作要点》，都将开展智慧教育创新发展行动列入重点任务，支持设立5个以上"智慧教育示范区"
2019年3月22日	教育部科技司发布《2019年"智慧教育示范区"建设项目视频答辩评审工作》的通知，公布了专家评审后的11个视频答辩入围区域、视频答辩要求及其他相关事项
2019年5月5日	教育部办公厅公布《2019年度"智慧教育示范区"创建项目名单》。教育部确定了包括北京市东城区在内的8个2019年"智慧教育示范区"创建区域名单，包括江苏省苏州市在内的2个创建区域培育名单

时 间	事件
2019 年 6 月 28 日	教育部科技司在雄安新区举行"智慧教育示范区"创建项目启动研讨会。会议宣布成立"智慧教育示范区"创建项目专家组，并向有关专家颁发了聘书。首批 8 个"智慧教育示范区"创建区域汇报了实施方案和工作计划，专家组进行了咨询指导，加强了对示范区创建工作的引领与指导，保证了科学正确推进
2021 年 2 月 10 日	教育部办公厅发布《关于公布 2020 年度"智慧教育示范区"创建项目名单的通知》

（三）智慧教育示范区创建项目名单

2019 年，中国教育部办公厅公布《2019 年度"智慧教育示范区"创建项目名单》，确定了包括北京市东城区在内的 8 个智慧教育示范区创建区域名单以及包括江苏省苏州市在内的 2 个创建区域培育名单[331]（表 3-31）。

2020 年中国"智慧教育示范区"创建项目名单包括北京市海淀区、天津市河西区等 10 个创建区域名单及重庆市璧山区、甘肃省兰州市 2 个创建区域培育名单[332]。

表 3-31　中国智慧教育示范区名单

时间	类别	区域名单
2019 年	创建区域名单	北京市东城区、山西省运城市、上海市闵行区、湖北省武汉市、湖南省长沙市、广东省广州市、四川省成都市武侯区、河北雄安新区
	创建区域培育名单	江苏省苏州市、山东省青岛市
2020 年	创建区域名单	北京市海淀区、天津市河西区、江苏省苏州市、浙江省温州市、安徽省蚌埠市、福建省福州市、江西省南昌市、山东省青岛市、广东省深圳市、四川省成都市成华区
	创建区域培育名单	重庆市璧山区、甘肃省兰州市

（四）存在的问题

目前，智慧教育先行地区已经开始探索建设智慧教育示范区，并取得了一定的成效。但综合考察智慧教育的推进情况和智慧教育示范区的建设现状，可以发现智慧教育示范区的建设主要存在以下几个典型问题：一是对智慧教育示范区的内涵理解不够深入，致使其智慧化水平不高，与教育信息化示范区没有本质区别；二是智慧教育示范区缺乏科学的规划与设计，忽视其系统性和整体性，缺乏明确的指导思想、战略目标、战略任务、战略内容和保障措施；三是智慧教育行动计划执行力度不够，智慧教育政策和文件不具有法律上的强制性,普遍存在"以文件落实文件"的现象,导致难以有效执行;四是智慧教育示范区尚未建立评估和督导机制,缺乏第三方评估、督导;五是智慧教育示范区尚未产生应有的功能和价值,尚未充分体现示范性,特色不鲜明。

二、智慧教育发展不平衡问题分析

(一)智慧教育区域间发展不平衡

中国教育不均衡现象主要体现在区域之间和城乡之间,智慧教育也是如此。为了解决区域教育发展均衡问题,过去几年中,国家已经完成了大量基础硬件的铺设,并在西部地区加大了教育经费投入,但中部地区投入却普遍偏低,最终造成了生均经费、教师学历等多项指标"东西两头高中间低"的现象。

2020年新冠肺炎疫情期间,由于偏远农村信息化基础设施较差,学生不能按时、顺利地开展信息化学习,导致教育资源无法平等共享,从而拉大了疫情期间信息化教育的城乡差距。

不同区域在在线教学过程中面临的困难也不相同:东部教师认为最大挑战是"制造素材困难",中部和西部地区的教师认为"网速慢、卡顿"是制约其进行线上教育的主要因素(图3-12)。

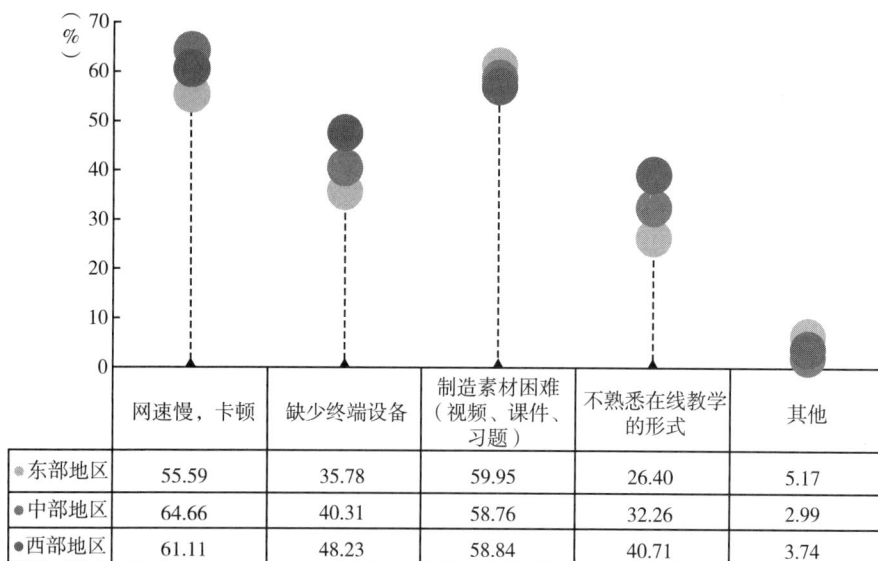

	网速慢,卡顿	缺少终端设备	制造素材困难(视频、课件、习题)	不熟悉在线教学的形式	其他
●东部地区	55.59	35.78	59.95	26.40	5.17
●中部地区	64.66	40.31	58.76	32.26	2.99
●西部地区	61.11	48.23	58.84	40.71	3.74

图3-12　中国东中西部在线教学制约因素比较

资料来源:中国西部教育发展论坛:《疫情期间中小学生在线学习的东中西部比较》,2020年8月。

（二）智慧教育促进区域内教育均衡

智慧教育促进区域内教育的均衡发展，主要通过一系列教育信息化的手段给予支持，并通过研发"全国名师课堂"等系统，形成学校各个环节智能信息终端，构建教学、教研、学生学习等一体化、智能化的大数据教育云平台，助推教育优质均衡发展，促使区域内优质名师课程资源在更大范围内实现共享。

三、智慧教育领先国家分析

（一）美国

1. 起步早、普及广

美国的智慧教育起步早、普及广、技术先进，真正做到了融合式教育。

早在 2014 年，智慧教室在美国已基本普及，而在当时的中国，智慧教室仅出现在北上广等大城市。美国的教室几乎都配备有电脑、投影仪等设备，学生也都有平板电脑，可在机房或普通教室使用。美国的学校图书馆和地区图书馆也已实现电子化，检索、借书还书、在线阅读都非常方便。此外，校外活动也实现了电子化，譬如校车、课外班、体育比赛等，都有专门的 App[333]。

2. 注重能力培养

美国智慧教育核心目标，是应用信息技术推动传统课堂教与学方式的变革与创新。智慧教育能为师生探索新的教与学方式创设信息化环境，调动师生的能动性和创造性，促使师生利用信息技术手段转变教与学观念，形成敢于探索、勇于探索、善于探索的新的教与学方式，实现从"传统型"向"智慧型"的转变。[334]

美国智慧教育主要表现在 ICT（Information, Communication, Technology）能力培养、知识创造能力培养以及组织与管理能力培养三个方面。第一，注重 ICT 能力培养。以助力学生和教师成为技术的革新者与技术知识的设计者为目标，对师生 ICT 能力培养的关键在于运用信息技术批判思维和技术理性来分析问题与解决问题；第二，注重知识创造能力的培养，以助力教师实现教学手段的跨学科思维培养，成为信息技术的整合者与知识的创造者。强调从传统知识转移向知识建构的转变，主张教师积极参与到信息技术与课程整合的实践中来，在跨学科思维的引领下和信息技术整合实践中形成信息技术能力；第三，注重组织与管理能力的培养，以助力教师成为课程管理的组织者与执行的领导者。智慧教育为学生提供了先进的多媒体设备和丰富多样的学习资源，要求教师能够把不同的技术、工具、数字内容整合到整个课堂、小组、个别学生活动中去，并使之融合到教学过程当中，以实现信息技术从根本上促进教学资源、教学环境、教学方式与方法的改变。[335]

3. 教育资源丰富公平，学校付费购买

智慧教室可以给学生和教师提供更多的学习资源。在美国，学生学习资源的丰富程度远超中国。从小学最低年级开始，学校就会发很多关于学习辅导网站和 App 的宣传册，建议家长下载以帮助孩子学习，如 Brain Pop、Kids A–Z、Epic 等，这些都是家长必用且学校已付费购买的。教师在课堂上会用到这些软件和资源，孩子回家后需要打开电脑或平板电脑进行复习和拓展学习。所以，从孩子刚开始上学，学校就通过技术，把教学延伸到了家庭。

智慧教育在一定程度上缩小了学生间的阶层差异。在美国，富人和穷人阶层的孩子能享受到的教育资源和机会往往有很大差异，这一现象一直存在。而智慧教室提供了缩小这一差异的平台，无论贫富，所有的学生在开学第一天，就能接触到由学校提供的电子设备，公平地享有使用这些设备和学习资料的机会。

（二）日本

1. 教育数据标准化建设

2019 年，日本提供"GIGA 校园"构想，致力于为全日本的公立中小学生每人配备一台计算机，建设高速、大容量的网络教学系统。日本学校教育将最先进的信息技术引入教育，以谋求课堂实践与信息技术的最佳结合，突破学习中时间与距离的限制，最大限度发掘教师与学生的潜力。在此过程中，教育数据的标准化建设尤为关键。

2020 年，日本文部科学省发布《教育数据标准（第一版）》，围绕教育数据标准化建设的目标方向、基本理念、框架内涵等进行了说明，同时对日本公立中小学教学大纲的《学习指导要领》进行了代码编制。这些举措旨在加快运用教育大数据，力争为每一名学生提供个性最优化的学习环境。

教育数据标准化体系由三大板块组成，分别是主体信息、内容信息和活动信息。其中，主体信息包括了学生信息（性别、出生年月、所在年级等）、教职员工信息（资格等级、在职年限等）、学校信息（学生数、班级数、教师数等）；内容信息主要涉及教材及课程纲要，包括了《学习指导要领》代码、教材出版年月、作用简介、知识产权等；活动信息则涉及学生的学习、生活以及教师的教育教学，包括了学习的学习记录、成果记录、成绩、评价信息、学校出勤情况、健康状况，教师的教案、备课记录等。[336]

2. 推进教育数据高效应用

教育数据应用主要包括三个方面：一是用于学生个人的学习参考，中小学生运用数字设备记录下的学习经历可作为学生自我反思和复习备考的重要资料；二是用于学校教师的教学完善，运用电子记录面向每一名学生提供最适合、最贴切的学习指导和生活指引；三是用于产出新理论并提供决策参考，大学及研究机构等通过教育数据的匿名处理和分析后，可创造新型教学法和学习法，并为政府机构提供决策建议。

3. 智能硬件设备使用比较保守

日本虽然是一个现代化程度很高的国家，但在接受新事物、新方法时经常非常保守。在日本的教室中没有短距投影仪，更没有大屏幕手写显示器，尽管生产投影仪的日立、爱普生都是日资公司。不少日本中小学仍采用桌面投影仪和手动幻灯片。

（三）韩国

1. 发展背景与历程

韩国作为信息通信技术最发达的国家之一，为实现信息化社会教育范式的转变，发挥教育促进学生智慧成长的价值，于 2011 年提出"智慧教育战略"，力求通过智能技术实现教育环境、教育方式、教育内容等全方位的变革，构建全新的教育生态，为未来社会培养智慧型人才[337]。

韩国的教育信息化建设可追溯至 20 世纪 90 年代开始实施的"教育信息化综合计划"。该计划自 1996 年起，每隔 5 年发布一次。在"教育信息化综合计划"的总体规划和指导下，韩国的教育信息化建设大致经历了 4 个阶段。

第一个阶段为教育信息化基础建设时期（1996—2000 年）。1996 年，韩国教育部发布《教育中的 ICT：第一个总体规划》（简称"总体规划Ⅰ"），标志着教育信息化建设正式开启。同年建立了覆盖全国的"教育信息化服务系统"（EDUNET），主要面向学校师生、家长提供海量学习资料。截至 2001 年 8 月，教育信息化服务系统的会员人数已经达到 442 万人[338]。

第二个阶段为教育信息化问题解决时期（2001—2005 年）。在该阶段，韩国的校园宽带服务得到大力发展，基本实现校园网全覆盖，并面向 75% 的学生开展电化教育（E-learning）。随着信息化影响范围逐步扩大，教育信息化设备缺乏、城乡学生教育差距过大成为亟待解决的问题[339]。韩国教育部通过发布《教育中的 ICT：第二个总体规划》（简称"总体规划Ⅱ"）和开发网络家庭学习系统（CHLS），缩小教育鸿沟，减少乡村学生教育开支，提高公共教育质量[340]。

第三个阶段为教育信息化高速发展时期（2006—2010 年）。2006 年，教育部发布的《教育中的 ICT：第三个总体规划》（简称"总体规划Ⅲ"）以"实现信息时代无处不在的学习"为宗旨，如 2007 年发布的《数字化教材普及化方案》，旨在打破传统学习的时空限制，为学生构建"泛在学习"（U-learning）环境。

第四个阶段为改善教育与科学计划阶段（2011—2015 年）。随着智能时代的来临，教育面临新一轮变革，在该阶段发布的《教育中的 ICT：第四个总体规划》（简称"总体规划Ⅳ"），旨在增强研发实力，为新时代人才培养打造"智能化学习"（smart-learning）环境。

韩国的教育信息化通过上述阶段的发展，为智慧教育的诞生打下了坚实基础。

2. 智慧教育战略目标和任务

韩国智慧教育战略的终极目标是，利用智能技术促进学生的个性化学习，培养全面发展的智慧型全球顶尖人才。为此，韩国智慧教育战略将过去以"3R 素养"（阅读、算术、写作）为重心的培养目标，转变为以"7C 素养"（思辨能力、创造能力、合作领导能力、跨文化理解能力、沟通能力、读写能力、职业与生活能力）为核心的培养目标[341]（表 3-32）。

表 3-32　韩国智慧教育战略目标及任务

战略目标	战略任务（举措）
3R 素养→7C 素养	一、开发和应用数字教科书：以智能化的电子产品代替传统的纸质课本，是韩国智慧教育战略中的重点任务
	二、发展在线网络课程平台，建构在线评估系统：韩国教育部通过线上课程最大化地提升了教育的普及度，力争通过实现在线学习常态化来保证那些无法进入学校正常学习和生活的学生的受教育权
	三、促进公共教育资源的有效运用，加强信息技术与通用技术的伦理道德教育
	四、培养教师信息素养，发展其在智慧教育下的教学能力
	五、开发基于云计算的服务系统，大力加强智慧教育的技术支撑[342]

"7C 素养"又可归纳为三个维度：文化积淀、自主发展和社会适应。"文化积淀"由"3R 素养"转化而来，重在强调人文、科学等领域的知识和技能，注重提升学生的内涵和修养，培养具有文化品位和高尚情操的学生。"自主发展"即培养人作为主体的内在品质。思辨性和创造力是 21 世纪学生的根本属性，因此要求学生能明确自

身的任务和能力需求，发展成为符合时代需要的现代化人才。"社会适应"旨在为学生进入社会做好准备，合作能力、领导能力、沟通能力都是必备的基本素养，可为学生融入社会、实现个人价值打下基础。

3. 智慧教育实施进展及成果

（1）教育环境：创设智能化的学习空间

智慧教育中的学习空间是指借助以云计算、物联网、大数据为主的新兴智能技术连接现实和虚拟空间，帮助教育者了解学习者的学习差异，提供满足学习者个性化需求的学习资源，进而构建智能化的教育环境。

目前，CHLS 已成为韩国最先进的智能化学习系统，优化升级后的 CHLS 系统主要实现了以下功能：①支持学生利用 Flash 程序和在线课程等进行自主化学习；②通过对学生的学习效果进行形成性评价，为学生提供个性化的学习支持；③构建由学习资源、人力资源和环境资源组成的有机系统，促进学习、家庭、社会三者之间的联系，为改善和补充学校教育提供支持并根据学生的学习能力将在线课程用户化；④通过增设三类在线教师——在线教室教师、在线学术指导教师和在线综合指导教师，支持学生更好地学习和全面辅导学生；⑤设立个人学习管理系统和学习内容管理系统，为学生提供更多的社区性智能化服务[343]。

此外，韩国还拟打造"未来智慧教育环境"，计划到 2023 年建立 290 万个开放学术资源信息空间和发放 540 万个网络大学许可证。

（2）教育内容：提供物联化的教学资源

韩国的智慧教育战略采用沉浸式技术，将在线教育服务无缝嵌入学生和教师的学习、工作、生活，为师生提供开放性的教育内容，实现物联化的教学资源开发。韩国智慧教育战略中的教育资源建设主要围绕数字教科书展开。

数字教科书的开发与应用为学生提供了全新的学习方式，主要有以下三点特征：①更加灵活的连通性。数字教科书是一种数字化教材，集教科书、参考书、作业、词典、多媒体内容（包括视频剪辑、动画和虚拟现实等）及各种学校工具为一体，并且可以连接数字教科书以外的教育内容，因此学生可以随时随地获取丰富的教学资源。尤其是对相对弱势的学生群体（如身体残障学生和偏远农村地区的学生）而言，实现了教学资源任一时间、任一地点的连通性。②更为敏锐的感知性。数字教科书通过丰富的学习材料、学习助手和拓展资料之间的互通，尤其是学习助手和学习诊断功能，可敏锐地感知到学生的学习问题、兴趣和能力所在，并利用评估系统做出正确的判断，实现基于学生自身能力的学习管理[344]。③更全面地嵌入性。数字教科书主要是通过改进技术来增加服务对象和扩大使用范围。据统计，截至 2019 年 8 月，韩国教育部共向小学三年级至六年级和初中一、二年级以及高中年级发放 117 类数字教科书。2020 年，韩国根据最新的《国家社会学和英语学科三年级课程标准》对数字教科书进行了修订，并在中小学社会学和科学两门学科的数字教科书中增加了 108 种沉浸式教学内容[345]。

（3）教育方式：实现定制化的教学服务

个性化定制教学服务及其系统的开发，成为韩国智慧教育战略的核心。"个性化定制教学服务"是指根据学生特点、性格、能力提供相匹配的教育，进一步强化因材施教的教学原则，为学生的全面发展提供定制化的学习内容（图 3-13）。

例如 2014 年开发的插件式综合教统的内容自动传输系统（ITLA），其目的是为学生提供能随时随地进行个性化学习的环境和定制化的学习内容，让学生自主参与课堂，同时为教师提供优越的教学环境。ITLA 的主要运行机制是：首先，由内容提供商将视频、ppt、电子书等学习内容注册到内容管理系统中；其次，教师准备课堂教学内容，并利用系统内容制作数字材料，教师可以使用电子板和智能设备制作的数字材料进行教学，学生也可以在课后使用；最后，所有的学习结果和成绩都存储在数字记录中，并根据存储的数据自动向学生推荐学习材料或学习内容。此外，家长还可以通过教学辅助系统及时了解和跟进学生的学习情况。该系统已经在韩国数所小学的四年级中成功试点；未来，ITLA 将在各级各类学校中推广应用，进一步为智慧教育的发展夯实基础[346]。

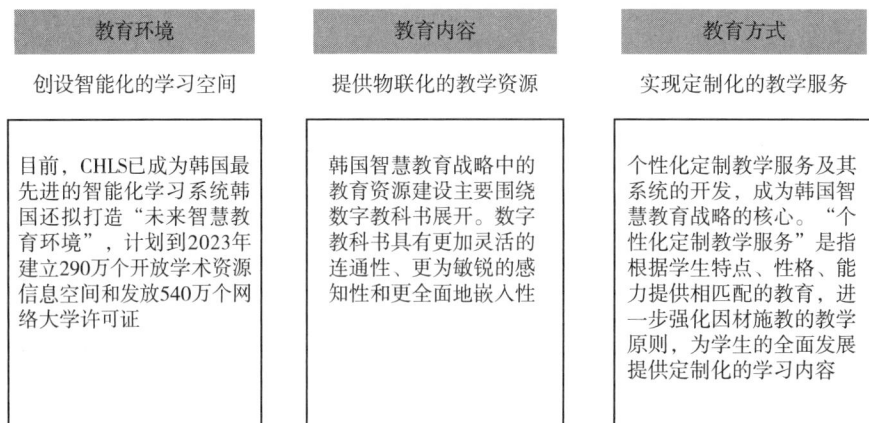

教育环境	教育内容	教育方式
创设智能化的学习空间	提供物联化的教学资源	实现定制化的教学服务
目前，CHLS已成为韩国最先进的智能化学习系统韩国还拟打造"未来智慧教育环境"，计划到2023年建立290万个开放学术资源信息空间和发放540万个网络大学许可证	韩国智慧教育战略中的教育资源建设主要围绕数字教科书展开。数字教科书具有更加灵活的连通性、更为敏锐的感知性和更全面地嵌入性	个性化定制教学服务及其系统的开发，成为韩国智慧教育战略的核心。"个性化定制教学服务"是指根据学生特点、性格、能力提供相匹配的教育，进一步强化因材施教的教学原则，为学生的全面发展提供定制化的学习内容

图 3-13　韩国智慧教育实施进展及成果

（四）法国

法国智慧教育注重学生的学习行为观察，辅助教师进行评价。在法国的教室中，教师的角色更多的是学生学习行为的引导者和观察记录者。例如，在小学高年级和高中的教学设计中，教师往往采用主问题的方式设计一节课，就一个教学主问题鼓励学生通过阅读、讨论来对问题进行思考，运用合作或者独立完成的方式进行课堂发言交流。这一过程中，教师除进行手写笔记之外，还可以灵活地通过网络摄像头、网络录音笔等方式对学生学习行为进行观察记录。

课堂上，教师并不马上给学生的课堂表现打分，而是在教学结束之后借助数据分析平台对学生的学习行为进行综合性评价。这些评价并非只基于一节课的数据，而是在一段时间的学习数据的基础上进行综合评价，更能够反映学生长期的学习情况[347]。

第四章

智慧教育发展趋势及问题挑战

从技术角度，智慧教育即教育信息化，是指在教育领域（教育管理、教育教学和教育科研）全面深入地运用现代信息技术来促进教育改革与发展的过程。其技术特点是数字化、网络化、智能化和多媒体化，基本特征是开放、共享、交互、协作、泛在。以教育信息化促进教育现代化，用信息技术改变传统模式。

从行业角度，智慧教育的本质，是教育行业的数字化和智能化转型。通过基于智能技术和信息技术的数据采集，把教育在物理世界和心理世界的信息进行数字化的转变，形成教育大数据，然后通过对数据进行清洗、融合和治理，形成教育数字资产。通过在数字资产中挖掘价值，最终惠及国家、学校、家庭和个人。

第一节　智慧教育发展背景

任何一个行业的发展离不开所在大环境大背景的支持，简单回顾智慧教育发展的社会背景、技术背景和行业背景。

一、社会背景

（一）国际背景

1. 国际日益激烈的竞争与博弈产生对高科技人才和高质量教育的严重依赖

目前，国际竞争日益激烈，尤其在高科技领域，以美国为首的西方阵营开始对中国实施新一轮打压和制裁。这对我国的科技创新带来挑战，要自主解决"卡脖子"关键技术问题，这对高科技人才和高质量教育提出迫切需求。

2. 疫情全球大流行，对现有教育模式和教育资源带来挑战，促使智慧教育迅速发展

从2019年年底开始暴发的新冠肺炎疫情，导致全球范围内很多学校线下停课，

掀起了一股史无前例的从线下教育到线上教育的"大迁徙"。中国第一时间提出了"停课不停教、停课不停学"的要求，这对现有教育提出巨大的挑战，教育模式和教育资源都随之发生巨变。

（二）国内背景

1. 教育领域的主要矛盾是人民群众对高质量教育的迫切需求与高质量的教育供给失衡与不足的矛盾

目前，我国教育领域的基本矛盾是在经济和社会快速发展背景下，人民群众对高质量教育的迫切需求与高质量教育供给失衡与严重不足的矛盾。面对百年未有之大变局，人民群众对于高质量教育的需求异常迫切，建设高质量教育体系的任务异常紧迫，教育适应新形势的压力异常巨大，提高人才综合素质的任务异常繁重。解决上述矛盾的根本途径是从教育的思想、观念、体制、机制、政策的创新中找出路。

2. 教育改革政策有序出台，强监管时代来临，教育经费稳中有升，教育逐步回归本质

在当今的社会发展大背景下，追求教育公平和质量、教育创新、个性化教育、能力培养已成为当今教育的共同主题，发展效率与公平兼顾、大规模与个性化并存的教育也是国家长期战略的重要组成部分。自2016年起，国家密集出台系列智慧教育政策（前文已有，此处不再赘述）；2019年疫情后密集出台的在线教育相关政策，促进智慧教育迅速发展；2021年陆续出台的教育监管政策，对教育的资本化实施管控，保障教育逐步回归本质。2016年以来，教育经费逐步稳中有升，平均保持在GDP的4%，相信未来会继续提升。

3. 人口增长对教育产生重大需求，在校学生数量稳步增长，从数量增长期到质量增长期

在校学生数量稳步增长：2020年中国学前教育在校学生4818.3万人，小学10725.4万人，初中4914.1万人，高中2494.5万人，高等学校3285.3万人。在校人数的不断增长推动了教育行业的市场需求。过去20年我国高科技人力资源实现稳步增长，但仍有较大提升空间：经过过去20年的高速增长，2016年我国高科技人力资源总量已经突破8000万人，本科及以上学历占比达到45%，与发达国家占比58%相比，还有较大提升空间。

4. 高质量教育的有效供给存在结构性不足，优质资源供给不足且不均衡

中国教育供给虽然持续增长，但整体教育供给不足，且存在结构性问题。学前教育方面，普惠性幼儿园资源供给不足；农村学前教育的普及率远远低于城市，幼儿园教师数量不足、专业化程度不高。义务教育方面，优质教育资源供给不足且不均衡，个性化教育资源供给不足。高中与高等教育方面，优质教育资源供给不足且不均衡，国际化教育资源供给不足。职业教育方面，进城务工人员教育（培训）资源供给不足。中职招生人数持续减少，与普通高中招生人数的差距持续加大。特殊教育方面，优质融合教育资源供给不足。

5. 产业结构调整对高科技型、创新型、管理型、交叉型、综合型人才产生巨大需求

随着全球竞争格局的变化，我国经济正在转型升级，走科技创新的新型工业化道路。而产业升级及产业转型需要创新驱动和创新人才的支撑。数据表明，当前国内人才体系存在诸多问题，高、中、低端人才结构失衡；第一产业和第二产业高端人才不足，而第三产业的人才相对集中；创新型、管理型、交叉型人才严重不足。由此，需要加快完善面向国家战略需求导向的人才培养体系和评价体系，形成完备的、系统化的、灵活的、多元的、终身的教育体系，应对人才需求的缺口。

6. 社会力量正加速进入智慧教育行业，智慧教育示范区成为地方建设的抓手

教育信息化成为国家大战略，且进入了"深化应用、融合创新"新阶段，需要无缝对接社会力量形成合力。目前国家正以举国之力，加快落实"国家学分银行（资历框架）+ 教育信息化"重大战略工程，为尽快建成世界规模最大的"全民终身学习的现代教育体系"奠定扎实的基础。上述政策的实施离不开社会力量的加入和大力支持，而社会力量的有序进入也必将快速推动教育信息化的发展。智慧教育及智慧教育示范区成为地方政府智慧城市建设的抓手工程，随着第一批和第二批智慧教育示范区的设立，社会力量不断涌入，推动智慧教育不断向前发展。

二、技术背景

新一代信息技术和智能技术为智慧教育的发展提供技术底座。5G 技术提供网络基础，物联网技术提供感知基础，大数据技术提供数据基础，云计算提供计算基础，区块链技术提供可信基础，人工智能技术提供认知和辅助决策基础，XR 技术提供虚实融合浸入式学习的载体。

1. 5G 技术提供网络基础：通过高通实时信息互联，打破传统教育模式的时空局限

5G 技术凭借高速网络优势和实时性信息互联，使远程互联和实时性互操作成为

可能，可实现物理空间之间的直连、物理空间与虚拟空间之间的互联、虚拟空间与虚拟空间之间的互联。在教育场域下，5G 技术为实现高通量和高实时性兼备的线上线下融合教学、线上线下互动大课堂、基于控制的远程实验室等提供网络基础。

2. 物联网技术提供感知基础：通过物理感知和边缘计算，实时感知和操作教育场景

物联网技术通过感知物理世界的信息及语义，成为虚拟世界感知物理世界的感官；物联网技术通过操作物理世界，成为虚拟世界操作物理世界的手脚。在教育场域下，物联网技术可感知线上线下教育场景中的各级语义信息，比如每个学习者的学习状态（专注度、面部表情、肢体语言、关注内容等），从而为大规模个性化教学提供信息基础。

3. 云计算技术提供计算基础：通过存储和计算，实现海量教育计算和资源存储

云计算技术通过海量存储和超速计算，可为海量教育场景计算提供软硬件计算底座，为实现教育公平和规模化服务的教育数字资源的大规模传播提供软硬件基础，从而进一步提升教育的经济效率，同时也可因低成本提供成熟平台降低教育服务创新的门槛。

4. 大数据技术提供数据基础：通过数据融合和挖掘技术，实现智慧教育的精准化度量

大数据技术可通过协同融合、深度分析、可视表征记录和再现某个场域的全过程，是人工智能算法的必备条件。教育场域下，教育数据挖掘技术和学习分析技术成为双驾马车，大数据技术不但可记录和存储教育的全过程，而且可为学生做精准学习画像和精准学习处方，从而实现基于数据驱动的教学与管理的系统化定性与精准化定量的决策服务。

5. 区块链技术提供可信基础：通过可信机制和合作机制，实现智慧教育的价值交易

区块链技术通过去中心化和高可信度等特征，可实现信息互联网向价值互联网的转变。在教育场域下，区块链为教育数据可信、教育数据安全、个人隐私提供机制保证；可为学信认证提供可信技术底座；可为教育价值交易提供合作交易的技术基础。

6. 人工智能技术提供认知基础：通过算法实现教育场景的深度认知并提供精准服务

人工智能是新时代的核心技术力量，目前有计算智能（能存会算）、感知智能（能听会说、能看会认）、认知智能（能理解会思考）三类智能，可以独立完成重复性

智力劳动，半独立完成轻智力任务，人机协同完成深智力任务。在教育场域下，感知智能赋予师生人机自然交互，计算智能赋能教学过程个性化特征，认知智能则赋予师生教和学的辅助智能。

7. XR 技术实现跨时空体验：通过沉浸交互，实现教育的沉浸式深度化情景化服务

XR 技术提供的沉浸式交互体验，可实现低成本、沉浸式的深度情景服务。在教育场域下，可协助学生吸收课程内容、扩展视野、提升学习成效；XR 技术教学提高学习效率、降低教育成本、避免实验操作的安全风险；XR 技术的设备的现场体验超越时间与空间维度，低成本实现"跨时间和地域"的体验。

三、行业背景

1. 从红利期/涌入期进入管制优胜劣汰期

所有行业，都是经历三个过程，新兴红利期、恶性竞争期、严格管制期。智慧教育行业脱胎于教育行业，发展规律亦是如此。自 1990 年前后智慧教育的雏形开始，经历前 10 年的红利期，到近 10 年的大量涌入和恶性竞争，目前已经走到严格管制优胜劣汰期。这是一件好事情，只有高标准高准则才能带来高质量的人才和教育服务。

2. 强监管致使企业转向素质教育、职业教育

纵观整个教育行业，风起云涌，迭代更新。在高考/中考的时代大背景下，聚焦学科教育的热度持续不减。教育行业聚焦学科教育内容，从大班课到 1 对 1 再到小班课，从真人教师到 AI 辅助，从 K12 阶段顺延至少儿、启蒙，有限的商业模式和互联网及资本的助推使得每个细分赛道的产品同质化日趋严重。在产品趋同之下，教育企业将发展重心转至抢市场和圈用户，带来低质量的同质化恶性竞争，反而不利于教育的发展，不利于教育行业本身的发展。随着市场强监管机制出台，企业纷纷转向素质类教育、职业教育及其他赛道，谋求更好的发展，这无疑将有利于教育的整体发展。

第二节　智慧教育发展趋势

一、整体趋势

智慧教育包括教育信息化和在线教育。教育信息化起步较早，在线教育是教育信息

化的产物。由此，智慧教育的发展时间线以教育信息化的时间刻度为坐标。智慧教育在国内经历 20 年的发展历程，从教育信息化 1.0（教育部 2000 年发布）到教育信息化 2.0（教育部 2017 年发布至今），正在逐步走向教育现代化，整体向着教学环境智能化、服务精准个性化、教研人机协作化、教育评价过程化发展。由于智慧教育脱胎于教育，是教育发展的高级形态，由此本文首先介绍教育发展的趋势，由此引出智慧教育发展的趋势。

1. 教育本身发展的整体趋势

教育认知的趋势：从分数教育到素质教育，回归本质。从教育认知层面，呈现教育本质化发展，从学科教育逐步回归以人为本的素质教育。

人才定义的趋势：从单维定义到多元定义，多元导向。从人才定义来看，将从分数导向的单维定义逐步走向素质导向的多元定义。

教育体系的趋势：从各自封闭到互通互认，走向开放。从教育体系来看，正在打造学术教育、职业教育、开放教育互通互认的现代教育体系。

2. 智慧教育发展的整体趋势

教学环境的趋势：从状态感知到行为认知，深度智能。从感知教育参与者的表情、专注度等状态到认知教育参与者交互的行为，再到分析教学参与者的意图。

教研、管理、治理过程的趋势：从人机辅助到人机协作，协作互惠。从教学、教研、管理和治理的过程来看，人机辅助（人为主、机为辅，两者无交互）到人机协作（人机分工、两者交互，机协助人）。

学习过程的趋势：从同一性过程到个性化服务，个性发展。从教学时空来看，从相同地点到呈现教育泛在化趋势，学习者随时随地接收教育。从教学内容来看，在升级路径相同的前提下，学生可以选择符合自己的内容；然后逐步走向升级路径的个性化，学生可根据自己的情况选择升级路径。从成长过程来看，逐步呈现教育个性化趋势，教育不再千篇一律，而是千人千面。

教育评价的趋势：从学科导向到素养导向，回归人本。从教育评价来看，呈现基于过程、面向素养的泛在评价，而不是面向结果的分数评价。

教育治理的趋势：从道德约束到法律监管，回归理性。

其他趋势，从教育效果来看，利用先进技术手段逐步实现过程数智化趋势；从教育效益来看，呈现教育公平化趋势，通过国家政策调控和信息化、网络化的技术手段逐步实现教育资源公平，尤其是优质教育资源的公平；从教育周期来看，呈现教育终身化趋势，学习者可在开放的全民教育体系中终身学习。

3. 美好愿景

（1）教育本质化

教育理念逐步回归以人为本，教育本质回归树德立人，教学目的正逐步指向幸福完整的人生，教学课程正逐步指向生命与真善美。虽然任重而道远，但随着国家对教育的顶层设计、配套教育政策的分步实施，教育距离本质教育就越来越近。

（2）人才多元化

对教育本身的认知发生改变，对于人才的定义也将逐步改变，人才定义从单一化到多元化。每个人都有其自身特性和特殊的能力，在一个开放包容的社会里，经过开放教育体系的培养，都会得到自我身份的认同和社会地位的认可。

（3）体系开放化

学术教育、职业教育和技术教育之间的藩篱将被逐步打破，形成一个开放互通的教育体系。届时，人才可在开放的教育体系内自由有序地流动，各类人才的社会地位也日趋平衡。

（4）教育泛在化

教育的实施正在逐步突破时间和空间的限制，学校的藩篱也在逐步打破；教师的定义逐步突破，即学习者可以成为引导者，引导者可以成为学习者；"学分银行机制"的逐步推进，将助推并实现"处处皆学""时时皆学""人人皆学"的泛在化教育。

（5）评价过程化

对于学习者的评价从面向结果到面向过程、从单维到多维、从分数到素养，是一个评价逐步系统化的过程。在评价系统化的基础上，从定时定点逐步实现随时随地，是一个评价逐步泛在化的过程，评价不再仅仅取决于几次考试，而是处处存在的、实时存在的、以能力指标体系为评价标准的泛在评价。对人才的定义和评价机制的改革是教育改革的深水区和核心区，将在国家调控下逐步有序开展。

可以预期的发展过程是，教育评价首先经历系统化的过程，然后经历泛在化的过程。系统化的过程也是从年级试点到教育学段试点，再推广到教育阶段、教育体系，最后到整个开放的教育体系。

（6）教育数智化

随着互联网技术、云计算、物联网技术、智能技术在教育场景中的创新融合、深入应用，教育过程正逐步从纸质档案化走向数字档案化，再到数智档案化。主要表现在：教育内容和资源升级换代，数字化内容将逐步取代纸质内容；教学形式将逐步发生演变，学习者和老师们将在方便获取教学资源的基础上进行线上线下无缝协作学习；教学场景网络化、物联化、虚拟化，沉浸式教学将会被更多地运用；AI在教育领域的落地场景将逐步增加；教学管理流程也将逐步数字化和智能化。

（7）教育个性化

随着教育数智化的进程，教育过程将从"万般皆相同"逐步转变到"条条大路通罗马"，从统一化教学过程逐步转变到个性化教学过程，从五个相同的教学过程逐步到五个不同的教学过程，学习者都有其职业规划、学习路径和学习进程。

（8）教育公平化

随着教育信息化建设的逐步推进，"三通两平台"的逐步开展，教育资源的数字化和平台化建设的逐步推进，教育资源包括（师资、课件等）将逐步实现公开获取，教育资源将实现公平分配和有序流动，逐步缩小城乡（地区）差异，助推教育公平化进程。可预期的教育公平化进程应该是从区域内向区域外打破，首先在一个区域内实现教育相对公平，再扩展到区域之间，再从一二线城市扩展到三四线城市，最终从城市扩展到边远乡村。

（9）教育终身化

教育正逐步从学历教育向终身教育转变。教育过程不再局限于25岁以下的学校教育年龄段，而是延伸到生命的各个阶段。教育的角色正逐步从学习者的义务转变为学习者的需求，教育任何时候都有可能发生。由此，教育体系也逐步迈向开放的全民终身化教育体系。

二、教育技术的发展趋势

随着新一代信息技术和智能技术与教育的深度融合，智慧教育技术也在发生迅速改变，整体趋势正在走向以人为本的智能化，其核心任务是对人的深度认知与系统服务。新一代智能技术正在逐步走向深度智能化，即从感知智能到认知智能再到决策智能。映射到智慧教育技术，那就是从教育参与者（老师、学生、决策者）的状态感知到参与者的行为认知（深层语义认知），再到辅助决策。智慧教育技术发展的整体趋势包括学习环境从O2O向OMO发展、技术发展兼顾规模化与个性化、学习评估从"平面"走向"立体"等；教育生态从线下与线上相互分离、线下与线上互为补充到线下与线上平行互动。未来5~10年，每项智慧教育发展技术趋势如下。

1）学习环境。学习环境将从线上与线下分离的 O2O 逐步向线下线上融合 OMO 发展。首先进入面向学科的、以内容互补为特征的（线下开展共性的互动体验，线上开展个性的学习体验）OMO，然后进入面向学科和素养的、以内容互补和远程合作（线下开展共性的互动体验，线上开展个性的学习体验及远程合作）为特征的 OMO，最后进入面向学科和素养的、以任务融合和线上线下动态融合为特征的 OMO。

2）数字画像。数字画像将从对学习成绩、知识点掌握的刻画扩展到对个性偏好、素养的刻画，再到对行为意图、认知模式甚至元认知模式的刻画。

3）个性化学习。个性化学习将从学科内知识点的个性化学习发展到学科融合知识点的个性化学习，再到融合个性偏好的知识点学习，再到学习路径的个性化，最终到成长职业的个性化。

4）沉浸式学习。沉浸式学习将从单向内容的输出展示发展到基于简单交互（热点点击、力矩）的学习体验，再到基于多模态交互（触觉、嗅觉、味觉等）、多人交互的学习体验。

5）虚拟老师。虚拟教师将从单向内容的输出展示发展到基于简单语音、文本交互的学习体验，再到基于复杂的多模态包括情感交互的学习体验。

6）智慧导学。智慧导学内容层面，将从基于单模态的知识点导学发展到多模态的知识点导学，然后到基于多模态的素养导学，再到基于多模态的思维导学。智慧导学对象层面，从面向单人的个性化导学发展到面向多人的协作化导学。

7）知识推荐。基于更为强大的知识图谱工具，从单模态到多模态，从单学科到多学科融合，知识推荐将从单模态、单学科内容的相关知识推荐发展到单模态、多学科的相关知识推荐，再到多模态、多学科内容的相关知识推荐。

8）自适应考试。基于更为精准广博的题库，融合学习行为、表情的学情认知技术，自适应考试或将从面向单学科知识点的、单模态的个性化考试发展到面向单学科知识点的、多模态的个性化考试，再到面向多学科融合知识点的、多模态的个性化考试，最后到面向知识点和个性偏好的、多模态的个性化考试。

9）智能排课。基于教育理念和教学进度，智能排课将从面向课程的排课发展到面向师资匹配的排课，再到面向个人及师资匹配的个性化排课。

10）智慧教研。在教学、备课和科研方面，智慧教研将从面向单学科的人机辅助（人为主、机为辅）发展到面向单学科的人机协作（人机交互，人机分工），再到面向多学科的人机融合（人机互动式融合）。

11）脑科学与教育的结合。脑科学的发展将会极大地扩展对人们学习过程的认知。因此，这个领域将从认知人们的学习过程发展到干预人们的学习过程，再到干预学习过程之外的生命过程，会面临极大的伦理挑战。

上述技术也会使智慧教育的组成要素发生如下的变化趋势：学习环境智能化、素质增长可视化、实时引导适性化、学习路径个性化、教学方式融合化、教学组织协作化、教学内容综合化、教育资源社会化。这些将为最终实现教育机制的变革打下基础。

三、教育机制的发展趋势

随着教育要素的改变，教育机制将会迎来逐步的变革，教育的组织体系将彻底改变，学校边界逐步模糊化、班级逐步去行政化、年级逐步遁形化、评价逐步过程化、学习逐步终身化成为教育机制变革的特征。

1. 学校边界逐步模糊化

这里的边界模糊化有两层意思，第一是传统学校的物理空间被打破，学校的围墙消失，社会力量加入，传统学校和社会机构融合在一起，重组形成各类社会化学习中心；第二是学校的物理空间和虚拟空间的边界也被打破，实现课程内容级的线上线下融合、教学课堂级的线上线下融合、学校组织级的线上线下融合。即学校的形态将从学校 1.0（传统行政学校）到学校 2.0（行政学校＋联合学习中心）再到学校 3.0（社会化学习中心）。

2. 班级年级逐渐遁形化

年级的组织不再按照年龄，而是按照学习者学习的进程，把学习进程相同的混龄学生组织在一起协作学习。班级也将逐步去行政化，传统行政班级即将消失，取而代之的是按照学习进程组合而成的动态班级。每位学习者即将拥有个性化的虚拟导师／虚拟学习助理和一位线下引导者（导师）组成。

3. 评价体系逐步过程化

从面向学科分数的结果性评价，到面向学科分数和非学科分数的结果性评价，再到面向过程的基于定量和定性相结合评价，最终到基于过程大数据的泛在评价。基于区块链、数字画像和知识地图诊断、线上线下融合的泛在评价是本领域值得期待的思路，将来基于各类真实的、综合的、足够的大数据，进行过程化的综合评价。"看似无评价，实则处处评价。"一方面期待把学习者从繁重的各种定性考试中解决出来，另一方面期待评价体系可以全面反映学习者的综合素质。

四、教育市场的发展趋势

（一）整体趋势

由于环境、政策、技术利好，在线教育和教育信息化双驱动，教育市场处在迅速发展阶段且后续空间很大。教育产业规模不断扩大且向三四线城市下沉；强监管导致市场从同质化走向有序化精细化发展，内容从学科教培到素质教育、职业教育、特殊教育、幼儿教育；形式逐步走向线上线下融合（OMO）。

1. 市场规模越来越大

随着国家脱贫攻坚战的胜利，人民生活水平的提高，国民素质和意识的提升，在教育理念及认知方面的转变，人们在教育上的投资和储备将会逐步增多。随着三孩政策的开放，学龄孩子的数量或将出现持续增长，义务教育、职业教育、成人教育乃至终身教育的需求将大大提升。

2. 细分赛道越来越丰富

随着教育从学科化发展到素质化、从学校教育发展到终身教育，公众对于教育的需求会越来越个性化，导致赛道越来越细分。从胎教、常规学校、社区大学再到老年大学，素质教育将不断普及。之前聚焦学科的知识点学习，现在和未来，在记忆力、逻辑思维、语言表达、财商、情商、文化课、艺术、体育、生活技能等方面皆有需求，每个类别将会出现细分领域。

3. 将从巨头垄断到百家争鸣

随着国家在反垄断方面政策法规的出台，随着教育回归本质化，从学科化到素质化，需求的日益个性化，赛道日益丰富化，教育巨头将不复存在。伴随日益个性化千差万别的需求的出现，各方面将会需要相关公司的布局。而教育是人类最为复杂的需求，诸如距离、师资、模式、兴趣度、课程体系、教材教具、价格、服务等多方面关联，任何一家公司无法采用一劳永逸的方案解决教育问题。

4. 在线教育将持续不断发展

在线教育创业企业不断涌现，在各个细分领域全面开花。线下教育机构为布局产品矩阵、投入互联网浪潮，通过投资、自研等方式打通产业链条；互联网公司将利用流量优势进入市场，通信公司为拓展业务线将进入巨大的教育信息化市场，出版传媒公司从内容上切入在线教育市场。

5. 社会力量将聚焦 OMO 提升效率

OMO 将通过打破线上线下边界提高学习效率和运营效率。智能手机的大规模应用、移动支付渗透率提高、传感器的质优价廉以及 AI 技术的进步为 OMO 提供客观条件。社会力量和教育赛道里的玩家，将会聚焦 OMO 且发力开拓市场。

6. 素质教育、职业教育市场大且刚刚发力

素质教育、职业教育政策利好，企业纷纷抢滩这两个领域。素质教育尚处蓝海阶段，市场开始发力。素质教育科目众多且分散，导致市场细分赛道百花齐放。以文化素养类、基础素养类、非应试语言类为代表的学科类素质教育市场规模最大，以科创类、音体美类、游学类、棋类为代表的兴趣类素质教育蓬勃发展。

7. 教育资源从平台为王转为内容为王

教育行业是典型的内容产业，教育内容数字化是智慧教育发展的基础。而目前教育资源内容数字化过多局限于学科类内容，从线下直接搬到线上；教育资源内容聚焦学科教培，而素质类教育较少；教育资源内容多为单学科内容，多学科融合较少；基于 AR/VR 的内容尚未普及。上面这些点将成为教育资源的发力点。

8. 智能教育装备迈向体系化、标准化、智能化

当前，教育装备已从单一教学工具发展到连接智慧教室、智慧校园的综合工具，从简单的示意功能发展到多模态信息复合体，从支持课堂应用发展到促进终身学习与发展，不断向体系化、标准化、智能化发展。未来需将先进技术理念和教育装备设计研发相融合，探索基于新技术的智能教育装备教学融合新模式，实现教育装备从融合应用向创新发展的高阶演进，助力传统课堂教学向现代课堂教学转变。

（二）产业细分领域发展趋势

智慧教学、虚拟教师、智慧课堂、智慧校园、素质教育及特殊教育细分领域的发展趋势分析见表 4-1~ 表 4-6。

表 4-1 智慧教学细分领域的发展趋势

细分领域	子细分领域	2021—2025 年	2025—2030 年	2030—
智慧教学	直播教学	直播教育平台建设及标准制定推进	直播教育平台标准化完成	直播教育平台集成 AI、VR 等技术
		学科类内容导向	学科类+素质类导向	学科类+素质类+融合学科类
		老师单独教学	人机混合（人为主、机为辅），共性讲解和个性作业	人机协作（人机分工交互），共性讲解、个性呈现和个性作业

细分领域	子细分领域	2021—2025 年	2025—2030 年	2030—
智慧教学	智能批改	以客观题为主，以主观题为辅	客观题达 99%，主观题人机结合	主观题人机协作，实时交互，动态完成批改
		以词汇、语法结构等浅层信息为主	机器聚焦词、句、语法，老师聚焦段章及谋篇立意	机器和老师的任务不再固定，基于交互进行批改
		以批改为主，点评和纠错为辅	批改、点评、纠错的融合（基于静态人机分工）	基于人机协作的批改、点评和纠错
	自适应考试	国外开展为主，国内在开发研究	开发相关题库及安全措施，应用于语言类测评、素养类、公务员类测评，而中高考标准化考试待考虑	不仅应用于语言类测评、素养类、公务员类测评，而且开始试用于中小学年级毕业水平测试，中高考有待考虑
	虚拟实验室	非沉浸式为主，沉浸式为辅	非沉浸式和沉浸式各占半壁江山	沉浸式实验室为主，增加触觉、嗅觉等其他交互式体验
		内容以中小学、高校、职业院校的实验为主	内容仍以学科和职业实验为主，开始尝试场景式人文实验	内容更为广阔，万事皆可虚拟实验，或将融入游戏角色尝试各类实验
		尚无集成导学、虚拟老师等其他功能	集成导学、虚拟老师等功能	不仅集成各类功能，成为沉浸式、交互式实验教学平台，也尝试个性化的实验体验
	智慧导学	基于知识图谱、聚焦知识点的导学	基于知识图谱、个性化偏好、面向知识点的导学	基于知识图谱、个性化偏好、认识模式甚至元认知模式，面向知识点和素养的导学
		针对个人学习过程中的过程性导学和结果性导学	开始尝试多人协作中的共性导学和个性化导学	多人线下和线上协作导学场景中的共性导学和个性化导学
	智慧学伴	围绕知识点的数据采集、学习诊断、学习引导、布置作业	围绕知识点、基于情感交互的数据采集、学习诊断、学习引导、布置作业	围绕知识点、基于情绪感知的交互、基于认知和元认知的学情诊断、基于个性偏好的学习引导；面向小组的智慧学伴
	教育机器人	制定相关设备标准、课程标准、师资培训标准并进行推广普及	推广和落实设备标准、课程标准、师资培训	升级相关标准并进一步推广普及
		外观向人性化、友好、美观推进	外观会更加人性化、友好、美观，可接受程度较高	外观会更加人性化、友好、美观，可接受程度更高
		开始人机交互、机器视觉、机器学习的研究并初步应用	聚焦情感的人工交互、机器视觉、机器学习等研究并应用	聚焦情感和元认知的人工交互、机器视觉、机器学习等研究并应用

续表

细分领域	子细分领域	2021—2025 年	2025—2030 年	2030—
智慧教学	沉浸式教学	沉浸式教学作为一种补充手段	沉浸式教学作为一种补充手段，地位或将上升，这取决于技术的发展	沉浸式教学与线下教学或将自然切换，这取决于技术的发展
		内容制作成本高，缺乏相关标准	相关标准或将出台	标准制定完毕或将推广
		缺乏与真实世界的交互	与真实世界交互或将更加自然	与真实世界的交互或将无缝链接
		技术探索：防眩晕、设备升级、与真实世界的交互等	虚拟触觉、虚拟嗅觉等技术快速发展	虚拟感觉或将成熟
		支持单人使用	支持多人使用	支持多人使用或将成为常态

表 4-2 虚拟教师细分领域的发展趋势

细分领域	子细分领域	2021—2025 年	2025—2030 年	2030—
虚拟老师	智能问答	围绕学科类知识点，面向特定领域、任务的知识点问答；回答问题多用文字单模态展示	围绕学科类知识点，面向跨领域、多任务的知识点问答；回答问题多模态展示	围绕学科类和素养类知识点，面向跨领域、多任务的融合问答；回答问题多模态展示；或将集成导学等其他功能
		较少基于情感和个人偏好的共性问答	基于情感和个性偏好的交互问答，个性化开始凸显	个性化问答较多应用
		自然语言处理技术、深度学习、机器学习尚待提升，回答问题精准率较低	自然语言处理技术、深度学习、机器学习有提升，回答问题精准率提高	自然语言处理技术、深度学习、机器学习有提升，回答问题精准率较高
	App 教学	围绕学科类知识点	围绕学科类和素养类知识点	围绕学科类、素养类、融合交叉学科类知识点
		共性讲解，个性化课后辅导	共性讲解、基于偏好的个性展示、个性化作业、个性化辅导	共性讲解、基于偏好和认知模式的个性展示、个性化作业、个性化辅导
		尚未集成其他技术	简单集成 VR 等其他功能	无缝集成 VR、导学、批改等其他功能
	MOOC/微课/翻转课堂	针对学科类知识点，直播或录播，互动少；呈现形式单一；尚无个性化；尚未集成其他功能	针对学科类和素养类职业类知识点，呈现形式多样；集成大数据分析、人机交互和导学等功能；逐步形成个性化学习	针对学科类和素养类职业类知识点，呈现形式与VR/MR结合；无缝集成大数据分析、人机交互、导学等；个性化学习凸显

表 4-3　智慧课堂细分领域的发展趋势

细分领域	子细分领域	2021—2025 年	2025—2030 年	2030—
智慧课堂	智慧课堂系统	聚焦 K12 学科类的知识点学习领域，并逐步融合素养类知识点学习领域	融合学科类和素养类的学习领域，探索大学科、多学科视角的学科学习领域	融合学科类、素养类及大学科、多学科视角的学习领域
	智慧学习解决方案	覆盖课前、课中、课后；个性化主要体现在课后辅导的差异	向全链条预、教、学、测、评延伸；个性化不仅仅体现在学，也通过技术手段开始体现在教、测、评	覆盖教学全链条，个性化体现在各个环节中，且与标准化保持平衡
	数据收集与行为推理	聚焦收集学习者的知识点学习情况	聚焦收集学习者的学习行为数据，少量收集教师的教学行为数据；学习者方面，包括知识点学习情况、课堂行为表现等	收集学习者和教师的教学行为；学习者方面，包括知识点学习情况、课堂行为表现、原因动机、认知模式及元认知模式等

表 4-4　智慧校园发展趋势

细分领域	2021—2025 年	2025—2030 年	2030—
智慧校园	研发和制定相关数据标准，争取实现数据互通互换；研发和制定相关课程资源标准，争取实现课程资源共享；智慧教育从硬实力的发展逐步转化到软文化（校园文化建设）的发展；从面向班级服务逐步转向面向个人发展（排课、知识推荐、安防、就业等）	相关数据标准已经制定，数据实现互通互换；相关课程资源等标准已经制定，实现资源共享；软文化资源研发建设力度逐步加大；制定相关服务标准，可面向校内外班级、个人提供集共性和个性一体化的服务	校园实现开放式管理，互通互认机制形成；服务标准形成，师生流动机制形成；形成深度个性化服务（知识基础、偏好、特性等）

表 4-5　素质教育发展趋势

细分领域	子细分领域	2021—2025 年	2025—2030 年	2030—
素质教育	科技类	百家争鸣，百花齐放，尚无相关体系标准，包括课程标准、师资标准、装备标准、测评标准；多以电子信息领域的 STEAM 课程为主，其他领域为辅；培养目的多聚焦各类大赛和测评；学科交叉性较弱，师资力量欠缺，相关知识推荐和虚拟老师可在一定程度上弥补师资的空缺；学习者数据采集相对复杂，行为类、情感类数据采集开始尝试；双减政策会加速科技类素质教育的发展	相关标准已经制定；各个领域的课程体系已经形成，且已经纳入学校必修课或选修课中；大学科概念和学科交叉明显；人机结合的教学方式成为常态，师资力量扩大；学习者数据采集丰富，从行为类到情感类，再推理到意识类；各类基于 AI 的科技类学习系统、App、学习平台和服务平台已经建成	标准及体系建成并推广，面向多学科交叉、大学科概念的 STREAM 教育普及，各类学习平台互通互认，数据共享；这类科目或将列入义务教育阶段的必修科目；师资力量壮大，人机融合教育普及；基于大数据及 AI 的个性化学习普及，且从感知层面到认知层面，正在向元认知层面渗透；培养目的更多是个人素养和发展

续表

细分领域	子细分领域	2021—2025 年	2025—2030 年	2030—
素质教育	文体类	AI 在这个领域刚刚开始尝试，会在可标准化流程化的操作规程切入，且从乐器、书法、电竞向其他子领域延伸；虚拟老师也初露端倪，后续发展或将加速；学科交叉初显，艺术与 AI、体育与 AI 等后续会加速发展；培养目的聚焦考级和考试；双减政策会加速这个领域的发展	AI 在此领域中的融合逐步加深，从标准化技术基础的培养逐步过渡到对技术的深入认知，比如绘画中光线的细致绘制；适用子领域不断扩展，逐步延伸到所有子领域；人机结合的艺术创作成为常态；人机结合的文体类教学或成常态；培养目的不仅仅是考试和考级，也包括个人素养	人机结合的文体教学普及；人机结合的文娱创造普及；基于 AI 的个性化文体教学成为现实，AI 从感知层面到认知层面，且向创作层面延伸；培养目的更多是个人素养和发展

表 4-6　特殊教育发展趋势

细分领域	2021—2025 年	2025—2030 年	2030—
特殊教育	全纳教育理念开始践行；AI 助力的教材体系开始使用；AI 残障机器人和康复机器人开始使用；AI 情感机器人开始用于自闭症等人群；教学资源有待加强；师资力量有待加强；特殊教育群体具备天然的个性化教育需求，基于 AI 的个性化教育刚刚开始	践行全纳教育理念，研究并制定相关数据标准，建成相关教学资源和服务平台；师资力量增强；人机结合的教育凸显，虚拟老师和机器人老师开始普及；基于 AI 的个性化学习资源、教学平台、App 开始普及；学习者的身体条件、个性偏好、行动模式可被感知和认知，并基于此提供个性化的学习体验和指导	建成标准化的课程体系、资源平台和服务平台，并可实现互通共享；基于大数据和 AI 的个性化学习系统不仅可以感知、认知学习者的身体条件、个性偏好、行动模式，还能认知其认知模式及行为意图；人机融合的开放式、合作式教育普及。特殊教育的学习者学习的领域也会逐步拓宽。在 AI 助力下，特殊教育或将与常规教育实现互通互认

第三节　智慧教育问题挑战

教育信息化是国家战略，其核心使命是实现教育的现代化，实现终身化全民教育体系，造就满足国家需求和个人兴趣的全方位人才，开展为实现国家富强和人民幸福的教育。但因思想意识、组织机制、配套政策、教育体系、技术壁垒、行业乱象等问题的存在，致使教育信息化推进的进程较缓。

一、国民的整体素养、数字意识和信息意识有待提升

目前，国内信息化人才数量尚缺，国民数字化信息化意识尚需加强，对教育信息化的内涵、任务和使命的认知尚需提升。目前国内相关单位对于教育信息化的认知停留于表面，简单认为这是一项上级交代的任务，或者认为把传统的各项数据转移到线上即可。于是导致在各种教育信息化软硬件平台建设完成之后，相关单位简单填写各种数据，草草了事，数据质量不高，致使教育信息化达不到预期效果。

二、相关数据和服务标准尚未制定，存在数据孤岛问题

目前国内智慧教育初步完成教育资源平台的建设，正在向教育服务平台的建设推进。然而，已经完成的教育资源平台由于无相关数据标准出台，使得已经建成的各地区和省级教育资源平台成为系列数据孤岛，无法实现互通共享；地区之间及政府和企业之间在重复建设教育数字资源，造成严重浪费。由此，智慧教育是一个社会工程，在建设相关软硬件平台的同时，也需要顶层设计，需要相应法律法规、流程制度、数据标准、组织架构、职责分工配套出台，否则会出现上述数据孤岛浪费严重、效率降低的现象。另外，数据治理能力有待提高，数据治理相关标准也需出台，这样才能在保障隐私的前提下有效利用数据，形成真正有用的数据资产，保障智慧教育产业的健康发展。

三、尚需探索智能技术助力的素养导向的评价机制

由于国内优质教育资源的限制、教育公平的考虑和教育技术的壁垒，目前教育评价仍以选拔为主的、以传统分数导向的评价机制为主，导致学校师生负担加重，智慧教育市场同质化恶性竞争严重。随着物联网技术、边缘计算技术、区块链技术的成熟，过程性数据采集的自动化水平提升，数据的准确率上升，以素养为导向、以培养为目的评价机制会逐步到来。但这种改变不能在一夜发生，需要结合国内现状逐与教育体系的改革相伴而行，也要在兼顾效率和公平的基础上逐步有序开展。

四、尚需探索智能技术助力的学科融合和交叉

目前各个学科相互分离，知识体系相互独立，没有建立一个系统的知识体系，导致学习者难以把学到的知识形成综合的体系，难以站在系统的视角看待和思考一个问

题，久而久之会导致学习者难以形成系统性思维。需要考虑如何兼顾学科的独特性及多学科融合的需求，有序开展学科融合和交叉的问题。比如，哪些学科需要交叉、哪些学科的哪些内容需要融合、在什么时间段融合等问题。

五、智能技术存在不确定性，人工智能与教育的融合有待深入

新一代信息技术和智能技术存在不确定性。目前以人工智能、机器学习、神经网络为代表的智能科学与技术本身存在系列问题，比如存在不可解释性、不可控、不可预测的问题，神经网络训练需要大数据样本，且形成的"知识和能力"难以迁移等。这些基础科学与技术问题也同样映射在智能教育中发展过程中并形成挑战。

人工智能与教育的融合有待进一步深入。在智能技术层面，人工智能教育技术还不成熟，数据融合技术尚无法做到自动精准融合，以神经网络为代表的人工智能技术还存在不可控、不可测、不可解释、大数据样本、知识和能力难以迁移的问题，VR技术尚无法做到无障碍自然交互等。在应用领域，人工智能技术与教育结合不够深入，存在应用的教育场景比较单一、产品智能化和个性化程度较浅、数据孤岛及数据稀疏、产品同质化等问题。智能技术产品聚焦学科教育的自适应学习领域，较少关注学生的综合素养；不同系统或平台之间的数据不开放、不共享导致信息孤岛现象；智能算法尚无法适应复杂多变的教育场景、难以迁移、难以泛化；人机协作不深入，交互手段比较单一。

六、教育过程中数据采集自动化水平尚需提高

数据采集是教育信息化中最为基础的一环，数据采集的自动化水平直接决定教育信息化开展的质量。结果性数据（比如学生阶段性考试成绩等）容易收集，但过程性数据难以自动收集。随着物联网技术、边缘计算技术、云计算技术的不断成熟和成本不断下降，过程性数据采集自动化水平的提升，教育信息化进程会加速推进。

七、知识推荐与认知鸿沟问题

受经济发展水平、教育观念、认知水平及信息化水平发展的制约，在网络技术、信息技术、智能技术不断发展的今天，由于获取资源和使用资源的差别，形成在区域之间、种族之间、群体之间甚至性别之间的从硬件资源带来的数字化鸿沟到认知水平带来的数字化鸿沟。

由于国家经济发展不平衡，数字化建设发展不平衡，资源共享不充分，发达地区与欠发达地区之间的认知鸿沟越来越大。由于认知水平不同的人群会对信息做出不同的反应，而人工智能技术中的推荐技术大大加深了这种认知数字鸿沟。受商业利益的刺激，推荐技术为不同的读者呈现其各自喜欢的不同的内容，从而形成注意力的极化及相关内容领域的极化，带来极大的认知鸿沟。

八、隐私伦理及社会治理难度的增加

个人隐私逐步失去，个人自由空间逐步缩小。纵观人类历史，从农业社会、工业社会到智能社会，每一次技术变革会导致个人隐私的渐进式侵犯及个人自由空间的渐进式缩小，这或许是人类为技术进步所必须付出的代价。

人工智能技术或引起认知能力的军备竞赛。随着脑机接口技术的完善，使人的能力与计算机的能力进行整合，将造就认知超人，或将陷入"军备竞赛"的游戏框架下。

人工智能伦理困境治理难度增加。由于人工智能本身的复杂性，以及未来发展的不确定性，人工智能发展将引发出一系列目前无法完全预料的后果。因此，需要构建一套全流程的伦理规范机制，把伦理责任分解，即人工智能从制造到应用每个环节都承担相应的伦理责任，实现公平、可问责、可追踪、可靠和可控。

九、教育信息化标准规范需出台

教育资源平台及教育服务平台需标准化和规范化。教育信息化虽在过去二十年有了长足发展，由于顶层设计、数据标准、技术标准、平台规范、评价标准尚不到位，造成各省级平台建设差异大，尚未形成"一盘棋、一张网"的建设局面，导致"数据汇聚率低""资源共享率低""服务协同率低"。因此，在已有平台的基础上，制定数据标准、技术标准、平台规范，建设互通互享的全国教育大平台迫在眉睫。

教师研训平台需标准化和规范化，教师群体素质有待提升。在教育信息化环境下，知识的生产供给发生了根本改变，师生之间由"知识的单向传输"转变为"知识的协同生产"。教师需不断革新育人理念、角色定位、教学范式和教研模式，提升信息素养。各地建设教师研训平台并取得成效，但教师研训平台建设重视程度不够；标准规范尚未出台，信息孤岛现象严重；重专业能力培训，轻理念及素养培训；内容碎片化、套餐化，缺乏系统性、个性化。因此，需制定标准规范，整合现有资源，形成全国性标准化、系统化、智能化的教师研训平台。

职业教育信息化需标准化和规范化发展，满足职业人才需求。职业教育信息化迎来难得的发展机遇，各地因地制宜建设职业教育信息化平台。由于经济社会发展实际、区域发展差异以及职业教育自身特点，职业教育信息化存在职业教师素质有待提高、地区之间职业信息化建设存在差异、教育资源共建共享面临挑战等问题。因此，需要基于现有资源，统筹协调力量，进行政策制定、顶层设计、标准规划，实现职业教育信息化数据及资源的共享及服务的互通互认，推动职业教育信息化持续健康发展。

教育数据伦理治理需规范化和标准化。教育数据伦理是教育变革进程中的必然产物，是教育治理体系的有机组成部分。教育数据伦理带来的隐私泄露、数据绑架等社会问题日趋明显，而在智能科技推动教育飞速向前发展的同时，治理标准规范缺失。社会急需教育数据伦理回答什么是对、什么是错，什么是该提倡的、什么是该摒弃的。研制教育数据伦理的法律法规、标准规范刻不容缓。

第五章

智慧教育发展建议

第一节　阶段预测

未雨绸缪，欲知当下，须知未来。分析和预测智慧教育的发展，可将其划分为三个阶段：智慧教育初级阶段、智慧教育中级阶段、智慧教育高级阶段。目前我们已经走完智慧教育初级阶段，正处于智慧教育中级阶段，未来将迈向智慧教育高级阶段。

智慧教育阶段划分基于两个标准：①智慧教育技术可成功应用的教学场景，包括面向学科的知识点教学场景、面向素养的情感教学和技能教学场景、教学引导场景、教育管理场景、教学治理场景；②智慧教育技术对学习者和引导者的教学行为或管理行为的认知深度（按照布鲁姆理论划分，可分为感知，认知、推理、分析，审美、决策、创造）。

智慧教育初级阶段，智慧教育整体水平达到初级形态。智慧教育技术可以辅助面向知识点的学科教育，可以感知学习者和引导者的学习和管理状态并基于学习者的知识地图进行知识推荐。资源平台建设完毕，服务平台开始推进；标准开始制定，推进互通共享。

智慧教育中级阶段，智慧教育技术不仅可辅助面向知识点的、有固定逻辑的学科教育，而且可辅助面向能力的、有多元逻辑的技能教育，同时智慧教育技术不仅仅可以感知而且可认知系列教学和管理行为。标准制定完毕，资源平台和服务平台建设完毕且互通共享。这个阶段需要持续 3~5 年，或 10 年。机制建立，标准先行，实施落地，科研跟进。

智慧教育高级阶段，智慧教育技术可辅助进行面向情感道德的多层次多元逻辑的素养教育，对系列教学行为和管理行为的认知可达到辅助决策及协同创造。资源平台和服务平台覆盖和实现全民终身化开放教育，现代化教育体系建设完成。

对智慧教育中级阶段的策略建议包括：①整体思维。注重顶层设计，把智慧教育纳入智慧城市的整体框架。②专人专职。建议政府、地区、学校成立专门部门，专人专职开展工作。③多方协同。注重政府、科研、企业多主体协同工作并建立工作机制。④学科交叉。注重教育与其他学科的交叉研究，提前布局教育技术、教育治理等。⑤全员参与。注重发挥学会、高校、企业等社会力量，鼓励社会全员参与建设教育。⑥教育治理。注重人机协作、人机互信、个人隐私、伦理问题的提前布局与研究治理。

第二节　操作建议

一、整体任务

目前我们处在智慧教育中期阶段。本阶段是保障机制建立、标准规范制定、落地应用实施、科研布局跟进的阶段，需要在已有教育信息化基础上，结合教育新基建的精神，建设新保障、新标准、新网络、新平台、新资源、新应用、新校园、新安全，实现数据共享、资源互通、服务协同，最终形成新生态，如图5-1所示。

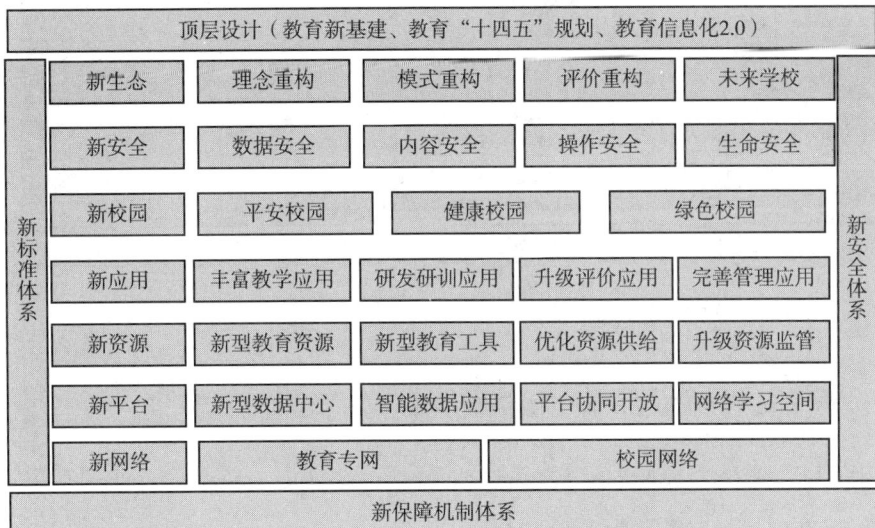

图5-1　结合教育新基建和"十四五"规划的智慧教育中级阶段任务图

二、时间进度

如图 5-2 所示，面向教育新基建的智慧教育中级阶段建设大致进度如下。标准先行：2021—2022 年，争取用 1~2 年的时间，在已有标准基础上建立新标准规范体系，保证后续可开展有序建设，使得数据可以流动、资源可以融合、平台可以协同开放，后续根据需求不断调整和完善。保障机制需要同期确立：用 1~2 年的时间，建立各级保障机制，包括组织保障、人员保障、资源保障、经费保障等，保证后续建设，后续根据需求不断调整和完善。建设落地：前期 2021—2022 年，在标准和机制制定之前，先行汇集和整合现有资源，包括各级小、破、旧的数据中心，各类数字教育资源、工具等，后续可在平台实现有序融合，后期 2022—2025 年，实现新网络、新平台、新资源、新校园、新安全的落地，开展定期的评估监管，后续根据需求不断调整和完善。自始至终持续有序推进科研布局，包括 AI 教育芯片、教育专用操作系统、脑机接口、认知科学、学习科学、教育元宇宙、虚实融合环境下智慧教育关键技术的突破，比如人机协同的知识图谱，各类战略类软件工具（数学建模工具、虚拟仿真软件、工业设计软件等）。

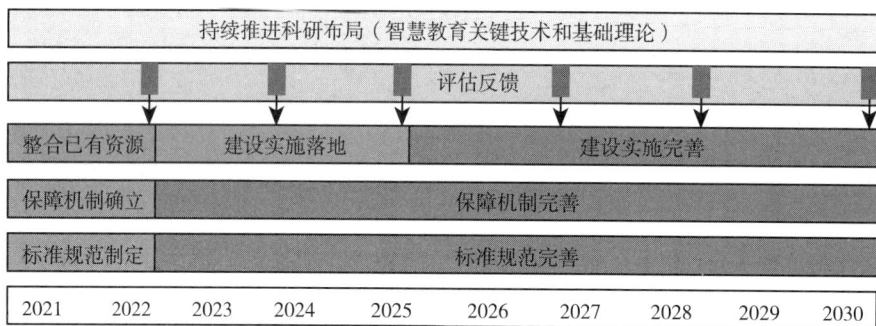

图 5-2　面向教育新基建的智慧教育中级阶段建设进度

三、新保障——社会协同创新机制和跨部门合作机制

教育信息化是一个长期的、复杂的、需要全社会协同、跨部门合作的系统工程，需要探索并建立社会协同机制和跨部门合作机制。

1. 社会协同创新机制

教育信息化是一个复杂系统工程，需要在政府的顶层设计指导下，政府、企业、科研机构、高校各自精准定位，并承担相应任务，开展协同创新。政府承担顶层设计、方向引领、标准制定、资源配置、测评评估等主导和引领作用。高校科研院所提供学科建设、科学研究、技术攻关、高等人才培养、战略辅助等理论引导和技术支撑；目前在教育发展战略、基本理论和关键技术存在研究不足的现象，需加大科研投入，解决基础理论和卡脖子技术问题。企业重在开展技术创新及提供产品、方案和服务，践行产教融合，校企合作。

2. 跨部门合作机制

各级政府部门内部需建立跨部门合作机制，教育、网信、发改、财政、通信、工信等部门协同合作。建议在各级政府成立教育信息化部门，实施负责人制度，负责人有权实施任务分配、资源配置及任务考核，并负责向上级汇报；同时把教育信息化部门的成绩纳入个人发展体系、部门考核体系及政府考核体系。

四、新标准——面向教育新基建的标准规范体系

构建面向教育新基建的标准规范体系需要三步走。第一，标准规范制定的需求分析，弄清哪些标准需要制定，哪些标准已经存在，哪些标准需要升级和完善；第二，标准体系的制定，建立面向教育新基建各层（数据层、网络层、平台层、应用层、资源层、校园层、安全层）的标准规范体系；第三，建立相应的测评评估体系，与标准制定体系形成闭环。

1. 需求分析

在充分调研基础上，梳理标准规范的需求分析，形成标准规范需求框架。按照教育信息化的逻辑分层，具体包括开展设备层、数据层、网络层、资源层、平台层、落地层、安全层，确定标准制定需求。

2. 标准体系

在需求分析的基础上，开展各层标准规范的研制并形成面向教育新基建的标准规范体系。建议由教育部教育信息化相关部门牵头，协调各个部门，组织社会力量参与，共同制定面向教育新基建的标准规范体系。标准规范制定可分为几个组同时进行（图 5-3），如教育产品标准组（设备层），教育数据标准组（数据层），教育专用网络建设标准组（网络层），教育数字资源与数字教具标准组（资源层），教育知识图谱互操作标准组（资源层），基础教育平台操作规范、高等教育平台建设规范、职业教育平台建设规范、特殊教育平台建设规范等（平台层），智慧教育园区建设规范和智慧校园建设规范（落地层），教育安全系列规范（安全层）。

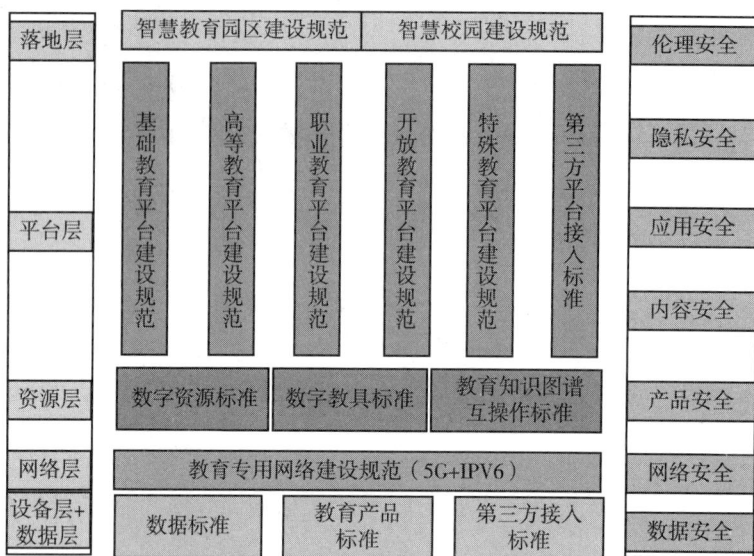

图 5-3　面向教育新基建的标准规范体系

3. 测评体系

智慧教育示范区信息化成熟度模型及评估规范（图 5-4），从基础设施、数据资源、业务应用、绿色安全、保障体系、特色创新、应用效果七个方面设置评价指标体系，设置基础级、发展级、创新级三级成熟度评估模型，促进教育信息化基础设施建设逐步走向成熟。建议由教育部教育信息化相关部门牵头，协调各个部门，组织社会力量参与，共同制定面向教育新基建的教育信息化成熟度模型。

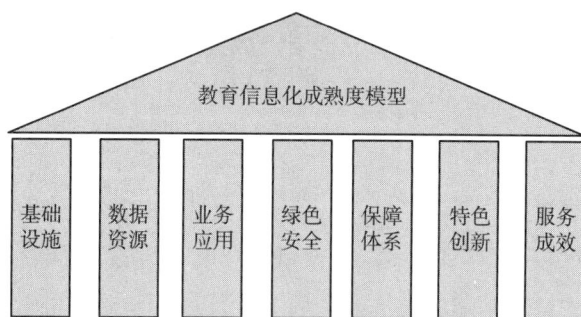

图 5-4　面向教育新基建教育信息化成熟度模型

五、新网络——建设教育专网和升级校园网络

1. 建设教育专网

教育专网是由国家教育主管部门统一管理，连接全国各级各类学校和教育机构，

为全体师生和教育工作者提供教育服务的专用网络。由国家主干网、省级教育网和学校校园网三级网络组成（图5-5）。国家主干网由教育部直接管理，建议在中国教育和科研计算机网的基础上，依托国家电子政务外网和互联网已有设施，高速链接国家级的教育数据中心及大型超算中心。省级教育网由各省教育行政主管部门组织建设和管理。各地现有教育网络基础设施不相同，可因地制宜选择合适的建设模式，利用国家公共通信资源，升级省级网络设施。

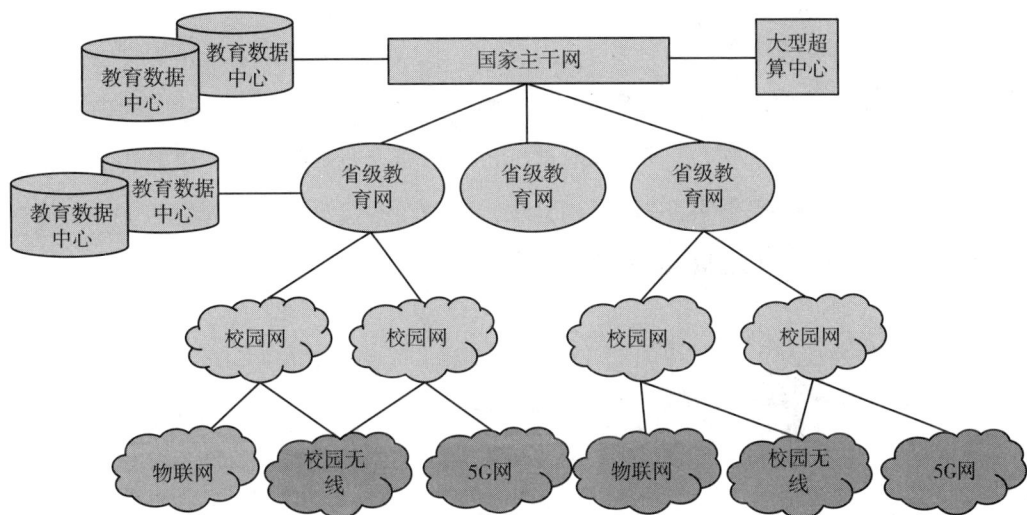

图 5-5　教育专网建设示意图

2. 升级校园网络

学校校园网由各学校组织建设，升级学校有线网络，可采用F5G光纤接入网新技术，全面提升校园网络设施，使得教室有线接入带宽达百兆以上；校园无线网，可选用Wi-Fi6或者5G网络；校园物联网，可根据实际需求采用合适的技术（有线宽带、无线通信等）建设；也可以探索基于"泛联网"技术把无线网、有线网局域网、互联网、物联网统一管理，形成"四网合一"的校园网。在薄弱学校和地区的联网及升级改造，可通过卫星电视、宽带卫星等输送优质资源。

六、新平台——提升"互联网+教育"平台服务能力

新平台建设以教育信息化2.0前期工作为基础，通过融合升级增建的方式，完善教育公共信息服务所需的基础平台环境，从而支撑"互联网+教育"大平台，助力教育新生态形成。

教育平台方面，顶层布局先行，标准制定跟进，建设实施落地，服务体系升级。

1. 顶层布局，机制建立

整体布局方面，构建国家级 + 省级二级教育数据中心体系，国家级与省级之间、省级与省级之间实现数据流动和共享互操，开发省级平台应用接口，动员社会力量开发和丰富应用（图5-6）。在省级教育数据中心，拆除破旧小型的数据中心，整合各地区、各校园的数据中心，升级省级已有教育数据中心，形成新的省级教育数据中心。共享机制方面，省级教育数据中心通过教育云和共享机制提供算力、存储、数据、知识、应用等服务。对内，省级教育数据中心需积极探索各个节点的数据、知识、应用通过何种机制进入省级教育数据中心，既能保证数据安全性，又能提高各个节点单位的积极性；对外，需探索如何基于各节点需求通过云机制和动态调度实现省级教育数据中心之间资源的高效使用和分配，在减轻各地区和校园的信息化建设负担的同时，能让各节点享受到更为可靠安全的服务。

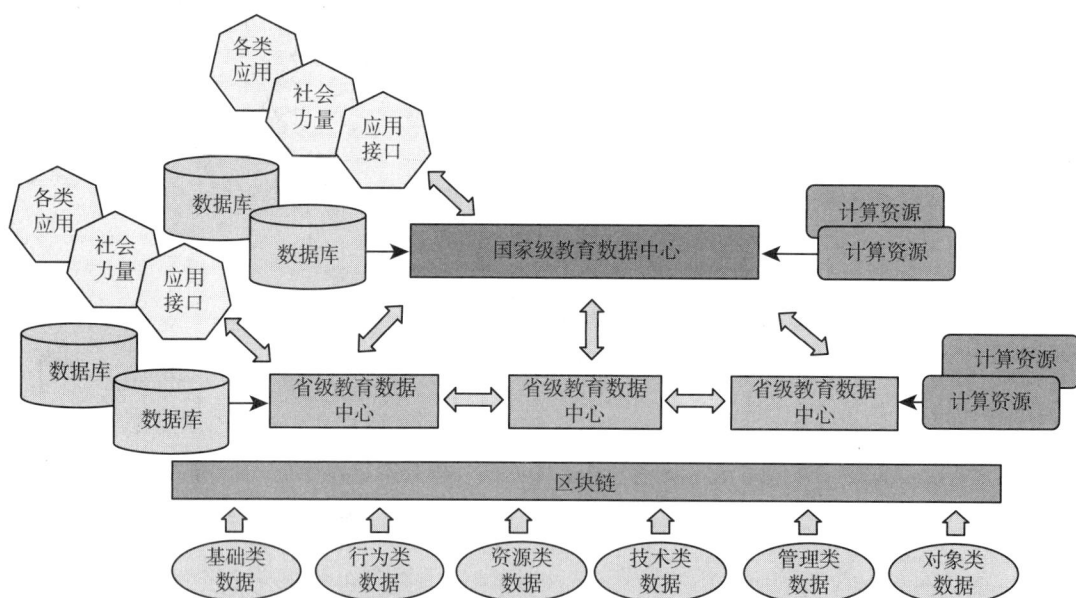

图 5-6　基于资源整合、数据融合、协同开放的国家级 + 省级二级教育数据中心体系

2. 标准制定

教育数据是构建现代化教育体系的核心资产，需保证数据的可用性和安全性。可用性方面，需在制定各类教育数据标准的基础上开展数据融合，包括基础类数据标准、行为类数据标准、资源类数据标准、数据技术类资源标准、数据管理类数据标

准、对象刻画类数据标准；安全性方面，建议把敏感数据放在校园私有云，非敏感数据放在省级和国家级公有云，国家级和省级数据中心通过联邦计算技术调用私有云的数据，这需要制定联邦计算的数据操作标准和有关机制。

3. 实施跟进，提升运维

国家级和省级数据中心集中了数据、算力、存储等几乎所有教育数字资产，需提升其日常的运维水平，在节能减排的前提下实现高效运维水平。加强互联：对内，加强省级内各个结点的互通操作，支持跨节点服务，对外，加强各省级中心之间的互通互联，实现跨省域的服务；加强省域教育专网与互联网、移动网的互联，实现快速互通服务。绿色减排：对内，维持能耗的日常监测，排除不必要的内部能耗，实施绿色运营；对外，抵御外部能耗恶意攻击。

4. 服务体系升级

在标准基础上，升级已有教育基础数据库，保证教师、学生、学校等数据的权威性和来源唯一性；在标准基础上实现各省级数据的有序共享，解决标准不一、语义分歧等问题。基于教育大数据，定位教育痛点和问题，可视化分析问题，形成国家级、省级、市级、区级、校级、公共的分层服务体系。在国家级，通过教育宏观数据定位教育痛点和问题并进行可视化分析；通过构建以教育为中心的人口、经济、社会、舆情等宏观数据驱动的教育决策支持系统，实现教育痛点定位、问题分析、决策形成、方案推演；构建教育发展能力指数体系，形成全国教育发展报告。在省级，构建省域范围内的教育决策支持系统；构建省级教育能力发展指数体系，形成省级教育发展能力报告。在市级，形成教育基础分析、基础设施分析、信息素养分析、教学大数据分析、资源大数据分析、招生管理分析等服务体系；在区级，形成教师发展分析、学生成长分析、疾控管理分析、行政管理分析、区域评价分析、学校评价分析、区域画像等服务；在校级，形成学校画像、教师画像、学生画像等服务；公共层面，形成政策解读、信息查询、精准推送等服务。

5. 开放协同

教育数据中心是基础，应用最终体现数据的价值。各类应用需要在社会力量、社会众包的情况下才能最大化发挥数据价值。因此，教育数据中心需要提供数据标准接口和应用操作规范、应用发布规范、运维规范，以及应用的收益分配机制，实现社会力量参与的数据中心开放式管理和运营，既能保证数据安全性，又能实现数据价值最大化，培育多元应用开发和维护的教育新生态，为社会各界提供丰富的服务。

七、新资源——建立资源全流程监管体系，持续优质资源开发

教育数字资源是教育信息化的重要因素，狭义上指教育数字资源和教学工具。目前数字资源形式单一，需从录播、直播扩充到基于 XR 技术的沉浸式体系；供给方式单一，以单一知识载体为主，需以"虚拟老师""虚拟学伴""智慧问答"等为代表的知识智能体的方式呈现；内容有待过滤，需建立内容安全过滤机制；目前资源开发者的利益需得到保护，交易机制有待探索。因此，需建立教育资源全生命周期的，集内容开发、安全过滤、数据资产、资产交易、资产供给为一体的资源开发和交易体系（图 5-7）。

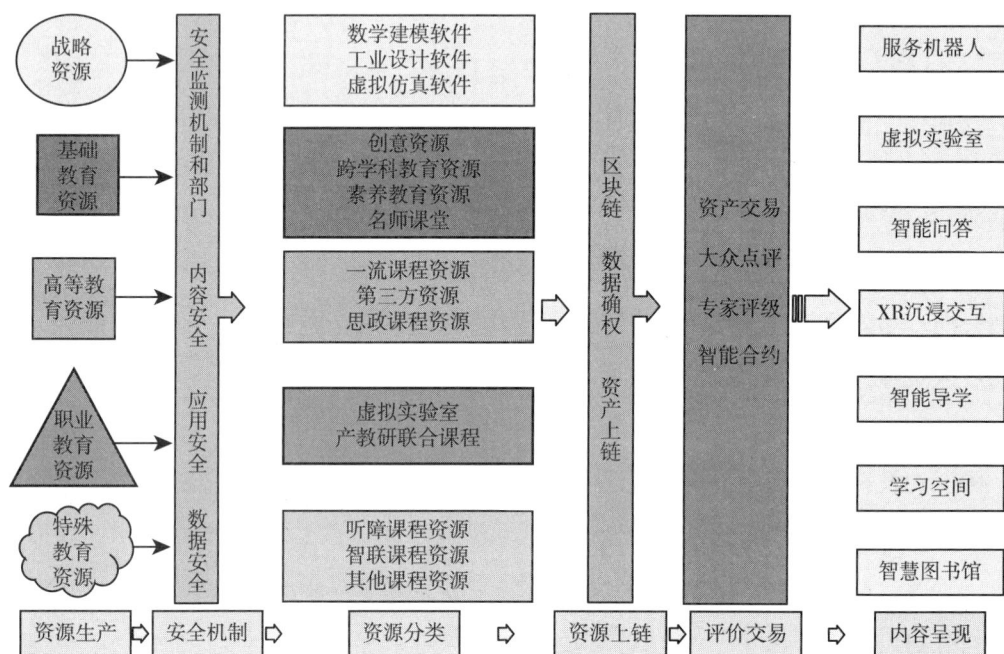

图 5-7　教育资源一体化管控体系

在资源生产方面，建议学校、企业独立或合作开发教育资源。基础教育资源除名师课堂以外，建议开发跨学科、具体大学科概念的课程，培养孩子们的系统思维和大系统观，也建议多开发创意课程和素养课程，拓宽学生的视野，还建议学生们自行开发或师生合作开发。高等教育着重开发一流课程、思政课程、专业教学库，探索基于智能技术的资源融合形成新课程的技术，探索人机结合的、融合显性知识和隐性知识的、知识粒度可扩展缩放的知识图谱构建。职业教育资源，建议与企业合作开发面向

各类实训的虚拟实训实验室及课程、面向师资培训的课程；特殊教育着重开发面向听障、智障、自闭、残障的教育资源；战略教育资源，包括各类数学建模工具、知识建模工具、虚拟仿真软件，这些是国家目前短缺的理工科教学工具和研发工具，需要积极培养这方面人才，尽快研制自主研发的软件和工具。此类软件和工具的开发实属交叉学科，不仅需要深入了解学科知识，还需要了解软件工程，且开发周期非常长，国家需要设立专门专业培养人才，设立重大项目支持战略性软件工具的研发。

在安全机制方面，需建立面向内容安全的内容过滤机制，探索基于智能技术的内容过滤和内容矫正、基于人机协同的内容审核和评级分类等。在数据资源资产化方面，数据资源开发完毕之后，可基于区块链技术实施资产上链，第一时间保护作者的知识产权，提高开发者的积极性。在数据资产交易平台方面，基于智能合约开展数据资产的交易，保护买卖双方的权益。探索基于大众点评的数据资产评价模式，且基于新技术防止刷单刷点评的出现。数据资产供给模式不仅仅以传统的录播和直播的方式，建议基于"智能问答""智能教育机器人""虚拟导师""虚拟学伴""数字学习空间""智慧图书馆""教育游戏"等模式呈现知识和进行思维引导。

八、新应用——实现教学评价研训模式的创新与变革

智慧教育中期阶段，通过新技术与教学评价研训的深度融合，实现教学模式、评价模式、研训模式的创新与变革。教学模式从"五个相同"（时间相同、地点相同、教师相同、教材相同、进度相同）到"五个不相同"（时间不相同、地点不相同、教师不相同、教材不相同、进度不相同），评价模式从"五唯"（唯分数、唯升学、唯文凭、唯论文、唯帽子）到"五不唯"（不唯分数、不唯升学、不唯文凭、不唯论文、不唯帽子），研训模式从"虚实分离"（虚拟仿真实验室与物理实验室的分离）到"虚实结合"（虚拟仿真实验室与物理实验室的相互融合与引导）。如图5-8所示。

1. 规范引领并升级教育应用

标准先行，规范各类场景的教学应用。建议前期制定系列教育应用规范，包括本地教学应用规范、远程协同教学规范、虚实融合教学规范、人机协同教学规范、自主探究学习规范及其他教学场景规范，分别从资源获取、个性匹配、远程协作、人机协同、学习预警、学习诊断、可视化分析进行规范的制定，实现从"五个相同"到"五个不相同"。

科研跟进，为应用提供理论引导和关键技术支撑。本地教学应用着重探索基于

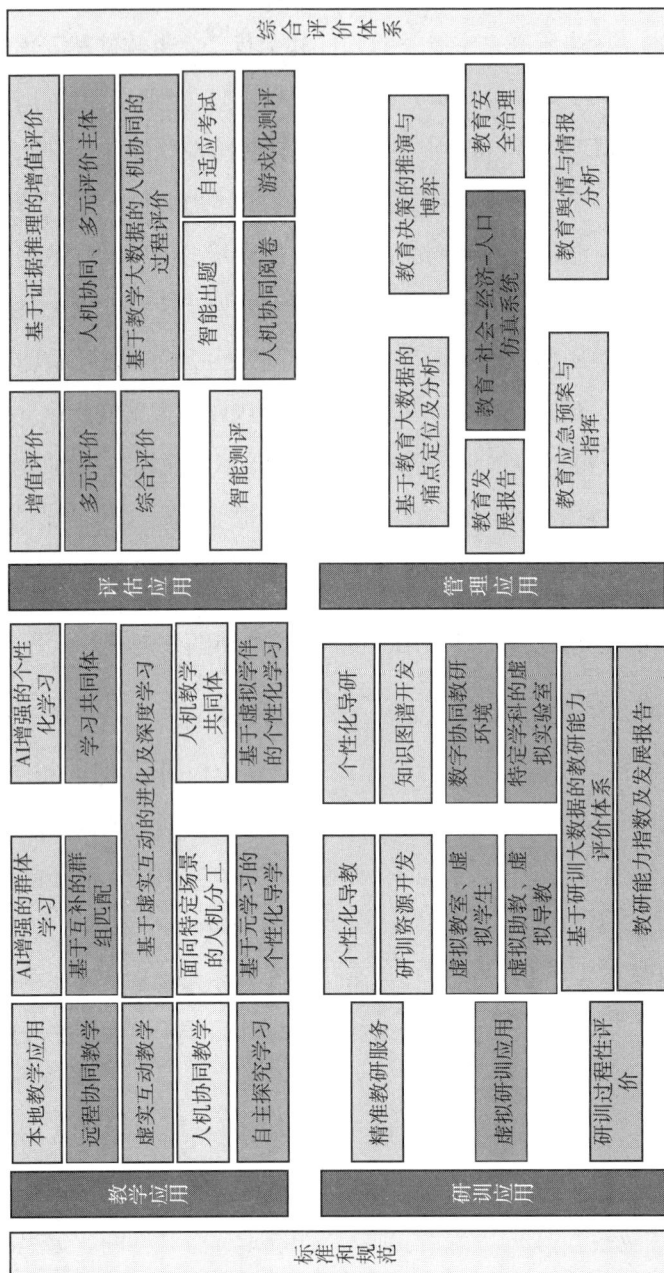

图 5-8 教学研训评估管理应用体系

AI、物联网或脑电技术的学习者及老师的学习行为、教学行为、互动行为的识别与分析，以及群体或小组的教学行为的识别与分析，可从意图、行为、状态三个层面来识别与分析，实现 AI 技术增强的群体学习。远程协同教学着重探索基于知识互补的教师匹配、基于老师和学生个性、习惯、能力的小组匹配，实现跨班级、跨学校、跨国家的"学习共同体"和"教学共同体"；虚实互动教学着重探索虚拟世界的仿真体验学习与现实世界的实际体验学习进行演化与进化的机理与机制；人机协同教学着重探索面对特定教学场景人机分工、人机交互的原理与机制，实现"人机教学共同体"；自主探究学习着重研究个人建构学习中的个性导学与资源推荐的机制与算法，如何全面实现学习路径的多元化与可视化，如何全面诊断学习者学习状态并预警，以实现 AI 技术增强的个性化学习。

通过新技术与本地教学场景、远程协同教学场景、虚实互动教学场景、人机协同教学场景、自主探究学习场景的深度融合，实现以"扩大并改善教育资源供给、开放整合学习资源、精准匹配个性化学习服务、全过程学习记录"为目标的新教育应用，彻底打破规模化与个性化的教育悖论。

2. 规范引领并革新评价应用

智能时代深刻改变了对人才的要求，学生的批判思维能力、协作沟通能力、解决复杂问题的能力、创新能力及与智能时代相处的能力成为未来的核心竞争力，需要革新现有分数导向的评价手段来选拔真正优秀的人才，建立以人为本的德智体美劳人才培养体系。

标准先行，引领评价体系颠覆性改变。建议制定智能考试相关规范和标准，包括智能出题、智能阅卷、自适应考试的相关标准；建议制定多元评价、增值评价、综合评价的标准体系，建立"学校、专家、老师、学生"多元评价主体标准，建立以证据推理为基础的"能力增值、创意增值、素养增值、学科增值"评价标准，建立考试、过程、素养、能力、创意多元评价标准。

研究跟进，为评价模式革新提供理论引导和技术支撑。建议改善考试方式，探索人机协同的智能出题、人机协同的智能阅卷，尤其是主观论述和表达题；探索自适应考试技术，实现精准考试；探索游戏化考试，实现趣味化测评；探索基于全数字环境的知识、技能、情感价值观的综合评价模式；探索基于证据推理的增值评价技术，实现对于创意、学科、能力、素养的增值评价。

3. 完善并拓展教师研训应用

长期以来，学习者的各种应用受到重视，而教师群体的研训应用被忽略了。新时代教师的角色和定位已经发生颠覆性变化，教师需要通过不断学习提升自己采用智能技术提升教学教研的能力，提升以人为本的育人能力。通过研发"精准教研"个性化服务平台，开发多种沉浸式研训应用和虚拟研训应用，收集教师的全部数据，精准评价和诊断教师的教学教研能力，并形成教师教学教研能力标准及定期生成教师发展报告，通过"个性化导教""个性化导研"，准确提升教师的教研和教学能力，实现从经验提升到数据驱动的精准提升。探索人机协同的、多元评价主体（包括专家、大数据、学生、同行）的、多元综合评价（包括教学理念、课程设计、动手实践、教学创意、教学组织、个性化引导、师生交互、测评成绩）的教师能力诊断体系和评价体系。

制定相应标准和规范。制定各类研训应用（虚拟研训应用、虚拟助教、虚拟导教、虚拟老师）的操作规范和数据接口标准；制定多元评价主体、多元综合评价的评价标准和相关应用的数据接口标准。

4. 升级拓宽管理应用

新技术为教育管理治理带来契机，从经验治理走向数据驱动的人机协同治理。在管理应用方面，建议：通过升级拓宽已有管理应用，建设教育管理痛点分析系统，基于大数据定位和分析教育存在的痛点；通过研发教育—社会—人口的虚拟仿真系统，对教育政策对社会所起作用进行推演，实现基于虚实互动的人机协同教育决策；研发教育舆情与热点分析系统，关注大众的建议和心声，获取第一手资料；研发教育情报分析系统，梳理汇总并分析国内外教育情报，掌控天下教育咨询；研发教育数据及资源治理系统，监测教育数据及资源的全流程，保护伦理隐私安全；研发基于 AI 的教育大数据的教育督导辅助系统，通过可视化展示及数据分析，协同做出督导决策。制定数据采集录入、开放共享、分析应用、质量评估等环节的标准，实现数据的上下贯通，提供"数据–信息–知识–决策"四位一体的支撑，消除信息孤岛、数据孤岛、应用孤岛，推动业务管理、决策支持、监管监测、评估评价和公共服务的全部门覆盖，从而实现一网通办的一体化平台服务。

九、新校园——升级并打造虚实融合的智能化校园

智慧校园是管理模式、教育模式，是提升学习体验的重要载体，新时代的到来，

使得虚拟世界和现实世界逐渐融合，管理、教研、教学的体验由现实世界扩展到虚拟世界，并逐步向虚拟世界迁移。如何融合两个世界的教育资源，打造跨越时空限制的、虚实融合的智能化校园是教育新基建的主要任务。

　　智能化校园主要包括智慧教学设施的完善和提升、智慧科研设施的提升和共享、智慧公共设施的建设与完善（图5-9）。智慧教学设施的完善和提升主要包括打造智慧教室（提升物理教室的智能化水平）、打造智慧学习空间（提升虚拟教室的智能化水平）、研发教学学具（智能化物理教育学具和智能化虚拟教育学具、虚拟实训室）；智慧科研设施的提升和共享主要包括推动智能实验室的建设、科研资源共享、科研协同创新机制；智慧公共设施的建设与完善主要包括平安校园、健康校园、绿色校园的建设。

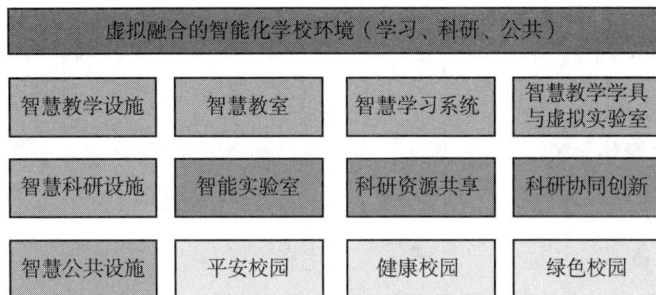

图5-9　虚实融合的智能化校园

　　智慧教学设施方面：①推进物理教室的智能化改造，可采用多媒体交互白板、智能平板电脑、全息投影实现现实世界与虚拟世界的交互；AI摄像头等信息采集与感知装置主动感知教学参与者的宏观行为，探索与研究在完全信息下的师生群体的各类行为识别、感知与认知。②研发以自适应学习机制为核心的虚拟世界的智慧教学与学习系统，并放在学校教育云或者区域教育云上，通过虚拟化向各个学校提供服务。此系统以数据为基础，融合物理智能实验室和虚拟智慧教育与学习系统一起，开展个性化的精准教学。③研发面向特定学科的教育学具与虚拟仿真实验室，实现面向特定学科的虚拟仿真教学、实验和实训，提升教学、实验、实训效率与质量，实现个性化引导与学习。这些学具与资源可通过放置在学校教育云或者区域教育云上，通过虚拟化向各个学校提供共享服务。

　　智慧科研设施方面：①推动信息化技术、智能化技术与传统实验室的深入融合，形成大数据驱动、信息化驱动的实验室，开展科学实验、记录实验数据、模拟实验过程，通过 AI 技术监测科研人员的行为语义，提高实验安全及效率，促进科研实验改革。②推动科研资源共享。目前各类计算资源、数据资源、实验室资源（实体和虚拟）各自为政，造成资源浪费。建议各单位和部门的计算资源、虚实实验室资源、数据资源可以通过科研云的方式进行统一部署，突破算法孤岛、硬件孤岛、管理孤岛，实现共享，提高资源使用率；构建资源使用机制和安全机制，确保资源的系统安全。③推动科研协同创新机制。目前到了跨学科、各领域协同创新的阶段，需要积极搭建科研交流平台，共享科研信息，构建供需对接平台，互通需求信息，推动科研创新范式革新，探索基于团队科学的跨学科、远程协作的科研范式。

智慧公共设施方面：①打造健康校园，实现基于大数据和 AI 技术的校园的就餐、住宿、交通、娱乐，保障师生的健康发展，比如，基于饮食大数据的饮食健康监测与健康饮食推荐；基于运动大数据的智慧体育馆，推荐健康的运动服务；基于读书大数据的智慧图书馆，推荐相关资源构建健康头脑。实现基于智能交通技术的校园交通管理系统，基于物联网技术的智能楼宇及智慧园区。②打造平安校园，全面升级现有公共安全校园视频网络，实现基于 AI 技术的自动预警、各类紧急事件的预案等。③打造绿色校园，实现基于智慧农业和智慧环保的绿色植被系统，保障校园的绿色生存环境；基于物联网技术的智能楼宇，更加人性化和节能绿色等。

十、新安全——构建虚拟世界、心理世界、物理世界一体化的安全体系

教育信息化是由人 - 机 - 物组成的复杂系统 CPSS（Cyber-Physical-Social Systems）组成，联通了物理世界、心理世界和虚拟世界，这三个世界各自面临相应的安全挑战。比如，物理世界的校园需要基于视频的安防系统和一卡通门禁系统保证安全；在虚拟世界需要数据安全、网络安全保驾护航；在心理世界需要内容安全、隐私伦理安全的开展，这是在新智能时代出现的尤为突出的问题。因此急需建立一套可信安全体系，保障三个世界的安全（图 5-10）。

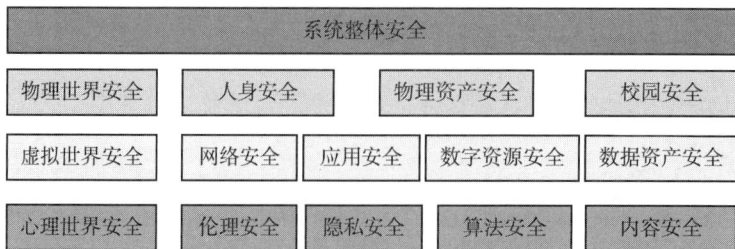

图 5-10　面向物理世界、虚拟世界、心理世界的可信安全体系

物理世界安全主要包括以门禁系统、安防系统为代表的人身安全、物理资产安全、校园安全；虚拟世界安全包括数据安全、网络安全、算法安全、数据资产安全、应用安全；心理世界安全包括内容安全、伦理安全、隐私安全。因此，需构建一整套覆盖三个世界的安全标准及相应的测评体系，方能真正保证教育信息化系统的总体安全。

目前物理世界安全比较成熟，在此不再展开。虚拟世界的安全需探索基于新一代智能技术（人机协同、人机博弈、自主进化）、安全技术和区块链技术开展的系统安全。网络安全方面，探索和研发网络安全虚拟演练系统，探索基于人机协同、人机博弈和自主进化的方式，构建面向安全的紧急预案；开展教育网络安全应急演练和培训；应用安全，需要探索基于智能合约开展可信交易；采用国内自主研发软件和产品，制定产品安全标准。对第三方应用及教育 App 进行备案和监管制度。

在心理世界安全方面，主要是针对伦理和隐私，主要包含数据安全、算法安全、内容安全。数据安全方面，随着数据安全法的颁布，用国产加密系统对数据进行加密，探索并制定面向数据产生、使用、搜索、发布、删除等生命全周期的安全机制。算法安全方面，实施人工智能算法备案机制，制定面向人工智能算法生命全周期（开发、测试、使用、发布、反馈、删除）的安全机制，尤其是需要考虑伦理和隐私问题。内容安全方面，需加强教育专用浏览器及操作系统的研制，嵌入基于智能技术的内容过滤；实施教育资源的安全检测机制，对教育资源进行安全过滤，探索基于人工智能技术的内容过滤。

教育数据伦理安全方面，建议科研布局跟进。建议研制教育数据伦理相关的法律法规，可围绕教育大数据驱动下的教育研究及应用服务，确立价值构建与认同、道德标准为底线，制定法律法规约束数据采集者、收集者、搜集者、使用者的行为，面向教育大数据生命周期流程的生产、采集、保存、搜集和使用等环节制定法律法规，同时制定利益调节机制，实现各方利益平衡及教育大数据效用最大化；面向教育教学、升学就业等场景研制相应规范，成为法律法规的有益补充；研制教育数据伦理相关数据标准，并嵌入数据生命周期流程的各个环节中；普及教育数据伦理及相关素养教育，开展相关师资培训，并纳入教育体系中。

第三节 其他建议

一、智慧教育研究组织

国家层面：①成立专门部门，制定建设标准和量化考核指标体系，定期跟进指导地方政府信息化建设。②选择教育信息化建设较好的地域，以此为样板，经过研讨修正，形成信息化建设标准，全国进行相应调整。③形成考核指标体系，各区域提出建设进度。

地方层面：①专人专职。地方政府可成立专门办公室，专人专职，各自承担财务、基础设施、教育资源、师资培训、交流宣传等任务。②投入均衡。适当增加投入，推进建设，避免仅在重点学校投入的现象。③形成智库。地方政府可联合地方高校、学会、企业等社会力量，形成智库，为信息化建设谏言。④方案制定。政府组织社会各界，基于目前教育信息化成果和不足，商讨并进一步形成明确的信息化建设方案，让各区可相互联通，商讨并形成教育资源建设方案，让各区可相互使用。⑤师资培训。定期开展信息化宣传，做好师资培训工作。⑥教学资源。地方政府可组织智库，汇总现有的教学资源，根据各校的特色，统一制定教学资源建设框架，发挥学校的特长，产生优质高效的教育资源。

学校层面：①专人专职。要积极重视信息化建设，成立专门领导小组，专人专职信息化建设和教育资源建设，拿出具体的建设方案。②配备专才。大部分学校缺乏信息技术专业人才，建议上级领导下发相关文件，严格要求每个教学点必须配备至少一名技术型人才。③教育资源。学校积极组织老师们进行内容创作，通过师生大众评选选出优质资源，并考虑优质资源与职称挂钩的方法，也考虑购买社会服务的方式引入丰富的教学资源。④交流学习。校领导和老师定期互访，互通有无，互相学习。

二、加快经济均衡发展

教育的发展离不开各地经济建设的发展，说到底经济建设才是根本的基础。建议政策向西部倾斜，经济平衡才能促进教育资源的平衡和人才的有序流动。

三、加大教育建设的投入

参照各个国家教育所占 GDP 的百分比，目前我国在教育方面的投入依然不算高。

当今时代呼唤创造性人才，需要灵活性开放的教育体制，建议加大教育经费的投入。

四、吸引更多社会资源参与智慧教育

智慧教育的发展离不开政策环境、社会环境、技术环境、市场环境的协同发展，离不开政策保障、基础研究、技术研究、落地应用、市场检验的共同发力。除政府的主导作用之外，基础研究、技术研究、落地应用、市场检验还需要通过各种形式把社会力量融入整个智慧教育生态系统的构建中来。

五、舆论引导消减功利主义

目前教育功利化现象严重，忽略了孩子的全面发展。需要国家加强舆论引导，从全社会解放思想，引导建立新的幸福观和人生观；加强孩子们的思想品德、情感和艺术教育，使传统的"科举"教育逐步过渡到全民素质教育。

六、主动权适当下放

教育有其本身的属性，也有社会性，有文化印记、政治印记和社会印记。目前在学校管理上，教育体制上行政化和政治印记比较浓重，建议适当下放权力，把部分用人权、事权、物权下放，激发学校积极性和创新性。

七、激励老师的全方位发展

我国提倡尊师重教，教师被冠以"人类灵魂工程师"的称号，而老师各方面的激励，尤其是社会地位和待遇在近二三十年来提升相当缓慢。建议从社会地位、职业发展、薪酬待遇、教研教学培训等多方面保障教师群体的发展。

八、建设一贯制学校

建议把高中三年纳入义务教育的范畴。建议参考德国教育体制，扩大义务教育的范围，让所有的人可接受小初高教育，提升国民素质，同时也改变为了考试而读书的现象。

九、切实加强职业教育

职业教育所产生的人才必须要有相应的社会地位和经济地位；职业教育实训可借鉴日本、德国的需求导向的方式，企业自始至终参与职业教育的整体规划、设计办学、专业建设、教育实施、最终的考核评价等。

十、切实加强家校沟通

鉴于中小学课业过重，学校当专人专职设置一名学生或者家长或者老师监督作业、运动、睡眠等，真正落实，从家校互动这个角度提升学习者素质，促进全面发展。

第四节　结论展望

教育是国之大计、党之大计。国家在教育体系、规模、公平、创新取得巨大成就。中华人民共和国成立 70 多年来，在中国共产党的坚强领导下，以促进教育公平为执政理念，创造出以为民理念引领公平、以优先发展促进公平、以惠民政策保障公平、以规范管理维护公平的中国模式，为推动世界教育公平进程提供了经验。

中国特色社会主义进入新时代，我国教育的主要矛盾转变为人民群众对更好、更公平教育的需要与不平衡、不充分的教育发展之间的矛盾。我们必须以习近平新时代中国特色社会主义思想为指导，坚持以人民为中心的教育发展思想，进一步深层次推进教育公平，加快教育现代化，建设教育强国，办好人民满意的教育。

教育的发展是一项复杂而又长期的系统工程，矛盾将持续存在，将不断推动教育向前发展，在不断破和立中螺旋式上升发展。为此，要做好长期发展革新的准备，不能一蹴而就，也不能因一时挫折自怨自艾。

目前已经逐步形成基于教育新基建的教育新生态。新形势、新技术、新政策将逐步重塑人才需求、教学模式、治理模式、教学理念，形成人机协同、人机融合、虚实互动为特点的智慧教育及平行教育新生态[348-350]。各类数据、资源正在汇聚，成为教育新生态的"数据生产资料"；各类知识、智力资源正在汇聚，成为教育新生态的"智力生产资料"；人机协同、人机融合、虚实互动模式的教育模式成为教育新生态的"生产力"[351, 352]；区块链智能合约等形成教育新生态以安全、去中心化为特征的"生产关系"[353]。为加快推进教育现代化，建设更高质量、更加公平、更有特色、更富活力的教育，建设教育强国、人力资源强国和人才强国，从而深层次推进教育公平，满足人民群众对更好、更公平教育的期盼，办好人民满意的教育，为实现"两个一百年"奋斗目标和中华民族伟大复兴的中国梦贡献力量。

参考文献

［1］杨现民. 信息时代智慧教育的内涵与特征［J］. 中国电化教育，2014（1）：29-34.

［2］肖士英. 走向智慧教育观的新境界：怀特海智慧教育观的审视与超越［J］. 华东师范大学学报（教育科学版），2015，33（4）：7-14.

［3］蒋茵. 从现象学到智慧教育学——范梅南教育思想探微［J］. 台州学院学报，2005（1）：76-79，84.

［4］邵琪. 智慧教育史论［D］. 浙江大学，2019.

［5］陈琳，王丽娜. 走向智慧时代的教育信息化发展三大问题［J］. 现代远程教育研究，2017（6）：57-63.

［6］黄荣怀. 智慧教育的三重境界：从环境、模式到体制［J］. 现代远程教育研究，2014（6）：3-12.

［7］祝智庭，贺斌. 智慧教育：教育信息化的新境界［J］. 电化教育研究，2012（12）：5-13.

［8］尹恩德. 加快建设智慧教育推动教育现代化发展——宁波市镇海区教育信息化建设与规划［J］. 浙江教育技术，2011（5）：56-60.

［9］金江军. 智慧教育发展对策研究［J］. 中国教育信息化（基础教育），2012（11）：18-19.

［10］陆灵明. 智慧教育研究现状、内涵及其特征分析［J］. 上海教育科研，2020（2）：19-24.

［11］中华人民共和国教育部. 教技〔2012〕5号. 教育部关于印发《教育信息化十年发展规划（2011—2020年）》的通知［EB/OL］. http://www.moe.gov.cn/srcsite/A16/s3342/201203/t20120313_133322.html.

［12］中华人民共和国教育部. 教技〔2018〕6号. 教育信息化2.0行动计划［EB/OL］. http://www.moe.gov.cn/srcsite/A16/s3342/201804/t20180425_334188.html.2018.04.18.

［13］新华网. 中共中央、国务院印发《中国教育现代化2035》［EB/OL］. http://www.moe.gov.cn/jyb_xwfb/s6052/moe_838/201902/t20190223_370857.html.

［14］新华网. 中共中央办公厅、国务院办公厅印发《加快推进教育现代化实施方案（2018—2022年）》［EB/OL］. http://www.moe.gov.cn/jyb_xwfb/gzdt_gzdt/201902/t20190223_370859.html.

［15］冯鑫，李佳培，吴晔，等. 近10年大数据研究热点演进及平台发展——以智慧教育领域1469篇文献计量分析为例［J］. 中国高校科技，2021（增刊1）：43-47.

［16］董建国，王思北，林善传. 我国中小学互联网接入率达 100%［N］. 新华网，2021-04-25.

［17］数字中国发展报告发布我国中小学互联网接入率达 100%［J］. 中国教育网络，2021（5）：9.

［18］国家互联网信息办公室网站. 国家互联网信息办公室发布《数字中国发展报告（2020年）》［EB/OL］.［2021-07-05］. http://www.gov.cn/xinwen/2021-07/03/content_5622668.htm.

［19］科大讯飞 – 用人工智能建设美好世界［EB/OL］.［2021-08-10］. https://www.iflytek.com/index.html.

［20］徐志锴. 融合 Yenka 虚拟实验与腾讯课堂的教学实践——以"电解原理"为例［J］. 化学教与学，2022（13）：43-47.

［21］李敏. 一对一数字化教学影响学生学习效果的研究——基于百度云的分层教学实验研究［J］. 亚太教育，2016（23）：3-4.

［22］黎秀义. 例谈"钉钉未来校园"在山区学校管理中的应用［J］. 教育界，2020(12)：2-3.

［23］王春雁. 云领教研 网铸校园——华为深耕"智慧教育"［J］. 中国教育信息化，2015（14）：86-87.

［24］明世超，李肖霞，陈帆. 基于智慧课堂的混合式教学模式探究——以安徽省智慧学校建设中的希沃易课堂为例［J］. 安徽教育科研，2020（23）：93-94.

［25］美国《连线》：鸿合携联合国儿基会创新圆梦教育［J］. 中小学电教，2015（增刊1）：144.

［26］中共中央国务院办公厅. 关于进一步减轻义务教育阶段学生作业负担和校外培训负担的意见［EB/OL］.［2021-07-24］. http://www.moe.gov.cn/jyb_xxgk/moe_1777/moe_1778/202107/t20210724_546576.html.

［27］若冬. 2020 智慧教育创新排行榜［J］. 互联网周刊，2020（14）：12-14.

［28］崇文. 2021 智慧教育创新排行榜［J］. 互联网周刊，2021（12）：48-50.

［29］张茂聪，鲁婷. 国内外智慧教育研究现状及其发展趋势——基于近 10 年文献计量分析［J］. 中国教育信息化，2020（1）：15-22.

［30］第 47 次《中国互联网络发展状况统计报告》发布 中国将建成全球最大数字社会［J］. 网络传播，2021（2）：68-75.

［31］李亚霞，高士兴. 智慧教育视域下的智慧教学研究综述［J］. 甘肃高师学报，2020，25（6）：76-79.

［32］UNESCO. COVID-19 Educational Disruption and Response［EB/OL］.［2020-02-08］. http://www.iiep.unesco.org/en/covid-19-educational-disruption-and-response-13363.

［33］USKOV V L, HOWLETT R J, JAIN L C. Smart Education and e-Learning 2020［J］. Smart Innovation，2020. 01.

［34］王天宇. "全球教育史"抑或"外国教育史"——全球史观视野下的外国教育史研究［J］. 黑龙江教育（理论与实践），2020（12）：57-60.

［35］Department of Education，Washington，DC．Getting America's Students Ready for the 21st Century：Meeting the Technology Literacy Challenge．A Report to the Nation on Technology and Education［EB/OL］．［1996-06-01］．https://tech.ed.gov/netp/#collapseaccordionone.

［36］Office of Educational Technology，U. S. Department of Education．Future Ready Learning：Reimagiming the Role of Technology in Education［EB/OL］．［2016-01-01］．https://tech.ed.gov/files/2015/12/NETP16.pdf

［37］Office of Educational Technology，U. S. Department of Education．Transforming American Education：Learning Powered by Technology［EB/OL］．［2010-11-01］．https://files.eric.ed.gov/fulltext/ED512681.pdf.

［38］Department for Education and Employment.Developing a Global Dimensionin the School Curriculum［EB/OL］．［2000-09-01］．https://webarchive.nationalarchives.gov.uk/ukgwa/20031103025506/http：/www.dfid.gov.uk：80/Pubs/files/dfeeguid.pdf.

［39］Qualifications and Curriculum Authority.The Global Dimension in Action-A Curriculum Planning Guide for Schools［EB/OL］．［2010-02-09］．https://webarchive.nationalarchives.gov.uk/ukgwa/20100209092836/http：/curriculum.qcda.gov.uk/uploads/The%20global%20dimension%20in%20action_tcm8-14488.pdf.

［40］British Council.Connecting Classrooms through Global Learning Programme 2018-2021［EB/OL］．［2018-06-01］．https://www.ucl.ac.uk/ioe/departments-and-centres/centres/ucl-centre-educational-leadership.

［41］王星，李怀龙．教育信息化 2.0 背景下中美两国高等教育《地平线报告》的演进特征及比较研究［J］．中国教育信息化，2021（8）：33-41.

［42］Urenio Research.Smart City Strategy：Intelligent Nation 2015（Singapore）［EB/OL］．［2015-02-12］．https://www.urenio.org/2015/02/12/smart-city-strategy-intelligent-nation-2015-singapore/.

［43］张力玮．新加坡教育信息化：理念、挑战与经验——访新加坡教育部教育技术司副司长陈丽萍［J］．世界教育信息，2013，26（24）：22-24.

［44］陈耀华，杨现民．国际智慧教育发展战略及其对我国的启示［J］．现代教育技术，2014，24（10）：5-11.

［45］金贞淑．韩国数字教科书计划及其实施情况［J］．世界教育信息，2015，28（15）：62-62.

［46］i-Japan 战略 2015——日本中长期信息技术发展战略［J］．中国信息化，2014（12）：66.

［47］魏能涛．日本"超级科学高级中学计划"建设及启示［J］．基础教育参考，2012（9）：21-24.

［48］赵婷，刘宝存．英国全球素养教育的"自我—他者"关系探究［J］．外国教育研究，2021，48（3）：3-20.

［49］李洋．Newsela 辅助高校英语阅读课程教学改革研究［J］．英语广场，2020（9）：52-54.

［50］谭瑜. 高校学生跨文化能力培训理念及策略探究——以文化自觉与跨文化沟通为视角
［J］. 当代教育与文化，2015，7（6）：63-68. DOI：10.13749/j.cnki.cn62-1202/g4.2015.
06.010.

［51］界面新闻. 在线学习平台EverFi获1.9亿美元D轮融资［EB/OL］.［2017-05-02］. https://
www.jiemian.com/article/1281925.html.

［52］胡琼月. 教育迎来DT时代，Knewton个性化课程［J］. 大数据时代，2017（5）：60-63.

［53］多鲸. 从AI说起，哪六大趋势会重塑在线教育产业？［EB/OL］.［2021-03-11］. https://
baijiahao.baidu.com/s?id=1693923817833306421&wfr=spider&for=pc.

［54］机器之心. 波士顿人工智能公司Learnable.ai作为全球初创企业代表参会天津达沃斯［EB/
OL］.［2018-09-19］. https://www.jiqizhixin.com/articles/2018-09-19-13.

［55］先学教育. 还在找代写？在线考试防作弊，莫纳什examity系统已经上线!［EB/OL］.
［2020-05-11］. https://www.sohu.com/a/394354105_120501335.

［56］Busuu博树. 为什么使用博树学习语言？［EB/OL］.［2022-06-12］. https://www.boshu.cn/
zh.

［57］Homepage–CENTURY. Supercharge learning through personalisation［EB/OL］.［2021-06-13］.
https://www.century.tech/.

［58］Game Plan | The Only All in One Platform for Athlete Development［EB/OL］.［2022-07-15］.
https://wearegameplan.com/.

［59］My-Serious-Game-Créateur de formations digitales sur-mesure［EB/OL］.［2022-07-15］.
https://my-serious-game.com/.

［60］国际统计年鉴［DB/OL］.［2022-07-15］. http://www.stats.gov.cn/ztjc/ztsj/gjsj/

［61］IBM. Education for a Smarter Planet：The Future of Learning［M/OL］.［2009-09-11］.
https://www.redbooks.ibm.com/abstracts/redp4564.html.

［62］许玲，张亦弛. 全球视野下教育技术研究热点的聚类分析与展望［J］. 中国远程教育，
2019（11）：58-65，85.

［63］金涛，徐建东，王海燕，等. 国外智慧学习环境研究的现状、热点与启示［J］. 开放学
习研究，2021，26（1）：39-47.

［64］张欢. 国外智慧教育研究现状分析——基于词频分析和可视化共词网络图的方法［J］.
中国医学教育技术，2018，32（6）：631-635.

［65］季隽，金子雯.《2020地平线报告》中的六项新兴技术［J］. 上海教育，2020（17）：15-
19.

［66］任友群，万昆，冯仰存. 促进人工智能教育的可持续发展——联合国《教育中的人工智
能：可持续发展的挑战和机遇》解读与启示［J］. 现代远程教育研究，2019，31（5）：
3-10.

［67］Wikipedia.Machine learning［DB/OL］. https://encyclopedia.thefreedictionary.com/
Machine+learning.

［68］张凡，高仲合，牛琨. 基于 KNN 的网络流量异常检测研究［J］. 通信技术，2021，54（5）：1235–1239.

［69］柳青，韦雅曼，张震华，等. 面向现代学徒制的智能学生管理信息系统的设计与实现［J］. 软件工程，2020，23（12）：47–49.

［70］吴明录. 条件概率、贝叶斯决策及其在教育科研中的应用［J］. 教育科学研究，1992（2）：38–40.

［71］林春. 贝叶斯在互联网教育中个性化学习的应用［D］. 华侨大学，2020.

［72］孟子流，李腾龙. 机器学习技术发展的综述与展望［J］. 集成电路应用，2020，37（10）：56–57.

［73］文孟飞，胡超，于文涛，等. 一种基于特征提取的教育视频资源推送方法［J］. 现代远程教育研究，2016（3）：104–112.

［74］吴恩英. 基于支持向量机的高校课堂教学质量评价研究［D］. 重庆师范大学，2016.

［75］吕红燕，冯倩. 随机森林算法研究综述［J］. 河北省科学院学报，2019，36（3）：37–41.

［76］李国峰. 智慧教育背景下采用机器学习技术的成绩预测决策系统［J］. 宁德师范学院学报（自然科学版），2021，33（1）：36–41.

［77］张荣，李伟平，莫同. 深度学习研究综述［J］. 信息与控制，2018，47（4）：385–397，410.

［78］刘永红. 神经网络理论的发展与前沿问题［J］. 信息与控制，1999（1）：31–46.

［79］CSDN. 三种常见的神经网络［EB/OL］.［2018–09］. https://blog.csdn.net/dyna_lidan/article/details/82462145.

［80］谢红霞，吴明晖. 从全连接网络到卷积神经网络的教学探讨［J］. 福建电脑，2020，36（7）：128–132.

［81］周飞燕，金林鹏，董军. 卷积神经网络研究综述［J］. 计算机学报，2017，40（6）：1229–1251.

［82］杨丽，吴雨茜，王俊丽，等. 循环神经网络研究综述［J］. 计算机应用，2018，38（S2）：1–6，26.

［83］尼克. 人工智能简史［M］. 北京. 人民邮电出版社，2017.

［84］徐幼祥. 图卷积神经网络在远程教育中的应用研究［D］. 广东工业大学，2020.

［85］维克托·迈尔－舍恩伯格，肯尼斯·库克耶. 大数据时代［M］. 浙江. 浙江人民出版社，2013.

［86］罗云燕. 基于教育大数据的应用案例分析［J］. 软件导刊·教育技术，2019，18（5）：19–21.

［87］胡水星. 大数据及其关键技术的教育应用实证分析［J］. 远程教育杂志，2015（5）：46–53

［88］余宗泽. 云计算的基本原理及其对教育领域的影响［J］. 卫星电视与宽带多媒体，2010

（6）：67-70.

［89］聂晶. 基于云计算的虚拟技术在高校实训基地资源共享中的应用［J］. 电子制作，2014（22）：81-82.

［90］施巍松，孙辉，曹杰，等. 边缘计算：万物互联时代新型计算模型［J］. 计算机研究与发展，2017，54（5）：907-924.

［91］贺志强，庄君明. 物联网在教育中的应用及发展趋势［J］. 现代远程教育研究，2011（2）：77-83.

［92］胡钟月，韦韩. 浅谈图像视频处理技术［J］. 中国新技术新产品，2020（4）：41-42.

［93］何佳康. 面向智慧教育的课堂教学交互活动视频分析［D］. 北京化工大学，2020.

［94］陈博文. 基于智慧校园的行人轨迹分析系统的设计与实现［D］. 安徽大学，2020.

［95］章军伟. 基于视频分析技术的校园安防关键技术研究及应用［D］. 浙江工业大学，2020.

［96］Wikipedia.Natural language processing［DB/OL］.［2021-07-15］. https://encyclopedia.thefreedictionary.com/natural+language+processing.

［97］袁素平. Pygmalion 汉译本中 Eliza 语言风格翻译策略研究［D］. 扬州大学，2008.

［98］张家騄. 论语音技术的发展［J］. 声学学报，2004（3）：193-199.

［99］黄晓洁. 自然语言处理技术在对外汉语教学中的应用研究［D］. 中国人民解放军外国语学院，2007.

［100］王萌，俞士汶，朱学锋. 自然语言处理技术及其教育应用［J］. 数学的实践与认识，2015，45（20）：151-156.

［101］CSDN. 语音识别系统及科大讯飞最新实践［EB/OL］.［2016-08］. https://blog.csdn.net/heyc861221/article/details/80124957.

［102］王海坤，潘嘉，刘聪. 语音识别技术的研究进展与展望［J］. 电信科学，2018，34（2）：1-11.

［103］Wikipedia.Knowledge Graph［DB/OL］.［2021-09-10］. https://encyclopedia2.thefreedictionary.com/Knowledge+Graph.

［104］李振，周东岱，王勇. "人工智能 +" 视域下的教育知识图谱：内涵、技术框架与应用研究［J］. 远程教育杂志，2019，37（4）：42-53.

［105］李艳燕，张香玲，李新，等. 面向智慧教育的学科知识图谱构建与创新应用［J］. 电化教育研究，2019，40（8）：60-69.

［106］徐增林，盛泳潘，贺丽荣，等. 知识图谱技术综述［J］. 电子科技大学学报，2016，45（4）：589-606.

［107］袁勇，王飞跃. 区块链技术发展现状与展望［J］. 自动化学报，2016，42（4）：481-494.

［108］沈鑫，裴庆祺，刘雪峰. 区块链技术综述［J］. 网络与信息安全学报，2016，2（11）：11-20.

［109］何蒲，于戈，张岩峰，等. 区块链技术与应用前瞻综述［J］. 计算机科学，2017，44

（4）：1-7，15.

[110]阮灿斌，朱贵涛. 区块链技术在教育领域的应用展望［J］. 中小学数字化教学，2020（4）：91-92.

[111]汪成为，高文. 灵境（虚拟现实）技术的理论、实现及应用［M］. 北京：清华大学出版社，2004.

[112]SUSEEL A，PANCHU P，ABRAHAM s V，et al. An Analysis of the Efficacy of Different Teaching Modalities in Imparting Adult Cardiopulmomry Resuscitation Skills among First-year Medical Students：A Pilot Study［J］. Indan J Crit Care Med，2019，23（11）：509-512.

[113]蔡苏，王沛文，杨阳，等. 增强现实（AR）技术的教育应用综述［J］. 远程教育杂志，2016，34（5）：27-40.

[114]熊静，张婕，李馨蕊，等. CBL+PBL+RPT 教学法应用于留学生神经病学见习教学的效果［J］. 卫生职业教育，2020，38（15）：101-103.

[115]张菁，张天驰，陈怀友. 虚拟现实技术及应用［M］. 北京：清华大学出版社，2011：2.

[116]孔玺，孟祥增，徐振国，等. 混合现实技术及其教育应用现状与展望［J］. 现代远距离教育，2019（3）：82-89.

[117]刘芳炜，张坤，李昕. 对分课堂教学模式对 MBBs 留学生预防医学教学效果的影响［J］. 卫生职业教育，2020，38（11）：71-72.

[118]马双. 混合现实技术在医学教育中的应用［J］. 中国教育技术装备，2020（9）：101-102，107.

[119]中华人民共和国教育部. 教技〔2012〕5 号. 教育部关于印发《教育信息化十年发展规划（2011—2020 年）》的通知［EB/OL］.［2012-03-13］. http://www.moe.gov.cn/srcsite/A16/s3342/201203/t20120313_133322.html.

[120]中国教育经费投入［DB/OL］.［2021-05-12］. https://data.stats.gov.cn/search.htm?s=%E6%95%99%E8%82%B2%E7%BB%8F%E8%B4%B9.

[121]中国在线教育用户规模达 3.42 亿［EB/OL］.［2021-03-19］. https://baijiahao.baidu.com/s?id=1694663567767816785 & wfr=spider & for=pc.

[122]教科技〔2020〕3 号. 中华人民共和国教育部.《关于加强"三个课堂"应用的指导意见》［EB/OL］.［2020-03-05］. http://www.moe.gov.cn/srcsite/A16/s3342/202003/t20200316_431659.html.

[123]方丽娟. 以智慧教育引领教育信息化创新发展［J］. 天津教育，2021（14）：174-175.

[124]雒亮，祝智庭. 创客空间 2.0：基于 O2O 架构的设计研究［J］. 开放教育研究，2015(4)：35-43

[125]祝智庭. 技术赋能智慧教育之实践路径［J］. 中国教育学刊，2020（10）：1-8.

[126]曹晓明，张永和，潘萌，等. 人工智能视域下的学习参与度识别方法研究：基于一项多模态数据融合的深度学习实验分析［J］. 远程教育杂志，2019，37（1）：32-44.

[127]许爽，周铜. 大数据背景下的智慧教育工程［J］. 智库时代，2020（4）：203-204.

［128］IMT-2020（5G）Promotion Group.5G Vision and Requirements［EB/OL］.［2020-04-03］. https://wenku.baidu.com/view/02540487360cba1aa811da7d.html.

［129］向模军，刘廷敏. 基于5G+智能技术构建智慧教育新生态［J］. 无线互联科技，2019，16（24）：32-34.

［130］MUHAMMAD E，CARSTEN B，ARVIND A，et al.BlockchainDB：a shared database on blockchains［J］. Proceedings of the VLDB Endowment，2019，12（11）：1597-1609.

［131］潘巍. 云计算技术在智慧教育中的运用分析［J］. 信息与电脑（理论版），2020，32（8）：235-237.

［132］马宁宇，张惠. 智能教育范式下的人工智能技术推动教育优化变革研究［J］. 社科纵横，2020，35（11）：133-136.

［133］BROWN M，MCCORMACK M，REEVES J，et al.2020EDUCAUSE Horizon Report，Teaching and Learning Edition［R］. Louisville，CO：EDUCAUSE，2020.

［134］苏永频. 全息技术在智慧教育中的应用分析［J］. 科学技术创新，2019（33）：87-88.

［135］黄钰，胡卫星. 教育直播的现况与发展趋势分析［J］. 中国信息技术教育，2020（24）：85-87.

［136］胡菲，马晓龙. 互动直播教学的模式与技巧探析［J］. 北京石油管理干部学院学报，2020，27（2）：56-59.

［137］徐颖丽. 基于学习行为分析的智适应教学模式研究［J］. 工业技术与职业教育，2020，18（3）：33-36.

［138］蔡荣华，陈链. 国内外主流自适应学习系统对比研究［J］. 数字教育，2021，7（2）：22-26.

［139］李海峰，王炜. 人工智能支持下的智适应学习模式［J］. 中国电化教育，2018（12）：88-95，112.

［140］沈李琴. 互联网思维下的智慧教研平台开发与实践［J］. 中小学信息技术教育，2019（增刊1）：138-141

［141］陈玲. 技术支持下的智慧教研［EB/OL］.［2020-09-21］. https://www.sohu.com/a/419912140_780751.

［142］刘威. 智能批改软件在高三英语写作教学中的应用［J］. 中小学数字化教学，2020（11）：89-92.

［143］邵一川，李常迪，赵骞，等. 人工智能分析课堂行为特征助力教学改革［J］. 黑龙江畜牧兽医，2020（17）：153-158，172-174.

［144］方贺生，陆秋. 基于行为识别的学生课堂活动检测方法研究［J］. 信息系统工程，2020（12）：27-29.

［145］何晨晨，王晓静. 近五年我国课堂行为研究综述——以CNKI核心期刊来源为例［J］. 文化创新比较研究，2020，4（21）：77-79.

［146］廖鹏，刘宸铭，苏航，等. 基于深度学习的学生课堂异常行为检测与分析系统［J］. 电

子世界，2018（8）：97-98.

[147] 佟晓丽，王嬿舒. 课堂教学评价与持续改进机制的探索［J］. 沈阳工程学院学报（社会科学版），2021，17（2）：100-103.

[148] 王永固，陈俊文，丁继红，等. 数据驱动的教师网络研修社区数字画像构建与应用——基于"浙江名师网"的数据分析［J］. 远程教育杂志，2020，38（4）：74-83.

[149] 余明华，张治，祝智庭. 基于可视化学习分析的研究性学习学生画像构建研究［J］. 中国电化教育，2020（12）：36-43.

[150] COOPER A. The inmates are running the asylum：Why hightech products drive us crazy and how to restore the sanity［M］. Indianapolis：Sams，2004.

[151] 余明华，张治，祝智庭. 基于学生画像的项目式学习评价指标体系研究［J］. 电化教育研究，2021，42（03）：89-95.

[152] 陈海建，戴永辉，韩冬梅，等. 开放式教学下的学习者画像及个性化教学探讨［J］. 开放教育研究，2017，23（3）：105-112.

[153] 肖君，乔惠，李雪娇. 基于 xAPI 的在线学习者画像的构建与实证研究［J］. 中国电化教育，2019（1）：123-129.

[154] 张雪，檀悦颖，罗恒. 在线学习非母语学习者群体研究：类别画像与行为特征分析［J］. 现代远距离教育，2019（1）：18-26.

[155] 唐烨伟，茹丽娜，范佳荣，等. 基于学习者画像建模的个性化学习路径规划研究［J］. 电化教育研究，2019，40（10）：53-60.

[156] 张治，刘小龙，徐冰冰. 基于数字画像的综合素质评价：框架、指标、模型与应用［J］. 中国电化教育，2021（8）：25-33，41.

[157] 张治. 学生数字画像及其教学应用的实践与思考［J］. 教育传播与技术，2019（1）：3-6.

[158] 艾兴，张玉. 从数字画像到数字孪生体：数智融合驱动下数字孪生学习者构建新探［J］. 远程教育杂志，2021，39（1）：41-50.

[159] 李广，姜英杰. 个性化学习的理论建构与特征分析［J］. 东北师大学报，2005（3）：152-156.

[160] 郑云翔. 新建构主义视角下大学生个性化学习的教学模式探究［J］. 远程教育杂志，2015，33（4）：48-58.

[161] 姜强，赵蔚，王朋娇，等. 基于大数据的个性化自适应在线学习分析模型及实现［J］. 中国电化教育，2015（1）：85-92.

[162] 冷静，付楚昕，路晓旭. 人工智能时代的个性化学习——访国际著名在线学习领域专家迈克·沙普尔斯教授［J］. 中国电化教育，2021（6）：69-74.

[163] 赵沁平. 虚拟现实综述［J］. 中国科学（F 辑：信息科学），2009，39（1）：2-46.

[164] 胡赟. 云虚拟现实技术方案设计及其教育行业中的应用［J］. 计算机时代，2021（6）：26-28.

[165] 刘德建，刘晓琳，张琰，等. 虚拟现实技术教育应用的潜力、进展与挑战［J］. 开放教

育研究，2016，22（4）：25–31.

[166] 李杰. 虚拟现实技术的历史和未来 [J]. 黑龙江科技信息，2009（26）：87.

[167] 王同聚. 虚拟和增强现实（VR/AR）技术在教学中的应用与前景展望 [J]. 数字教育，2017，3（1）：1–10.

[168] 蔡苏，王沛文，杨阳，等. 增强现实（AR）技术的教育应用综述 [J]. 远程教育杂志，2016，34（5）：27–40.

[169] 朱淼良，姚远，蒋云良. 增强现实综述 [J]. 中国图象图形学报，2004（7）：3–10.

[170] 周忠，周颐，肖江剑. 虚拟现实增强技术综述 [J]. 中国科学：信息科学，2015，45（2）：157–180.

[171] 孔玺，孟祥增，徐振国，等. 混合现实技术及其教育应用现状与展望 [J]. 现代远距离教育，2019（3）：82–89.

[172] 齐越，马红妹. 增强现实：特点、关键技术和应用 [J]. 小型微型计算机系统，2004（5）：900–903.

[173] 赵慧勤，孙波. 虚拟教师情感合成模型的研究 [J]. 中国电化教育，2012（1）：121–126.

[174] 赵慧勤，孙波，张春悦. 虚拟教师研究综述 [J]. 微型机与应用，2010，29（5）：1–5，8.

[175] 张优良，尚俊杰. 人工智能时代的教师角色再造 [J]. 清华大学教育研究，2019，40（4）：39–45.

[176] 夏志鹏. 三维虚拟学习环境中虚拟教师的设计与实现 [D]. 西南大学，2015.

[177] 赵慧勤，孙波. 基于虚拟智能体技术的具有情感支持的三维虚拟教师的研究 [J]. 中国电化教育，2010（11）：117–123.

[178] 夏志鹏，刘革平. 三维虚拟学习环境中操作指导型虚拟教师设计与实现 [J]. 中国电化教育，2016（5）：98–103.

[179] 韩建华，姜强，赵蔚，等. 智能导学环境下个性化学习模型及应用效能评价 [J]. 电化教育研究，2016，37（7）：66–73.

[180] 高红丽，隆舟，刘凯，等. 智能导学系统 AutoTutor：理论、技术、应用和预期影响 [J]. 开放教育研究，2016，22（2）：96–103.

[181] 朱莎，余丽芹，石映辉. 智能导学系统：应用现状与发展趋势——访美国智能导学专家罗纳德·科尔教授、亚瑟·格雷泽教授和胡祥恩教授 [J]. 开放教育研究，2017，23（5）：4–10.

[182] 荆永君，钟绍春，程晓春. 基于 Internet 的智能导学系统设计 [J]. 中国教育网络，2005（增刊 1）：44–47.

[183] 荆永君，钟绍春，程晓春，等. 智能导学系统设计 [J]. 广西师范大学学报（自然科学版），2004（3）：19–23.

[184] 谢振平，金晨，刘渊. 基于建构主义学习理论的个性化知识推荐模型 [J]. 计算机研究与发展，2018，55（1）：125–138.

［185］易明，邓卫华，徐佳．社会化标签系统中基于组合策略的个性化知识推荐研究［J］．情报科学，2011，29（7）：1093-1097．

［186］赵蔚，姜强，王朋娇，等．本体驱动的e-Learning知识资源个性化推荐研究［J］．中国电化教育，2015（5）：84-89．

［187］付永平，邱玉辉．一种基于贝叶斯网络的个性化协同过滤推荐方法研究［J］．计算机科学，2016，43（9）：266-268．

［188］MALLAT N, ROSSI M, KRISTIINA, et al. The impact of use context on mobile services acceptance: The case of mobile ticketing［J］. Information & Management, 2009（3）

［189］洪颖．基于情境感知的信息检索研究综述［J］．图书情报工作，2014，58（16）：143-148．

［190］刘海鸥，陈晶，孙晶晶，等．图书馆大数据知识服务情境化推荐系统研究［J］．图书馆理论与实践，2018（8）：98-103．

［191］SYMEONIDIS P.Matrix and tensor factorization with recommender system applications［J］. Graph-Based Social Media Analysis, 2016（39）：187．

［192］刘璇．图书馆领域社交网络应用研究述评与展望［J］．中国图书馆学报，2016，42（6）：102-116．

［193］刘先红，李纲．科研社交网络的推荐系统对比分析［J］．图书情报工作，2016，60（9）：116-122．

［194］吴昊，刘东苏．社交网络中的好友推荐方法研究［J］．现代图书情报技术，2015（1）：59-65．

［195］杜孟航．人工智能在智能批改中的应用分析［J］．科技传播，2019，11（4）：133-134．

［196］张跃．英语作文智能批改［J］．人工智能，2019（3）：86-94．

［197］何林艳．基于IRT的自适应考试系统的研究与设计［D］．大连海事大学，2009．

［198］郑旭东，高守林，任友群．计算机化自适应测验及应用于规模化考试的主要问题分析［J］．开放教育研究，2016，22（4）：40-49．

［199］吴志斌，陈淑珍，孙晓安．回溯算法与计算机智能排课［J］．计算机工程，1999（3）：79-80．

［200］宗薇．高校智能排课系统算法的研究与实现［J］．计算机仿真，2011，28（12）：389-392．

［201］张芸芸．高校智能排课系统问题研究及算法改进策略［J］．科技创新导报，2020，17（11）：184，186．

［202］周新，李林翰，王贞鹏．远程联动：走向充满活力的智慧教研［J］．教育科学论坛，2021（5）：59-62．

［203］陈曦，缪兵．智慧教研助力教师成长［J］．中国教育学刊，2020（10）：108．

［204］陈玲．技术支持下的智慧教研［J］．在线学习，2020（12）：22．

［205］沈李琴．互联网思维下的智慧教研平台开发与实践［J］．中小学信息技术教育，2019（增刊1）：138-141．

［206］小泉英明，贾志勇，孙诚，等. 脑科学与教育——尖端研究与未来展望［J］. 教育研究，2006（2）：22-27.

［207］高文. 跨越脑科学与教育的鸿沟［J］. 全球教育展望，2001（2）：16-25.

［208］周加仙. 基于脑的教育研究：反思与对策［D］. 华东师范大学，2004.

［209］刘力. 脑科学与教育：值得关注和拓展的研究领域［J］. 教育研究，1999（8）：28-31.

［210］艾兴，张玉. 从数字画像到数字孪生体：数智融合驱动下数字孪生学习者构建新探［J］. 远程教育杂志，2021，39（1）：41-50.

［211］杨雪，姜强，赵蔚. 大数据学习分析支持个性化学习研究——技术回归教育本质［J］. 现代远距离教育，2016（4）：71-78.

［212］丁楠，汪亚珉. 虚拟现实在教育中的应用：优势与挑战［J］. 现代教育技术，2017，27（2）：19-25.

［213］刘德建，刘晓琳，张琰，等. 虚拟现实技术教育应用的潜力、进展与挑战［J］. 开放教育研究，2016，22（4）：25-31.

［214］郑庆华，董博，钱步月，等. 智慧教育研究现状与发展趋势［J］. 计算机研究与发展，2019，56（1）：209-224.

［215］杨悦. "互联网＋"背景下小学数学智能化教学创新途径［J］. 数学大世界，2021（6）：18.

［216］祝智庭，彭红超. 技术赋能智慧教育之实践路径［J］. 中国教育学刊，2020（10）：1-8.

［217］唐赟. 智慧教育是促进人的自由全面发展的教育［J］. 实验教学与仪器，2018，35（1）：3-6.

［218］杨现民，余胜泉. 智慧教育体系架构与关键支撑技术［J］. 中国电化教育，2015（1）：77-84，130.

［219］李萍萍，马涛，张鑫，等. 脑科学伦理问题和治理探析［J］. 中国医学伦理学，2019，32（12）：1580-1585.

［220］蒋笃运，杜社娟，谢梦菲. 思政课教学智能化建设研究［J］. 中国电化教育，2021（1）：128-133.

［221］汪宏，陈笑浪. 中小学美育教学评价智能化平台的建构与运用［J］. 湖南师范大学教育科学学报，2021，20（3）：39-45. DOI：10.19503/j.cnki.1671-6124.2021.03.005.

［222］刘革平，秦渝超. 回溯智慧：再论智慧教育的智慧性及发展之道［J］. 现代远距离教育，2021（4）：48-58. DOI：10.13927/j.cnki.yuan.20210907.001.

［223］胡姣，祝智庭. 技术赋能的教学微创新：教师教育智慧的实践场［J］. 中国电化教育，2021（8）：99-109.

［224］王星，刘革平，农李巧，等. 智慧课堂赋能学生智慧的培育机制：内在机理、结构要素与联通路径［J］. 电化教育研究，2021，42（8）：26-34.

［225］新东方网. 来新东方营地，告诉你如何让孩子"玩"出意义！［EB/OL］.［2021-11-05］. http://xiaoxue.xdf.cn/202111/11229620.html.

［226］好未来官网网站. 人民日报：好未来持续深耕人工智能 让教育搭上科技快车［EB/OL］.
　　　　［2020–04–03］. http://www.100tal.com/article/321.html.

［227］人民网. 猿辅导独家课程获"学习强国"重点推荐［EB/OL］.［2019–09–03］. http://
　　　　it.people.com.cn/n1/2019/0903/c1009–31334121.html.

［228］央广网. 作业帮上线五款素养课 素质教育成转型方向之一［EB/OL］.［2021–08–16］.
　　　　http://tech.cnr.cn/techph/20210816/t20210816_525566205.shtml.

［229］奚玲玲. 谈应用智能批改软件促进学生英语作文能力的发展［J］. 英语画刊（高中版），
　　　　2020（31）：120.

［230］百度百科. 北京词网科技有限公司［EB/OL］.［2021–03–14］. https://baike.baidu.com/ite
　　　　m/%E5%8C%97%E4%BA%AC%E8%AF%8D%E7%BD%91%E7%A7%91%E6%8A%80%E6
　　　　%9C%89%E9%99%90%E5%85%AC%E5%8F%B8/20042853?fr=aladdin

［231］刘威. 智能批改软件在高三英语写作教学中的应用［J］. 新实践新应用，2021（11）：
　　　　89–92.

［232］新华网. 盒子鱼英语宣布完成C轮数亿元融资［EB/OL］.［2018–05–21］. https://
　　　　baijiahao.baidu.com/s?id=1601042108225546305&wfr=spider&for=pc.

［233］陈建华，梁振东. 学习类App的营销推广策略研究——以"英语流利说"App为研究案
　　　　例［J］. 河北能源职业技术学院学报，2021，21（3）：24–28.

［234］苏哲. 专访AI知了客创始人陈黎明：如何打破餐厅2年生存周期魔咒［EB/OL］.
　　　　［2019–05–08］. https://www.163.com/dy/article/EELOOANE0511R79C.html.

［235］KOUZES R T，MYERS J D，WULF W A. Collaboratories：Doing Science on the Internet［J］.
　　　　Computer（S0018–9162），1996，29（8）：40–46.

［236］黄越岭，朱德全. 情境学习理论视阈下的网络学习评价：体系与策略［J］. 中国电化教
　　　　育，2015（2）：29–33.

［237］焦雨蒙. 基于VR的沉浸式虚拟实验室设计研究［J］. 数字教育，2021（1）：38–42.

［238］赵娅，刘贤梅. 远程教育中基于Web的虚拟实验室的研究与应用［J］. 现代教育技术，
　　　　2009（2）：124–127.

［239］北京乐步教育科技有限公司官网. 方案简介［EB/OL］.［2021–06–15］. https://www.nobook.
　　　　com/.

［240］网龙华渔教育官网. 网龙亮相2021全球智慧教育大会 以"教育＋设计"引领未来［EB/
　　　　OL］.［2021–08–20］. http://www.101.com/news/08202021/001810470.shtml.

［241］北京欧倍尔技术开发有限公司官网. 实验空间优秀项目展播——新工科下的纺纱学实验
　　　　如何设计？［EB/OL］.［2021–08–06］. http://www.bjoberj.com/

［242］中软国际. 用教育"联接"世界 中软国际教育科技集团@HC2020［EB/OL］.［2020–
　　　　09–27］. http://www.chinasofti.com/.

［243］北京拓思德科技有限公司. "科技让教育更美好 教育让科技更美好"［EB/OL］.［2019–
　　　　01–04］. http://www.tstudy.com.cn/.

［244］刘宁，王琦，徐刘杰，等. 教育大数据促进精准教学与实践研究——以"智慧学伴"为例［J］. 现代教育技术，2020，30（4）：12-17.

［245］余胜泉，李晓庆. 基于大数据的区域教育质量分析与改进研究［J］. 电化教育研究，2017（7）：5-12.

［246］能力风暴教育机器人官网. 师三实验学校社会实践活动走进能力风暴［EB/OL］.［2020-08-17］. http://www.abilix.com/.

［247］王娟，汪颖. 开展创新教育：乐高培训的理念、特征及应用［J］. 现代教育技术，2017，27（8）：115-120.

［248］UBTECH 优必选官网. 2021 全球人工智能教育落地应用研究报告［EB/OL］.［2022-06-20］. https://www.ubtrobot.com/cn/newsroom/industryReports/.

［249］Lan L，Fei Y，Shi D，et al.Application of virtual reality technology in clinical medicine［J］. American Journal of Translational Research，2017，9（9）：3867-3880.

［250］千龙网. 微视酷"IES 沉浸式课堂系统"亮相智博会［EB/OL］.［2016-07-29］. http://tech.qianlong.com/2016/0729/792016.shtml.

［251］易现先进科技. 2021 虚拟现实产业发展白皮书发布，易现 EZXR 入列 AR 产业主力军［EB/OL］.［2021-10-21］. https://www.ezxr.com/news/detail?id=158&type=-1.

［252］腾讯网. AR 技术让教育体验"身临其境"——科华天府布局智慧教育市场［EB/OL］.［2020-06-23］. https:new.qq.com/rain/a/20200623A0DAM100.

［253］触角科技. 触角科技连续三届蝉联中国 VR50 强［EB/OL］.［2021-10-25］. http://www.chujiao.com/list/7/114.htm.

［254］AR 希课. 课堂革命：看名校名师如何实践 AR 教学［ED/OL］.［2021-03-05］. https://baijiahao.baidu.com/s?id=1693357036430444035 & wfr=spider & for=pc.

［255］朱卫平，林海，谢榕，等. 智能问答系统在高校课程教学中的应用［J］. 计算机教育，2019（10）：23-26.

［256］乔宇，崔亮亮，李帅，等. 智能问答机器人系统研发及应用研究——以济南市新型冠状病毒肺炎疫情处置应对为例［J］. 山东大学学报（医学版），2020，58（4）：17-22.

［257］佳发教育. 智慧校园整体解决方案［EB/OL］.［2021-09-12］. http://www.jf-r.com/solution/detail?sort_id=26&id=21.

［258］杨兵，尹加琪，杨旸，等. 现状与发展：智能问答机器人促进学习的反思［J］. 中国电化教育，2018（12）：31-38.

［259］郑策，袁璐. 人工智能在计算机自动排课算法中的应用［J］. 数码世界，2019（8）：187.

［260］杨波. 高校排课管理系统的功能需求分析［C］// 北京中外软信息技术研究院. 第五届世纪之星创新教育论坛论文集，2016：1.

［261］北京晓羊教育科技集团有限公司. 成都市研学旅游协会成立大会召开，晓羊集团承建"成都市研学实践教育管理平台"发布［EB/OL］.［2022-07-06］. https://www.xiaoyanggroup.com/site/default.aspx?PageID=1#/news/detail?id=50.

[262]中传网校. 在线职业教育时代品牌_使命感企业_培养人才及职业创新技能 – Powered By EduSoho［EB/OL］.［2021–09–15］. https://www.zcwx.net.cn/.

[263]希悦官网. 好用的校园系统，让学校变得更好丨希悦 – 走班管理、选排课、新高考改革、6 选 3、选课走班、综合素质评价［EB/OL］.［2021–08–25］. http://www.seiue.com/.

[264]陈莉莉，胡宁. 基因遗传算法在智能排课系统中的应用研究［J］. 电脑知识与技术，2019，15（6）：159–161.

[265]蒋正锋，覃韩，吕佩佩，等. 基于蚁群算法的高校排课问题的应用研究［J］. 现代计算机，2019（25）：22–27.

[266]谭敬德，罗慧文. 学习 App 资源使用调查、整合测评与选择［J］. 湖南第一师范学院学报，2021，21（1）：83–87，100.

[267]邱力骞，林和炼，赵燕. 论传统教育与移动教育的有机结合［J］. 科技经济导刊，2020，28（22）：101–102.

[268]刘云华，唐劲芃. 教育 App 在农村小学英语教学中的应用现状调查——以常德市某镇中心小学为例［J］. 兵团教育学院学报，2020，30（5）：76–81.

[269]张雷雨，汤小平，邵勇. 基于智能手机的移动学习模式探究［J］. 中国教育技术装备，2019（10）：36–38.

[270]杨蔼新. 世纪超星：抢占数字图书市场［N］. 中国经营报，2001–11–01（010）.

[271]后小君. 浅谈微课在教师专业发展中的作用［J］. 高考，2021（11）：101–102.

[272]高兴国. 浅议微课的有效运用［J］. 中学语文，2021（8）：89–91.

[273]唐奇志. 翻转课堂在高校实验教学中的应用研究［J］. 教育观察，2021，10（21）：100–102.

[274]吴小平. 高职数学微课的教学设计与实践［N］. 科学导报，2022–07–15（B02）.

[275]任红艳，黄宇. 基于三重表征的化学教学行为分析——以微课网"原电池"微视频教学为例［J］. 高等理科教育，2016（2）：108–113.

[276]闻道微课. 微课设计的 17 条建议［EB/OL］.［2016–01–27］. http://wk.eastedu.com/SmallClassStrategy_Detail_55.html.

[277]梅雪莹. 我国高校慕课发展的困境及策略研究［J］. 创新创业理论研究与实践，2021，4（5）：88–90.

[278]郭文忠，张凡，董晨，等. 针对 MOOC 高辍学率现象的分析及建议［J］. 高等理科教育，2021（2）：25–29.

[279]刘惠云，李平荣. 高校微课建设的现状分析与发展对策研究［J］. 造纸装备及材料，2021，50（2）：27–28，31.

[280]张宝文. 翻转课堂的浅表化问题及质量提升策略——以小学课堂为例［J］. 教育观察，2020，9（43）：138–140.

[281]蔡英娟. 基于信息技术深度融合的"翻转课堂"模式研究［J］. 高考，2021（16）：45–46.

［282］冯炜. 智慧教室的设计需求及功能建设［J］. 无线互联科技, 2020, 17（11）: 57–58.

［283］冯亚维, 何斌, 熊裕涛. 基于大数据平台行为分析的智慧教室［J］. 工业控制计算机, 2020, 33（9）: 117–119.

［284］明博教育. 优课智慧课堂｜智慧课堂学习系统原来是这么用的!［EB/OL］.［2020–06–16］. http://www.mainbo.com/details.html?id=770c19430a79412183bbe12b597e406b.

［285］华发教育. 聚焦学生综合评价, 助力素质教育发展—【华发综评系统】落地唐山市古冶区［EB/OL］.［2021–12–08］. http://www.hbhfct.com/contents/1203/14751.html.

［286］上海真灼科技股份有限公司. 聚焦｜真灼科技携智慧校园整体解决方案, 亮相2018年山东教育装备博览会［EB/OL］.［2022–04–18］. http://www.zenkore.com/newsinfo/2682792.html.

［287］李浩. 大学智慧教室功能情况介绍［J］. 科学咨询（教育科研）, 2020（6）: 33.

［288］牛雨. 高校智慧教室建设与应用思考［J］. 电脑知识与技术, 2021, 17（9）: 227–228.

［289］任维武, 郑方林, 底晓强. 基于强化学习的自适应学习路径生成机制研究［J］. 现代远距离教育, 2020（6）: 88–96.

［290］孔维梁, 韩淑云, 张昭理. 人工智能支持下自适应学习路径构建［J］. 现代远程教育研究, 2020, 32（3）: 94–103.

［291］周琴, 文欣月. 从自适应到智适应: 人工智能时代个性化学习新路径［J］. 现代教育管理, 2020（9）: 89–96.

［292］赵星, 乔利利, 杨洁. 我国高教变革对信息资源管理学科群的影响［J］. 图书与情报, 2019（6）: 18–24.

［293］倪翠霞. 高校智慧校园建设方案探讨［J］. 电脑知识与技术, 2021（4）: 73–74.

［294］童颖华. 高校教务管理系统的分析与设计［D］. 上海: 同济大学, 2006.

［295］刘敏杰. 教务管理系统安全维护策略［J］. 人力资源管理, 2017（5）: 188–189.

［296］刘建卓. 高校教务管理系统优化方案的分析［J］. 人力资源管理, 2017（7）: 221–222.

［297］刁宇峰, 漆巨周, 胡世祥. 重庆市江津区推进"腾讯智慧校园"的应用与实践研究［J］. 中国现代教育装备, 2021（08）: 18–20.

［298］国泰安 – 让教育更智慧. 践行三教改革 提升教学质量高级研修班［EB/OL］.［2021–06–24］. https://www.gtafe.com/ContentShow/NewsDetail/4348.

［299］依能教育 – 智慧校园｜智慧学习｜数字校园｜教学诊改｜在线教学 – 官网. 桂林地区职业院校教育教学质量应用专题培训成功举办［EB/OL］.［2021–06–24］. https://www.yineng.com.cn/info/news–1456.html.

［300］冯小洁. 以体系结构为中心的数据库设计方法及应用［J］. 中国教育信息化, 2020（5）: 89–93.

［301］庄梅芳. 智慧校园平台下教务管理系统实施中存在的问题和解决策略［J］. 智库时代, 2021: 276–277.

［302］海康威视携手沈阳工业大学, 打造校园智能安防体系［EB/OL］. http://www.bjharc.com/articles/hkwsxs1325.html.

［303］温上海．智慧校园下的智慧就业模式研究［J］．教育天地，2021：172-173．

［304］卓智网络科技有限公司．热烈祝贺安徽卓智信息技术有限公司获得2020年度"瞪羚企业"荣誉称号．［EB/OL］．［2021-01-05］．http://www.zznet.info/news-details.aspx?categoryid=2&id=178．

［305］智慧校园管理系统－国泰安官网．2021（第七届）中国职业教育合作峰会圆满结束［EB/OL］．［2021-08-25］．https://www.gtafe.com/ContentShow/TeacherDetail/8?templateId=1．

［306］刘维岗．基于智慧校园就业公共服务平台建设研究［J］．软件开发与应用，2017（23）：140-141．

［307］齐欢．关于智慧校园下职业学校文化建设问题的思考与研究［C］//吉林市东方智慧教育咨询服务有限公司．全国智慧型教师培养体系建构模式学术会议二等奖论文集，2016：2．

［308］熊键，李高祥．中小学创客教育演进及实践路径探析［J］．电脑知识与技术，2021，17（3）：28-32．

［309］鲁艺，刘键，张印帅，等．基于智慧课堂的STEM教育产品设计［J］．工业工程设计，2021，3（1）：19-25，31．

［310］王孟婷．浅析创客教育及其发展［J］．山西青年，2021（6）：69-70．

［311］Homepage－Makeblock．2022新赛项重磅发布！四大亮点全解读，全方位推动科技教育普及［EB/OL］．［2021-09-28］．https://www.makeblock.com/cn．

［312］北京寓乐世界教育科技有限公司．寓乐世界荣获北京教育装备行业协会"扶贫抗疫先进会员单位"称号！［EB/OL］．［2021-04-12］．https://www.yulewan.com/news-info?id=60d594a95e31f50001ce6c5b．

［313］儿童机器人教育，少儿编程，创意科教培训机构－贝尔机器人活动中心官网．贝尔简介［EB/OL］．［2021-10-16］．https://www.belledu.com/list-23.html．

［314］点猫科技．编程猫荣获中国企业社会责任年会"2021年度新锐责任企业"奖项［EB/OL］．［2021-08-04］．http://www.cinic.org.cn/hy/zh/1134531.html．

［315］中国教育科学研究院．中国STEM教育白皮书［Z］．2017．

［316］熊键，李高祥．中小学创客教育演进及实践路径探析［J］．电脑知识与技术，2021，17（3）：28-32．

［317］卢岳．美术宝教育：科技为支点 多维度满足孩子教育和生活需求［N］．消费日报，2020-11-12（B03）．

［318］蒋佩芳，于淼．"快陪练"倒下，素质教育还是门好生意吗？［N］．国际金融报，2021-11-22（012）．

［319］动因体育．助推全民健身 动因体育深耕青少儿体育教育行业、加速领跑［EB/OL］．https://www.dongyin.net/about/631．

［320］世纪明德官网．初心不改，使命不怠｜世纪明德成立15周年［EB/OL］．［2021-11-11］．http://www.mingde.com/news/460.html．

［321］杜芬娥，隋春玲．近十年我国特殊儿童基础教育发展研究——基于2010—2019年教育

部统计数据［J］. 绥化学院学报，2021，41（4）：133-137.

［322］杜满慧，刘兆宇. 大数据时代特殊教育教师专业发展的新路径［J］. 绥化学院学报，2021，41（4）：121-124.

［323］邓柳，雷江华. 人工智能应用于特殊教育的知识图谱分析［J］. 中国特殊教育，2021（3）：18-25.

［324］日照新闻网. 酷培 AI——迎合"双减政策"将有怎样的教育机遇？［EB/OL］.［2021-08-12］. https://baijiahao.baidu.com/s?id=1707851661077619695&wfr=spider&for=pc.

［325］Partner. 能力风暴为响水县特殊教育学校的孩子打开一扇窗［EB/OL］.［2019-04-04］.http://www.partnerx.com/.

［326］机器人编程 - 少儿编程 - 儿童编程课程 -- 选乐博乐博青少儿机器人编程教育官网. 乐博乐博荣获云图奖，积极赋能教育数字化转型［EB/OL］.［2021-11-30］. https://www.roborobo.cn/article/4342.html.

［327］软银机器人 SoftBank Robotics - 全球智能服务人形机器人品牌. AI 英才启航 | 软银机器人正式导入中小学信息技术课程［EB/OL］.［2021-09-29］. https://www.softbankrobotics.com.cn/news/20120914/.

［328］小哈智能教育机器人官网. 慧昱科教成功入驻微软全球最大的人工智能和物联网实验室［EB/OL］.［2019-05-16］. http://www.honeybot.cn/News/10329/Index.html.

［329］蔡景灿. 特殊教育学校普特融合实践探索［J］. 现代特殊教育，2021（3）：45-47.

［330］付涵. "智慧教育示范区"引领教育创新发展［J］. 中国教育网络. 2019（9）：63-64.

［331］教育部办公厅关于公布 2019 年度"智慧教育示范区"创建项目名单的通知［EB/OL］. http://www.moe.gov.cn/srcsite/A16/s3342/201905/t20190517_382370.html.

［332］教育部公布 2020 年度"智慧教育示范区"创建项目名单［EB\OL］.［2021-02-19］. http://www.moe.gov.cn/srcsite/A16/s3342/202104/t20210401_523802.html.

［333］张爽. 美国"AI+ 教育"应用探索［J］. 上海信息化，2020（1）：54-57.

［334］梁为. 从智慧教育的角度看美国中小学信息技术应用［J］. 中国信息技术教育，2017（增刊 3）：138-142.

［335］李欣桐，李广，徐哲亮. 技术赋能：美国教育信息化的历史转向及未来发展趋势［J］. 现代教育管理，2022（6）：120-128. DOI：10.16697/j.1674-5485.2022.06.014.

［336］李冬梅. 日本精准数据对接教育信息化［N］. 中国教育报，2021-01-15.

［337］周琴，徐蕊玥，梁昊楠. 韩国智慧教育战略及其启示［J］. 教师教育学报，2021，8（4）：109-116.

［338］李世宏. 试析韩国教育信息化的发展特点［J］. 外国教育研究，2003（12）：15-18.

［339］田川. 教育信息化：实现教育变革的核心推动力［N］. 社会科学报，2020-04-30（001）.

［340］崔英玉，孙启林. 韩国基础教育信息化设备普及过程中存在的问题及应对措施［J］. 外国教育研究，2011（8）：28-32.

［341］王涛，朴宣运. 韩国 2015 课程方案及其对中国课程改革的启示［J］. 全球教育展望，2018，

47（11）：3-13.

［342］张家贵，罗龙涛．基于云计算理念构建数字化教学资源平台［J］．现代教育技术，2011
（3）：100-102.

［343］刘玉娟．SCORM2004 标准在 E-Learning 中的实践案例——以韩国网络家庭学习系统为
例［J］．软件导刊·教育技术，2013（5）：79-81.

［344］LIM S. The 2012 educational informatization White Paper［R］．Soul：KERIS，2012：10.

［345］廖晓丹．韩国中小学数字教科书的开发应用及对我国的启示［J］．全球教育展望，2020，
49（7）：119-128.

［346］周琴，徐蕊玥，梁昊楠．韩国智慧教育战略及其启示［J］．教师教育学报，2021，8（4）：
109-116.

［347］刘敏．从法国教育信息化思考技术挑战［J］．云南教育（视界综合版），2020（4）：46-48.

［348］王飞跃．如何培养人工智能人才：从平行教学到智慧教育［J］．科技导报，2018，36（11）：
9-12.

［349］WANG F Y，TANG Y，LIU X W，et al. Social education：opportunities and challenges in cyber-
physical-social space［J］．IEEE Transactions on Computational Social Systems，2019，6（2）：
191-196.

［350］Liu X W，Dong X S，Wang F Y，et al. A new framework of science and technology innovation
education for k-12 in Qingdao, China［C］．2017 ASEE International Forum. Columbus，OH，United
States: American Society for Engineering Education.

［351］Tang Y，Liang J，Hare R，et al. A Personalized Learning System for Parallel Intelligent Education［J］．
IEEE Transactions on Computational Social Systems，2020，7（2）：352-361.

［352］Gong X Y，Zhao L，Tang R H，et al. AI Educational System for Primary and Secondary Schools, China
［C］．2019 ASEE International Forum.Tampa Convention Center，Tampa，Florida: American Society
for Engineering Education.

［353］Gong X Y,Liu X W, Jing S F. Parallel-Education-Blockchain Driven Smart Education: Challenges and
Issues［C］//Proceedings of 2018 Chinese Automation Congress，Xi'an China，2018.